U0680141

大中小学思政课一体化建设发展报告（2023）

许瑞芳　尚伟伟　翟贤亮　蒋雪莲　张宗禧　等◎著

书由华东师范大学马克思主义学院资助出版

华东师范大学出版社

·上海·

图书在版编目（CIP）数据

大中小学思政课一体化建设发展报告. 2023 ／ 许瑞
芳等著. 一上海：华东师范大学出版社,2023
（大中小学思政课一体化建设丛书）
ISBN 978 - 7 - 5760 - 4541 - 3

Ⅰ.①大… Ⅱ.①许… Ⅲ.①高等学校-思想政治教
育-课程建设-研究报告-中国②中小学-政治课-课程
建设-研究报告-中国 Ⅳ.①G641②G633.202

中国国家版本馆 CIP 数据核字（2023）第 233439 号

大中小学思政课一体化建设发展报告(2023)

著　　者　许瑞芳　尚伟伟　翟贤亮　蒋雪莲　张宗禧　等
策划编辑　张俊玲
责任编辑　黄诗韵
责任校对　王丽平　时东明
装帧设计　卢晓红

出版发行　华东师范大学出版社
社　　址　上海市中山北路 3663 号　邮编 200062
网　　址　www.ecnupress.com.cn
电　　话　021 - 60821666　行政传真 021 - 62572105
客服电话　021 - 62865537　门市(邮购)电话 021 - 62869887
地　　址　上海市中山北路 3663 号华东师范大学校内先锋路口
网　　店　http://hdsdcbs.tmall.com

印 刷 者　上海昌鑫龙印务有限公司
开　　本　787 毫米×1092 毫米　1/16
印　　张　23.25
字　　数　399 千字
版　　次　2023 年 12 月第 1 版
印　　次　2024 年 8 月第 3 次
书　　号　ISBN 978 - 7 - 5760 - 4541 - 3
定　　价　88.00 元

出 版 人　王 焰

（如发现本版图书有印订质量问题,请寄回本社客服中心调换或电话 021 - 62865537 联系）

丛书序言

"国无德不兴,人无德不立。"教育是立德树人的事业。在学校教育中落实立德树人,思政课是关键。习近平总书记强调,"思政课是落实立德树人根本任务的关键课程"。作为关键课程,思政课贯穿了国民教育体系的各学段,其建设理应展现思想政治教育的层次性、递进性与整体性,遵循不同学段的教书育人规律、学生成长成才规律。然而,由于学段划分、课程设置以及教育对象认知结构等因素影响,思政课在教学目标设置、教学内容安排和教学资源使用等方面仍存在一定程度上的重复、脱节等问题,弱化了思政课教学质量及育人水平。习近平总书记在学校思想政治理论课教师座谈会上强调,"在大中小学循序渐进、螺旋上升地开设思想政治理论课非常必要,是培养一代又一代社会主义建设者和接班人的重要保障","要把统筹推进大中小学思政课一体化建设作为一项重要工程,推动思政课建设内涵式发展"。大中小学思政课一体化建设是提高思政课教学质量及育人水平的必由之路,是落实立德树人根本任务的关键举措。

为了推动大中小学思政课一体化理论与实践的创新发展,探索出可以推广的经验以及具有指导意义的理论,华东师范大学近年来有重点、分步骤地实行了一系列有力措施。一方面,华东师范大学分别以"劳动创造美好生活""我和我的祖国""伟大的起点""用好红色资源,赓续精神血脉"等为主题举办了系列大中小学思政课一体化教学观摩活动,邀请不同学段、不同学科的教师围绕同一主题同上一堂课;另一方面,华东师范大学依托马克思主义理论学科和教师教育的优势,运用现代技术手段和虚拟仿真方式,建立"上海大中小学思政课一体化建设教师实训基地",面向上海乃至全国开展大中小学思政课教师理论研修、教学实践等培训。在实践探索呈现良好势头的情况下,华东师范大学加强对大中小学思政课实践经验的理论提炼,深化对大中小学思政课一体化教育教学规律的理论阐释,希望能够为新时代思政课实现内涵式发展提供坚实有力的理论支撑。在此背景下，"大中小学思政课一体化建设丛书"启动出版。

本丛书从理论研究、发展报告、调查报告、实践案例等多个角度展示大中小学思政课一体化建设的优秀成果。丛书将持续推出一体化建设年度发展报告、专题研究等成果。希望在习近平新时代中国特色社会主义思想的指导下，本丛书能够为培养一代又一代拥护中国共产党领导和我国社会主义制度、立志为中国特色社会主义事业奋斗终身的时代新人发挥应有的作用，为培养德智体美劳全面发展的社会主义事业建设者和接班人作出华东师范大学的贡献。

顾红亮

2021 年 12 月 27 日于华东师范大学

目　录

第一章

大中小学思政课一体化建设概述

一、理　论　研　究

2022年4月25日,习近平总书记在中国人民大学考察调研时强调,"思政课的本质是讲道理,要注意方式方法,把道理讲深、讲透、讲活","鼓励各地高校积极开展与中小学思政课共建,共同推动大中小学思政课一体化建设"①,为学界进一步深化大中小学思政课一体化建设的理论研究提供根本遵循。立足新时代新征程全面贯彻落实立德树人根本任务的内在要求,对接全面建设社会主义现代化国家需要,构建完善德智体美劳全面培养的教育体系的重要战略安排,需要借助和有效调动各方力量、各种资源,探索一体化建设思路和举措,从以思政课程为主体逐步拓展到以思政课程为基础,统筹思政课程、日常思政教育齐头并进,推动其他课程与思政课程同向同行、形成合力,真正做到全员育人、全程育人、全方位育人。党的二十大报告明确提出"完善思想政治工作体系,推进大中小学思想政治教育一体化建设"②,进而为大中小学思想政治教育一体化建设指明了战略定位。

总体而言,"大中小学思想政治教育一体化"是对"大中小学思政课一体化"在更高层面的统摄,在内涵上更具包容性。从《国家中长期教育改革和发展规划纲要(2010—2020年)》明确提出要"构建大中小学有效衔接的德育体系"到《关于深化教育体制机制改革的意见》提出"构建大中小幼一体化德育体系",再到"统筹推进大中小学思政课一体化建设"、"大思政课"建设以及党的二十大提出"大中小学思想政治教育一体化建设",充分体现了党和国家在学校思想政治教育问题认识上既一脉相承又与时俱进。"大中小学思想政治教育一体化"的提出是对学校内部所有育人要素和

---

① 习近平在中国人民大学考察时强调：坚持党的领导传承红色基因扎根中国大地　走出一条建设中国特色世界一流大学新路[EB/OL].(2022－04－25)[2023－08－29].https://www.gov.cn/xinwen/23022－04/25/content_5687105.htm.

② 习近平.高举中国特色社会主义伟大旗帜　为全面建设社会主义现代化国家而团结奋斗：在中国共产党第二十次全国代表大会上的报告(2022年10月16日)[M].北京：人民出版社,2022：44.

力量的系统性整合,进一步延展了大中小学思政课一体化的育人资源统筹空间,深化和拓展了思政课一体化所取得的育人成效和宝贵经验,极大地丰富了思政课一体化的内涵。有鉴于此,本研究将以"大中小学思政课一体化"为切入点,梳理相关研究热点及研究主题。

（一）文献统计与主题分布

在中国知网学术资源总库以篇名含"大中小学思政课一体化"进行精确检索,共查找到2022年度大中小学思政课一体化文章427篇,其中有学术期刊文章248篇、学位论文54篇、国内会议文章9篇、报纸文章30篇,较2021年的287篇有大幅提升(见图1-1),说明2022年度依然是大中小学思政课一体化建设研究的热点年度。

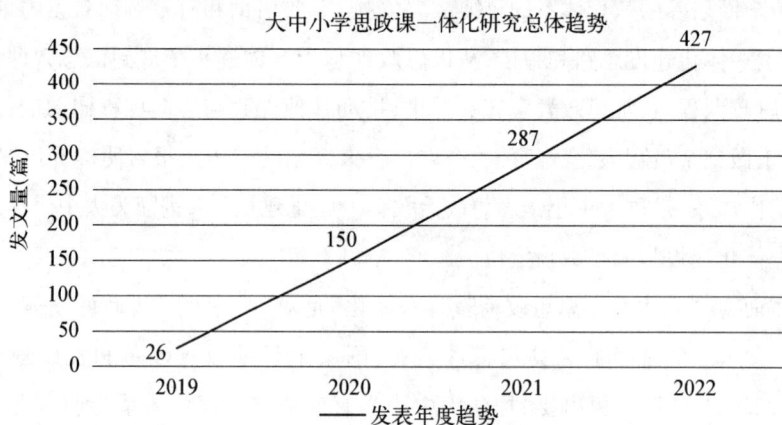

图1-1 大中小学思政课一体化发文趋势

关于大中小学思政课一体化建设的研究,自2019年全国思想政治理论课教师座谈会以后呈直线上升的趋势。2022年大中小学思政课一体化领域相关研究主题分布广泛,覆盖了从小学到高校的各个学段,包含了一体化建设的内涵、意义、困境、对策,囊括了教学一体化、教材一体化、教师一体化、体制机制一体化等各方面研究,既有理论探讨,也重实践探析,梳理了近年来一体化建设的发展情况,总结了一体化建设现状,为未来大中小学思政课一体化建设的发展指明了方向(见图1-2)。对2022年大中小学思政课一体化建设相关研究进行进一步总结,大致可概括为五个方面:大中小学思政课一体化建设的基础理论研究、思政课教材一体化研究、思政课教学一体化研究、思政课教师一体化研究、思政课一体化的体制机制研究。

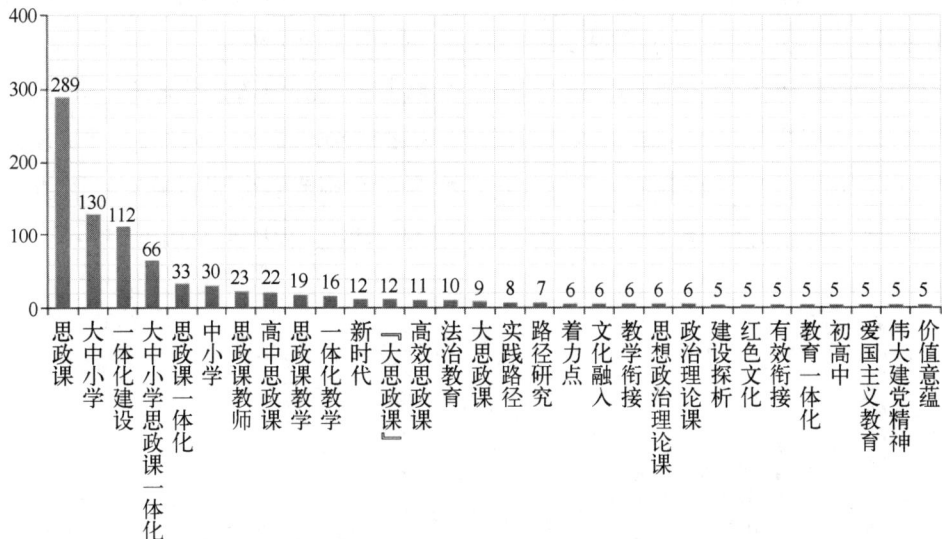

图 1-2　2022 年大中小学思政课一体化建设研究主题文献分布情况

2022 年大中小学思政课一体化教育研究学科主要集中在教育理论与教育管理,其发文量为 298 篇,占比为 66.67%。中等教育、高等教育、职业教育占比分别为 15.21%、11.41%、2.24%。除此之外,在计算机应用、民商法等领域内也涌现出对思政课一体化研究(见图 1-3)。

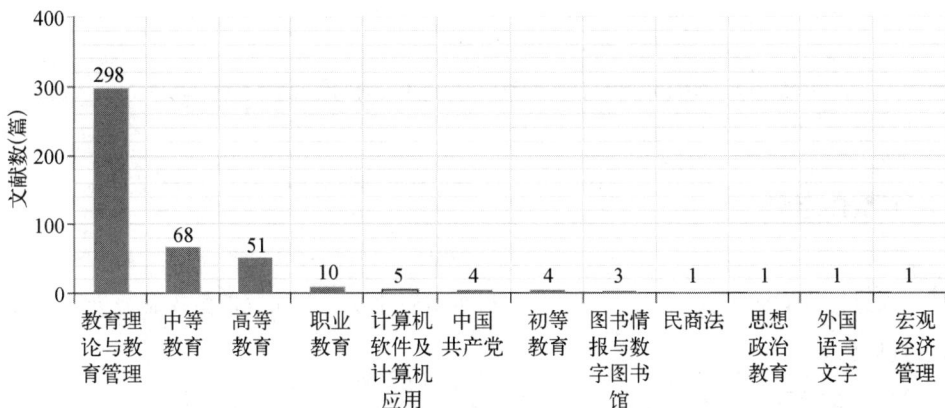

图 1-3　2022 年大中小学思政课一体化建设研究学科层次分布

从文献来源看，2022 年大中小学思政课一体化建设研究领域发文较多的刊物是《中学政治教学参考》《中国德育》《思想政治课教学》《中国高等教育》《中国社会科学报》。核心期刊中，思政课一体化领域发文量最多的是《中国高等教育》《学校党建与思想教育》《思想教育研究》，共发表论文 39 篇，占总发文量 9.1%。

从发文机构看，2022 年大中小学思政课一体化建设研究领域发文量前三十名的机构均为普通高等院校和职业院校，其中师范类院校占比 54.86%，排名前十的师范类院校分别是东北师范大学、上海师范大学、北京师范大学、合肥师范学院、贵州师范大学、青海师范大学、华东师范大学、洛阳师范学院、西南大学、华中师范大学（见图 1-4）。

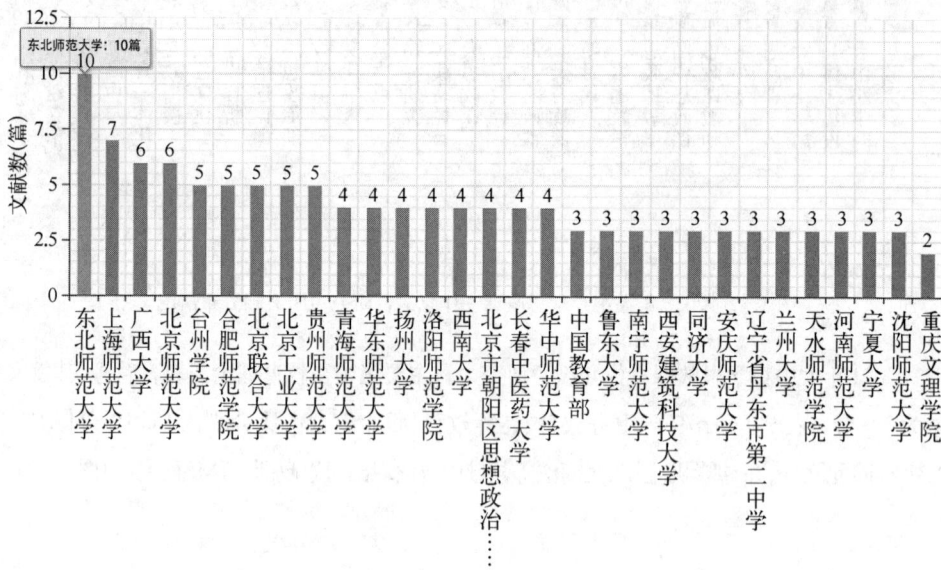

图 1-4　2022 年大中小学思政课一体化建设研究发文机构分布情况

（二）整体态势

通过对现有研究成果的系统梳理，项目组对本年度相关研究的整体态势进行了分析，具体如下。

1. 一体化建设内涵

对"大中小学思政课一体化建设"内涵的澄清是进行这一理论研究的前提。截至目前,学界有关一体化建设内涵的研究成果颇丰,虽尚未形成统一固定的认识,但大多从整体上进行阐释。吕师文认为,认识大中小学思政课一体化的科学内涵,首先要认识什么是一体化,"一体化"主要指多个原来存在着广泛联系、相互依存且相对独立的主体因为某种目标,通过某种方式遵循某种规律和原则,在同一体系下相互合作而又紧密衔接,构成一个整体的过程。① 肖霞认为,事实上大中小学思政课一体化是指将各个阶段的思政课,根据学校立德树人根本任务的总要求,针对学校不同学段的特征,依据学校教学指导大纲、教科书等,对各个学段的教育目标、教学内容、教学方式等加以规划并科学构建,做到分级开展、循序渐进,以建立更为完备、更加系统的一体化教育体制。② 夏益娴认为,大中小学思政课一体化体系是一项铸魂育人的系统工程,是一个覆盖大中小学各个学段,涉及课程体系、教材体系、教研体系、师资队伍体系、保障体系等子系统的复杂系统,具体表现为课程一体化、教材一体化、师资队伍一体化、教研一体化、评价一体化。③ 总而言之,大中小学思政一体化建设包含横向贯通和纵向衔接两个向度,其旨趣在于打造思政课共同体。

2. 一体化建设意义

一体化的意义问题作为推动一体化建设研究的起始问题,学界对其进行了深入探析。按照宏观—中观—微观的逻辑顺序,吴亚辉和田凯妮认为,推进大中小学思政课一体化建设是培养社会主义建设者和接班人的必然要求,是思想政治理论课实现科学化发展的内在诉求,是科学引导青少年"拔节孕穗期"的重要保障。④ 周麟和龚超认为,大中小学思政课一体化是德育一体化科学发展与规律性认识的必然趋势,是实现思政课内涵式发展的必由之路,是坚持为党育人、为国育才的应然之义,是遵循思想政治教育的规律运演。⑤ 漆新贵和漆沫沙认为,大中小学思政课一体化建设是打造新时代高质量思政课程的内在要求,是提升大中小学立德树人成效的现实需要,是解决其他科目学段衔接问题的先行探索。⑥ 虽然学者们的研究角度不同,对一体化建设的价

①　吕师文.推进大中小学思政课一体化建设若干思考[J].品位·经典,2022(06):144-147.
②　肖霞.大中小学思政课一体化建设的四维探析[J].中学政治教学参考,2022(31):6-8.
③　夏益娴.大中小学思想政治理论课一体化体系建构研究[J].教育评论,2022(01):107-114.
④　吴亚辉,田凯妮.大中小学思政课一体化的内在意蕴与实践路径[J].思想政治课研究,2022(02):155-163.
⑤　周麟,龚超.大中小学思政课一体化建构的哲学审思[J].湖北社会科学,2022(12):152-159.
⑥　漆新贵,漆沫沙.论推进大中小学思政课一体化建设[J].中学政治教学参考,2022(28):58-61.

值定位不尽相同,但总体而言都是从国家、课程和学生三个方面阐释一体化建设的意义。

3. 一体化建设困境

只有敢于正视大中小学思政课一体化建设的现实困囿,才能开展切实有效的思政课教育教学活动,才能打造好思政课共同体实现育人成效。因此,对于一体化建设困境的剖析已成为研究大中小学思政课一体化建设的重要议题。例如,蔡亮和赵梦天对思政课育人实效性进行反思,认为当前我国大中小学思政课一体化育人的现实困境表现为:课堂教学缺乏一体化衔接,跨学段的教材和教法衔接度不够;教师队伍缺乏一体化建设,师资配备不均衡,缺乏一体化培训和教研体系;思政课评价体系缺乏一体化设计,存在评价主体单一、衔接成效评价缺位等问题。[①] 徐建飞和董静认为,当前大中小学思政课一体化建设面临诸多现实梗堵,如教学目标定位不准、层次不清、衔接不足,教学内容简单重复、断裂缺失、倒挂脱节,教学队伍管理缺位、供给不足、交流不畅,教学评价主体单向、内容片面、指标不一。[②] 总而言之,当前学界对一体化建设困境的探讨主要聚焦于教学目标、教学内容、教学方法、教师队伍、考核评价等层面。

4. 一体化建设路径

问题是创新的起点和动力源,因此探索大中小学思政课一体化的实践路径要从一体化建设的困境出发,找出破解困境的策略。有的学者立足于学段之间的纵向衔接视角,对思想政治教育的"段间规律"进行探究,提出"段间规律"是解决大中小学思政课一体化建设中"学段失联"的重要发力点,强调大中小学思政课一体化建设应遵循思想政治教育的"段间规律",如教育对象的认知跃迁、循序渐进规律,教师队伍的沟通协作、联动共建规律,教材内容的整体布局、逻辑递进规律,以及教学方法的有机串联、能力进阶规律,从而实现思政课一体化的纵向贯通,发挥思想政治教育的整体合力。[③] 有的学者针对现实困境,指出要以系统观念推进落实学段目标,加强顶层设计完善制度保障,创新课程体系深化教学改革,强化融合意识,加强教师队伍协同等。[④] 还有的

---

① 蔡亮,赵梦天.大中小学思政课一体化育人实效性探析[J].学校党建与思想教育,2022(18):39-42.
② 徐建飞,董静.大中小学思想政治理论课一体化建设:内涵逻辑、实践困囿与优化方略[J].社会主义核心价值观研究,2022(04):78-88.
③ 陈磊,徐秦法.大中小学思政课一体化建设的"段间规律"探寻[J].中国大学教学,2022(06):60-65.
④ 凌小萍.大中小学思政课一体化建设的实践困境与突破路径[J].贵州师范大学学报(社会科学版),2022(03):11-20.

学者从"学教评"视角提出具体对策,强调需要从认知、判断、行动多维度总结"学"的基本规律,为"教"与"评"提供参照;在把握"学"的规律基础上,从各类课程、教师队伍、教学方法等多方面探讨"教"的实践路径;最后对"学"与"教"进行系统评价,形成大中小学思政课"学教评"一体化,进而循序渐进开展思政课教学。① 总而言之,学界对一体化路径的探讨都紧扣大中小学思政课"教育目标是什么""教育内容是什么""教育评价、方法手段是什么"等重要问题。

5. 教材一体化研究

教材是课堂教学的重要依据与基础,统筹推进大中小学思政课一体化建设离不开对教材一体化的研究。当前学界对教材一体化建设研究主要聚焦于问题与策略两个方面。学界总体认为教材一体化问题主要是内容重复和逻辑顺序颠倒等两大方面。张莉、徐国锋、吴涯认为,当前大中小学思政课教材内容纵向一体化衔接的问题在于教材内容呈现前后倒置、重复与缺漏、断裂与碎片化、知识呈现随意等问题。② 冯克克认为,教材一体化的问题中教材内容简单重复问题较为突出,衔接不畅问题依旧存在,层次不清问题尚未解决,相关内容缺失脱节以及内容偏离实际等。③ 徐秦法与黄俞静认为,实现课程内容纵向衔接有三个着力点:一是把握"简单重复"与"有效重复"的区别;二是保证系统"完整",防止内容"脱节";三是瞄准"目标",凸显衔接"序列化"。④此外,陈亮等梳理了我国大中小学思政课建材一体化建设的发展历程、存在问题与主要原因,提出面对新时代的新要求、新挑战,大中小学思政课教材一体化建设应从"聚焦专题深拓研究内容,面向综合丰富研究方法,健全体制夯实研究保障,催生更多高质量研究成果"等方面对思政课教材一体化提出研究展望。⑤

6. 教学一体化研究

教学是学校思想政治理论课程实施的基本途径,也是大中小学思政课一体化的关

① 栾淳钰.大中小学思政课"学教评"一体化[J].思想政治课教学,2022(05):18-21.
② 张莉,徐国锋,吴涯.思政课教材内容纵向一体化衔接的问题分析[J].中学政治教学参考,2022(39):52-55.
③ 冯克克.大中小学思政课教材内容一体化问题及建设路径研究[D].东北师范大学,2022.
④ 徐秦法,黄俞静.纵向衔接:构建"链条式"大中小学思政课一体化课程内容体系[J].思想理论教育导刊,2022(02):122-127.
⑤ 陈亮,柏鑫,李红梅.大中小学思政课教材一体化建设回顾与展望[J].中学政治教学参考,2022(15):74-78.

键要素。因此,对于教学一体化的研究便成了"大中小学思政课一体化建设"的题中要义。本年度关于教学一体化的研究,除了围绕教学目标一体化、教学内容一体化、教学方法一体化与教学评价一体化展开外,还着重凸显了教学话语一体化与集体备课研究。戴晓桐以安庆市为例,通过现场观察以及剖析安庆市首届大中小学思政课教师集体备课研讨会实录,认为安庆市大中小学思政课集体备课在参与主体、备课形式等方面取得一定成效,但同时也剖析出当前思政课教学一体化中集体备课存在的备课衔接性不足、备课未实现常态化、备课辐射范围较小、备课未形成具体成果等方面的问题。为此,应进一步增强参与人员的集体备课意识、规范集体备课的基本要求、完善集体备课常态化实施方案、建设集体备课平台。① 高玉贤认为,集体备课制度是深入推进思政课一体化建设的必然要求,要按照构建多元主体参与的"研究共同体",建立纵向、横向链接"群备模式",开展跨年级、跨学段、跨学科集体备课,构建立体化、多层次的管理驱动机制等具体路径展开,以更好实现集体备课、思政课育人功能的最大化。② 胡中月认为,教学话语是推进大中小学思政课一体化建设的突破口,但是当前各学段思政课的教学话语目标"定位不清"、教学话语内容"各说各话"、教学话语方式"千篇一律"等问题比较突出。为此,要坚持"全程统一"与"学段差异"相结合、坚持"纵向贯通"与"横向联动"相结合、坚持"单向独白"与"双向对话"相结合,以整体思维、协同思维、系统思维统筹思政课一体化的进阶目标、衔接内容和融合方式。③

7. 教师一体化研究

办好思政课的关键在教师,推进大中小学思政课一体化建设必然要求大中小学思政课教师队伍的一体化建设,这是打造全学段思政课教育共同体的关键环节。关于教师队伍一体化研究,本年度出现频率最高的词汇依旧是"路径"。党的十八大以来,思政课教师队伍的建设取得一定成就,但在教师一体化建设中仍存在各个学段思政课教师"各管一段"的局面,教师交流沟通机制不畅,教师培训的协同性不强。为此,柯强等提出要从理念一体化、组织一体化、机制一体化、评价体系一体化四个方面对思政教师队伍一体化加以建设和推进。马令存建议要发挥教育行政部门顶层设计、平台搭建、政策引领的作用,借助社会力量发挥"同课异构,协同共研"多种沟通平台的基础

---

① 戴晓桐.大中小学思政课集体备课现状与优化策略[D].安庆师范大学,2022.
② 高玉贤.中小学思政课一体化集体备课实践[J].思想政治课教学,2022(07)：22－25.
③ 胡中月.思政课教学话语的一体化建设[J].思想政治课教学,2022(11)：22－26.

作用,建设大中小学思政课一体化专业研讨会,构建大中小学网络思政资源库。① 徐秦法与黄冰凤认为,在促进大中小学思政课教师队伍的一体化建设过程中可通过三个协同,即教学协同、科研协同、实践协同加强教师一体化建设。②

8. 体制与机制研究

大中小学思政课一体化建设深入推进需要多元主体同向发力,默契配合。需要加强与之相适应的体制机制来"保驾护航",缺乏体制机制的牵引推动,多元主体协同发力难以具有长期性与稳定性。因此,要搭建好契合不同学段教学目标的螺旋上升机制、教学内容的融合贯通机制、教学主体的联系沟通机制、教学方法的循序渐进机制,从目标、内容、主体、方法四维协同发力,共同推动实现思政课一体化。③ 谢春风聚焦教学衔接机制建设问题,通过实证分析调查北京市大中小学思政课一体化建设现状,发现学段教学衔接机制建设是当前一体化建设的弱项,并认为,要搭建好大中小学思政课教师一体化教学线上、线下资源供给交互机制和资源库,使教师成为思政课教学研究"红色主线"和"智慧蓝海"的创造者、分享者和享用者。④

(三) 研究热点及研究主题

立足前期资料收集,聚焦"高频词分析"、"共词分析"及聚类分析方法,关注度比较高的研究热点如下。

1. 一体化建设的理念研究

大中小学思政课一体化建设的提出是新时代学校思政课建设的重大理念创新。在思政课一体化建设中,持续深入有效地推进一体化建设,实现新时代思政课建设内涵式发展,首先需要深刻理解和把握大中小学思政一体化建设的内涵要求,明确思政课一体化建设的理念。

---

① 马令存.思政课一体化建设中的教师沟通机制[J].中学政治教学参考,2022(17):15-17.
② 徐秦法,黄冰凤.以"三个协同"推进大中小学思政课教师队伍一体化建设[J].思想政治教育研究,2022(02):7-13.
③ 熊晓琳,李国庆.大中小学思政课一体化的系统衔接机制论析[J].中国德育,2022(10):20-23.
④ 谢春风.教师视域下大中小学思政课一体化教学衔接机制建设的实证分析[J].中国高等教育,2022(19):26-28.

代表性研究包括：第一，从整体性角度出发提出一体化建设的理念在于：树立"思政课共同体"理念，明确思政课的共同目标任务；强调思政课是"关键课程"理念，充分发挥思政课主渠道作用；贯彻思政课"一体化建设"理念，加强衔接贯通和协同联动；坚持思政课建设"内涵式发展"理念，提高思政课思想性和理论性；实施高校"课程思政"理念，与中小学学科德育相对接等方面。① 第二，聚焦思政课建设的关键要素，提出思政课一体化建设是一项涉及面广且需要久久为功的系统工程。这需要以"课程联通+教材贯通+师资相通+教学融通+管理畅通"的理念作为引领，推进大中小学思政课的课程体系一体化、教材体系一体化、师资体系一体化、教学体系一体化、管理体系一体化。② 第三，立足哲学思维方式，提出推进一体化建设需要以系统论思维审视大中小学思政课一体化建设的内涵要求，在系统论思维下大中小学思政课一体化建设具有整体性、层次性、耦合性和动态性等理论特质。③ 因此，推进一体化需要在系统化思维指导下进行系统布局，树立协同理念，突出问题导向，坚持整体统筹。④

2. 一体化建设的哲学审思

为持续深入推进大中小学思政课一体化，推动思政课内涵式发展，需要立足更高的哲学立场和思维方法去探寻一体化建设之间各要素的关联性和整合思路，深化思政课一体化建设的学理基础。当前，学界对大中小学思政课一体化建设进行了一定的哲学审思，主要聚焦一体化为什么的学理基础和一体化如何做的实现路径。

代表性研究包括：第一，立足一体化的教学目标、内容、方法三个关键要素，提出要从三个哲学维度探寻一体化的实现路径，分别是用战略思维定位思政课程总目标、用系统思维梳理整合思政课教学内容、用辩证思维推进思政课教学方法改革创新⑤；第二，从马克思主义基本原理的视角出发探寻一体化的实现路径，强调推进思政课一体化建设要重视联系和发展的观点、重视整体与部分的关系、重视实践的能动本质，以

① 石书臣.推进大中小学思政课一体化建设的理念与路径[J].学校党建与思想教育,2022(01)：27 - 31,45.

② 郭绍均.统筹推进新时代大中小学思政课一体化建设的理念及路径探究[J].课程·教材·教法, 2022(07)：90 - 95.

③ 胡启明,洪润文.系统论思维与大中小学思政课一体化建设[J].中学政治教学参考,2022(07)：48 - 50.

④ 吴亚辉,田凯妮.大中小学思政课一体化的内在意蕴与实践路径[J].思想政治课研究,2022(02)： 155 - 163.

⑤ 李娟,李站稳.对大中小学思政课一体化建设的哲学思考[J].中学政治教学参考,2022(48)：30 - 32.

期实现思政课各学段教学体系有机建构、各衔接环节科学架设,进而推进思政课一体化建设守正创新,实现体系化重塑①;第三,从哲学视角探寻思政课一体化的学理基础,提出大中小学思政课一体化建设是德育一体化的科学化发展和规律性认识的必然趋势,是整体性意识与系统性构建的创造性实践,是坚持为党育人、为国育才的应然之义。为此,在充分了解社会思维节奏和顺应一体化建构的逻辑基础上,要以系统性思维、开放性思维、协同性思维和规范化思维共同守护思政课的价值追求。②

3.红色文化资源融入一体化建设研究

红色文化作为一种内涵丰富、形式多样、功能独特的宝贵财富,因其独特、鲜活、亲切的特征,是新时代思想政治工作的重要内容,同时也是大中小学开展思想政治理论课教学不可多得的优质资源。红色文化资源在新时代具有强化理想信念、塑造道德情操、增强文化自信等重要价值。将红色文化资源融入大中小学思政课一体化,一方面既能让红色基因代代相传,另一方面又能推动立德树人任务的落实,提升思政课的有效性。因此,学界将"红色文化""中华优秀传统文化""伟大建党精神""红色精神"等元素融入大中小学思政课一体化展开研究。代表性研究如下。

第一,地方红色文化资源赋能思政课一体化建设的实践路径。立足红色文化的地域性,分析各地方红色文化融入思政课一体化的现实困境。有的学者从文化的认同、转化以及一体化的衔接问题上,指出地方红色文化资源赋能思政课一体化建设存在的现实性掣肘主要是:不同学段差异大,教育衔接性要求提升;学生认同感不足,历史虚无主义强力侵蚀;资源地域性较强,影响价值转化实效。③ 针对上述困境,有的学者提出实现路径是以"大思政课"理念为统领,以高水平区域德育一体化专家团队为依托打造独具特色的地方红色文化教材,以大中小学思政课教师共同体建设为抓手完善跨学段交流研讨机制。④ 或者通过教材体系、校园文化和实践联动联合发力,提升红色资源与一体化建设融合力度。⑤ 虽然不同学者对融入路径的表述不尽相同,但其视角

---

① 丁义浩,王星儿,王刚.推进大中小学思政课一体化建设的实现路向分析[J].中国高等教育,2022(21):32－34.

② 周麟,龚超.大中小学思政课一体化建构的哲学审思[J].湖北社会科学,2022(12):152－159.

③ 林子赛,夏净.地方红色资源赋能思政课一体化建设逻辑[J].中学政治教学参考,2022(36):57－60.

④ 周军海.基于地方红色文化资源融合的大中小学思政课一体化建设——以浙江蚂蚁岛精神为例[J].中学政治教学参考,2022(27):70－72.

⑤ 林子赛,夏净.地方红色资源赋能思政课一体化建设逻辑[J].中学政治教学参考,2022(36):57－60.

基本一致,即从一体化的要素包括教材、教师、目标、环境等来阐释。

第二,红色文化在思政课一体化教学中的运用。有的学者探讨了红军文化在一体化教学中的运用路径,认为红军文化是大中小学思政课一体化教学的优质育人资源,大中小学要将红军文化资源因地制宜地融入大中小学思政课一体化教学之中,把红军文化的资源优势转化为思政教学的案例素材,从课堂教学、实践教学、网络教学三个维度打造特色课程、拓宽育人渠道。有的学者提出红色文化在一体化教学中的运用要注意处理好几对关系①:将历史逻辑、理论逻辑与实践逻辑相结合,将课堂教学与实践教学相结合,将教师主导作用与学生主体作用相结合。②

第三,利用中华优秀传统文化助力大中小学思政课一体化。强调中华优秀传统文化具有不可替代的教育价值,为大中小学思政课一体化建设注入新活力、提供新思路,可从打破教学壁垒、完善教学建设、创新教学方法三个方面入手,探索中华优秀传统文化融入大中小学思政课一体化建设的路径。③ 有的学者认为,中华优秀传统文化融入大中小学思政课,要始终坚持立德树人根本任务,分阶段进行针对性、系统性教学。思政课教师要敢于打破旧的教学观念,潜心研读教材,丰厚文化底蕴,改变教学方式,通过集体备课、搭建资源平台、实践活动及学科融合等途径助推思政课一体化建设。④总而言之,虽然不同学者对运用路径的表述不尽相同,但视角基本一致,即从教学目标、教学内容、教学方法、教师队伍等方面论述。

4. 教学内容一体化研究

教学内容事关教学目标能否实现,大中小学思政课的一体化建设首先应该考虑大中小学思政课教学内容的整合,这事关大中小学思政课一体化建设的育人成效。当前,学界专家学者围绕"教学内容一体化"主题展开了深度探索,其研究主要集中在:第一,大中小学思政课教学内容一体化的内涵及要求;第二,大中小学思政课内容整合的现状及问题;第三,如何破解教学内容一体化的现实困囿。代表性研究如下。

第一,思政课教学内容一体化的内涵及要求。张应平认为,要从纵向和横向两个

---

① 秦专松.红军文化资源在大中小学思政课一体化教学中的运用[J].老区建设,2022(17):72-80.
② 漆调兰.甘肃红色文化资源融入思政课的若干思考[J].中学政治教学参考,2022(04):72-75.
③ 颜雨萱,付晓男.论中华优秀传统文化融入大中小学思政课一体化建设[J].中学政治教学参考,2022(23):48-50.
④ 胡邦霞,黄梦溢.以优秀传统文化助推思政课一体化建设[J].中学政治教学参考,2022(14):50-52.

维度把握教学内容一体化的内涵。从横向看,在同一个学段内部,思政课内容一体化就是要使各门思政课程的课程内容要素完整、结构合理,成为一个系统的有机整体,实现同一学段内部思政课课程内容的一体化;从纵向看,思政课内容一体化就是把大、中、小学各学段的思政课内容联合成为一个系统的整体,各学段内容既合理分层又有效衔接,使大中小学思政课内容循序渐进、螺旋上升,实现不同学段思政课内容的一体化。① 因此,在认识纵向和横向内涵的基础上,我们必须把握"统筹思政课内容一体化"的原则,即整体性、递进性、依规性原则。②

第二,思政课教学内容一体化的现实困囿。有学者通过调查分析大中小学思政课内容整合情况,发现当前思政课内容整合虽取得了一些成效,但还存在相邻学段内容衔接不畅、模块间内容协同性不强、教学主题提炼不够、课程资源开发不足等问题。③ 还有学者立足教学内容本身,认为当前内容一体化存在的主要问题是重复倒挂、衔接不畅、断裂脱节、规范性不足等问题。④

第三,关于思政课教学内容一体化的实现路径。陈美兰与周婷强调要加强顶层设计、整体规划课程内容、研制一体化的课程标准,开发衔接课程、建立教研机制,立足核心素养提炼学科大概念、确立"大思政"观念,提升教师专业素养等。⑤ 虽然学者们对策略的表述不尽相同,但视角基本都是从组织管理、教材编写、教研一体等方面阐释。

5. 教师队伍一体化研究

办好思政课的关键在教师。思政课教师是思政课堂教学的引导者,是铸魂育人的担当者,是连接学生与思政课程的关键枢纽。⑥ 因此,教师队伍一体化是大中小学思政课一体化的关键一环。学界本年度较为关注教师队伍的一体化建设情况,主要是对教师队伍一体化下的教学实效情况进行分析,对教师队伍一体化的现状、教师队伍一

① 张应平.大中小学思政课内容一体化研究[D].东北师范大学,2022.
② 杨立冬,周江.初高中思政课内容一体化建设的原则与途径[J].中学政治教学参考,2022(07):45-47.
③ 陈美兰,周婷."大思政"视角下大中小学思政课内容整合的困境与路径[J].中学政治教学参考,2022(05):13-15.
④ 冯克克.大中小学思政课教材内容一体化问题及建设路径研究[D].东北师范大学,2022.
⑤ 陈美兰,周婷."大思政"视角下大中小学思政课内容整合的困境与路径[J].中学政治教学参考,2022(05):13-15.
⑥ 曾玉梅.大中小学思政课教师队伍一体化建设研究[J].中学政治教学参考,2022(01):16-17.

体化面临的现实困境和解决策略展开研究,同时也以教师队伍一体化建设为视角切入对一体化建设的现实路径展开研究。代表性研究如下。

第一,对大中小学思政课一体化背景下教师教学情况进行研究。有的学者通过实地访谈,发现目前存在大中小不同学段思政课教师之间联系偏少,教师对于教材的重复性内容把握不够准确、教学方法单一,同时对育人目标的层次性认识不够清晰等现象。① 这些现象的产生,学者们大都认为与队伍配备规模、专业素养培育失衡、联动培训机制效果不佳、保障体系和考核机制发展滞后有关。

第二,大中小学思政课教师队伍一体化的路径探析。有学者强调推动教师队伍一体化建设需要找准角色定位,明确大中小学思政课教师队伍的一体化要求;聚焦培养目标,着重于大中小学思政课教师队伍的一体化培养;加强顶层设计,做好大中小学思政课教师队伍的一体化管理;强化思路考察,健全大中小学思政课教师队伍的一体化评价体系。② 虽然学者们对教师队伍一体化建设路径的阐释不尽相同,但其视角基本一致,立足理念、组织、机制、评价等方面。

第三,基于教师队伍一体化视域探析大中小学思政课一体化建设。有学者认为要抓住教师这一课程实施的关键,培育一支有理想信念、有广阔视野、有创新精神、有担当作为的教师队伍是统筹推进大中小学思政课一体化建设的关键。③ 有学者从教师队伍一体化视角出发,对教学一体化的衔接机制进行实证分析,认为当前教师队伍跨学段教学交流平台和机会相对缺乏,外部供给资源和激励机制不足,为此强调要积极搭建大中小学思政课教师一体化教学线上、线下资源供给交互机制和资源库。④

6. 互联网背景下大中小学思政课一体化建设研究

当今,互联网等数字媒介技术迅速发展,已成为教育教学的重要载体。习近平总书记多次强调要运用新媒体新技术使思想政治工作灵活运作起来。2019 年《关于深

① 裴艳庆.大中小一体化背景下思政课教师教学情况研究[J].国家通用语言文字教学与研究,2022(08)：128 – 130.

② 李馨宇,赵峻敏.大中小学思政课一体化建设的现实困境与基本路向[J].沈阳师范大学学报(社会科学版),2022(01)：7 – 12.

③ 姚淑娟.培育"四有"教师,助推大中小学思政课一体化建设[J].中学政治教学参考,2022(06)：73 – 75.

④ 谢春风.教师视域下大中小学思政课一体化教学衔接机制建设的实证分析[J].中国高等教育,2022(19)：26 – 28.

化新时代学校思想政治理论课改革创新的若干意见》明确指出"推动人工智能等现代信息技术在思政课教学中的应用"①。随着教育向数字化方向的转型,学界开始关注思想政治教育与网络等数字化媒介的融合。本年度,关于"互联网+思政一体化"的研究开始增多,学者们的研究主要关注互联网等信息技术与思政课一体化融合的必要性以及互联网等信息技术在思政课一体化中的实践运用。代表性研究如下。

第一,互联网背景下思政课一体化建设研究,主要分析互联网给思政一体化建设带来的机遇与挑战。有学者认为,带来的机遇主要是互联网以其自身独特的优势有效地顺应了学生的认知规律、激发了学生学习热情、丰富了思政课程内容、推动了教师队伍的专业发展一体化。但同时也带来诸多挑战,即如何构建良好的网络空间、弱化师生网络信息接收差异、管控好泛滥的娱乐文化、有效整合碎片化网络信息,是在"互联网+"背景下落实立德树人根本任务、推动思政课内涵式发展亟须解决的重要问题。②

第二,互联网技术在思政课一体化中的实践运用。有学者提出要大力推进大中小学思政课一体化网络教学体系的建设,强调思政课一体化网络教学体系建设并非将信息技术作为思政课教学工具的转换或教学技术的更新,而是秉持大中小学思政课立德树人、共享共建、系统整合的价值理念,通过网络课程体系和网络教学平台的一体化建构、培育教师专业化教研能力、设计学生沉浸式学习体验、完善网络管理机制等路径,重塑系统整合、链条发展的思政课教育新形态。③ 有学者从思政课一体化集体备课视角,探寻依托网络平台开展一体化备课的途径,认为基于网络平台开展一体化备课,可有效破解常态化备课的时空限制,打破各学段的孤岛效应,推动思政课程资源和素材的高效整合。④

7. 一体化联动机制研究

大中小学思政课一体化建设是一项系统工程,是教育理念、教育主体、教育资源、

① 中共中央办公厅国务院办公厅.中共中央办公厅国务院办公厅印发《关于深化新时代学校思想政治理论课改革创新的若干意见》[EB/OL].(2019－08－14)[2023－09－05].https://www.gov.cn/zhengce/2019－08/14/content_5421252.htm.

② 任红霞."互联网+"背景下大中小学思政课一体化建设研究[J].公关世界,2022(04):122－123.

③ 程静.大中小学思政课一体化网络教学体系建设的价值理念与实现路径[J].西华师范大学学报(哲学社会科学版),2023(05):1－8.

④ 罗哲,冯野林.基于网络平台的大中小学思政课一体化备课机制与策略[J].教育科学论坛,2022(30):23－27.

教育方法全方位的一体化。既要着眼于人才培养的全过程,又要根据学生成长的不同阶段有效开展教育。因此,需要加强横向贯通和纵向衔接两个维度的机制共建,调动各种要素、各类主体,破解教学目标、内容、方法等多方面存在的断层、重复、跳跃等现实难题。然而,现实情况表明,大中小学思政课教师间缺乏交流,在教学实践、教研资源共享、教学评价等领域存在条块分割的现象。为此,学界围绕"一体化联动协同机制的创新突破"进行了积极探索。

代表性研究包括:第一,基于"大思政课"背景,探索思政课一体化内外联动机制,强调要整合"大思政课"资源,多元主体推进一体化育人协同机制,实现共建共享,可以从课程协同共建打破教学内容模块壁垒,从阶段协同共享打通教师沟通桥梁,从场域协同共创打造学校、家庭、社会三位一体育人格局等几方面建立起一体化联动机制。① 第二,系统视域下构建大中小学思政课一体化联动机制。有学者将一体化联动机制构建分为内外部两大子系统,强调打破内部子系统思政课一体化目标、内容体系、教学执行以及教学评价体系等方面原来的学段脱节现象,在学段衔接上达成共识,加强外部子系统教师主体之间、教师与学生之间的沟通交流,构建集体备课机制,推动教研资源共享。② 第三,基于思政课一体化工作层面探索一体化的组织领导和专业指导机制。宋志强、仲计水、和向东强调:一是要构建党政部门主导、大中小学校参加的一体化工作领导机制,二是要构建由马克思主义理论学科和思政课教育教学专家学者组成的一体化专家指导机制,三是要构建一体化改革综合实验机制。③

8. 大中小学思政课一体化实践案例研究

自大中小学思政课一体化建设理念提出以来,社会各界围绕政策贯彻落实进行了积极探索,相关实践活动也在全国范围内展开。在具体实践过程中,既积淀了经验、解决了问题,也发现了一体化建设面临的难点及挑战。学界聚焦大中小学思政课一体化理念落地情况展开了大量研究。代表性研究如下。

---

① 常婧.破立并举 内外联动:以"大思政课"推动构建一体化育人大格局[J].中共青岛市委党校.青岛行政学院学报,2022(05):15-20.

② 贾支正,张钰.系统论视域下大中小学思政课一体化建设探析[J].系统科学学报,2023(03):116-120.

③ 宋志强,仲计水,和向东.大中小学思政课一体化建设的三个着力点——以北京市朝阳区大中小学思政课一体化建设协同创新中心的探索为例[J].北京教育(高教),2022(12):82-84.

　　第一,基于省级或市级地域实施情况展开研究。如,山东省济南市就"推进思政课双贯通"的情况展开调研,总结大中小学思政课一体化建设的实践性成果和经验,提出推进大中小学思政课一体化建设需要从高位引领出发,成立联合教研和协同创新中心,整合资源完善机制,构建开门办思政和思政常态化工作格局。① 北京市对本市大中小学思政课一体化建设现状展开调研,认为目前北京市思政课一体化取得的示范性成果离不开新时代社会治理理论和制度的重要协同作用。因此,要保证北京市思政课大中小一体化的衔接质量,就要在新时代社会治理的相关理论与制度的指引下,协调各方面力量,采取优化统一教学质量评价体系、提高教师队伍管理质量、重视各学段教材质量与衔接及统一评价体系等综合举措。② 总体而言,各地区都针对本地区思政课一体化调研情况既进行阶段性成果和经验总结,又围绕新发现的问题提出适宜地区思政课发展的对策。

　　第二,聚焦不同学段一体化推进情况展开研究。例如,李忆华与张俊波基于我国湘南地区大学和中学思政课教学一体化展开调查,调查结果表明:大学与中学思政课一体化建设存在教师能力素质失衡,跨学段教学接力不力,教研的实效性和创新性不足,教学评价缺乏系统性整体性导向等现象。为此,提出要加强政策指引和制度建设,以"一体化"思维优化教师专业素养,打造教学沟通矩阵、构建教学共同体,推动教学与科研的融合。③ 高世吉与赵庶吏对北京市 8 所高职院校的部分教职工、学生、家长等进行调研,总结了思想政治理论课的改革成效,同时也发现一些突出问题,如部分院校落实相关文件有差距、教学效果和教学质量有待提升等。建议各院校强化思政课的政治属性,完善师资队伍激励机制,突出思政课的协同效应,构建"大思政"格局。④

　　第三,基于具体教学片段的研究。例如,那琛和张必发聚焦初高中思政课教学内容衔接,以《基本经济制度》为例,探讨了在真实的课堂教学实践中课程目标"同"与"异"如何建构,课程内容的"同"与"异"如何进行解构与整合,课程实践的"同"与

① 王翔宇.推进"双贯通"　激活思政课[J].中国德育,2022(04):60-63.
② 万顺.社会治理视域下的北京市思政课大中小一体化建设[J].北京教育(普教版),2022(03):20-23.
③ 李忆华,张俊波.大学与中学思政课教学一体化建设的困境与破解——基于我国湘南地区大学与中学的调查[J].未来与发展,2022(12):107-112.
④ 高世吉,赵庶吏.北京市高职院校思想政治理论课现状调研[J].中国职业技术教育,2022(11):87-91.

"异"组织安排等。① 张成尧以辽宁省大中小学思政课一体化建设现场课为例,探寻大中小幼在具体的教学实践中如何做到各有侧重的同时达到育人一体化的效果,并提出:幼儿重感知,在游戏中夯实根基;小学重故事,在感悟中明白道理;初中重历史,在感悟中清晰方向;高中重精神,在议题中坚定信念;大学重责任担当,在实境中明理导行。② 这些具体措施为解决大中小幼思政课教学实践的开展指明了方向。冷兰兰以《马克思主义基本原理》课为例,提出大中小学思政课一体化的逻辑建构,即从历史逻辑上厘清思政课发展的脉络,把握思政课一体化的发展取向;从理论逻辑坚持目标、内容、方法的一体化;从值逻辑建设完整的大中小学思政课价值链条,以"三情三观"为起点,以"良好风尚"为导向,以"责任担当"为旨归。③

9. 结合最新精神、热点词探究大中小学思政课一体化建设

在推进大中小学思政课一体化进程中,学界紧跟中央最新部署,紧扣时下热点词、最新精神,探索及时有效地将其融入研究。代表性研究如下。

第一,基于"大思政课"背景探讨大中小学思政课一体化建设研究。大思政课格局建设是思政课改革创新的重要举措,也是推动思政课内涵式发展的内在要求。有学者将大中小学思政课一体化建设与大思政课融合研究,认为大中小学思政课一体化是构建"大思政"格局、推动思政课内涵式发展的重要举措。④ 有学者将大中小学思政课一体化看作是大思政课的重要组成部分,强调在"大思政课"格局背景之下,要建构大中小学思政课一体化建设,要以学习宣传习近平新时代中国特色社会主义思想为核心,以社会主义核心价值观、中华优秀传统文化为一体化建设内容的中心,以关键问题为导向开展一体化建设,以高质量思政教师队伍建设为一体化建设的关键内容。⑤

第二,伟大建党精神融入思政课一体化教学。代海林等认为伟大建党精神是思政课

① 那琛,张必发."同异"之间:初高中思政课一体化的思考与实践——以"基本经济制度"一框为例[J].中学政治教学参考,2022(02):35-37.
② 张成尧.循序渐进与螺旋上升:大中小幼思政课一体化研究——以辽宁省大中小学思政课一体化建设现场课为例[J].中共太原市委党校学报,2022(06):71-74.
③ 冷兰兰,刘衡.大中小学思政课一体化的逻辑建构——以《马克思主义基本原理》为例[J].衡阳师范学院学报,2022(02):142-148.
④ 吴亚辉,田凯妮.大中小学思政课一体化的内在意蕴与实践路径[J].思想政治课研究,2022(02):155-163.
⑤ 赵萍."大思政课"背景下大中小学思政课一体化建设研究[J].秦智,2022(10):73-75.

厚重、鲜活、有温度的教学资源,能在教学实践中形成同频共振效应。为此,他们强调从课堂教学实施层面探索伟大建党精神融入大中小学思政课一体化教学应遵循的逻辑原则,即遵循学生个体成长逻辑、遵循教材编排的顺序逻辑、遵循教学思路的一致逻辑以及核心素养的发展逻辑,实现伟大建党精神融入教学目标、教材内容、教学方法、教学评价一体化。① 潘柳燕等从学段衔接角度,认为将伟大建党精神融入大中小学思政课一体化教学可分为着重树立英雄形象、着重培养理性认知、着重领悟建党精神三个阶段。②

第三,结合地方性的思政教育资源,推进大中小学思政课一体化建设。如将习近平总书记强调的沂蒙精神、三线精神、红旗渠精神系统性地融入大中小学思政课一体化教学中。张志丹等具体探讨了沂蒙精神在思政课一体化教学中的运用,深入分析了其中的精神内涵和价值意蕴,认为深入推进沂蒙精神融入新时代思政课教学,需要遵循学生成长规律以及思政教育规律,从沂蒙精神的精神内涵、时代价值以及融入的着力点、长效机制等维度来思考。③ 李仙娥等对三线精神融入大中小学思政课一体化的场馆育人模式进行深入分析,强调以博物馆为平台利用场馆优势,挖掘三线建设历史,建立长期的博物馆与大中小学互动合作机制,提升三线精神融入大中小学思政课一体化建设的水平。④

二、实　践　活　动

本研究将党和各级政府部门在推进大中小学思政课一体化出台的系列举措及政策保障作为"观察窗口""观测点",力图通过对教育部等国家部委,省市教育主管部

① 代海林,刘婵婵.伟大建党精神何以融入思政课一体化教学[J].中学政治教学参考,2022(09):7-9.
② 潘柳燕,覃承凤.伟大建党精神融入大中小学思政课一体化教学探究[J].学校党建与思想教育,2022(10):49-52.
③ 张志丹,郭相震.沂蒙精神融入大中小学思政课一体化教学研究[J].思想政治教育研究,2022(06):106-113.
④ 李仙娥,施英楠.三线精神融入大中小学思政课一体化的场馆育人模式探析[J].学校党建与思想教育,2022(11):75-77.

门，各省市、自治区大中小学涉及思政课一体化建设举措"抽丝剥茧"的分析，敏锐捕捉实践领域的发展动态，把握大中小学思政课一体化政策的实施进度和具体实践中存在的热点、堵点与难点。其主要特征如下：战略思想方面，大中小学思想政治教育战略高瞻远瞩、与时俱进、开拓创新；政策设计方面，大中小学思想政治教育政策系统推出、主题鲜明、内容丰富；学校实践方面，大中小学思想政治教育实践特色彰显、方法多样、效果提升；课堂教学方面，大中小学思想政治课堂教学共性突出、个性清新、情理交融。

（一）顶层设计愈加精善，上级推动作用更加显著

1. 部委层面

2022 年 7 月，教育部等十部门关于印发《全面推进"大思政课"建设的工作方案》的通知，强调全面推进"大思政课"建设，要坚持以习近平新时代中国特色社会主义思想为指导，聚焦立德树人根本任务，推动用党的创新理论铸魂育人，不断增强针对性、提高有效性，实现入脑入心。坚持开门办思政课，强化问题意识，突出实践导向，充分调动全社会力量和资源，建设"大课堂"，搭建"大平台"，建好"大师资"，建设全国高校思政课教研系统，设立一批实践教学基地，推出一批优质教学资源，做优一批品牌示范活动，支持建设综合改革试验区，推动思政小课堂与社会大课堂相结合，推动各类课程与思政课同向同行，教育引导学生坚定"四个自信"，成为堪当民族复兴重任的时代新人。①

2022 年 11 月，教育部出台《关于进一步加强新时代中小学思政课建设的意见》，强调要突出关键地位。育人的根本在于立德，坚定不移地用新时代党的创新理论铸魂育人，把思政课建设作为构建高质量教育体系和学校意识形态工作的重要内容，融入学校人才培养全过程、各方面，充分彰显思政课政治引领和价值引领功能。强化统筹实施。注重学段衔接，完善大中小学思想政治教育体系；注重相互配合，充分发挥思政课和各类课程的育人功能；注重内外协调，推进学校"小课堂"、社会"大课堂"和网络"云课堂"协同育人。坚持问题导向。加强思政课教学管理与教研工作，完善教学内容，丰富教学资源，强化实践育人，着力提高思政课教师专职化专业化水平，深入推进

---

① 教育部等十部门.教育部等十部门关于印发《全面推进"大思政课"建设的工作方案》的通知（教社科〔2022〕3 号）〔EB/OL〕.（2022 - 07 - 25）〔2023 - 04 - 01〕. http://www.gov.cn/zhengce/zhengceku/2022 - 08/24/content_5706623.htm.

思政课内涵发展,持续提升思政课吸引力感染力。深化改革创新。遵循思想政治工作规律、教育教学规律和学生成长规律,坚持守正创新,完善体制机制,创新方法途径,切实增强思政课时代性、针对性、实效性,大力促进思政课改革发展。①

2022 年 12 月,教育部办公厅下发《关于开展大中小学思政课一体化共同体建设的通知》,旨在充分调动各地积极性,因地制宜,因势利导,在省级层面打造一批理论与实践相结合的创新性研究型工作平台,努力形成一套工作机制、孵化一批品牌活动、打造一批示范"金课"、产出一批优质课程资源、形成一批高水平教学研究成果、提供一批高质量智库咨政报告、培养一支优秀师资队伍,为深入推动全国大中小学开展思政课一体化理论研究和实践探索,提供工作平台、实践经验、理论支撑和决策咨询。②

2. 地区层面

福建省为深入贯彻落实习近平总书记关于教育的重要论述,特别是在学校思想政治理论课教师座谈会上的重要讲话精神,贯彻落实中共中央办公厅、国务院办公厅印发的《关于深化新时代学校思想政治理论课改革创新的若干意见》精神,加强对不同学段不同类型思政课建设分类指导,推动新时代学校思政课高质量发展,全面提高福建省思政课质量和水平,成立福建省大中小学思政课一体化建设指导委员会。主要任务是统筹协调省委教育工委、省教育厅相关处室单位,指导推动和督促检查各地教育部门、各高校贯彻落实党中央关于大中小学思政课一体化建设的有关决策部署和省委、教育部关于深化学校思政课改革创新的工作要求,总结推广先进经验;指导大中小学思政课建设、教学方法改革、师资队伍建设等方面工作;组织专家指导组就大中小学思政课一体化建设开展前瞻研究、评价指导、工作研讨、经验总结、问题研判等理论与实践工作。③

---

① 中华人民共和国教育部.教育部关于进一步加强新时代中小学思政课建设的意见(教基〔2022〕5 号)[EB/OL].(2022 − 11 − 04)[2023 − 04 − 01]. http://www. moe. gov. cn/srcsite/A06/s3325/202211/t20221110_983146.html.
② 教育部办公厅.教育部办公厅关于开展大中小学思政课一体化共同体建设的通知(教社科厅函〔2022〕49 号)[EB/OL].(2022 − 12 − 27)[2023 − 04 − 01]. http://www.moe.gov.cn/srcsite/A13/moe_772/202301/t20230109_1038750.html?eqid = 97ca45f30000458200000006642b8b76.
③ 福建省教育厅.中共福建省委教育工委关于成立福建省大中小学思政课一体化建设指导委员会的通知(闽委教思〔2022〕12 号)[EB/OL].(2022 − 06 − 10)[2023 − 09 − 05]. http://jyt.fujian.gov.cn/xxgk/zfxxgkzl/zfxxgkml/zcwj/202206/t20220614_5929240.htm.

山西省成立大中小学思政课一体化建设指导委员会,主要任务是统筹协调省委教育工委、省教育厅相关处室,指导推动和督促检查各市教育部门、各学校贯彻落实党中央、省委关于大中小学思政课一体化建设的有关决策部署,教育部、省委教育工委、省教育厅关于深化学校思政课改革创新的工作要求,总结推广先进经验;审议和研究部署大中小学思政课教学方法改革、师资队伍建设等重大事项;组织专家指导组就大中小学思政课一体化建设开展前瞻研究、评价指导、工作研讨、经验总结、问题研判等理论与实践工作。①

上海市举办"第四届大中小学思政课一体化建设学术研讨会"。来自全国各大高校的专家学者、教育部大中小学思政课一体化指导委员会专家组成员、区域教育管理者、一线中小学思政课教师等 1 500 余名参会者线上"云相聚",围绕会议主题进行了深入探讨。会议揭牌成立华东师范大学大中小学思政课一体化建设研究中心,并发布了中心近期研究成果,包括"大中小学思政课一体化建设丛书"中的《新时代大中小学思政课一体化建设》、《中学思政学科心理学纲要》、"上海市大中小学思政课一体化建设教学观摩活动(三)"音像制品等。②

河南省以《关于推进大中小学思政课一体化建设的实施意见》为先导,统筹推进全省大中小学思政课一体化建设。省委教育工委、省教育厅开展 2022 年春季开学思政第一课暨大中小学思政课集体备课活动,2022 年 2 月,以"讲好冬奥故事,砥砺奋进力量"为主题的 2022 年春季开学思政第一课暨大中小学思政课集体备课活动正式开课。落实立德树人根本任务,把加强和改进思政课建设摆在突出位置,省委教育工委、省教育厅印发《关于成立大中小学思政课一体化建设工作联盟协调指导工作委员会的通知》,强化各个学段的衔接与进阶,确保优质教学资源纵向衔接、横向贯通,推进大中小学思政课"循序渐进、螺旋上升"一体化建设,不断提升大中小学思政课建设质量,切实凝聚培养时代新人的强大合力。印发《中共河南省委教育工委办公室、河南省

---

① 中共山西省委教育工作委员会,山西省教育厅.中共山西省委教育工作委员会山西省教育厅关于成立山西省大中小学思政课一体化建设指导委员会的通知(晋教政函〔2022〕19 号)[EB/OL].(2022－08－12)[2023－05－01].http://jyt.shanxi.gov.cn/sjytxxgk/xxgkml/jytwj/202208/t20220817_6954870.html.

② 刘时玉.1500 余名专家教师"云相聚",共探大中小学思政课一体化建设[EB/OL].(2022－08－30)[2023－03－10].http://m.shedunews.com/msite_1/con/2022－08/30/content_12599.html.

教育厅办公室转发教育部思想政治工作司关于组织开展 2022 年全民国家安全教育日宣传教育活动的通知》,通过开展国家安全教育日启动仪式暨大中小学思政课集体备课展示和为期 1 个月的"国家安全由后浪守护"话题引导活动,要求全省各学校在落实落细疫情防控措施的前提下,精心组织实施,充分调动学生的积极性、主动性和创造性,扩大教育覆盖面和受益面,切实增强广大学生的国家安全意识和能力。举办 2022 年度河南省大中小学思政课一体化工作推进会暨骨干教师培训班,河南省大中小学思政课一体化建设专家指导委员会委员、河南省大中小学思政课一体化建设工作联盟协调指导工作委员会管理委员和专家委员、各片区参会人员共 500 余人参加培训。印发《关于组织收看学习宣传贯彻习近平总书记视察河南安阳重要讲话精神主题思政课集体备课的通知》,细致安排,小学、初中、高中、大学的四位主讲教师在专家组的指导下由浅入深、层层递进地推动红旗渠精神入脑入心,是推进全省大中小学思政课一体化建设常态化、长效化的重要举措,也是善用"大思政课"、构建育人"大格局"的有力抓手。①

江苏省举行大中小学思政课一体化建设推进会,强调要把统筹推进大中小学思政课一体化建设作为一项重要工程,坚持问题导向和目标导向相结合,坚持守正和创新相统一,推动思政课建设内涵式发展,让每个学段都有"责任田",都有"一段渠",努力为学生健康成长打好人生底色。要着力在打造一体化平台上下功夫,加强一体化建设统筹谋划、研究和指导,遴选建设一批优秀教学案例、优秀课件、示范思政课程,运用名师空中课堂和市级数字化教学资源平台,汇聚各类优质思政课数字化教学资源,促进优质数字资源共建共享。要着力在深化一体化教改上下功夫,完善各级各类学校思政课集体备课制度和各学段思政课教学改革的联动机制,组织大中小学思政课教师联合攻关,建设一批大中小学"思政金课"。要着力在构建一体化队伍上下功夫,加强专职思政课教师队伍建设,在数量达标的基础上,着力提升质量水平,特别是要积极创造条件配齐配强中小学专职思政课教师,常态化开展高校思政课教师培训工作。要着力在形成一体化格局上下功夫,推进中小学学科德育规范化建设,构建全面覆盖、类型丰富、层次递进、相互支撑的课程思政体系,选好用好省"大思政课"实践教学基地,推动

---

① 豫教思语.2022 年河南省思政教育工作大事记 2(大中小学思政课一体化篇)[EB/OL].(2023-01-03)[2023-04-01]. https://mp.weixin.qq.com/s/a6jG12TBCsdwETEI3L3KvQ.

思政小课堂与社会大课堂、网上云课堂相结合。①

甘肃省落实省委、省政府领导联系高校制度,每年带队进高校听课调研思政课,带头上讲台为学生讲授"形势与政策"课。在全省大中小学构建"必修+选修"相结合的思政课程体系,推动党的创新理论和历史融入各学段思政课程,大力推进习近平新时代中国特色社会主义思想进教材进课堂进头脑。成立"甘肃省大中小学思政课一体化建设指导委员会和专家委员会",并设立8个分教学指导委员会,加强对全省大中小学思政课建设的分层分类指导。出台《深化新时代学校思政课改革创新试点方案》《关于加强新时代中小学思想政治理论课教师队伍建设的实施办法》等文件,推动全省大中小学思政课一体化建设有效开展。建立省、市、县、校四级培训体系,省级层面每年组织培训大中小学思政课教师1 000余名。落实中小学思政课教师轮训制度,确保每三年全面开展一次轮训。组织全省大中小学同步开展"同上一堂党史课"集体备课活动,将各个学段知识相关联和贯通,推动思政课教研教学一体化开展。举办全省大中小学师生"重走长征路"实践研学活动,开展线上线下相关主题活动,着力打造"实践甘肃"思政课程,积极推动思政小课堂与社会大课堂紧密结合。甘肃省探索高校思政课跨校选课机制,推动在兰高校"思想道德修养与法律基础"课线上线下跨校选课学分互认试点。全省建成"红色基因研究中心"53个、"红色基因传承基地"477个。截至2022年,先后建成省级重点马克思主义学院5所、重点培育对象13所,成立甘肃省高校马克思主义学院联盟,探索形成省级重点马克思主义学院帮扶民办院校机制。省委教育工委分三批遴选成立50个大中小学思政课名师工作室。其中,高校29个、中等职业学校3个、中小学18个,每个名师工作室每年招收10名以上学员强化教学科研能力培养。②

(二)多主体联动更加紧密,跨区域协作更加频繁

2022年10月,由北京市委教育工委、市教委,中国人民大学等单位组成的联合

---

① 江苏省教育厅.江苏省大中小学思政课一体化建设推进会在宁举行[EB/OL].(2022－12－16)[2023－05－01].http://doe.jiangsu.gov.cn/art/2022/12/16/art_58390_10708899.html.
② 临洮教育.【图说2022甘肃教育】积极推进大中小学思政课一体化建设[EB/OL].(2023－02－14)[2023－04－01].https://mp.weixin.qq.com/s/kkjMeqRVFy-k8QQl5Dcv0A.

调研课题组以线上形式召开北京市大中小学思政课一体化建设研讨会,邀请来自北京大学、中国人民大学、首都师范大学、北京城市学院等高校马克思主义学院负责思政课的领导和来自中国人民大学附属中学、北京师范大学附属实验中学、北京市广渠门中学、首都师范大学附属中学(通州分校)、北京市第二中学分校、北京市第五十四中学、北京市第一四二中学及北京市东城区史家胡同小学、北京市朝阳区芳草地国际学校远洋小学、北京市昌平第二实验小学等负责中小学思政课的领导参会,共15所学校参加了会议,共同交流探讨北京市大中小学思政课一体化建设情况。①

上海市为系统推进一体化建设,学校依托校内外资源,开展立体式思政教育基地建设。上海财经大学在大学校园内,深入挖掘以博物馆为典型的各类场馆作为示范型科普基地和爱国主义教育基地的思政元素,组织中小学生来校参观,沉浸式开展思政教育;在大中小学间,成立一体化建设基地,2022年9月,学校与上财附属杨浦区国安路小学、上财附属初级中学、上财附属中学、上财附属北郊高级中学联合成立"上海财经大学大中小学思政课一体化建设教育基地";在区域合作方面,积极协调大学校内学院和区域基础教育主管部门共建试点基地学校,上海财经大学附属北郊高级中学"上海财经大学马克思主义学院　虹口区教育局　大中小学思政课一体化建设研究基地学校"于2022年12月挂牌成立。依托立体式基地建设,高校引领、多方联动,系统性开展跨学段思政教育活动,以期为大中小学思政课一体化建设扎实贡献"上财力量"。在探索小初高贯通制人才培养体系的基础上,学校开展针对性调研,在切实了解中小学思政课教学现状和难题的基础上,主动输出学科、人才、活动、场地等优质资源。深入挖掘红色基因,促进文化认同,有序组织附属学校师生、上海中小学财经素养教育项目合作联盟学校、上海市民办中小学协会各联盟学校参观上财校史馆、博物馆等,为中小学思政教育提供多样化教学素材;组织附属学校师生共同参加大学新生开学典礼暨书记第一堂思政课、"走进100"党史学习教育系列活动、"红色经典进校园"系列活动、团学和志愿者服务活动、校友校董活动、校庆系列活动等,多形式推动上财思政教育教学资源向中小学延伸,

① 中国人民大学马克思主义学院.北京市大中小学思政课一体化建设研讨会成功举办[EB/OL].(2022-10-17)[2023-05-01].https://mp.weixin.qq.com/s/XR4ai_tGqM65zRnBXmtf4w.

增强思政教育育人合力。①

2022年2月，由上海师范大学马克思主义学院、内蒙古大中小学思政课一体化研究基地主办，上海师范大学21世纪马克思主义研究中心、上海师范大学体育学院和上海市德育课程教学研究基地承办的第五届全国大中小学思政课一体化建设高层论坛暨学习贯彻习近平总书记关于体育的重要论述高层论坛在上海召开。②

2022年3月，由上海师范大学马克思主义学院和内蒙古大中小学思政课一体化研究基地联合主办，上海师范大学天华学院马克思主义学院、上海旅游高等专科学校马克思主义教研部协办的第六届全国大中小学思政课一体化建设高层论坛暨"新时代大中小学思政课建设的成效与趋势"学术研讨会在上海召开。③

2022年6月，由中国外语教材与教法研究中心、上海外语教育出版社主办，福建省教育学会外语教学委员会协办，集美大学承办的"2022年全国大中小学外语课程思政一体化建设与发展高端学术论坛"顺利举行。作为拓宽外语课程思政育人格局，推进外语课程思政一体化发展，打造大中小学外语课程思政教育共同体的重要支撑，本次学术论坛围绕外语课程思政一体化建设内涵、育人路径、课程建设、教师发展、案例实践等主题进行线上交流与分享。论坛受到了全国各地各级各类学校外语院系院长主任、中小学教研员、教学负责人、一线教师的高度关注，共计7 000余人次在线参与了本次学术讲座。④

2022年10月，由江西省大中小学思政课一体化建设指导委员会专家指导组、上海师范大学、山东师范大学、景德镇陶瓷大学主办，上海师范大学马克思主义学院与景德镇市教育体育局及山东师范大学马克思主义学院、景德镇陶瓷大学马克思主义学院承

① 上海财经大学.打造育人"同心圆"，上海财经大学开展大中小学思政课一体化建设［EB/OL］.（2022－12－16）［2023－05－01］. https://mp.weixin.qq.com/s/7I0－eAUxX74OZ0L6L6PhmQ.

② 上师马院学术在线.第五届全国大中小学思政课一体化建设高层论坛暨学习贯彻习近平总书记关于体育的重要论述高层论坛在上海召开［EB/OL］.（2022－02－08）［2023－04－01］. https://mp.weixin.qq.com/s/AKO44N84hpDwkDRaNnKWqQ.

③ 上海师范大学马克思主义学院.第六届全国大中小学思政课一体化建设高层论坛暨"新时代大中小学思政课建设的成效与趋势"学术研讨会在上海召开［EB/OL］.（2022－04－27）［2023－03－10］. http://marx.shnu.edu.cn/9f/81/c16283a761729/page.htm.

④ 外教社.2022年全国大中小学外语课程思政一体化建设与发展高端学术论坛成功举办［EB/OL］.（2022－06－23）［2023－04－23］. https://mp.weixin.qq.com/s/piz7FyuHkofdalaC9txhvA.

办,上海市德育课程教学研究基地、《理论经纬》《政治学人类评论》杂志社及信阳师范学院马克思主义学院协办的第八届全国大中小学思政课一体化建设高层论坛暨党的二十大精神融入大中小学思政课论坛在景德镇举行。同时在全国东西南北中各设若干个特色性分论坛,延展主论坛会议主题。①

(三) 一体化形式多样化,点面结合广泛辐射

1. 实现"大思政"共建

2022 年 6 月,北京九中教育集团以"我和我的祖国"为主题,在北京教育学院石景山分院思政教研室指导下、北方工业大学马克思主义学院的协办下,通过线上腾讯会议方式举办了大中小学思政课一体化建设爱国主义教育主题教学研讨活动。②

为了构建系统集成、协同高效的"大思政"育人格局,让更多主体融入课堂,天津市武清区教育局深入践行"三全育人"理念,持续加强与区委组织部、宣传部、区人社局等部门的沟通,共同推进中小学思政课教师队伍建设、中小幼思政教育活动和宣传工作等,有效汇聚学校内部和社会各方的育人合力。为将课堂教学与实践活动紧密结合起来,武清区教育局通过红色根脉寻访、成立"武清区红色少年宣讲团"、开展中学生思政辩论赛等方式,让学生走出学校、走进社会、贴近现实,积极探索"大思政课"的实现路径,让"身边人"讲"身边事",把"大道理"化为"小故事"。③

山东省济南市开展大中小学不同学段围绕同一主题探究授课,每场教学现场活动均有大中小学四所学校,围绕同一主题同上一堂思政课,并由市教育局邀请全国专家点评指导、提炼经验,全市思政课教师通过网络在线直播实时学习观看。多场次的专业行动研究,让思政课一体化建设更具品质和生命力。

---

①　上海师范大学马克思主义学院.我院承办第八届全国大中小学思政课一体化建设高层论坛召开 [EB/OL].(2022－11－03)[2023－05－01]. http://marx.shnu.edu.cn/c6/9e/c2466a771742/page.htm.

②　北京九中教育集团举办大中小思政课一体化建设爱国主义教育主题教学研讨活动[EB/OL].(2022－06－23)[2023－04－01] https://www.360kuai.com/pc/9faba195f0e355ed9?cota＝3&kuai_so＝1&sign＝360_57c3bbd1&refer_scene＝so_1.

③　武清教育.中国教育报专题报道武清"大思政课"建设[EB/OL].(2022－10－27)[2023－04－01]. https://mp.weixin.qq.com/s/JAc3j78wyhCxfdzOeF-9Rg.

浙江省宁波市的"00后"大学生宣讲员开始走进班级讲家乡故事、讲活思政课，市教育局组建党史专家讲师团和青年师生宣讲团，开展了微型党课比赛等多项活动，共画思政课协同的"同心圆"。

井冈山大学思政课教师携手师生打造出具有专业特色的"红色+问题式研学"课堂。教师在为井冈山大学医学部学生授课时，将红色精神与医学知识相结合，医学部学生从专业出发，化身"小先生"走进中小学课堂展开演讲，每一名师生都在宣讲红色文化的过程中获得成长。

2. 构建"大师资"体系

华中师范大学通过"同课异构·协同共研"集体备课会和学校"手拉手"对接协作等方式，构建"师师共研"的教研共同体，提升教师教学学术水平。具体落实到"大思政课"师资队伍建设举措上，该校通过"一个教学专题、一项教研课题、一篇教研论文、一堂思政好课"四环促动，助推思政课教师成长。同时，通过"专家导课、名师说课、'青椒'授课、多方评课"四课联动，打造精彩思政课堂。

山东省也启动思政强师工程，完善思政课教师的培训机制和激励评价机制。山东济南放眼全国，探寻优秀专家资源，并邀请他们对思政课建设进行常态化的参与指导，同时在全市成立了"立德树人双领军团队"，遴选一批优秀教师协同参与研究，构成大中小学思政课共建的"灯塔团队"。

为了打破高校与高校间的行政壁垒，江西省领题攻关，以片区为单位，跨校组建若干个教学团队，分专题开展跨校授课，实现了优质师资的逐步共享，形成校际协同育人共同体。江西结合高校区域布局、学科优势等因素，划分四大课程组，每组明确1个组长高校，确定15个片区牵头高校、59所参与高校，统筹推进专题教学改革。

3. 搭建"大资源"平台

教育部把"大思政课"摆在教育信息化的突出位置，加强国家智慧教育平台思政教育资源建设。信息化让思政教育打破地域限制，实现共享。

河北经贸大学马克思主义学院打造了一系列思想政治理论课教学资源体系，多项成果被500多所高校采用。

安徽大学围绕教管服一体化智慧思政平台，构建省、校两级应用，打造省、校、院三级思政工作体系，建成智慧思政课等五大功能应用中心，实现教育、管理、服务一体化。

其中,该校智慧思政课已形成混合教学模式,实现了教师全场域教学、学生全场域学习和数字资源全场域供给。

　　江西省搭建起高校思想政治工作资源库,资源库汇集了省内外社科研究机构、高校等多方力量。江西省先后组织1 086名思政课教师开展"一线课堂"活动,挖掘465个实践典型案例,为开展专题教学提供了丰富的案例资源。①

---

① 　重庆学校思政工作者.贯通大中小　聚力更出彩——各地各校全面推进"大思政课"建设扫描(下)[EB/OL].(2022 - 10 - 11)[2023 - 04 - 01]. https://mp.weixin.qq.com/s/7Jzo36qgg6BHXiSDGk-nXg.

第二章

大中小学思政课一体化建设的学理支撑

　　理论是实践的先导,大中小学思政课一体化建设得以落实和推广,不仅是经过实践检验的科学探索,而且具有深厚的理论基础和思想渊源。为夯实大中小学思政课一体化建设的理论研究,本章从不同理论视野审视和剖析大中小学思政课一体化建设这一命题成立的可能性和必要性,为其寻求科学的学理支撑,以便不断拓宽思想政治教育的理论发展。

一、大中小学思政课一体化建设的马克思主义理论支撑

　　思想政治教育作为政治性与学理性相统一的学科,其理论内核必然要以科学的马克思主义为指导思想。辩证唯物主义与历史唯物主义相结合是马克思主义哲学区别于其他哲学派别的一大特色。马克思主义认识论、联系观、矛盾论、社会存在论、人的全面发展理论为大中小学思政课一体化建设提供了科学的理论基础。

(一) 马克思主义认识论

　　马克思主义者认为,认识的本质是主体在实践基础上对客体的能动反映[1],之所以"能动",可从认识的主体、客体、中介来理解:一是实践主体或认识主体是处于一定社会关系之中的具有实践或认识能力的人,人是人类活动中唯一能动的要素,因而人的认识过程不是机械的、消极的、照镜子式的反映[2],而是一个在大脑内部进行抽象和重构的能动的过程;二是实践客体或认识客体包括自然界、人类社会、人的思维,人不仅能认识世界的本质和规律,同时也能利用规律、改造世界,人作为认识主体与认识客体的关系不仅是认识和被认识的关系,而且也是改造和被改造的关系;三是实践中介或认识中介是指社会主体在探索或改造现实世界的活动中所使用的各种形式的工具

---

① 蔡永生.马克思主义哲学原理[M].北京:高等教育出版社,2003:127.
② 赵宇,陈先奎.政治理论马克思主义基本原理(哲学、政经)重难点分析[M].北京:新华出版社,2008:45.

和手段以及运用、操作这些工具和手段的程序和方法，而聚焦在人的认识过程中，实践是主体获得认识的唯一来源，在实践的基础上人们会获得直接经验或间接经验以通过不同途径认识世界。

辩证唯物主义认识论也揭示了实践与认识的辩证关系，以及认识运动的规律。由于实践是认识的基础，具体表现在：实践是认识的来源，实践是认识的动力，实践是认识的目的，实践是检验认识真理性的唯一标准。① 也就是说，人的认识会随着实践的发展而发展，受客观物质条件和社会历史条件的影响，人的认识会发生相应的变化，单个人的认识可能是有限的，但整个人类的认识是无限的，人们会在有限认识的视域下去追求无限认识的可能性，因此人的认识具有反复性、无限性、上升性，人的认识过程实质上也是一个辩证过程，包括感性认识、理性认识、实践等具体环节。人的认识所经历的第一次飞跃是由感性认识到理性认识的能动的飞跃，认识的初级阶段是在实践基础上形成的具有直接性、形象性的"生动直观"的认识，包括感觉、知觉和表象三种形式，而人在具备直观性、表象性的认识之后会加上概念、判断、推理以对事物的本质和规律进行认识和把握，这也就实现了从感性认识到理性认识的第一次飞跃；人的认识所经历的第二次飞跃是由理性认识到实践的能动的飞跃，理性认识只是认识的高级阶段，但并不是认识的最终归宿，认识只有最终转化为实践力量并落实到现实的实践中，指导实践的发展，才能证明认识过程得以真正完成。正如马克思在《关于费尔巴哈的提纲》中说到的，"哲学家只是用不同的方式解释世界，而问题在于改变世界"②。

"大中小学思政课一体化建设"是习近平总书记和思想政治教育工作者们在了解各学段思政课教学现状的基础上，为打破育人壁垒、提升育人实效而提出的新式教育理念，是在开展思想政治工作的具体实践中得出的科学认识成果，并意图在科学认识成果的指导下推进各学段思政课的改革创新实践。这种"从实践中来"再到"到实践中去"的认识过程正是马克思主义认识论的关键所在。统筹推进大中小学思政课一体化顺应了人的认识运动发展规律，小学阶段的思政课注重启蒙性学习，初中阶段的思政课注重体验性学习，高中阶段的思政课注重常识性学习，大学阶段的思政课注重理论性与思辨性学习，在课程内容设计上遵循了从感性认识到理性认识，由浅入深式的

---

① 孙旭.马克思主义的知行观：《实践论》解读[M].北京：现代出版社,2016：39.
② 中共中央马克思恩格斯列宁斯大林著作编译局.马克思恩格斯文集(第一卷)[M].北京：人民出版社,2009：502.

学习导向,并且在大中小学的整个育人过程中都关注到鲜活的实践、生动的现实,引导学生从实践中获得认识、从认识中获得指导实践的思维和能力。

(二)马克思主义联系观

唯物辩证法的两个总特征之联系观和发展观,即事物是普遍联系和永恒发展的。所谓联系,就是事物之间以及事物内部诸要素之间的相互依赖、相互影响、相互制约和相互作用的关系。唯物辩证法认为世界上一切事物都不是孤立存在的,而是和周围其他事物相互联系着的,整个世界就是一个普遍联系着的有机整体。联系具有普遍性、客观性、多样性、条件性。联系的普遍性要求我们必须坚持用联系的观点看问题,反对用片面或孤立的观点看问题;联系的客观性要求我们必须从事物固有的联系中把握事物的真实的联系,但并不意味着人对于事物的客观联系是无能为力的,人们可以利用事物的联系或者改变事物的状态,调整原有的联系、建立新的联系;联系的多样性和条件性要求我们用综合思维的方法分析问题,注意分析和把握事物存在和发展的各种条件,一切以时间、地点、条件为转移。

联系观表明,不仅是事物与事物之间存在联系,而且一事物内部的诸要素之间同样存在联系。唯物辩证法认为一事物的整体和部分是相互联系、密不可分的,同时又是相互作用的。整体离不开部分,是由部分构成的,部分的功能及其变化影响整体的功能,关键部分的功能及其变化甚至对整体的功能起决定性作用。部分是整体的部分,离开了整体,部分就不成其为部分,整体的功能状态及其变化会影响部分。这要求我们树立整体观念和全局思维,着眼于事物的整体性,同时也要关注部分尤其是关键部分的作用,正确处理好整体与部分的关系,掌握系统优化方法,遵循系统内部结构的有序性,注重系统内部结构的优化趋势。

大中小学思政课一体化建设旨在打破学段间的孤立、分裂的局面,而是以"整体""系统""全局"的观点来看待各学段思政课建设,这正是马克思主义联系观在"一体化建设"中的现实体现。思政课是落实立德树人根本任务的关键课程,小学、中学、大学学段的思政课之间具有一定的关联性、贯通性、统一性。从纵向上看,大中小学思政课一体化为思政课建设以及思想政治教育构筑了一个有机整体,循序渐进地开设思政课、讲好思政课是培养一代又一代社会主义建设者和接班人的重要保障。2019年3

月，习近平总书记在学校思想政治理论课教师座谈会上指出，"思政课的教学目标、课程设置、教材使用、教学管理等方面有统一要求"①。第一，关注教学目标上的整体性、递进性。思政课旨在实现立德树人的根本任务，而各学段的思政课课程目标也各有侧重，小学阶段重在启蒙道德情感，初中阶段重在打牢思想基础，高中阶段重在提升政治素养，大学阶段重在增强使命担当。第二，关注课程设置和课程内容上的整体性、衔接性。各学段的思政课应密切联系、相互关联，前一阶段为后一阶段打好基础、做好铺垫，不可"大踏步迈进"，也不可"简单式重复"。第三，关注教材使用的整体性、科学性。2019 年 8 月，中共中央办公厅、国务院办公厅出台的《关于深化新时代学校思想政治理论课改革创新的若干意见》强调，国家教材委员会统筹大中小学思政课教材建设，科学制定教材建设规划。② 第四，关注教学管理上的整体性、协同性。推动大中小学思政课一体化建设可将各类育人资源看作一个统一整体，一方面增强思政课程与课程思政同向同行，另一方面增强思政小课堂与社会大课堂有机结合。

（三）马克思主义矛盾观

马克思主义哲学认为，矛盾是反映事物内部的对立统一关系，而从空间的角度来看，矛盾具有普遍性，即事事有矛盾、时时有矛盾；从时间的角度来看，矛盾具有特殊性，即不同事物有不同的矛盾，同一事物在发展的不同过程和不同阶段上有不同的特点，同一事物的两个矛盾、同一矛盾的两个不同方面各有特殊性。矛盾的普遍性与特殊性是在横向空间、纵向时间的对比中形成的，而究其二者的关系也可以理解为共性与个性、一般与个别的关系，普遍性寓于特殊性之中，并且通过特殊性来表现自身；同时，特殊性也离不开普遍性，因为事物的存在离不开与其他同类事物的共同属性。③

从马克思主义哲学的角度而言，大中小学思政课一体化建设事实上蕴含着矛盾的普遍性与特殊性相统一的哲学理念。从普遍性与特殊性的辩证关系层面去探究学校

---

① 习近平.思政课是落实立德树人根本任务的关键课程［M］.北京：人民出版社,2020：21.
② 关于深化新时代学校思想政治理论课改革创新的若干意见［M］.北京：人民出版社,2019：7.
③ 中共中央马克思恩格斯列宁斯大林著作编译局.马克思恩格斯文集(第三卷)［M］.北京：人民出版社,2009：52－55.

思政课建设何以在大中小学各学段实现一体化,这其中既蕴含着对于立德树人这一育人使命的普遍性的追求,同时也是对于思想政治教育这一过程性工作的特殊性的观照。大中小学思政课一体化,归根结底是要在各学段的特殊性中去寻求思想政治教育的共同的本质属性,并进而以普遍性来推动特殊性,促进思想政治工作的更好落实。这就意味着,大中小学思政课一体化不仅要透彻地理解和把握思想政治教育在各个学段的个性,同时要透过各学段的个性来把握共性,实现共性与个性的辩证统一。这种辩证统一具体体现在以下几个方面:其一,思想政治教育的共同属性是培养全面发展的人,培养能够担当民族复兴大任的时代新人,思想政治教育是一项使人不断发展、不断完善的育人实践活动。正如哲学家康德所言,它是为了使人成为真正的人,是为了"把人类带向其本质规定"①。因此,各个学段的思政课虽然各有特殊性,但是,其本质属性都是为了使人不断完善自己的世界观、人生观、价值观,从而更好地实现人类的本质。其二,思想政治教育在实际运行中也要注重个性,要关注各个学段、各类学校、各样学生的具体的、特殊的属性及需要,在深刻把握思想政治教育的共性育人目标的同时,还要给予各个学段、各类学校、各样学生的个性发展以一定的空间,思想政治教育不是"本本式""模板式"的灌输,而是以国家实际、学情实际、学生实际为尺度开展的育人活动,避免以一体化的目标来压垮个性化的需要,所以主张在培养全面发展的人的基础上,更好地培养有个性、有创造力的人。其三,大中小学思政课一体化要促进共性与个性的统一。一方面,在大中小学思政课一体化建设中,需要在统一育人目标的指导下,对不同学段、对不同学生安排与之相适应的教学内容,从而在纵向上可以实现各学段的前后相继、高低衔接;对不同育人部门安排相应的育人工作,从而在横向上发挥不同主体的育人功能,实现育人资源的相互补充。另一方面,可以总结归纳不同地区的典型教学经验和案例,作为大中小学思政课一体化建设的个性化补充。如果个性化的内容值得广泛推广,就实现了思想政治教育从个性向共性的转化。

(四)马克思主义社会存在论

马克思主义认为,历史唯物主义的基本问题是社会存在与社会意识的关系问题,

---

① 伊曼努尔·康德.论教育学[M].赵鹏,何兆武,译.上海:上海人民出版社,2005:7.

研究社会历史必须研究社会赖以生存的物质条件,并根据物质生活条件说明政治、法律、思想、哲学、宗教等观点。具体来看,社会存在是指社会生活的物质方面,包括自然地理环境、人口因素、物质资料的生产方式,其中物质资料的生产方式即生产力和生产关系的统一体,是社会发展的决定力量;社会意识是指社会生活的精神方面,包括意识形式、社会心理、风俗习惯等,其中意识形式又包括诸如政治、法律、思想、艺术、道德、哲学等在内的意识形态和诸如自然科学、语言学、形式逻辑等在内的非意识形态。社会存在与社会意识的辩证关系表现在两方面,即社会存在决定社会意识,社会意识反作用于社会存在。① 一方面,社会存在决定社会意识,社会意识是社会存在的反映,有什么样的社会存在就会有什么样的社会意识与之相适应,社会存在发生变化必然会导致社会意识发生相应的变化。另一方面,社会意识对社会存在具有能动的反作用,不同性质的社会意识对社会存在起着不同性质的作用,比如先进的、革命的、科学的社会意识对社会的发展产生巨大的促进作用;反之,落后的、反动的、非科学的社会意识对社会存在的发展起着重大的阻碍作用。同时,社会意识具有相对独立性,即社会意识的变化发展与社会存在的变化发展的不完全同步性、社会意识同经济发展水平的不平衡性、社会意识的发展具有历史继承性、社会意识对社会存在有能动的反作用。社会存在与社会意识的辩证关系原理要求我们既要认识到社会存在的决定作用,坚持历史唯物主义的基本观点,又要认识到社会意识对社会存在具有能动的反作用,自觉树立正确的社会意识,克服错误的社会意识。

基于历史唯物主义之社会存在与社会意识的观点来看,以此理论为指导,"大中小学思政课一体化建设"这一"社会意识"有其形成和发展的"社会存在"基础,当前思政课建设在各学段面临的现实困境为一体化建设提供了现实可能性,而一体化建设育人理念的创新型发展也将为破解当前的现实困境提供顶层设计式指导。长期以来,我国十分重视学校思想政治教育,作为思想政治教育主渠道的思想政治理论课如何建设、如何发展更引起了国家和社会的关注。虽然思政课建设取得了一定的成效,但在传统的课程设置和实际的教学实施中,大中小学各学段的思想政治教育的教学目标、教学内容等缺乏系统规划和整体建构,导致各学段之间不是相互支撑、有序衔接、相互配

---

① 中共中央编译局.马克思恩格斯列宁哲学论述摘编(党员干部读本)[M].北京:中央编译出版社,2019:282-285.

合,而是存在一些相互分离与割裂、简单重复或"跨越式前进"的问题,不利于思想政治教育系统合力育人的预期和成果的实现。面对这样的"社会存在",以问题意识为导向决定了我们要将大中小学思政课一体化设定为一项整体工程系统推进,促进大中小学各学段之间的相互衔接、相互关联,实行"一体化"既有助于提升思想政治理论课在各学段的针对性与有效性,又能为大中小学思政课教材一体化、教学一体化、教师一体化、课程思政一体化、体制机制一体化等提供理论思考与经验借鉴,以更好实现立德树人的根本育人使命。

（五）马克思主义人的全面发展理论

实现人的自由全面发展是马克思主义追求的根本价值目标,也是共产主义社会的根本特征。马克思主义所关注的是现实的人,是处于现实的社会关系中的人,是作为一个完整的生命体而存在、成长和发展的人。马克思主义人的全面发展理论以现实的人作为逻辑起点,以人的本质作为思想核心,以人的实践活动作为思想基石,以人的自由全面发展作为终极目标。而我国的思想政治教育作为一门意识形态性较强的学科,当然也是以马克思主义作为一项指导思想,同时思想政治教育以人作为教育的出发点和落脚点,尤其是对人的思想观念、政治观点、道德规范进行培养和教育。由此可见,马克思主义所指向的价值目标与思想政治教育的育人目标存在些许共性,故进行思想政治教育的改革创新离不开将马克思主义人的全面发展理论作为理论基石。

第一,马克思主义人的全面发展理论以现实的人作为逻辑起点。马克思主义者关注的不是抽象的人,而是现实的人,不是将人作为客体去理解,而是将人作为主体去理解。所谓现实的人,最根本的规定在于它不是幻想、想象的结果,而是真实地利用物质生产资料进行物质生产活动的人,是物质财富和精神财富的现实创造者。马克思在《德意志意识形态》中写道:"这些个人是从事活动的,进行物质生产的,因而是在一定的物质的、不受他们任意支配的界限、前提和条件下活动着的。"[①]"不是处在某种幻想的与世隔绝、离群索居状态的人,而是处在现实的、可以通过经验观察到的、在一定条

---

① 中共中央马克思恩格斯列宁斯大林著作编译局.马克思恩格斯文集(第一卷)[M].北京:人民出版社,2009:524.

件下进行的发展过程中的人。"①各学段思政课所面向的是一个个鲜活的学生,随着年龄、阅历的增长,学生们的思想和认识会更加多样化,这就需要各学段的思政课教师发挥好协同育人的功能,更好地引领学生价值观的塑造。

第二,马克思主义人的全面发展理论以人的本质作为思想核心。马克思主义人的全面发展理论研究人的存在、人的本质和人的发展的一般规律,人不是自然实体,也不是与他人形成的纯粹自然联系的共同体,而是以其现实的、鲜活的生命为载体存在于社会生活中,并且不是孤立地存在,而是要与自然界、社会、他人等产生联系,正如马克思在《关于费尔巴哈的提纲》中提出"人的本质不是单个人所固有的抽象物,在其现实性上,它是一切社会关系的总和"②。不同学段的思政课主要帮助学生解决与自我、与家庭、与班级、与社会、与国家、与世界、与自然等的关系问题,只是每个学段都有各自的侧重点,小学阶段的"道德与法治"课程侧重于培养以学生生活为基础的道德情感;初中阶段的"道德与法治"课程侧重于夯实以学生体验为基础的思想根基;高中阶段的"思想政治"课程侧重于提升以学生认知为基础的政治核心素养,其中设置的必修课程、选择性必修课程与选修课程体现了教材编排、内容编排、育人结构上由共性培养到个性延展的设计特色;高等教育本科阶段的"思想政治理论课"已经形成了以习近平新时代中国特色社会主义思想为核心的较为系统完整的课程群,帮助学生从不同视角、不同范畴理解党和国家的发展以及个人的全面发展。

第三,马克思主义人的全面发展理论以人的实践活动作为思想基石。实践与劳动的内涵在马克思经典文本中具有同构性,因此两者在大多数情况下可以互通。③ 人的实践具有直接现实性、自觉能动性、社会历史性三个基本特征。首先,实践是以感性事物为对象的现实的物质性活动,人能够通过一定的手段或工具作用于实践的客体;其次,人的实践活动是有意识、有目的的活动,目的性是能动性的主要表现,人能够通过实践创造出原来没有的东西;再次,实践从一开始就是社会性的活动,社会性又决定了它的历史性,实践的内容、性质、范围、水平以及方式都会受到一定历史条件的制约,随着一定社会条件

---

① 中共中央马克思恩格斯列宁斯大林著作编译局.马克思恩格斯文集(第一卷)[M].北京:人民出版社,2009：525.
② 中共中央马克思恩格斯列宁斯大林著作编译局.马克思恩格斯文集(第一卷)[M].北京:人民出版社,2009：501.
③ 许瑞芳.新时代大中小学思政课一体化建设[M].上海:华东师范大学出版社,2021：19.

的变化而变化。马克思从实践的维度对社会生活和人的本质进行阐述:"社会生活在本质上是实践的。"①"一个种的整体特性、种的类特性就在于生命活动的性质,而自由的有意识的活动恰恰就是人的类特性。"②马克思主义者重视人及其实践在社会历史中的地位和作用,人可以在实践中更好地认识世界,通过发挥自己的主观能动性改造世界。大中小学思政课一体化在课程设置、教学内容上会以鲜活的现实、生动的实践为依据,结合各学段学生的现有认知和经验,开展针对性的教学设计和育人安排。

第四,马克思主义人学思想以人的自由全面发展为终极目标。这里将"自由""全面"分别加以论述。一是根据人的发展状况将人类社会划分为人的依赖性社会、物的依赖性社会、人的自由全面发展性社会。③ 马克思认为,人的依赖关系是原始社会、奴隶社会、封建社会中人与社会之间关系的特征,在这种社会形态下,生产力水平与商品交换形式还不发达,就形成了人与人之间基于血缘关系或人身依附关系的依赖性;物的依赖性是指资本主义社会人与人之间的关系,甚至包括劳动力在内的都可以被当作商品,都可以被物化;最终希望共产主义社会可以在摆脱对人的依赖关系和对物的依赖性的基础上实现人的自由全面发展,这时的人可以摆脱物的束缚以及各种社会关系的束缚,从不自由或不完全自由的状态走向完全自由的状态。二是人的全面发展是人以一个完整的人的身份,以一种全面的方式,进行自我的创造与提升。根据人的内在本质,马克思对人的发展的内涵界定主要包括三个方面:首先,表现为人的劳动能力的全面发展,包括人的体力、智力、个性和交往能力的发展等;其次,表现为人的社会关系的全面发展,包括了与人生存和发展相联系的一切历史的、现存的、自然的、社会的条件和关系;最后,表现为人的素质和个性的全面发展,关注人的生理素质、心理素质、科学文化素质和思想道德素质等的发展和完善,并充分发挥人作为主体的自觉选择性与主观能动性。推进大中小学思政课一体化建设旨在将学生看作一个整体,将学生在各学段的发展看作这一整体的部分,对学生进行由浅入深、由易到难、从实践到理论再从理论到实践的教育与引导。

---

① 中共中央马克思恩格斯列宁斯大林著作编译局.马克思恩格斯文集(第一卷)[M].北京:人民出版社,2009:505.
② 中共中央马克思恩格斯列宁斯大林著作编译局.马克思恩格斯文集(第一卷)[M].北京:人民出版社,2009:162.
③ 中共中央马克思恩格斯列宁斯大林著作编译局.马克思恩格斯全集(第46卷)(上)[M].北京:人民出版社,1979:104.

二、大中小学思政课一体化建设的教育学基础

　　大中小学思政课一体化建设是响应党和国家关于思政课改革与创新而陆续推进的重要决策，其既具有与其他教育活动、教学任务相一致的普遍性的教育教学规律和教书育人规律，又具有思想政治教育学科所特有的马克思主义理论教育规律与思想政治教育规律。近年来，在以习近平同志为核心的党中央的坚强领导下，思想政治理论课建设获得了广泛关注并取得了重大成就。2016 年，习近平总书记在全国高校思想政治工作会议上提出："要遵循思想政治工作规律，遵循教书育人规律，遵循学生成长规律，不断提高工作能力和水平。"①思政课作为思想政治工作的关键环节，其内在必然有规律地运行，本章将基于教育学原理，从教育教学的基本规律、教书育人的内在本质两方面来阐述大中小学思政课一体化建设的必然性。

（一）教育教学的基本规律

　　教育教学规律是指在教学现象中客观存在的，具有必然性、稳定性、普遍性的联系，对教学活动的设计与安排具有指导、规约的作用，是制定教学原则、选择和运用教学组织形式和教学方法的重要依据。根据归纳式逻辑进行解释，教学现象中的一系列联系具有不同层次，比如：教学活动与社会系统外部条件之间的联系；教学内部各要素、各环节之间的交互联系；教学内部各要素、各环节各自内在的联系。由于教学实际中存在不同的教学现象，各国学者对于教学规律的认识和理解也各有不同，比如：苏联教育家巴班斯基用系统—分析法，从两个层次上揭示教学的规律性，认为一种属于教学同其内外条件的基本联系，如"教学过程与教养过程，教育过程和发展过程存在着

① 共产党员网.习近平在全国高校思想政治工作会议上强调　把思想政治工作贯穿教育教学全过程　开创我国高等教育事业发展新局面[EB/OL].（2016－12－08）[2023－09－05]. http://news.12371.cn/2016/12/08/ARTI1481194922295483.shtml.

有规律的联系""教学过程有规律地依存于学生的实际学习可能性"等;另一种属于教学过程成分之间的联系,如"教的过程和学的过程在作为一个整体的教学过程中是有规律地联系在一起的"等。斯卡特金则把教学规律性分为教学过程本质上固有的客观规律性和有赖于教师活动而表现出来的规律性两种。① 而我国教育学界对教育教学规律的研究最早开始于20世纪四五十年代,并在20世纪80年代随着一些学者的率先涉足和苏联译著的出现而迎来一波研究热潮。1980年,潘懋元教授最早提出教育存在两条基本规律,即教育外部关系规律和教育内部关系规律。② 1994年,吴文侃提出了教学的三条基本规律,即全面和谐发展规律、教学相长规律、整体优化规律。③ 2008年,南京师范大学教育系主编的《教育学》基于教育与社会的联系提出了教育与生产力、教育与政治、教育与文化相互制约的规律,基于教育与青少年身心发展的联系提出了教育与青少年身心发展相互制约的规律;基于教育系统内部的教育者、受教育者、教育影响(教育内容和手段)三要素之间的联系提出了认知主体和客体之间的相互作用规律、教育者的要求与受教育者的身心发展特点及水平之间的矛盾运动规律。④

随着教育的重要性进一步提高,党和国家逐渐以文件的形式来宣传中国特色社会主义的教育教学理念,其中不乏有研究者从实际教育教学过程出发,围绕教育者、教育对象、教育中介(手段)、教育环境(资源)等方面进行规律式探索,提出"教育者要遵循教育教学规律"的要求,如柳州市教育科学研究所刘明在《六条教育教学规律探索》中指出,经过教学改革实验研究,在教育教学中要遵循"总分协调律、内外统一律、个性成长律、感官协同律、人机结合律、发展评价律"⑤六条规律。从教育教学规律的角度来解释大中小学思政课一体化建设的必要性,具体可以表现在:第一,总分协调律,是在落实立德树人根本任务、发展素质教育、推进教育公平、培养德智体美劳全面发展的社会主义建设者和接班人的"总"教育方针指导下,逐层分离出各学段学校的培养目标、各学段学科的课程目标以及落实到一单元、一节、一目的教学目标,由此构成"总一

① 孙杰远,叶蓓蓓.有效教学的设计原理、策略与评价[M].北京:教育科学出版社,2013:10.
② 林金辉.潘懋元高等教育思想[M].广州:广东高等教育出版社,2010:42-45.
③ 吴文侃.比较教学论[M].北京:人民教育出版社,1996:161-168.
④ 南京师范大学教育系.教育学[M].北京:人民教育出版社,1984:377-378.
⑤ 刘明.六条教育教学规律探索[J].广西教育,2019(44):60-62,65.

分"相伴而行的状态。大中小学思政课一体化建设即是从系统论、整体论的角度统筹大学、中学、小学各学段的培养目标，从而形成相对系统完善的育人体系。第二，内外统一律，是整合教育系统内部要素和外部要素，形成整体的育人合力，不管是学校内部的各职能部门、各类教育者，还是学校外部的各种社会资源、社会力量，都应该共同关注受教育者的成长发展，并为其提供帮助。大中小学思政课一体化建设即可通过全员、全过程、全方位育人实现育人主体、育人时间、育人空间的有机统一，共同促进育人目标的实现。第三，个性成长律，是尊重学生身心发展的不同过程和不同状态，及时发现学生的既有特点、挖掘其优势特色、激发其潜在力量，并促进学生由浅入深、由易到难、由低阶思维到高阶思维的进阶。大中小学思政课一体化建设在教学目标、教学内容的设计上都主张前后相继、上下衔接，不仅注重知识的从浅入深，而且注重培养学生的思想、情感、思维从低阶到高阶不断发展；在教学目标的规划上，小学阶段培养学生的道德情感、初中阶段培养学生的思想基础、高中阶段培养学生的政治素养、大学阶段培养学生的使命担当。第四，感官协律，是指人在学习过程中越能充分利用自己的各种感官，就越能够提高学习效率，这也在提倡教育教学要关注社会实践、关注现实生活，既要利用好间接经验，同时自己也要勤于获得直接经验。大中小学思政课一体化建设即是从中小学阶段关注学生的生活体验以及对社会各领域的观察、感悟，到高中阶段、大学阶段关注学生理论知识的学习、思维能力的培养以及最后落实到社会生活的参与技能。第五，人机结合律，是指将人力资源的优势与现代教学技术资源的优势结合起来，以此拓展育人手段和育人资源。大中小学思政课一体化建设也关注到统筹各类育人资源，尤其是随着信息技术的发展，网络社会成为受教育者普遍接触、更容易抒发观点的场所，复杂多样的网络信息成为思想政治教育的重要资源，可从正强化和负强化的角度利用好各类教育资源、把握好各类教育空间。第六，发展评价律，是指由于受教育者的身心发展具有阶段性、差异性、不稳定性、不平衡性的特点，所以教育者要适应受教育者的现有身心发展状况，再为其制定科学的教育目标和教育内容，且教育者要以发展性、超越性的眼光看待受教育者，挖掘受教育者的闪光点，对受教育者做出科学合理尽可能全面的成果评价。大中小学思政课一体化建设即在评价体系上也会呈现出一体化的特点，比如小学阶段的教育者可以从小学生的现有状态去预测、设想学生的中学状态乃至大学状态，形成一种"追加式"的评价体系，一方面是大中小学各学段之间的纵向追加，另一方面是家校社各空间之间的横向追加。由此我们可以发现,思想政治教育作为学校教育体系中的关键一环,其具体的教育教学过程必然要遵循一般的教育教学基本规律,思政课作为学校开展思想政治教育工作的主渠道,其改革与创新的新主张即推进大中小学思政课一体化建设同样要符合规律,且符合教育教学领域及实际工作过程中的科学的教育教学规律。

(二) 教书育人的内在本质

教书育人规律是整个教育教学过程所要遵循的规律之一,也是思想政治教育所要遵循的一般规律。习近平总书记强调:"我国高等教育肩负着培养德智体美全面发展的社会主义事业建设者和接班人的重大任务,必须坚持正确政治方向。""高校立身之本在于立德树人。"①高校作为培养人才的重要场所,教师不仅要教书,更要育人,不仅要当"经师",更要当"人师",决不能把教书与育人分割开来。在学校教育中,思政课是落实立德树人的关键课程,不仅承担着传授马克思主义相关理论成果的"教书"任务,而且承担着传递求真求善求美的世界观、人生观、价值观的"育人"功能。因此,想要在各学段开展好思想政治工作,统筹教书与育人两项重任,就要切实遵循教书育人规律,明确教什么书、育什么人,以及怎样教书、怎样育人的问题。思想政治工作遵循教书育人规律,首先要辩证地看待教书与育人之间的内在统一关系,一是,教书是手段,育人是目的,教书的目的是为了育人,育人要通过教书来实现;二是,教书和育人密不可分,是同一教育过程中的两个方面,教书中有育人的成分,育人中有教书的内含。

大中小学思政课一体化建设,需要从教育目标、教育内容、教育方式、教师队伍、体制机制等方面共同推进,思想政治教育遵循教书育人规律的主体任务落在教师身上,具体要做到坚持教书和育人相统一、言传和身教相统一、潜心问道和关注社会相统一、学术自由和学术规范相统一②。一是坚持教书和育人相统一。各学段思政课教师都要把立德树人作为教育的根本任务和中心环节,重视思政课铸魂育人、立德树人的关键课程作用,将知识传授与价值引领结合起来,从故事中提炼精神、从知识中感悟哲理,引导学生树立以爱国主义为核心的民族精神和以改革创新为核心的时代精神,自

---

① 习近平.习近平谈治国理政(第二卷)[M].北京:外文出版社,2017:377.

② 中共中央国务院.中共中央国务院关于全面深化新时代教师队伍建设改革的意见[EB/OL].(2018－01－31)[2023－09－05]. http://www.gov.cn/zhengce/2018－01/31/content_5262659.htm.

觉当好学生品格、品行、品位的塑造者和引领者。二是坚持言传和身教相统一。中小学阶段的思政课教师面对的是处在行为模仿期、"三观塑造"期的学生，所以教师的一言一行更容易对学生产生或好或坏的影响；高等教育阶段的思政课教师面对的是具有一定认知水平且需要探求更科学、更严谨理论的学生，所以教师对马克思主义理论真学、真懂、真信，才能真正赢得学生的认可；只有努力成为先进思想文化的传播者、党执政的坚定支持者，把正确的世界观、人生观、价值观融入课堂教学之中，以身作则践行社会主义核心价值观，才能更好地担负起学生健康成长指导者和引路人的责任。三是坚持潜心问道和关注社会相统一。思政课教师不是根据本本讲本本，而是立时代之潮头、通古今之变化、发思想之先声，把理论知识与社会实践、与学生生活紧密联系起来，不仅为学生解答书本知识，更为学生传递党和国家发展历史、前途命运等，培养学生的爱国情、强国志以及锻炼学生的报国行。四是坚持学术自由和学术规范相统一。思政课是政治性与学理性相统一的课程，政治立场要坚定、科学理论要坚持，大中小学思政课教师队伍一体化建设要常学常新、要互通有无，完善学术评价体系和评价标准，积极研究未知、探索新知，鼓励学术争鸣、学术创新，各学段思政课教师为一体化建设贡献个性化经验与见解，在交流互动中共同参与推进一体化建设持续落实。

三、大中小学思政课一体化建设的心理学基础

心理学的研究表明，社会个体的发展具有阶段性特征，学生个体认知、道德、人格的发展和塑造不是一蹴而就的，而是要遵循人类心理阶段性发展特征、人类心理发生发展规律。思想政治教育是教育者用一定的思想观念、政治观点、道德规范，对受教育者施加有目的、有计划、有组织的影响，以使受教育者形成符合一定社会或一定阶级所需要的思想品德的社会实践活动，因而教育活动不仅要符合社会历史发展的客观规律，而且要符合受教育者即学生群体的认知发展特征、道德发展规律、人格发展特征等。为此，要充分挖掘心理学相关理论成果，准确把握学生的成长特点及成长规律，为大中小学思政课一体化建设提供心理学上的理论支撑。

（一）学生认知发展特征

人类心理总体呈现由低级到高级、由量变到质变连续不断发展、由经验型逻辑思维逐渐过渡到理论型思维的趋势，但在各个年龄阶段具体表现出不同的心理特征，教育者需要尊重学生心理阶段性发展特征，在各年龄段有针对性地开展教育教学活动。[①] 思政课所涉及的学段大致涵盖学生心理发展的儿童期（6岁至12岁，约为小学阶段）、少年期（13岁至15岁，约为初中阶段）、青年早期（16岁至18岁，约为高中阶段）和青年期（19岁至28岁，约为高等教育阶段），了解不同年龄阶段学生即受教育者的心理特征和认知情况是思政课教师即教育者开展思想政治教育的首要前提，否则就会出现教育内容过简或过繁的不利情形。学生的心理认知发展水平和发展阶段关系到学生对思想政治教育相关知识的学习、理解与内化程度，关系到学生的情感体验、思想基础、政治素养及使命担当的形成与培育。因此，大中小学思政课一体化建设需要立足受教育者心理阶段性发展特征进行设计与规划，只有根据受教育者不同年龄阶段的认知特征进行课程教学，才能更加有效地促进受教育者对思想政治教育相关知识的学习、理解、内化，才能更好实现各学段思政课对受教育者提出的不同层次的要求。

儿童心理学家皮亚杰认为人的认知发展具有明显的阶段性特征，每一个阶段之间具有质的差异。阶段的划分与年龄有关，每个人的认知发展基本都要经历一个渐进式的、阶段性的发展，但也会因为不同的社会历史条件、社会生活环境等因素，存在个性化的特征。一般来说，前一阶段是后一阶段的基础，后一阶段是前一阶段的结果。皮亚杰把儿童的认知发展分为以下四个阶段。第一，感知运动阶段。这一阶段的儿童大致处于0—2岁期间。儿童在这一阶段主要依靠感觉来认知外部世界，并获得客体永久性。所谓客体永久性，是指儿童脱离了对物体的感知而仍然相信该物体持续存在的意识。第二，前运算阶段。这一阶段的儿童大致处于2—7岁期间。这一阶段又分为前概念或象征思维阶段（2—4岁）和直觉思维阶段（4—7岁）。儿童在这一阶段出现了早期的信号功能：能够凭借语言或模仿手段等来表达外部事物。但是，儿童在这一

---

① 王楠.基于发展心理学的大中小学思想政治理论课一体化建设研究[J].广西教育，2022（27）：18－22.

阶段依然受限于直觉思维的控制,不能拥有抽象的逻辑判断能力。第三,具体运算阶段。这一阶段的儿童大致处于7—12岁期间。儿童在这一阶段的认识获得了守恒性。守恒性的对象包括数目、物质、几何重量、长度和体积。守恒性的对象也随着年龄的增长而不断扩大。因为拥有了守恒性,儿童思维也具有了可逆性。儿童已经能够对外部事物的发展变化进行思考,并做一个简单的比较。但这一阶段的思考始终需要具体的事物、物体或者过程作为中介,还不能实现抽象思维的推演。第四,形式运算阶段。这一阶段的儿童大致处于12—15岁期间。儿童在这一阶段的思维不局限于具体的事物、物体或者过程,可以利用语言或者文字进行思考和想象并解决问题。此外,儿童甚至可以利用概念、假设、判断等来进行逻辑演绎推理,得出可靠的结论,可见在这一阶段儿童可以具有的抽象思辨能力成为其重要特征。[1] 基于皮亚杰的观点,如果以大中小学各学段为划分尺度,我们认为,小学阶段的学生认知发展特征是以具体形象思维为主,在此阶段仍要借助于感性直观实现教育目标;中学阶段的学生认知发展特征是抽象逻辑思维迅速发展,在此阶段可将感觉直观与逻辑推理相结合实现教育目标;高等教育阶段的学生认知发展特征是以辩证逻辑思维为主,在此阶段学生的心理发展相对成熟、心理特点相对稳定,主要培养学生的逻辑思辨能力以更好实现知识的理解、内化并外化于指导实践。

（二）学生道德发展规律

在发展心理学中,道德是指对社会道德规范及其执行意义的认识。[2] 不同年龄阶段的孩子或者不同学段的学生,其对于社会道德规范及其执行意义的认识也会存在不同特征。心理学家柯尔伯格在皮亚杰的道德发展理论基础上提出了道德判断能力的发展有三种水平、六个阶段的理论。三种水平即前习俗水平、习俗水平、后习俗水平。其中每种水平又有两个阶段,共六个阶段,即:惩罚与服从的定向阶段、手段性的相对主义的定向阶段、人与人之间的定向阶段、维护权威或秩序的道德定向阶段、社会契约

---

① 许瑞芳.新时代大中小学思政课一体化建设[M].上海:华东师范大学出版社,2021:22-23.
② 王楠.基于发展心理学的大中小学思想政治理论课一体化建设研究[J].广西教育,2022(27):18-22.

的定向阶段、普遍的道德原则的定向阶段。① 一是前习俗水平(前惯例期),个人还没有形成所谓的道德观念,凡事只会着重个人利益和只为满足自己而行事,具体来看:在惩罚与服从的定向阶段,个人只单纯地为避免受到惩罚而服从规范,不会考虑其他事情;在手段性的相对主义的定向阶段,个人会将被人赞赏的行为当作规范,会为得到因赞赏而取得的利益而遵守规范。二是习俗水平(惯例期),这一阶段、这一时期的儿童希望得到别人的认同,此时的道德观念是以他人的标准作判断,以此作为发展自我道德观念的方向,具体来看:在人与人之间的定向阶段(寻求认可取向),儿童会为了取得成人的好感,而遵从成人定立的"好孩子"标准的规范,行为具有从众性表现;在维护权威或秩序的道德定向阶段(遵守法规取向),个人会认为法律至高无尚的权威,并服从大众所定下的各种规律作为道德规范。三是后习俗水平(后惯例期),此时的道德观念已超越一般人及社会规范,个人会对自己的道德及行为有所要求,具体来看:在社会契约的定向阶段(社会法制取向),个人相信法律是为了维护社会和大众的共同最大利益而制定的,一切会以大众的利益为准则,但仍有不足之处,所以有些时候为了大众的利益而做出违法行为;在普遍的道德原则的定向阶段(普遍伦理取向),这一阶段的个人往往是凭心行事,会认为他所做的全为了全世界人类的福祉着想,尽管法律有所限制,不过若因此而无法实践自己的道德观念,纵使犯法也在所不惜,因为那些法律有违其建立的原意。

基于柯尔伯格的观点,如果以大中小学各学段为划分尺度,我们认为,小学阶段的学生道德发展是以他律道德为主,在此阶段学生对于道德的理解以及行为的表现需要依靠学校老师和家庭家长等的约束,教师或家长若想培养学生良好的道德品质、价值观念就需要从现实的生活、具体的事例、生动的故事等方面加以引导。中学阶段的学生道德发展是从他律转向自律的过程,易变性和敏感性是这一时期的主要特征:一方面,教师可以从外部着手,即引导学生正确认识是非善恶,如在课堂上剖析社会热点道德事件的道德逻辑,帮助学生确立道德判断标准,使学生能够正确认识和辨别自己和他人的道德行为;另一方面,教师可以从内部着手,即引导学生进行自我道德反省,尤其是帮助犯错误的学生在动机、认识和后果等方面进行道德逻辑梳理,找出其中错误的道德逻辑并予以批判指正,促进学生形成正确的道德观念。高等教育阶段的学生道

---

① 柯尔伯格.道德教育的哲学[M].魏贤超,柯森,等,译.杭州:浙江教育出版社,2000:95-135.

德发展是以自律道德为主,并受到社会公德的制约,这一阶段的学生已基本形成了个人对于社会、家庭、自我的认识,社会公德教育成为大学阶段道德教育的主要着力点,教师应帮助学生明确社会公德、职业道德、家庭美德与个人品德之间的关系,引导学生通过观察、了解外部社会道德现象以完善个人的道德观念。思想政治教育究其本质属性来看是教育者与受教育者根据社会和自身发展的需要,以正确的思想、政治、道德理论为指导,在适应与促进社会发展的过程中不断提高思想、政治、道德素质和促进全面发展的过程①,故思想政治教育主要包括思想教育、政治教育、道德教育,总的来说就是培养人向善向美的教育。因此,大中小学思政课一体化建设要符合学生道德发展规律,从他律道德逐渐引导学生转向自律道德。从这一角度来看,了解不同年龄阶段学生即受教育者的道德认知和行为能力水平如何是思政课教师即教育者开展思想政治教育尤其是对受教育者进行德性培养的前提条件之一,否则就会出现学生逆反甚至质疑思想政治教育合理性的不利情形。

（三）个体人格发展特征

心理学家埃里克森认为,人的自我意识发展持续一生,他把自我意识的形成和发展过程划分为八个阶段,这八个阶段的顺序是由遗传决定的,但是每一阶段能否顺利度过却是由环境决定的,所以这个理论可称为"心理社会"阶段理论。② 每一个阶段都是不可忽视的。他的人格终生发展论为不同年龄段的教育提供了理论依据和教育内容,任何年龄段的教育失误,都会给一个人的终生发展造成障碍。思想政治教育关注学生情感发展、思想发展、素养提升,旨在促进人的全面发展,而何为"全面发展",首先要把教育者和受教育者都当作一个可塑造的具有完整人格的个体,从这一角度去认识教育者和受教育者,同时引导相对成熟且具有相对完整人格的教育者对尚未成熟的受教育者进行人格的完善和塑造,这时就要考虑到受教育者在不同学段接受的人格教育成效如何,以便后一学段的教育者能够在前一学段的基础上做出适当的调整。因此,大中小学思政课一体化建设要遵循受教育者的个体人格发展特征,只有了解每一

---

① 教育部思想政治工作司.大学生思想政治教育理论与实践[M].北京:高等教育出版社,2009:2.
② 郭婷.浅谈埃里克森的人格发展阶段理论[J].理论导报,2010(06):26-27.

个学段受教育者的基本情况和真实需求,才能有效调动各方育人主体以形成育人合力,保障受教育者在其成长发展的各个阶段"无人缺位"。

学龄初期(4—7岁),主要表现为"主动与内疚的冲突"。如果幼儿表现出的主动探究行为受到鼓励,幼儿就会形成主动性,这为他将来成为一个有责任感、有创造力的人奠定了基础。如果成人讥笑幼儿的独创行为和想象力,那么幼儿就会逐渐失去自信心,这使他们更倾向于生活在别人为他们安排好的狭窄圈子里,缺乏自己开创幸福生活的主动性。当儿童的主动感超过内疚感时,他们就有了"目的"的品质,埃里克森把目的定义为:"一种正视和追求有价值目标的勇气,这种勇气不为幼儿想象的失利、罪疚感和惩罚的恐惧所限制。"

学龄期(7—12岁),主要表现为"勤奋与自卑的冲突"。如果儿童能在学校接受教育的时候,顺利地完成学习课程,他们就会获得勤奋感,这使他们在今后的独立生活和承担工作任务中充满信心。反之,就会产生自卑感。也就是说,当儿童的勤奋感大于自卑感时,他们就会获得有"能力"的品质。另外,如果儿童养成了过分看重自己的工作的态度,而对其他方面满不在意,埃里克森则认为这种人的生活是可悲的。

青春期(12—18岁),主要表现为"自我同一性与角色混乱的冲突"。"自我同一性"可以理解为一个人心理上的自我,即对自己的认识;"角色混乱"可以理解为自己在别人眼中的形象,以及自己在社会集体中所占的情感位置。如果他人对自己的认知与自己对自己的认识有偏差,即有可能面临"角色混乱"的危机。埃里克森认为,"这种统一性的感觉也是一种不断增强的自信心,一种在过去的经历中形成的内在持续性和同一感。如果这种自我感觉与一个人在他人心目中的感觉相称,很明显这将为一个人的生涯增添绚丽的色彩"。

成年早期(18—25岁),主要表现为"亲密与孤独的冲突"。如果个人能从前一个阶段的"自我同一性"顺利进入"自我同一性"与"他人同一性"相结合的这一阶段,就有可能实现亲密关系的创造,并伴随着个人的自我牺牲或损失,反之,就可能产生孤独感。这一时期也对应大学阶段,大学阶段的《思想道德与法治》这一门思政课会涉及道德规范教育、心理健康教育等相关教育内容。这时的师生相对地不避讳谈及"爱情观"教育,也会基于思政课这一载体更全面地引导学生成为具有完整人格的个体以及社会人。

四、大中小学思政课一体化建设的思想政治教育学基础

思想政治理论课是集中体现党和国家意志的一门课程,是思想政治教育思想、教育目标和教育内容的主要载体,是学校开展思想政治教育的主渠道,思政课的授课效果直接影响着学校立德树人的效果。思政课以马克思主义为科学指导,因此要依赖于马克思主义基本原理作为学理基础;思政课是学校教育中的一部分,是学校思想政治工作开展的关键环节,因此,要依赖于教育学原理为学理基础;思政课是对受教育者即学生进行思想观念、政治观点、道德规范等方面的教育,尤其是中小学段的思政课很大程度上是情感与情感的交流、是教师之心与学生之心的交流,因此要依赖于心理学理论为学理基础;思政课作为一门独立的课程,思想政治教育作为一个独立的学科,大中小学思政课一体化建设必然也要遵循思想政治教育学内在的本质的原理作为其学理基础。为此,本章将从思想政治教育的基本规律出发,结合思想政治教育过程论、衔接论、系统论和结构论等相关理论成果,为大中小学思政课一体化提供思想政治教育学的理论基础。

(一) 思想政治教育的基本规律

大中小学思政课一体化建设不仅遵循一般的、共性的教育教学规律,也要遵循思想政治教育学科所特有的、内在的教育规律。20 世纪 80 年代中后期,我国学者开始讨论思想政治教育过程规律,代表人物及观点有:1988 年,邱伟光在《思想政治教育学概论》中提出四大规律,即"知与行的统一;情和理的结合;人、环境、教育的相互影响的统一;教育与自我教育的统一"①。1988 年,张耀灿在《思想政治教育学原理》中提出两个基本规律,即思想政治教育过程的双向性规律、开放性和可控制性规律。1992

---

① 邱伟光.思想政治教育学概论[M].天津:天津人民出版社,1988:190.

年,陈秉公在《思想政治教育学》中提出五大规律,即"社会适应规律、要素协同规律、过程充足规律、人格分析规律、自我同一规律"①。进入 21 世纪,学术界重点关注思想政治教育规律,其中对于思想政治教育过程规律的研究也不在少数,如,2001 年,陈万柏在《关于思想政治教育过程规律的再思考》中提出三个规律,即"教育要求与受教育者思想品德发展之间保持适度张力的规律、教育与自我教育相统一的规律、协调与控制各种影响因素使之同向发挥作用的规律"②。2019 年,王易、宋健林在《试论思想政治教育的基本规律》中基于"思想""政治""教育"三组核心范畴,推断出三大基本规律,即科学价值统一律、主客体双向互动律、社会意识内化外化律。③

　　所谓规律是事物运动过程中固有的、本质的、必然的、稳定的联系,大中小学思政课一体化建设之所以可能,不仅是外部环境使然,更是遵循思想政治教育内在运行规律的结果,尤其是从纵向的学段衔接和内容编排上来看,对学生开展思想政治教育必然要遵循教育活动,既要适应受教育者的思想品德状况,又要超越受教育者思想品德的现状,体现社会对学生成长的思想品德要求,我们可将其称为"适应超越规律"④。倘若"一体化"不符合思想政治教育适应与超越的规律,那其存在便成为"无本之木""无水之源",正由于适应超越规律反映了思想政治教育要素之间的本质联系,揭示了思想政治教育过程基本矛盾运动的发展趋势,因而是思想政治教育过程的基本规律。适应超越规律是适应与超越的辩证统一。在思想政治教育过程中,教育活动显然要受到受教育者思想品德状况的制约,因而教育目标、教育内容、教育方法等应与受教育者思想品德的实际状况相适应,只有这样,教育影响才能真正作用于受教育者,促进其思想品德逐渐升华。反之,思想政治教育就有可能脱离实际,起不到它应有的作用。但另一方面,思想政治教育又具有提高受教育者思想品德水平的教育任务,因而教育要求又应有一定的超越性,应指明受教育者努力的方向,只有这样,教育活动才能满足受教育者思想、品德、精神等的长远发展需要,推动其思想品德朝社会要求的方向不断发展。由此可见,教育活动与受教育者的思想品德状况相互作用、辩证统一,共同推动思

①　陈秉公.思想政治教育学[M].长春:吉林大学出版社,1992:170.
②　陈万柏.关于思想政治教育过程规律的再思考[J].华中师范大学学报(人文社会科学版),2001(02):37-39.
③　王易,宋健林.试论思想政治教育的基本规律[J].教学与研究,2019(12):59-67.
④　姜正国.思想政治教育环境论[M].长沙:湖南师范大学出版社,1999:98.

想政治教育过程由简单到复杂,由低级到高级地不断发展。

　　基于这一规律,大中小学思政课一体化建设既在各学段设置、选用与学生发展实际相适应的教学目标、教学内容、教学方式,又在学段与学段之间做好目标、内容、形式上的衔接,例如,高中与大学阶段关于"法治教育"的设置,旨在实现从法治意识到法治信仰的进阶、从常识性法律知识到理论性法治观念的进阶。具体来看,高中《政治与法治》以对学生进行法治意识教育为重点任务,从国家、社会发展的宏观角度引导学生明确自身的基本权利与义务,掌握必要的常识性的法律基础知识,并在此基础上充分理解依法治国是国家治理的基本方略;大学《思想道德与法治》以对学生进行法治信仰教育为重点任务,更大篇幅地从理论层面系统地向学生介绍中国特色社会主义法学理论体系的基本内涵,以及针对学生成长过程中面临的法律问题开展法治观教育,通过尊法学法守法用法不断提升学生法治素养。

(二)思想政治教育过程论

　　思想政治教育过程是指"教育者对教育对象施加有目的、有计划、有组织的教育影响,引导教育对象形成和提高其思想政治素质的过程"[①]。它包括思想政治教育者、受教育者和思想政治教育实践活动这三个要素,这三个要素不是简单相加,而是相互联系、相互作用的动态过程。在这一动态过程中,存在着各种各样的矛盾。

　　首先,教育者与社会、阶级要求之间存在矛盾,具体表现为一是教育者由于自身经验、认识能力与思维方式以及思想觉悟水平等原因而不能全面、完整地把握社会、阶级要求,或者片面甚至曲解社会、阶级要求;二是教育者内心并不认同社会、阶级要求,仅仅出于职业要求而例行公事地开展教育工作,不论哪一种情况都不利于思想政治教育活动的开展。其次,受教育者与社会、阶级要求之间的矛盾,具体表现为受教育者由于现有的认知发展水平、道德发展阶段、人格发展层次等原因而不能很好地适应社会发展、适应现实生活,在阶段性学习上存在过多"不适龄"的"超越性"的知识和内容,这种情况也不利于受教育者参与教育活动,影响思想政治教育过程的顺利进行。再次,教育者与受教育者之间的矛盾,这一矛盾是思想政治教育过程中最基本的一对矛盾,

---

① 沈壮海.新编思想政治教育学原理[M].北京:中国人民大学出版社,2022:154.

具体表现为教育者所掌握的一定社会、一定阶级的思想政治品德要求与受教育者现有的思想政治品德水平之间的矛盾，思想政治教育过程的目的就在于教育者通过思想政治教育活动，包括内容、形式等，对受教育者施加符合社会发展要求、符合学生认知发展规律、道德发展规律、人格发展规律的思想观念、政治观点、道德规范。也就是说，"思想品德形成发展规律"①"服从和服务于社会发展的规律"②是思想政治教育所要遵循的基本规律。

一方面，受教育者的思想品德形成发展规律揭示了受教育者思想品德的形成并非一蹴而就的，是一个不断完善和发展的过程，是一个经过内化与外化相统一的发展过程；另一方面，思想政治教育的内容具有鲜明的意识形态性和社会历史性，思想政治教育的目标是通过对人的教育，不断为党和国家培养有理想、敢担当、能吃苦、肯奋斗的时代新人，因此，培养人的过程是知识传授的过程、是价值引领的过程，培养人的过程是需要不断经由社会现实、社会实践检验的过程。综上，我们发现思想政治教育过程中的三对矛盾、两个规律共同支撑思想政治教育活动顺利、有效进行。正如恩格斯所说，世界不是一成不变的事物的堆积体，而是互相联系的、不断发展的过程的统一体③，大中小学思政课一体化建设不是既成的固定不变的内容，而是响应国家政策号召、立足现实育人需求的创新育人理念和育人实践，是一个需要全员全程全方位共同参与的长效工作，不可用孤立静止片面的观点看待一体化建设，故要从思想政治教育过程论的视角来探求大中小学思政课一体化建设的合理性。

（三）思想政治教育衔接论

衔接是影响学校思政课顺利有效开展的重要因素。如果各学段的思政课之间能实现必要的教材内容、教学内容上的衔接，而舍弃"简单的重复""过度的跨越"，思想政治教育的实效性会进一步提高。思想政治教育衔接问题虽然没有在思想政治教育学原理等教材文本中专门论述，但一直是思政治教育研究和实践关注的热点问题。

---

① 张耀灿,郑永廷,吴潜涛,等.现代思想政治教育学[M].北京：人民出版社,2006：123.

② 张耀灿,郑永廷,吴潜涛,等.现代思想政治教育学[M].北京：人民出版社,2006：127.

③ 恩格斯.《路德维希·费尔巴哈和德国古典哲学的终结》浅释[M].太原：山西人民出版社,1974：67.

2005 年，教育部就专门颁布了《关于整体规划中小学德育体系的意见》，明确指出只有坚持把有效衔接、分层次实施、循序渐进、整体推进作为根本要求，才能始终保持学校思想政治教育的生机和活力。[①] 建构主义认为，在学习新课程之前，学生的头脑里并非是一片空白的。建构主义强调学习者应当在原有的知识基础上建立新的知识体系，并将其运用到现实生活中。学生通过之前课程的学习和自身的实践，已经建构了大量的基本概念，学生高等阶段的学习并不是无限重复现成的简单的知识信息，而是基于原有经验的概念去理解新的难的知识。要促进学生对之后学段思想政治教育新知识的有效建构，体现学段的进阶、思维的进阶，就需要在学生已有的思想政治教育知识基础上，关注不同学段之间思想政治教育教学的衔接。比如大学阶段开展思政课，首先要了解中小学阶段都学了哪些内容，并在此基础上，根据学情、社情、国情等进行教材的编写、内容的设计、形式的选用。如果只片面地"闭门造车"，那也不必设置学段之分了；如果只一味重复，学生的学习兴趣和学习体验感会受到影响。就现实层面而言，现阶段思政课从小学、初中阶段的《道德与法治》到高中阶段的《思想政治》，再到大学阶段的公共必修课《思想道德与法治》，内容上还是存在知识点重复、缺乏连贯性，目标上存在与学情不适配、教师队伍建设上缺乏交流等问题。因此，做好各学段思政课课程目标的衔接、思政课教材的衔接、思政课教学内容的衔接，要注重不同学段之间新旧知识的联系与过渡，除了"爱国主义"精神培育等必要内容的重复以外，各学段教材内容、教学内容要呈现出由浅入深、由易入难、由感性入理性的递进状态，满足"适应与超越"的需求。

"衔接"一词更多是一种纵向的前后相继，在思想政治教育的衔接理论中更多体现不同学段教学内容之间的相互关系，从这一角度看，大中小学思想政治教育的"衔接"作为大中小学思政课"一体化"建设的重要内容之一，其各学段之间"衔接"得是否有机、是否科学将直接影响"一体化"建设的成效。正因为思想政治教育要遵循一般的教育教学规律、学生的认知发展规律，所以大中小学思政课各学段之间的有效衔接正是尊重客观规律的体现。大中小学思想政治教育之间是在推进教学目标、教学内容、教学方法、教师队伍、体制机制等方面的螺旋式、递进式的有效衔接。

[①] 中华人民共和国教育部.教育部关于整体规划大中小学德育体系的意见（教社政〔2005〕11 号）［EB/OL］.（2005 - 05 - 11）［2023 - 03 - 01］. http://www.moe.gov.cn/s78/A12/s7060/201007/t20100719_179051.html.

（四）思想政治教育系统论

思想政治教育是一个系统工程,它不仅具有一般系统的共同特征,而且具有思想政治教育系统的特有属性。思想政治教育系统是由相互影响、相互作用的若干内部要素而组成的复合体。用系统论的观点来看待思想政治教育,即把思想政治教育看作一个整体系统,其具有整体性、有序性、相关性。首先,思想政治教育系统具有整体性。其内部不仅表现为教育者、受教育者、思想政治品德规范等要素的相互作用,而且表现为明确目标、落实内容、研究对象、制定措施等环节的有机结合。其次,思想政治教育系统具有有序性。具体表现在:一是教育者和受教育者的地位和作用不可以互相取代;二是目标—内容—措施的内在顺序不可以颠倒;三是领导和管理的层次不可以随意打乱。再次,思想政治教育系统具有相关性。思想政治教育这一系统与其他的并行系统之间具有相关性,如思想政治教育系统与教学系统、科研系统、行政管理系统等具有相关性。

思想政治教育系统既要注重与外部系统之间的关系,也要注重与内部系统的关系。从空间维度上看,思想政治教育系统包括党政部门、学校、社会、家庭等部分。家庭是孩子接受世界观、人生观、价值观的第一场所,父母的言传身教是孩子的第一"启蒙"。社会是一个大课堂,学校是孩子进入"大社会"前的一个"小社会",孩子将在家庭、学校中学到的知识、情感、观念等带入社会,并不断在社会的实践中完善自我的认知和观念,从他律状态走向自律状态。学校发挥着教育与引导的功能,在党政部门的意识形态指导下,学校通过思政课、日常学生工作等对学生进行思想政治教育,通过辅导员等专职人员关注学生的成长和发展,及时进行引导和纠正。因此,只有党政部门、学校、社会和家庭等子系统相互协调、共同发力,才能发挥思想政治教育系统的空间合力。从时间维度上看,思想政治教育系统包括小学思想政治教育、中学思想政治教育和大学思想政治教育。虽然小学、中学和大学等思想政治教育内部子系统各自承担着一部分的任务和使命,在各学段的教书育人、立德树人方面都构成一个相对独立的有机整体,但是学段与学段之间也并非彼此断裂的,而是相互联系的,充分体现了系统的相关性特点。恩格斯曾说:"历史是这样创造的:最终结果总是从许多单个的意志的相互冲突中产生出来的,而其中每一个意志,又是由于许多特殊的生活条件,才成为它所成为的那样。这样就有无数互相交错的力量,有无数个力的平行四边形,由此产生出一个合力,即历史结果,而这个结果又可以看作一个作为整体的、不自觉地和不自主地起着作用的力量的产物……每个意志都对合力有所贡献,因而是包括在这个合力里面的。"①因此,只有思想政治教育系统内部各要素之间相互关联,形成合力,即只有当小学、中学和大学等思想政治教育子系统之间有序衔接、相互贯通,形成从低级到高级的一个发展过程,才能更好地发挥思想政治教育系统的实践合力。

"系统"一词旨在说明要用全面、发展、普遍联系的观点来分析系统内部各要素之间的关系,进而有效调整实现内部结构的优化趋向。思想政治教育的系统论观点是在将思想政治教育内部的诸多育人要素看作一个整体系统,打破单一育人要素的局限性以形成强大的育人合力。基于此,从思想政治教育的系统论角度来探求大中小学思政课一体化建设既关注到横向各育人要素之间的整体性互动,又关注到纵向各学段之间的整体性衔接,从这一角度看,构建一个思想政治教育的优化"系统"是实现大中小学思政课"一体化"建设的手段和方式之一,其系统内部各要素之间能否有效互动将直接影响"一体化"建设能否实现"1+1>2"的最优效果。

（五）思想政治教育结构论

思想政治教育结构论主要是指思想政治教育目标及其内容呈现出一定的结构性。一方面,"思想政治教育目标具有不同的层次,不同层次的目标形成了一定的关系及其结构,即目标层次结构"②。从不同学段的特征来看,思想政治教育关注不同学段受教育者的认知、心理、情感、道德发展的阶段性特征,给予不同层次的教育和引导,思想政治教育在不同学段的教育目标包括小学阶段重在启蒙道德情感、初中阶段重在打牢思想基础、高中阶段重在提升政治素养、大学阶段重在增强使命担当。从个体的思想品德结构来看,思想政治教育目标包括思想素质目标、政治素质目标、道德素质目标和心理素质目标。从思想政治教育与社会政治经济文化结构的关系来看,思想政治教育目标包括经济目标、政治目标、文化目标和社会目标等。从目标实现的时间和实现的可能性来看,思想政治教育目标又可被划分为近期、中期和远期的思想政治教育目标。

① 中共中央马克思恩格斯列宁斯大林著作编译局.马克思恩格斯选集(第4卷)[M].北京:人民出版社,1995:697.
② 张耀灿,郑永廷,吴潜涛,等.现代思想政治教育学[M].北京:人民出版社,2006:253.

因此,思想政治教育活动必然优先实现近期和中期的思想政治教育目标,才能逐步实现远期的更为崇高的思想政治教育目标。

另一方面,不同的教育内容在不同学段的教育对象上所起的作用不一样,包括"政治主导型、思想主导型和心理主导型"①。思想政治教育包含丰富的内容,构成一个内容体系或内容系统。不同的思想政治教育内容会产生不同的教育功能与教育效应。为了增强思想政治教育的系统性和整体性,发挥思想政治教育内容的最佳育人功能和整体育人效应,需要深入分析和不断优化思想政治教育内容结构。基本上,思想政治教育内容结构主要包括思想教育、政治教育、道德教育和心理健康教育。思想教育主要是进行世界观、方法论教育,着重解决学生的主观与现实的客观是否相符合的问题;政治教育主要是进行政治立场、政治观点、政治情感、政治方法、政治纪律等方面的教育,重点是培养学生对国家、阶级、社会等重大政治问题的立场和态度;道德教育主要是进行道德观念及行为规范的教育,从形成道德观念、发展道德判断,到提升道德素质、养成道德行为;心理健康教育主要是提高受教育者心理素质的教育,使受教育者形成良好的个性、健全的人格、健康的心态、顽强的意志以更好适应社会生活、实现个人全面发展。因此,不同学段的思想政治教育在教育内容的选择上会根据受教育者的思想品德结构变化、社会发展需要变化而有所侧重。

思想政治教育是与时俱进的学科,其目标与内容上的结构会随着时代的发展和现实的需求发生一定程度上的变化,比如随着多元思潮的涌动和网络信息技术的发展,青年学生价值观和行为模式的变化和网络意识形态问题成为思想政治教育需要关注的新内容,这将以不同尺度融入大中小学思政课建设中,并将切实把握教育主体、教育客体、教育环境等思想政治教育内部具体结构的存在和生发机制,着眼于学生成长发展全过程,促进学生自由全面发展终极目标的实现。

---

① 张耀灿,郑永廷,吴潜涛,等.现代思想政治教育学[M].北京:人民出版社,2006:263.

第三章

大中小学思政课一体化
体制机制建设研究与实践

党的十八大以来,以习近平同志为核心的党中央高度重视思想政治理论课的相关工作,多次批示文件、召开会议,提出了一系列重要论断和战略部署,为推动新时代思想政治理论课改革创新指明了前进方向。统筹推进大中小学思政课一体化是新时代思政课创新发展的重要方面。其中,大中小学思政课一体化体制机制建设是在充分把握思想政治工作规律、教书育人规律和学生成长发展规律的基础上,从制度层面对大中小学思政课做出的系统安排和整体规划,能够有效确保一体化建设过程中多方力量的协同合作和各级学段的相互联动,多管齐下,为大中小学思政课一体化建设提供有效的物质保障和源源不断的发展动力。换言之,加强大中小学思政课一体化体制机制建设不仅是全方位落实思政课一体化的有力保障,也是思政课改革创新,实现高质量发展的必然选择。2022 年,多地行政部门、学校就推进大中小学思政课一体化体制机制建设做出了重要探索,一些学者深入分析了大中小学思政课一体化体制机制建设的现实意义、具体内容以及面临的困境等,这些实践和研究为大中小学思政课一体化体制机制建设提供了有益借鉴。

一、研究现状

随着大中小学思政课一体化工作的稳步推进,越来越多的学者将目光聚焦于引导和规范思政课一体化建设的相关制度体系和具体机制,对大中小学思政课一体化的体制机制展开了更加全面、细致的研究。2022 年,关于大中小学思政课一体化体制机制的研究无论是在广度还是深度上,均有所进展。有相当数量的期刊论文和学位论文以大中小学思政课一体化的体制机制为主题,围绕协同机制、衔接机制、长效机制等体制机制的现实困境和建设路径进行了深入研究。

(一)年度文献量统计与主题分布

新时代构建大中小学思政课一体化建设体制机制是做实做强大中小学思政课一

体化的重要一环。当前,大中小学思政课一体化体制机制建设已经取得了一些成果。在中国知网(CNKI)总库,以"大中小学思政课一体化体制机制"为主题,以"精确"为检索条件,以"2022年"为时间范围进行检索,共有相关文献5篇,其中一篇为学位论文。以"大中小学思政课一体化体制机制"为关键词,时间范围为"2022年",搜索全文内容中包含大中小学思政课一体化体制机制的学术期刊、学位论文、会议文章、报纸文章以及图书,共有677篇,其中学术期刊301篇、学位论文183篇、会议4篇、报纸文章46篇以及图书1本。

从"大中小学思政课一体化体制机制"这一关键词不同年份的发表情况来看,关于大中小学思政课一体化体制机制建设的研究从2019年学校思想政治理论课教师座谈会召开以后总体呈上升趋势。2022年的相关研究成果也较为丰富,不仅有对大中小学思政课一体化体制机制建设顶层设计、困境与原因、问题与对策等宏观层面的探究,又有聚焦于一体化背景下协同机制、衔接机制、长效机制等微观层面的分析。

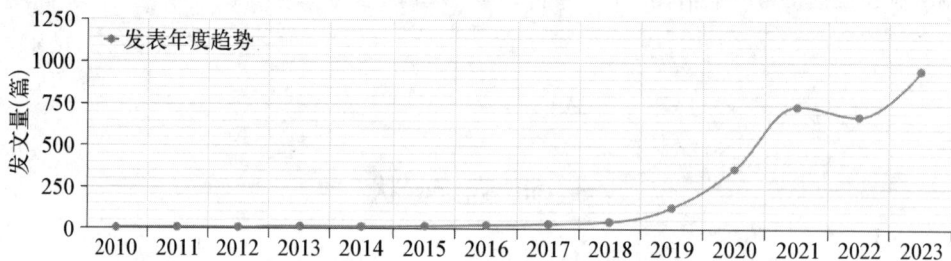

图3-1 大中小学思政课一体化体制机制建设的研究趋势

（二）研究热点分析

体制机制研究是大中小学思政课一体化研究的重要组成部分,2022年体制机制一体化的研究主要集中于协同、衔接、长效等具体的体制机制一体化研究。

1.协同机制一体化研究

协同机制是使系统从无序转向有序运行的制度体系,可以有效平衡多种力量,使其共同作用于同一目标。大中小学思政课一体化建设涉及多元主体、多方资源,需要构建良好的协同机制来推进一体化建设的发展,即通过协同机制使一体化格局中的有关主体和资源互联互通、协同合作,凝聚出强大的育人合力,打造协同效应。

(1)协同机制一体化建设面临的困境

当前,大中小学思政课一体化协同机制建设在各个方面都取得了一定的成效,但是也依然面临着一些现实的问题,只有充分认识这些问题,才能够找到不断突破、发展的方向和关键点。

一是运行制度协作不畅。制度与机制密不可分,科学合理的制度是大中小学思政课一体化建设的前提和基础,如果制度之间在运行过程中协作不畅或者出现矛盾,高效的协同机制也就不会形成,进而也会影响一体化建设的统筹推进。[①] 近年来,由于党和国家的高度重视,思政课一体化建设的制度体系基本形成,但各种制度之间的协同合作依然存在一些问题。一方面,体现一体化要求的协同制度本身还不够完善,许多思政课建设的制度安排和体系结构过于宽泛,没有将一体化的要求进一步聚焦于思政课的具体制度之中,并依据不同地方、不同学校的优势和特色,因地制宜、因时制宜地开展创新,制定具体可行的实施方案。另一方面,衔接大中小学思政课一体化建设的多元主体之间的制度体系比较松散,缺乏互动协作,比如思政课的课程建设制度、教材编写制度、教学安排制度、教师组织制度、考察评价制度等,这些制度彼此之间缺乏磨合改进,在各自运行的过程中时有摩擦,无法完整的彰显出协同机制的优越性。

二是教学内容衔接不当。从纵向上看,不同阶段教材的编写缺乏互动性、渐进性和差异性,主要出现了知识多次重复、不同学段侧重点不够清晰以及知识断层等问题。从小学到大学,思政课的教学过程本身就是教师带领学生不断挖掘、不断深入的过程,其中难免会在相近的两个学段出现同一知识点的多次讲解,但这并不意味着简单的知识重复。然而,在目前高学段思政课的教学内容中,有相当一部分与低学段的思政课重复,例如,大学《马克思主义基本原理》教材中的很多内容与高中政治必修四《哲学与文化》教材的部分内容频繁重复。[②] 从横向上看,大学阶段几门思想政治理论课的教材彼此存在重复。这不仅是对教育时间和教育资源的浪费,也会模糊不同阶段的教学重点,使课程变得重复而单调,还会使学生失去新鲜感。课程内容的交叉重复,也会使部分思政课教师不能准确把握教学的层次和差异,出现低学段过度讲解、高学段一

[①]　石书臣,韩笑."大思政课"协同机制建设:问题与策略[J].学科与课程建设,2022(06):71-76.

[②]　凌小萍.大中小学思政课一体化建设的实践困境与突破路径[J].贵州师范大学学报(社会科学版),2022(03):11-20.

带而过的倒置问题以及低学段避而不谈、高学段直接跳过的断层问题,从而使得不同学段教学内容衔接不当,影响大中小学思政课一体化建设的推进。[①]

三是协同备课机制欠缺。有学者认为,构建大中小学思政课教师协同备课机制是推进大中小学思政课一体化协同机制建设的重要一环。协同备课可以有效打破不同学段之间的教学壁垒,疏通阶段性阻碍,使大中小学思政课相互衔接,也为思政课教师提供了一个交流教学经验,探讨教学方法的平台,能够有效提高不同学段思政课教学的针对性和有效性,同时推动一体化教学质量的整体提升。而目前相关部门还没有出台关于协同备课的相应政策,也没有设立专门的部门去组织教师的协同备课,这就使得很多大中小学的思政课教师只能各自为战,不同学段的教师只能依据自身的认知情况开展单独的备课活动,对于其他学段思政课教学的内容、方法和手段也并不清楚,因而无法形成大中小学一体化教学的理论逻辑和实践路径,也就很难凝聚一体化教学的合力。[②]

四是教学资源整合不足。从纵向来看,思政课的教育资源面对大中小学的不同阶段,缺乏整体的资源整合和共享。部分大中小学思政课教师在挖掘教学资源时缺乏全局视野,教学资源的选取过于局限,跨学段教师之间的交流互动也不够频繁,协作能力有待提升。而且,目前尚未建全各学段优秀教育资源交流共享的平台,教育资源不能得到有效的流通,思政课教师之间也就无法达成知识的协同和资源的共享。从横向来看,学校、家庭、社会等各方面的主体尚未形成良好的协作意识,思政课堂对于各方面教育资源的挖掘和利用也还远远不够。[③]

五是协同共建存在难度。有学者认为,推进大中小学思政课一体化建设一个重要的组成部分就是各方力量的协同共建,实现开门办思政课,将理论与实践相结合,使思政课堂不只是囿于校园之内,更能走出书本,走向生活。而在推动思政课改革创新,加强实践教学的过程中,也出现了一些协同合作的困境。一方面是思政课和学校其他部

---

① 寇晓燕.基于协同理论的大中小学思政课一体化建设研究[J].大连教育学院学报,2023(01):69-72.

② 邢晨,康立娟,刘朝华,刘云鹤,王芳.沧州市大中小学思政课教师协同备课机制的构建[J].沧州师范学院学报,2022(04):99-101.

③ 寇晓燕.基于协同理论的大中小学思政课一体化建设研究[J].大连教育学院学报,2023(01):69-72.

门的分工合作存在问题,传统的思政课其实施主体主要是思政课教学单位和思政课教师,但大中小学思政课一体化建设的统筹规划和实践教学会不可避免地涉及学校负责课程管理的教务部门,负责学生活动的学生处、团委等部门。但是受到不同部门规定、经费、安全等因素的影响,校园各部门的协同合作会存在一定的难度。① 另一方面,课程与社会其他部门的合作共建也存在一定的障碍。例如,不少地区的大中小学在开展思政课一体化建设时,会与当地的一些红色景点和革命基地开展合作,但在实际操作的过程中,这些红色景点和场馆在运行机制、管理模式、游客安排等方面的规定可能会与课程教学产生冲突,使得双方在协调配合上出现问题,无法实现全社会协作育人的目标。

（2）协同机制一体化建设路径

实施科学可行的大中小学思政课一体化协同机制,将直接关系到大中小学思政课一体化建设的切实推进,这不仅有利于一体化的发展完善,而且有助于提升思政课的实效性和影响力。针对大中小学思政课一体化建设过程中协同机制存在的问题,为了进一步发挥出一体化的育人效能,需要着重从以下几个方面发力。

一是树立协同意识,提升一体化建设自觉。思想是行为的先导,达成认知共识,树立协作意识是实现大中小学思政课一体化的思想前提。因此,想要构建一体化协同机制,首先需要树立起牢固的协作意识,加强大中小学思政课一体化协同机制的宣传教育,强化一体化的理念认同。② 首先,要强化相关教育部门和学校对于推进大中小学思政课一体化建设的意识,把一体化建设摆上重要议程,作为考核学校教学工作的重要指标。其次,要着重提高思政课教师的一体化协同意识。"办好思想政治理论课关键在教师,关键在发挥教师的积极性、主动性、创造性。"③依据不同学段思政课教学的特点和学生成长的规律,定期开展大中小学思政课教师培训和研讨活动,使得大中小学的思政课教师能够及时学习最新的理论知识和政策要求,有机会开展面对面的交流互动,从而促进教师队伍一体化。此外,学生作为学习的主体,他们的认知发展规律和

---

① 石书臣,韩笑."大思政课"协同机制建设:问题与策略[J].学科与课程建设,2022(06)：71－76.

② 师乐,蒋冬双.大中小学思政课一体化的机制建构[J].湖北师范大学学报(哲学社会科学版),2023(01)：95－100.

③ 用新时代中国特色社会主义思想铸魂育人贯彻党的教育方针落实立德树人根本任务[N],人民日报,2019－03－19.

思维特征也是开展大中小学思政课一体化教学的重要依据。在构建一体化协同机制的过程中，要着重考虑不同阶段学生的特点，设计出适合学生，并为学生所喜爱的思政课，使学生在接受一体化教学的过程中，感受到知识的联通和迁移，帮助学生搭建出完整的知识体系，鼓励学生积极探索，培养学生的创新思维。①

二是加强制度协作，完善一体化制度体系。依据当前大中小学思政课一体化建设推进的实际需求，通过改进制度安排，完善制度体系，增进交流协作，充分发挥出各制度对推进一体化建设的助推和保障作用。在横向上，把推进大中小学思政课一体化的要求和价值内涵融入一体化建设的目标制定、组织领导、课程安排、教材编写、队伍建设、评价考核等各个环节的制度设计中，加强制度之间的配合协作，使整个制度体系更加系统、完善，打造协同效应。在纵向上，要将大中小学思政课一体化切实融入各个学段的思政课，依据实际的教学需求制定出循序渐进、螺旋上升的制度安排，并在教学过程中不断调整，力求贴合教学实际，满足课堂教学和学生成长的需求。② 思政课作为落实立德树人根本任务的关键课程，必须要确保其教学成果的影响力和长效性，而要做到这一点则需要制度的保障和维护。为充分发挥出各学段思政课的育人价值，完善一体化制度体系，一方面要不断推动协同机制的规范化、责任化和制度化，做到有规可依、有制可循，另一方面也要不断完善大中小学思政课一体化协同育人的监督评价制度，打破形式化、表面化的困境，真正推动一体化的落实。

三是实现统筹兼顾，衔接一体化教学内容。思政课的制度改革和方法创新最终都需要通过教学内容体现出来，具体的教学内容是推动大中小学思政课一体化建设的落脚点和关键所在。因此，一体化协同机制建设也应该重点关注不同学段思政课教学内容的贯通与衔接。要实现教学内容的有效衔接，就需要做到对大中小学思政课整体内容的统筹兼顾，即一体化的整体布局和部分安排都要按照学校思政课育人的总目标和各学段的具体要求，科学合理地安排思政课的教学内容和方法，运用全局视野，通过渐进性的深度拓展构建起有层次、有逻辑的知识结构，达到一体化立德树人的教学目标，体现出大中小学思政课一体化教学内容的层次性、递进性、全面性、广泛性和协同性。因此，在设置各学段思政课的教学内容时，要考虑到不同学段知识的侧重点和教学的

---

① 吴亚辉,田凯妮.大中小学思政课一体化的内在意蕴与实践路径[J].思想政治课研究,2022(02)：155-163.

② 石书臣,韩笑."大思政课"协同机制建设：问题与策略[J].学科与课程建设,2022(06)：71-76.

独立性,也要认识到思政课的连贯性和一体性,通过系统规划、整体安排、过程关照、学段交流、达成共识等建立不同学段的渐进性的教学内容和知识结构,使思政课既统一又各具特色,激发出学生不断深入学习的热情。

四是打破孤岛效应,推动一体化协同备课。有学者认为,大中小学思政课一体化建设是一项系统的全局性工程,需要实现大中小学各个学段的交流沟通、有效衔接和协作教学。只有各个学段的思政课教师充分了解整体的教学情况,熟悉彼此的教学内容,才能够准确定位自己所在学段思政课的教学目标,抓住教学的重点和核心,选取合适的教学方法。因此推行一体化协同机制的建设,需要重点关注协同备课机制的创设,成立专门的教育行政部门负责大中小学思政课教师的统一备课,为协同备课提供有力的制度保障和组织前提。① 在一体化备课的组织过程中,要由一体化备课的相关组织机构专门负责,制定常态化的管理制度,明确备课前、备课中和备课后的具体工作要求,推动一体化备课活动有序开展。同时,还应该建立大中小学思政课教师协同备课的监督检查机制和评价激励机制。通过定期的监督检查,对思政课教师协同备课的成效进行检验,促使思政课教师端正态度,充分参与到协同备课中来,实现优化大中小学思政课教学工作的目标。而合理的评价与激励机制,则可以给予思政课教师更多的动力,提高教师参与协同备课的积极性和主动性,帮助思政课教师依据反馈结果及时调整教学,逐步形成良性循环,推动大中小学思政课教学工作持续性的创新和改革。②

五是搭建合作平台,促进一体化资源共享。思政课教师肩负着育人育心、立德铸魂的伟大使命。"教育教学资源建设要加强党的领导和强化体制机制建设,实现优质资源在大中小学思政课的有序供给。"③大中小学思政课一体化建设需要建立优质教育教学资源共建共享机制,搭建平台,构筑思政课教师的通力育人共同体,推动优质教学资源在思政课教师之间的供给和流动。"社会生活是大思政课最丰富的资源、最鲜活的素材、最有说服力的教科书。抗击新冠肺炎疫情、脱贫攻坚、乡村振兴、全面建成

---

① 罗哲,冯野林.基于网络平台的大中小学思政课一体化备课机制与策略[J].教学科学论坛,2022(10):23-27.
② 邢晨,康立娟,刘朝华,等.沧州市大中小学思政课教师协同备课机制的构建[J].沧州师范学院学报,2022(04):99-101.
③ 寇晓燕.基于协同理论的大中小学思政课一体化建设研究[J].大连教育学院学报,2023(01):69-72.

小康社会等,中国共产党100年来走过的光辉历程、取得的重大成就,都是'大思政课'的生动教材。"①打造教学资源共享平台,不断完善思政课教学案例库、素材库和示范课程库,有助于提升大中小学思政课一体化教学资源的丰富性、教学方法的多样性和教学内容的生活性。同时还要利用好网络教学资源,充分发挥出网络教学的优势,打造线上线下相结合的一体化资源共享平台,建设网络云课堂,开展"同上一堂思政大课",利用新媒体、新技术助推思政课持续创新发展。②

六是拓宽协作范围,凝聚一体化发展合力。推进大中小学思政课一体化建设不能只靠思想政治教育部门和思政课教师,必须要动员起学校和社会的力量,利用好学校和社会一切可利用的资源,建立学校和社会双向互动的一体化协同体系。一方面,要充分利用好学校的教学资源,深入分析和论证其他各门课程的育人价值,助力课程思政和思政课程的一体化发展,利用不同课程的特点,构建全面、深入、独具特色的"大思政"体系,将立德树人贯彻到学校教育的全方位、全过程之中,发挥出学校思想政治教育的整体合力。在实现课程思政和思政课程一体化的过程中,要始终坚持以思政课程为核心,依据主次关系,在其他科目和思政课程之间建立起相互促进、互为补充的协同机制,把思政课程教育的内容渗透到其他课程之中,将隐性教育和显性教育相融合,在潜移默化中实现各类课程和思政课的联通互动。另一方面,也要加强学校、家庭、政府和社会的协同配合,促进各主体在思想政治教育过程中互融互通,协同育人,打造出涵盖课堂、校内、家庭、社会、网络等方方面面的系统育人体系。拓宽思政课的协作范围,将多元主体融入一体化教学中,实现思政"小课堂"和社会"大课堂"的结合,进一步拓展育人空间,形成更加广阔的一体化格局。③

2. 衔接机制一体化研究

思政课教学是一个前后衔接、螺旋上升的系统化教育过程,任何一个阶段都不能独立承担起思政课教学的全部职责,完成所有的教学目标。各个学段之间只有上下联通、相互衔接,才能够确保实现思政课整体与局部的完美统一,真正凸显大中小学思政课一体化的实效性,助力时代新人的培养。

---

① 林忠钦.与时代同频共振构建大思政格局[N].光明日报,2022-02-18.
② 石书臣,韩笑."大思政课"协同机制建设:问题与策略[J].学科与课程建设,2022(06):71-76.
③ 寇晓燕.基于协同理论的大中小学思政课一体化建设研究[J].大连教育学院学报,2023(01):69-72.

（1）衔接机制一体化建设的问题分析

大中小学思政课的学段衔接是十分必要的,它既体现了新时代思政课的新理念、新地位和新要求,又有助于提升思政课的教学成效。但在实际的一体化教学过程中,仍然存在许多问题亟待解决。

一是教学目标落实层次不全面,深化与递进趋势不明显。中共中央办公厅、国务院办公厅印发的《关于深化新时代学校思想政治理论课改革创新的若干意见》等文件明确了不同学段思政课的教学目标,强调小学阶段重在培养道德情感,初中阶段重在打牢思想基础,高中阶段重在提升政治素养,大学阶段重在增强使命担当,各阶段目标逐步深化,依次递进,引领着大中小学思政课一体化的方向。但从当前现状而言,迫于学业压力,中小学阶段的思政课往往依据考试范围而确定知识重难点,并以此设定教学目标,特别在初高中时期,仅侧重知识目标的达成,强调对教材知识的记忆而非理解,忽视了思政课核心素养、情感态度与价值观等目标的实现,使得学生的思想维度不能随着他们学段的提高而相应深化。而大学阶段,思政课多采用大班式教学,由于学生专业与思想理论水平的差异,教师难以开展针对性教育,阶段性教学目标基本停留在对知识的掌握而非素养的提升,这也就使得思政课教学目标落实层次始终不全面、递进趋势模糊,无法做到随着学段而提升层级,影响了思政课教学的实效。

二是教学内容重复倒挂,知识逻辑梳理缺乏渐进性。各个学段所学的思政课教材内容、知识和侧重点并不一致,教材内容有时出现重复现象,因此每一学段的开启都伴随着学习角度的变化与知识逻辑的重新梳理。对于中小学阶段与大学阶段而言,知识承接尤其缺乏紧密性,由于相应学段教材编写机构之间缺乏沟通协商,大学阶段教材的不少内容多为中小学阶段教材知识的简单概括或重复,并没有做到拓展延伸。而部分思政课教师对相邻学段教学内容的衔接缺乏足够的关注,且教学衔接能力不足,往往出现过度依赖教材的情况,教材如何安排,教学就如何展开,导致不同学段的教学内容缺乏层次性,知识逻辑结构混乱,起不到提升的作用。同时,受应试压力的影响,各学段思政课的学习往往服务于当前的考试要求,使得各学段某些必要的教学部分被简单带过,而在下一学段才需要学习的内容却被要求提前学习,教学内容发生倒挂,缺乏渐进性。①

---

① 闫彩虹,李玲.大中小学思政课衔接机制探析[J].南京开放大学学报,2022(03):1-8.

三是教育形式与手段单一，忽视学生各阶段的发展诉求。就目前而言，各学段还是主要依靠思政课教师的课堂教学，忽视了学生身心发展的现实状况，大多采用了理论传授的方式，所讲的教学内容却难以落地，使得学生很容易记住某一章节的教材内容，却很难据此树立起对于各学段思政教材背后所反映出的价值理念的信仰，思想水平难以持续提高。① 虽然当前各学段也在强调社会实践的开展，但是还没有贴合学生各阶段的思想认知发展规律，也没有找准各自契合的培育重点，无法有效衔接其他学段的理论教育。

四是管理机制有待完善，一体化课程资源难以下沉流通。当前，无论是学校举办的大中小学思政课一体化建设的研讨观摩活动，还是组织一体化培训的管理机构，数量都很有限，缺乏对于大中小学思政课一体化的统一协调布置与协助落实机制，导致各学段之间彼此割裂，倾向于独立开展教育教学，衔接工作无法开展。而各学段思政课一体化建设态势也不均衡，部分高校虽初步构建起思政课示范案例交流平台，但由于缺乏大中小学思政课一体化资源共享机制，无法在中小学阶段传递与普及，学科辐射带动作用未能充分发挥，造成课程资源的闲置与浪费，不利于各学段课程的优化整合以及全过程育人目标的实现。

五是层级间沟通交流不畅，跨学段教师教学衔接度较低。由于跨学段的交流平台较少、本学段的学科任务较重等因素，不同学段的思政课教师只关注自己所任教的学段与年级，难以掌握整个思政课教学体系的知识结构与脉络，学段衔接意识淡薄，对其他学段教学知识内容认识不全面，把握不好各学段学生的知识基础与认知结构。特别对于大学和高中思政课这两个教学层级，没有建立长期稳定的交流合作机制，对彼此的知识脉络与重难点知之甚少，加深了学段间思政课教学衔接的难度。

（2）衔接机制一体化建设的路径分析

通过对各学段思政课教学衔接存在问题的了解和分析，深化思政课一体化建设，促进各学段思政课教学衔接，可从以下四个方面开展。

首先，搭建教学目标的螺旋上升机制，注重学段间衔接配合。有学者指出，构建目标体系的螺旋上升机制是推动思政课一体化的方向指引，因此要科学规划好各学段的

---

① 闫彩虹，李玲.大中小学思政课衔接机制探析[J].南京开放大学学报,2022(03)：1-8.

教学目标。① 首先,思政课教师应树立起整体意识,从大局出发,在学习掌握本学段教学目标的同时也要积极了解其他学段特别是与本学段相邻的两个学段的教学目标情况,以此认识学生的原有知识基础与接受理解能力,保障不同学段教学目标的统一性与连贯性。其次,要统筹"立德树人"总目标与各学段教学目标的关系,突出某一具体学段教学目标的特殊性,深刻把握思政课的教学本质,要结合教材知识与学段特点,强调对学生素养性目标的培育,使教学目标更具有针对性,促进学生在知识与品德方面逐渐发展完善。②

其次,聚焦教材内容的编排与贯通,构建系统协调的知识体系。一方面,要继续完善思政课教材编写体系,挑选大中小学各学段的思政课教师参与到教材编写的过程中,在原有知识体系的基础上,结合各学段的目标要求,设计出前后贯穿、相互联系且内容不简单重复的新教材,对于同一知识点,要在各学段呈现出不同又有所过渡的知识深度;另一方面,思政课教师也要加强学习其他学段的现有教材内容,根据具体情况合理安排本学段所应讲解的知识结构,并结合学生的思想发展情况,对教材内容做适当的补充和完善。与此同时,还要打破学科壁垒,构建起跨学科的课程思政体系,将思想政治教育功能向其他学科进行渗透,在促进各学段教学内容衔接的同时,丰富本学段思想政治教育内容,做到知识、情感、价值观上的同向同行。

再次,推进差异化教学方法,满足不同学段的衔接需求。在大中小学思政课教学方法衔接协同中要以差异化教法为衔接路径,增强教学实效,教师要及时了解并适应大中小学思政课一体化建设、大思政课等国家教学改革内容与要求,既要加强对于本学段新教材的自我学习,并通过教师间合作备课、相互听课等方式,尽快适应新变化;又要积极阅读和学习大中小学各阶段的思政课教材,根据各阶段学生身心发展规律与具体学情,有针对性地开展教学活动。小学学段的学生强调启蒙式学习,要运用理论讲授与活动探究相结合的方法,激发出他们对思政课的学习探索兴趣;初中学段的学生形象思维完善,可采用讲授法、案例法、小组合作等方法,增强他们的课堂体验感,促进思想认同;高中学段学生开始具备独立思考能力,应注意构建活动型课程,强调自主

① 熊晓琳,李国庆.大中小学思政课一体化的系统衔接机制论析[J].中国德育,2022(10):20-23.
② 寇晓燕.基于协同理论的大中小学思政课一体化建设研究[J].大连教育学院学报,2023(01):69-72.

探究,做好对经典理论、"四史"知识、生活案例的有效选择,培育他们的政治思维;大学学段的学生已具备较高知识水平与辩证思考能力,教师可与中学思政课教学方式相衔接,并采取实践考察、主题汇报等方式,培育他们的社会责任感。同时,教师可结合各学段所处学校或地方的教学设备、教学环境、特色资源等,开展现代化教学,激发各学段学生学习思政课的主体活力。

最后,完善一体化教学管理,构建交流衔接机制。要构建大中小学思政课一体化领导机制,为各学段教学衔接提供有力支撑。首先,不同学段的学校党委与教育管理部门要保持有效联系,成立统一领导机构,把思政课教学衔接工作置于重要地位,合力构建跨学段思政课教学衔接的发展规划,制定统一的思政课一体化施行纲领,细化各学段的教学目标要求。① 其次,要注重建立线上线下思政课资源共享平台,利用现代信息设备,开展形式多样化的教学衔接组织形式,各学段互联互通,及时感知与适应变化,并促进高校优质课程资源在不同学段间的流通与完善。最后,要增强跨学段思政课教师的教学衔接意识,定期开展大中小学思政课一体化交流研讨专题活动,鼓励不同年级、不同学段的思政课教师积极参与表达自身观点,增强对于不同学段教学状况与具体学情的认识。

3. 长效机制一体化研究

2019 年 3 月 18 日,习近平总书记在学校思想政治理论课教师座谈会上指出:"在大中小学循序渐进、螺旋上升地开设思想政治理论课非常必要,是培养一代又一代社会主义建设者和接班人的重要保障。"②进入新时代以来,大中小学思政课一体化建设逐渐成为思政课创新发展的重要突破口,组织构建大中小学思政课一体化建设的长效机制也逐渐成为了落实大中小学思政课一体化的重要一环。一体化长效机制的建设能够在制度层面维护大中小学思政课一体化的教学成果,保障一体化建设的持久性和影响力,为一体化建设的改革创新提供动力,推动实现一体化建设新格局。

（1）长效机制一体化建设的原则

大中小学思政课一体化建设是一项长期性的工程,涉及的主体和内容很多,建设一体化的长效机制是推动一体化发展的必然选择,对于提高思政课的教育实效也具有

---

① 闫彩虹,李玲.大中小学思政课衔接机制探析[J].南京开放大学学报,2022(03)：1-8.
② 用新时代中国特色社会主义思想铸魂育人贯彻党的教育方针落实立德树人根本任务[N].人民日报,2019-03-19.

长远的战略意义。在建设大中小学思政课一体化长效机制的过程中需要遵循以下原则：一是坚持有序原则。开展大中小学思政课一体化教学时经常会出现同一主题需要不同学段的思政课教师"接力式"授课，面对不同年龄阶段的学生，大中小学的思政课教师需要围绕同一个课题，协同授课，逐渐深入、循序渐进地完成好一场教学接力的传送。① 建立新时代思政课一体化的长效机制，需要将大学、高中、初中、小学前后四个相连的学段统一起来，依据每个学段学生的具体情况运用符合其接受程度和学习需求的教学方法，依次递进、螺旋上升地开展教学活动，逐步塑造好学生的情感、价值观和精神世界，确保一体化建设的科学性和有序性。二是提升实效原则。当前，我国思政课程的设置情况主要包括小学、初中阶段开设的"道德与法治"必修课程，高中阶段开设的"思想政治"必修课程和选择性必修课程，大学阶段开设的"思想政治理论课"必修课程（"思想道德与法治""中国近现代史纲要""毛泽东思想与中国特色社会主义理论体系概论""马克思主义基本原理""习近平新时代中国特色社会主义思想概论""形势与政策"）等课程。这些课程既有相同的内容，又有不同的教学目标和侧重点，"小学阶段重在启蒙道德情感，初中阶段要打牢思想基础，高中阶段重在提升政治素养，大学阶段强调使命担当"②。因而在开展思政课一体化建设时需要从教学内容、教学方法、教学资源、教师素养等各个方面着手，提升每一门思政课程的教学成效，拓宽大中小学思政课教育教学常态化、长效化的实现形式。

（2）长效机制一体化建设路径

对于构建大中小学思政课一体化的长效机制，学界多从支持保障、队伍建设和评价反馈三个方面来进行研究，具体如下。

一是建立支持保障机制。大中小学思政课一体化是涉及诸多方面的系统性工程，不仅仅需要在具体的教材、教学、方法、资源各个方面加强一体化设计，还要构建起系统完备的大中小学思政课一体化的制度和经费支持保障机制，以此来保证大中小学思政课一体化的顺利推进，进而提高思政课的教育实效，充分发挥出思政课一体化铸魂育人的作用。而要构建起科学高效的支持保障机制，首先，需要加强对大中小学思政课一体化的组织领导。有学者认为，加强对一体化建设的支持保障，不仅要依托教育

① 刘峰.新时代大中小思政课一体化建设长效机制研究[J].教育理论与实践,2023(09)：46-49.
② 邢晨,康立娟,刘朝华,等.沧州市大中小学思政课教师协同备课机制的构建[J].沧州师范学院学报,2022(04)：99-101.

部成立的大中小学思政课一体化建设指导委员会,还要研究和制定适用于大中小学思政课一体化建设的支持政策和配套措施,使各学段之间上下联动,相互协作,共同推进一体化建设。① 其次,各地方的相关部门还应当制定并推行适合当地大中小学思政课一体化建设发展的支持政策,充分认识一体化建设的重要意义和育人价值,将大中小学思政课一体化的建设放在"世界百年未有之大变局、党和国家事业发展全局、实现中华民族伟大复兴中国梦的高度来认识"②,制定出切实可行的政策,为大中小学思政课一体化建设保驾护航。最后,还应当要加强对大中小学思政课一体化建设的经费支持。一体化的建设过程需要大量的人力、物力和财力的共同投入,设立专项的资金保护机制,加强对资金用途的管理监督,可以有效保障大中小学思政课一体化建设体制机制的正常运行,提高资金利用的效率,实现专款专用,为一体化建设提供坚实的物质基础。

二是完善教师培养机制。思政课教师是开展教学活动的关键主体,也是推动大中小学思政课一体化建设的重要抓手,教师的专业素养和教学水平会直接影响到思政课的教学效果,思政课教师参与一体化建设的积极性、主动性以及其在教学活动中的创造性是保障一体化教学成果,推动一体化教学持续创新的重要动力来源。一方面,要不断完善思政课教师培养机制,强化思政课教师的发展定力。有学者认为,思政课教师应该在形成高度职业认同感的前提下,培养一种不断追求自身发展的内在定理。一体化建设背景下思政课教师队伍的发展定力,不仅关系到思政课教学水平的提高和教学质量的提升,更关系到立德树人根本任务的切实落实。③ 要重视培育新时代思政课教师的发展定力,不断提高思政课教师的职业素养,激发教师职业生涯规划以及适应科技快速发展所需要的网络技术和人工智能的意识和能力。同时也要通过系统的教师培养机制来提升思政课教师的综合素养,从家国情怀、品德修养和科学精神等自身成长发展的各个方面下功夫,使思政课教师坚定政治立场,拓宽育人视野,提升人格魅力。另一方面,要重点加强思政课教师的培训机制,建设专业的一体化教师队伍。开

---

① 师乐,蒋冬双.大中小学思政课一体化的机制建构[J].湖北师范大学学报(哲学社会科学版),2023(01):95-100.
② 师乐,蒋冬双.大中小学思政课一体化的机制建构[J].湖北师范大学学报(哲学社会科学版),2023(01):95-100.
③ 刘峰.新时代大中小思政课一体化建设长效机制研究[J].教育理论与实践,2023(09):46-49.

展思政课教师一体化培训,应该打破思维局限,立足于思政课教师队伍的整体建设,扩大教师培训的学段范围,对不同学段的思政课教师进行统一培训,有针对性地提高思政课教师的学科知识素养和德育能力,促进教学衔接,逐步建立国家示范培训、省级分批轮训、学校全员培训等培训基地,形成上下贯通、有效衔接、互为补充的三级培训体系。通过完备的一体化培训机制,从根源上提高思政课教师参与一体化建设的能力和动力,打造出一支专业技术过硬、协同能力突出的思政课教师队伍。①

三是建立评价反馈机制。大中小学思政课一体化的评价与反馈是对大中小学思政课实施状况的全面总结和落实成效的客观评估,它不仅反映了一体化建设的实际进展,还能在此基础上总结经验,揭示问题,为大中小学思政课一体化建设的后续发展指明方向,是推进大中小学思政课一体化建设的重要构成。系统完善的评价机制是对大中小学思政课一体化进行评价与反馈的有效保障,想要建立完善的一体化评价反馈机制需要从以下几个方面做起。

首先,要做好对一体化建设的统筹评价。打破局限于某一学段之内的固化评价藩篱,构建相互贯通的评价导向。有学者认为一体贯通的评价导向应分别应用在"教育要素""教育过程""教育效果"三个方面。针对"教育要素",需要从主体、客体、介体三重基本维度设置围绕目标要素、内容要素、方法要素等的评价指标,以期在大中小学思政课一体化教学实施以前,就对各教育要素的合理性、科学性和可行性进行评估,为之后的教学活动奠定良好的基础;对于"教育过程",需要打破单一的结果评价,强调发挥过程评价的优势,激发出评价所蕴含的调节和反馈功能,促使评价从"对学习的评价"转变为"为了学习的评价"②;针对"教育效果",要将点状式的结果性评价转换为线性式的形成性评价,可在大中小学围绕"政治认同""家国情怀""道德修养""法治意识""文化素养"五大维度创设评价指标,立足于学生思想道德水平的发展情况,客观回应思政课对学生核心素养培育所起到的作用。③

其次,要坚持一体化评价的多元性。消除传统的以教师作为单一评价主体的局面,打造多元主体参与的评价新局面。改变以往教师拥有思政课评价绝对话语权的局面,扩大参与评价的主体范围,兼顾教师、学生、家庭、社会等各个方面,使一体化评价

①　盛越明.打好思政课一体化的社会组合拳[N].中国社会科学报,2022-11-11(10).
②　徐秦法,张肖.破立并举:大中小学思政课一体化评价的理性审思[J].江苏高教,2011(09):81-85.
③　徐秦法,张肖.破立并举:大中小学思政课一体化评价的理性审思[J].江苏高教,2011(09):81-85.

的主体更加多元化。有学者认为,在构建多元主体参与的大中小学思政课一体化评价机制时,一方面要将思政课教师作为评价的引导者,使评价从单纯的结果判断转变为促进发展的手段,另一方面也要鼓励学生积极参与到评价中来,开展自我评价,培养自我反思、自我纠正、自我激励的自评效应。[①] 也要引导学生广泛开展同学互评,彼此监督鼓励,树立优秀的榜样,更好地发挥评价的激励作用。除此之外,还要建立学校、家庭、社会共同参与的合作评价制度,凝聚大中小学思政课一体化建设的协同合力,推动思政课评价全面化、系统化、生活化。

最后,要彰显出一体化评价的综合性。解构"唯成绩论"的评价壁垒,建设多向度的综合评价体系。有学者认为,大中小学思政课一体化的评价机制要以促进学生的全面发展为总目标,应当在遵循思想政治教育的内在规律和学生身心发展的客观规律的前提下,以"改进结果评价,强化过程评价,探索增值评价,健全综合评价"作为开展评价的基本原则。[②] 一是要坚持定量评价与定性评价相结合,把握好量变和质变的辩证统一关系,既要对思政课教学情况的外在表征进行量化评估,又要对一体化建设的实施过程、价值导向、发展趋势能不能直接用数量表示的方面进行质性评估。[③] 二是要坚持动态评价和静态评价相结合。一方面要重点对大中小学各个学段的教学效果进行静态评价,强调对思政课教学时效性的稳定把握;另一方面也要及时关注一体化教学的持续发展过程,强调对各个学段教学生成性的动态追踪。三是要坚持线上评价和线下评价相结合。充分利用现代信息技术和网络技术,创新评价工具,既要保留传统线下评价的实际优势,又要充分应用互联网、人工智能、大数据统计等技术手段,打造线上线下相呼应的评价系统,提升评价效能。

（三）年度研究趋势

在大中小学循序渐进、螺旋上升地开展思政课,以健全的体制机制为大中小学思政课一体化建设提供有效保障,是新时代大中小学思政课一体化建设高质量发展的必然要求。2022 年以来,各地大中小学思政课体制机制一体化建设持续推进,取得了一

① 徐秦法,张肖.破立并举:大中小学思政课一体化评价的理性审思[J].江苏高教,2011(09):81-85.
② 徐秦法,张肖.破立并举:大中小学思政课一体化评价的理性审思[J].江苏高教,2011(09):81-85.
③ 蔡亮,赵梦天.大中小学思政课一体化育人实效性探析[J].学校党建与思想教育.2022(18):39-42.

系列成果。围绕当前一体化体制机制建设所取得的成效,紧扣国家关于思想政治教育工作的指示和习近平总书记系列重要讲话精神,大中小学思政课一体化体制机制研究呈现出了新的发展趋势。

1. 融入"大思政课"研究

习近平总书记关于"'大思政课'我们要善用之"的重要论述为思政课更好地落实立德树人的根本任务,培养德智体美劳全面发展的社会主义建设者和接班人提供了方向指引和基本遵循,同样也为大中小学思政课一体化建设打开了新的突破口。"大思政课"建设是一项复杂的系统工程,"需要社会、学校、家庭多方教育主体的紧密合作与全党全社会多方力量的融合贯通"①,打造"大思政课"育人共同体,构建"大思政课"育人格局,就必须依托系统完善的体制机制,从制度层面为"大思政课"保驾护航。建设"大思政课"协同机制,能够推动"大思政课"教育立场、教育目标、教育过程和教育资源的系统完善和协同联动,从而提升思政课铸魂育人的有效性和深远性,增强"大思政课"育人的广度、深度和力度。

善用"大思政课",不能仅仅只停留在理论的解读和知识的灌输,更要强调理论联系实际的重要性,将思政小课堂与社会大课堂有机结合,建设协同机制,提升育人实效。要加强顶层设计,做好统筹规划,在已有的思政课制度体系的基础上,依据国家关于新时代"大思政课"建设的要求,进一步强化和完善。② 建立健全领导管理体制和工作机制,坚持党对"大思政课"的领导,强调为党育人,为国育才,确保"大思政课"建设成效优越;相关教育部门要加强对不同学段"大思政课"的统筹指导和监督评价,将"大思政课"建设同大中小学思政课一体化结合起来,从教材、师资、教学等各个方面入手促进各学段的互联互通,助力"大思政课"的落实;学校也要积极鼓励"大思政课"融入日常教学和实践活动中,制定支持"大思政课"建设的规定,充分利用校内资源,推动"思政课+课程思政"协同育人纵深发展,学校党委也需发挥领导核心作用,协调校内各部门共同开展"大思政课";创设"家庭+政府+社会"的协同机制,打造"大思政课"建设共同体,打破壁垒,畅通"大思政课"建设渠道,形成信息流通、资源共享的"大思政课平台",凝聚育人合力,拓展"大思政课"的辐射空间。③

---

① 闫长丽,刘福军."大思政课"协同机制构建探析[J].北京教育(德育),2022(12):38-43.
② 石书臣,韩笑."大思政课"协同机制建设:问题与策略[J].学科与课程建设,2022(06):71-76.
③ 刘先春,佟玲.系统论视域下"大思政课"建设的多维分析[J].思想政治教育研究,2022(06):114-120.

2. 重视内在机理分析研究

体制机制的创设和运行是以事物发展变化的规律机理作为依据和遵循的。想要建立科学完善的体制机制，确保体制机制的高效运行，就必须遵从事物发展的内在规律，忽视甚至违背事物客观规律的制度体系是不可能真正发挥效用的。因此，想要推动大中小学思政课一体化建设，建构一体化体制机制，就必须先对大中小学思政课一体化的内在机理进行剖析，把握思政课一体化的内在规律，充分认识教育的客观规律、各学段思想政治工作的内在规律和大中小学学生身心成长的规律，并在此基础上深入研究、开拓创新，以奠定大中小学思政课一体化体制机制建构的科学基础。有学者认为，大中小学思政课一体化体制机制的内在机理，是一个规律遵循和动态发展的有机统一的系统过程，即形成上的共殊机理和过程上的协同机理。① 一方面，从总体来看大中小学思政课一体化是思想政治教育教学规律、学生身心成长规律以及认知规律相互作用、相互影响所耦合的产物，同样它也是一体化共相和殊相之间的内在耦合。在共相方面，大中小学各个学段的思政课都具有共同的价值导向，都以立德树人和铸魂育人作为教学的总目标，开展的教学活动也都遵循统一的思想政治教育教学客观规律；在殊相方面，不同学段的思政课各有侧重，在教学目标的设定、教学内容的编排、教学方法的选取等各个方面都有所差异，此外，不同学段学生的整体认知水平和身心发展状态区别明显，每个学生个体都独具特色。共相为大中小学思政课一体化的建设提供理论支持，确保了实践的可行性；殊相则为一体化教学的丰富化、多样化和个性化提供现实基础，提高了课程的实效和魅力。另一方面，大中小学思政课一体化是各学段横向联通、纵向衔接的有机统一体，需要通过教学目标、教学内容、教学教材、教学主体等诸多要素的一体化，来共同促进课程总体的一体化，体现各要素协同作用下的一体化发展。②

3. 注重开展微观案例研究

推进大中小学思政课一体化体制机制建设是一体化建设的重要内容，当前针对这一问题的研究主要是从微观层面开展的具体机制的研究，较多的学者会从一体化建设

① 师乐，蒋冬双.大中小学思政课一体化的机制建构[J].湖北师范大学学报（哲学社会科学版），2023（01）：95-100.

② 师乐，蒋冬双.大中小学思政课一体化的机制建构[J].湖北师范大学学报（哲学社会科学版），2023（01）：95-100.

中的管理、协同、衔接、评价、长效等具体机制入手,分析大中小学思政课一体化建设的现状、意义、困境等具体内容,从而提出推动一体化体制机制更加系统完善的路径和措施。除此之外,在微观研究中还有针对个案的分析。如:将党史学习教育融入大中小学思政课一体化建设,依据教学规律、学生成长规律和认知发展规律,分层界定教学目标,构建起分段衔接、层次递进、螺旋上升的教学目标一体化体系,系统整合党史资源,推进党史学习教育内容的合理化构建,加强教师队伍建设,培育党史教育人才,确保大中小学党史教育的顺利开展①;利用中华优秀传统文化资源开展大中小学思政课一体化,遵循"课程目标—课程内容—教学方法"的逻辑进路,设置阶段性的课程目标、系统性的课程内容和灵活性的教学方法,构建思政大课堂,实现思政课的内涵发展②;以弘扬"沂蒙精神"为例,通过加强顶层设计,着力把沂蒙精神融入"培养什么人、如何培养人、为谁培养人"的三个问题指向,理清教学的侧重点,循序渐进地开设大中小学思想政治理论课,开展实践教学,把思政课讲深讲透讲活,推进新时代大中小学思政课一体化建设,完善融入机制③。

二、实践情况

2022 年大中小学思政课一体化体制机制建设的理论研究取得了丰硕的成果,同时相关的实践活动也在全国范围内有序开展,包括大中小学思政课一体化建设基地、建设中心、建设联盟、合作协议签订、指导委员会成立等基地建设活动,以及学术论坛、座谈会、工作推进会、研讨会在内的推进会议。从区域分布来看,2022 年东部地区开展大中小学

---

① 唐蕾,陈英,杨静.党史学习教育融入大中小学思政课一体化路径探析[J].西昌学院学报(社会科学版),2023(03):48-53.
② 翟丽,齐廷廷.利用中华优秀传统文化资源助力大中小学思政课一体化[J].黑龙江教育(教育与教学),2022(10):47-49.
③ 张志丹,郭相震.沂蒙精神融入大中小学思政课一体化教学研究[J].思想政治教育研究,2022(06):106-113.

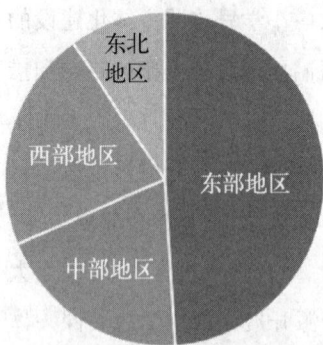

图3-2 开展大中小学思政课一体化体制机制建设实践活动的区域分布情况

思政课一体化体制机制建设活动最多,占活动总数的五成,中部和西部地区举办大中小学思政课一体化活动的数量相近,东北地区开展活动的数量最少。从各省级行政区开展活动的情况来看,天津市、上海市、江苏省和浙江省开展的大中小学思政课一体化体制机制建设活动数量远超其他省份,西藏自治区、海南省、台湾省、香港特别行政区和澳门特别行政区几乎没有开展过相关活动。实践活动的广泛开展进一步推动了大中小学思政课一体化体制机制的建设,为新时代大中小学思政课一体化创新发展提供了强大助力。

（一）基地建设

大中小学思政课一体化基地是大中小学思政课一体化工作开展的基础和前提,基地的建设不仅为一体化研究和实践活动提供了空间和平台,更为思政课人才培育和一体化探索创新带来强大的智力支持和坚实的物质保障。2022年,大中小学思政课一体化基地建设在全国各地积极展开,成效显著,主要集中在建设基地、建设中心、建设联盟、合作协议以及指导委员会等方面。从区域分布来看,东部地区组织开展的一体化基地建设活动数量最多,达到半数以上,中部和西部地区次之,东北地区基地建设活动最少。

1. 大中小学思政课一体化建设基地

（1）北京:中国人民大学大中小学思政课一体化建设教育基地

2022年9月,人大附中2022—2023年度开学典礼暨中国人民大学大中小学思政课一体化建设教育基地揭牌仪式举行。习近平总书记在中国人民大学考察时强调,希望人民大学绵绵用力,久久为功,止于至善,为全国大中小学思政课教学提供更多"金课"。也鼓励各地高校积极开展与中小学思政课共建,共同推动大中小学思政课一体化建设。为全面贯彻党的教育方针,进一步贯彻落实习近平总书记关于加强大中小学思政课建设的重要讲话精神,落实教育部和北京市委关于思政课改革创新的有关部署,切实推进大中小学思政一体化建设,中国人民大学特在人大附中设立"大中小学思政课一体化建设教育基地",基地的设立将进一步推动学校大中小学思政课一体化的发展。①

（2）上海：上海财经大学大中小学思政课一体化建设教育基地

2022年9月,学校与上财附属杨浦区国安路小学、上财附属初级中学、上财附属中学、上财附属北郊高级中学联合成立"上海财经大学大中小学思政课一体化建设教育基地"。为系统推进一体化建设,上海财经大学依托校内外资源,开展立体式思政教育基地建设,在大学校园内,深入挖掘以博物馆为典型的各类场馆作为示范型科普基地和爱国主义教育基地的思政元素,组织中小学生来校参观,沉浸式开展思政教育,在大中小学间成立一体化建设基地,高校引领,多方联动,系统性开展跨学段思政教育活动。②

（3）浙江：舟山市大中小学思政课一体化基地

2022年12月,舟山市大中小学思政课一体化基地揭牌仪式在浙江国际海运职业技术学院举行。成立舟山市大中小学思政课一体化基地,一是搭建思政课一体化"大平台"。以高校的"大手"拉住中小学的"小手",在推进大中小学思政教育一体化建设中发挥协同和促进作用,逐渐形成"党课共学、教学共研、平台共享、教育共进"等思政课一体化合作模式。二是共享思政课实践教学"大课堂"。坚持开门办思政课,推动思政课实践教学与学生社会实践活动、志愿服务活动结合,思政小课堂和社会大课堂结合。三是培育专兼职思政队伍"大师资"。充分发挥舟山市大中小学的优秀师资优势,以"同备一堂课"为抓手,健全完善纵向跨学段、横向跨学科的交流研修机制,深入开展相邻学段思政课教师教学交流研讨,探索构建习近平新时代中国特色社会主义思想教育教学课程"金课"体系。③

（4）浙江：宁波财经学院与宁波市特殊教育中心学校两校共建了大中小学思政课一体化建设实践基地

2022年12月,宁波财经学院与宁波市特殊教育中心学校举行合作推进会,揭牌成

① 中国人民大学新闻网.人大附中2022-2023年度开学典礼暨中国人民大学大中小学思政课一体化建设教育基地揭牌仪式举行[EB/OL].(2022-09-02)[2023-05-01].https://news.ruc.edu.cn/archives/397877.

② 上海财经大学.打造育人"同心圆",上海财经大学开展大中小学思政课一体化建设[EB/OL].(2022-12-16)[2023-05-01].https://mp.weixin.qq.com/s/7I0-eAUxX74OZ0L6L6PhmQ.

③ 舟山市教育局.我市推进"大思政课"建设揭牌成立"大中小学思政课一体化基地"[EB/OL].(2022-12-09)[2023-05-01].http://zsjy.zhoushan.gov.cn/art/2022/12/9/art_1229137171_58887629.html.

立宁波财经学院"大中小学思政课一体化建设实践基地"。运用"大思政课"思维，把思政教育、生命教育和劳动教育在理论和实践层面有机融合，从多个维度帮助特殊儿童认识自我、悦纳自我，发现个人的生命价值和社会价值的连接。两校将通过课程开发、劳动教育实践、研学服务和合作研究与实践，实现校际共建、资源共享，帮助大学生与特校中小学生加深交流，共同成长。①

（5）湖南：湖南师范大学马克思主义学院实践教学基地挂牌仪式

2022年11月，湖南师范大学马克思主义学院实践教学基地挂牌仪式暨张家界市思政名师工作室大中小学思政一体化建设研讨会在崇实小学北校举行。活动以"百年青春永向党，同心发力笃前行"为主题，湖南师范大学马克思主义学院书记陈红桂为崇实小学北校授予"湖南师范大学马克思主义学院实践教育基地"。张家界市委教工委书记、市教育局局长郑朝霞表示，张家界市将进一步加强对思想政治理论课教育教学的实践研究，强化专业指导与引领，建立思政课教师教研共同体，构建具有实践性、体验性、参与性、情境性的"大课堂"，真正把思政课办成学生成长的人生大课，为张家界思政课建设做出应有的贡献。②

（6）内蒙古：鄂尔多斯市大中小学思政课一体化建设教师研修基地

2022年6月，鄂尔多斯市教育体育局组织召开"中华一家亲，奏响新时代思政教育最强音"全市大中小学思政课一体化建设现场会，鄂尔多斯应用技术学院被授予"鄂尔多斯市大中小学思政课一体化建设教师研修基地"。在会议"同上一节思政课"同课异构教学活动环节，马克思主义教学部青年教师乌达娜作为大学教师代表进行了《立足"四个共同"，铸牢中华民族共同体意识》授课。基地将积极贯彻落实习近平总书记在中国人民大学考察时的重要讲话精神，积极开展与中小学思政课共建，共同推动大中小学思政课一体化建设，肩负起为大中小学培养合格思政课教师的光荣使命和重大责任。③

---

①　中国教育在线.这所高校牵手"特教"创新"大中小思政一体化"教育模式[EB/OL].（2022－12－08）[2023－05－01]. https://zhejiang.eol.cn/zjgd/202212/t20221208_2260201.shtml.

②　张家界市教育局.思政课进校园|张家界市推进大中小学思政课一体化建设[EB/OL].（2022－11－23）[2023－05－01]. https://mp.weixin.qq.com/s/yYsbZB1ucQVMhTZo2_BG8A.

③　鄂尔多斯应用技术学院.学院被授予"鄂尔多斯市大中小学思政课一体化建设教师研修基地"[EB/OL].（2022－06－15）[2023－05－01]. https://www.oit.edu.cn/info/1013/4395.htm.

2. 大中小学思政课一体化建设中心

（1）河北：河北省大中小学思政课一体化集体备课中心成立

2022 年 6 月，河北省教育厅为深入贯彻落实习近平总书记关于思政课建设的重要论述，创新备课形式、强化资源共享、提升备课效果，促进大中小学思政课一体化建设，成立了河北省大中小学思政课一体化集体备课中心。河北省教育厅强调，各有关高校要充分发挥马克思主义学院优势，牵头做好辐射区域内大中小学思政课集体备课工作；各地教育部门要切实履行职责，加强统筹协调，积极组织所属大中小学各学段思政课教师参与"中心"集体备课，促进大中小学思政课程有效衔接，不断提高区域内大中小学思政课一体化建设水平。①

（2）山西：吕梁大中小学思政课一体化建设研究中心成立

2022 年 7 月，吕梁大中小学思政课一体化建设研究中心揭牌仪式在吕梁学院举行。吕梁学院各系书记、主任和各相关职能部门负责人，吕梁市各县（市、区）教育局负责人及市直各学校领导、思政课专家，吕梁大中小学思政课一体化建设研究中心成员参加会议。吕梁市教育局郭文频主持仪式。吕梁学院党委书记周富国、吕梁市教育局局长赵雪宏为吕梁大中小学思政课一体化建设研究中心揭牌。与会领导为 24 名吕梁市大中小学思政课一体化建设研究专家颁发了聘书。②

（3）上海：华东师范大学大中小学思政课一体化建设研究中心揭牌成立

2022 年 3 月，华东师范大学大中小学思政课一体化建设研究中心成立。8 月，华东师范大学马克思主义学院、上海市学生德育发展中心以在线形式共同举办"第四届大中小学思政课一体化建设学术研讨会"。开幕式上，华东师范大学校长助理吴瑞君教授为华东师范大学大中小学思政课一体化建设研究中心正式揭牌，并发布了中心近期研究成果，包括"大中小学思政课一体化建设丛书"系列的《新时代大中小学思政课一体化建设》《中学思政学科心理学纲要》以及"上海市大中小学思政课一体化建设教学观摩活动"音像制品等。

---

① 河北师范大学马克思主义学院.河北省大中小学思政课一体化集体备课中心［EB/OL］.（2022－09－01）［2023－05－01］. https://mayuan.hebtu.edu.cn/a/2022/09/01/5CE99CB0977E40818C2920E68AAF9823.html.

② 吕梁教育云平台.吕梁大中小学思政课一体化建设研究中心揭牌［EB/OL］.（2022－07－19）［2023－05－01］. https://mp.weixin.qq.com/s/-o_tFhKd40p1s8x3lBIP7g.

（4）云南：大理州大中小学思政课一体化建设协同创新中心成立

2022年8月，云南省大理白族自治州大中小学思政课一体化建设协同创新中心揭牌暨2022年大理州第一批中小学思政课骨干教师培训班开班仪式在大理大学举行。大理州大中小学思政课一体化建设协同创新中心将在推进教学一体化、推进教师专业发展一体化、推进管理一体化和推进科研一体化等方面进行积极探索。建立健全大中小学思政课教师一体化备课机制，普遍实行思政课教师集体备课制度，全面提升教研水平；加快壮大专职思政课教师队伍，实施思政课教师素质提升计划；建成一批示范县区和示范学校，推出一批示范课程，选树一批教学名师和团队，建设一批教学研究示范中心；切实加强大中小学思政课一体化建设课题研究和成果交流，强化成果转化应用。①

（5）黑龙江：哈尔滨工业大学大中小学思政教育一体化研究中心成立

2022年7月，哈尔滨工业大学大中小学思政教育一体化研究中心成立仪式暨"马克思主义理论学科"建设论坛在哈工大举行。哈尔滨工业大学党总支书记兼校长王蕾，副书记孙连勇率小学、初中、高中支部书记、学生思政工作负责人、初高中名师工作室负责人和思政教师代表参加活动。黑龙江省教育厅思想政治教育处处长武艳君和王蕾书记等领导为大中小学思政教育一体化研究中心揭牌。会上，哈尔滨工业大学附属学校初中部学工处主任肖恩超在论坛上做《立德树人、向阳而行——哈工大附中初中部思政课教育实践》主题发言。②

3. 大中小学思政课一体化合作协议

（1）天津：天津市第一中学与天津外国语大学、天津市实验小学共同签订大中小学思政一体化合作共建协议

2022年7月，天津市第一中学与天津外国语大学、天津市实验小学共同开展大中小学思想政治教育一体化合作共建，三所学校共同签署大中小学思政一体化合作共建协议，围绕教师培养交流、课程资源共享、学生实习实践、志愿服务活动等多领域开展

---

① 云南省教育厅.大理州大中小学思政课一体化建设协同创新中心成立［EB/OL］.（2022－08－11）［2023－05－01］. https://mp.weixin.qq.com/s/OSejWUFmi82TzNDNSQkL3g.

② 哈尔滨工业大学附属学校.王蕾书记带队参加哈尔滨工业大学大中小学思政教育一体化研究中心成立仪式［EB/OL］.（2022－07－06）［2023－05－01］. https://mp.weixin.qq.com/s/wK07NE7uCfm-xDw6aGRrlg.

深度合作。①

（2）天津：天津市民族中学教育集团与天津城建大学马克思主义学院签订大中小学思政课一体化共建合作框架协议

2022 年 10 月，天津市民族中学教育集团与天津城建大学马克思主义学院举行了大中小学思政课一体化共建合作框架协议签约仪式。马克思主义学院贾恒欣副院长介绍了学院思政教师队伍建设、思政课改革创新成果及特色，并讲解了"红色文化培心、传统文化育德、科技文化育能"的大中小学思政课一体化育人理念以及开展的相关活动。在座谈交流中，马克思主义学院何继新院长建议，要对标对表国家关于大中小学思政课一体化建设文件要求，坚持问题导向、立足双方育人需求，开展菜单式合作模式。民族中学刘和葵校长和德育处王小彦主任介绍了学校开展大中小学思政课一体化建设的经验，提出希望在学生生涯规划教育、实践育人方面加强合作。②

（3）内蒙古：河东区教育局与包头医学院签署"大中小学思政课一体化建设联盟"合作协议

2022 年 7 月，河东区教育局与包头医学院签署"大中小学思政课一体化建设联盟"合作协议。包头医学院党委副书记张健，包头医学院党委委员、宣传部部长李文，包头医学院马克思主义学院党支部书记、院长马晓玲，区政府副区长张红艳出席仪式。签约仪式上，张健指出，包头医学院将充分发挥高校教学资源优势，采取课程研讨、论坛交流及研修培训等方式，重点在师资队伍建设、教改科研、思政课实践教学等方面扎实开展一体化统筹教研活动，打造区域性思政课教师专业化发展平台。同时，积极推进思政课教师跨学段和跨区域教研交流，与东河区教育局及域内中小学积极探索思政课协同共建机制，广泛开展教科研交流、思政精品课展示、"手拉手"帮扶和网络平台建设，循序渐进地推进大中小学思政课一体化建设，为包头市基础教育提供更有力的人才支撑和智力保障。③

---

① 天津市教育委员会.我市打造新时代学校思想政治工作新格局［EB/OL］.（2022 - 09 - 05）［2023 - 05 - 01］. https://jy.tj.gov.cn/JYXW/TJJY/202209/t20220905_5979206.html.

② 天津市民族中学.天津市民族中学教育集团与天津城建大学马克思主义学院签订大中小学思政课一体化共建合作框架协议［EB/OL］.（2022 - 10 - 25）［2023 - 05 - 01］. https://mp.weixin.qq.com/s/7JhH-91WVJ3IbfO55tnNog.

③ 今日东河.区教育局与包头医学院签署"大中小学思政课一体化建设联盟"合作协议［EB/OL］.（2022 - 07 - 05）［2023 - 05 - 01］. https://mp.weixin.qq.com/s/qR4QJXJj5BAN2fUf1 - MSiA.

（4）重庆：奉节县教委与重庆理工大学签订大中小学思政课一体化协同共建协议

2022年7月，奉节县教委与重庆理工大学联合举行大中小学思政课一体化建设工作座谈会暨《大中小学思政课一体化协同共建协议》签约仪式。重庆理工大学马克思主义学院院长徐茂华与奉节县委教育工委、县教委副主任吴平签订《大中小学思政课一体化协同共建协议》。协议约定，将以大中小学思想政治教育一体化建设促进新时代学校思想政治理论课高质量发展，打造一批高水平的师资队伍、一批高标准的资源平台、一批高影响的主题活动，实现立德树人成效进一步提升、德育工作特色进一步彰显、品牌示范影响进一步增强，努力培养堪当民族复兴重任的时代新人，在建设教育强国、推动乡村振兴的伟大实践中贡献智慧和力量，以优异成绩迎接党的二十大胜利召开。①

4. 大中小学思政课一体化建设联盟

（1）江苏：常州市经开区大中小学思政课一体化建设联盟

2022年3月，常州经开区大中小学思政课一体化建设联盟在常州市第四中学开展首次活动。常州工学院马克思主义学院熊焱生院长、经开区社会事业局薛新洪副局长、经开区教师发展中心何运耿主任，以及经开区思政课研训员、各联盟校思政课负责人、骨干教师等参加了本次活动。熊焱生以"学深悟透新思想踔厉奋发新征程"为主题，从"学深悟透新思想，坚持习近平新时代中国特色社会主义思想的指导地位"和"踔厉奋发向未来，推进经开区大中小学思政课一体化建设联盟创新实践"两大方面进行发言。联盟副理事长兼秘书长、市四中校长裘高飞解读了"根植红色基因的品格提升——中小学红色教育一体化建设"项目建设规划。联盟校思政教师围绕"根植红色基因的品格培育"项目建设主题，进行了集中研讨。②

（2）江苏：南京雨花台区大中小学思政课一体化建设联盟

2022年5月，由雨花台区教育局组织，雨花台区教师发展中心和南京晓庄学院主

---

① 夔州教育.[特别要闻]奉节县教委与重庆理工大学大中小学思政课一体化建设工作座谈会暨签约仪式隆重举行[EB/OL].(2022－07－13)[2023－05－01]. https://mp.weixin.qq.com/s/LEau09Z_wLRCaRrjeV7QcA.

② 常州市教育局.常州经开区大中小学思政课一体化建设联盟活动在市四中举行[EB/OL].(2022－03－03)[2023－05－01]. http://jyj.changzhou.gov.cn/html/jyj/2022/EQLDPIIC_0303/110869.html.

办,南京市南站中学承办,通过线下直播+线上录课+线上互动的方式,开展"共上一堂课,传递爱国情"雨花台区大中小学思政课一体化建设联盟活动。雨花台区教育局周文林副局长、南京晓庄学院马克思主义学院朱智武院长等各位领导为建设联盟举行揭牌仪式。周文林副局长在致辞中提到,大中小学思政课一体化建设是时代的命题,雨花台区在赓续红色基因的背景下,努力构建不同学段思政课协同发展的课程体系,将思政课一体化建设落到实处。在此背景下,朱智武院长提出大中小思政联盟一体化应将教学内容、教师队伍和教学资源三个方面统一起来,推动思政课建设内涵式发展。①

（3）江苏：镇江市京口区 2022 年大中小学思政一体化育人联盟

2022 年 9 月,镇江市京口区 2022 年大中小学思政一体化育人联盟正式成立。京口教育部门深入贯彻《关于深化新时代学校思想政治理论课改革创新的若干意见》等文件精神,持续推进全区思政课教师队伍建设,打破各学段思政课之间的壁垒,充分发挥大中小学思政课整体育人优势,提升思政课教学的理论性、亲和力、针对性和实效性。镇江市实验小学把镇江本地的革命基地当成孩子们思政教学实践的生动课堂,每学期定期开展"遇见家乡"的十二次成长系列研学活动,让学生从家乡的红色历史中培养爱国主义情怀,形成思政教育品牌。镇江市敏成小学发挥党支部教育示范功能,推动大思政的形成,通过"大手牵小手"触摸党史、地方史、校史,引导学生增强"四个自信",厚植爱国主义情怀;京口中学则以思政名师工作室为龙头,将情怀要深、思维要新、视野要广、自律要严等要求落实到日常的思政教学中,当好学生的引路人。②

（4）浙江：台州市大中小学思政课一体化建设联盟

2022 年 6 月,台州市举行大中小学思政课一体化建设联盟及研究中心成立大会。台州市教育局党委委员、副局长陈海晓为台州市大中小学思政课一体化建设联盟单位代表授牌,金松为台州市大中小学思政课一体化研究中心首批专家代表颁发聘书。与会者在致辞中强调,大中小学思政课一体化建设是一项长期性、系统性工程,要在市教育局的指导下,由各高校牵头,联合各联盟单位,统筹同步推进。市教育局要发挥统筹

---

① 雨花教育发布.教师发展中心|赓续红色基因,弘扬爱国精神——雨花台区大中小思政课一体化建设联盟系列活动圆满成功[EB/OL].（2022－05－31）[2023－05－01]. https://mp.weixin.qq.com/s/AYWNYz75SXZUEQTkEfs1ag.

② 江苏省教育厅.镇江京口教育系统构建"大思政"一体化育人格局[EB/OL].（2022－09－22）[2023－05－01]. http://jyt.jiangsu.gov.cn/art/2022/9/22/art_57812_10612475.html.

抓总作用,加强业务指导,提供有力支撑。各联盟单位要依托台州市大中小学思政课一体化建设研究中心,加强与各大中小学的联系协同,实现资源共享、学段互通。研究中心要加强思政课程研究,着力打造更多有层次、有质量、有特色的思政课一体化建设成果,为全市青少年思政工作提供更强有力的保障和支撑。①

（5）浙江：绍兴市大中小学思政课一体化名师工作室联盟

2022年11月,绍兴市大中小学思政课一体化名师工作室联盟成立暨"科教兴国助力中国式现代化"协同教研活动在绍兴文理学院图书馆一楼报告厅举行。绍兴市委教育工委专职副书记、市教育局党委副书记马成永,绍兴市教育局政治处主任王泽权,绍兴市教育教学研究院院长赵新鸿,校党委副书记张宏,校党委委员、宣传部部长梁瑜,各名师工作室负责人和骨干教师,绍兴市各学段教研员,大中小学和马克思主义学院师生代表等参加会议。张宏强调,要积极推动绍兴市大中小学思政课一体化建设取得更多内涵式发展,一是要进一步增强对做好大中小学思政课一体化建设的重要性认识,二是要进一步提升大中小学思政课一体化建设的能力和水平,三是要进一步落实广大思政课教师在大中小学思政课一体化建设中的主体责任。②

（6）山东：诸城市首批大中小学思政课一体化建设联盟

2022年11月,诸城市首批大中小学思政课一体化建设联盟成立大会在市教体局召开。诸城市教育科学研究院副院长吴洪建、潍坊工商职业学院马克思主义学院院长王桂珍、诸城市教体局党组成员吴洪杰先后发言,从课程体系、课程内容、学段交流、资源共享、队伍建设等方面为加强大中小学思政课一体化建设建言献策。③

5. 大中小学思政课一体化指导委员会

（1）福建：成立福建省大中小学思政课一体化建设指导委员会

2022年12月,为深入贯彻落实习近平总书记关于教育的重要论述特别是在学校思想政治理论课教师座谈会上的重要讲话精神,贯彻落实中共中央办公厅、国务院办

---

① 台州学院.台州市大中小学思政课一体化建设联盟及研究中心今日成立［EB/OL］.（2022－06－02）［2023－05－01］.https://www.tzc.edu.cn/info/1094/68194.htm.

② 绍兴文理学院.绍兴市大中小学思政课一体化名师工作室联盟在我校成立［EB/OL］.（2022－11－14）［2023－05－01］.https://www.usx.edu.cn/info/1138/21003.htm.

③ 潍坊工商职业学院.我校参加诸城市首批大中小学思政课一体化建设联盟成立大会［EB/OL］.（2022－11－27）［2023－05－01］.https://mp.weixin.qq.com/s/smUDEcLAjuvRNH_vSFeLWg.

公厅印发的《关于深化新时代学校思想政治理论课改革创新的若干意见》精神,加强对不同学段不同类型思政课建设分类指导,推动新时代学校思政课高质量发展,全面提高思政课质量和水平,福建省大中小学思政课一体化建设指导委员会成立仪式暨党的二十大精神融入大中小学思政课研讨会在榕举行,省委常委、宣传部部长张彦出席并讲话。会上聘任35位专家、名师担任省指导委员会专家指导组成员,通过指导委员会章程并启动大中小学思政课一体化建设"闽东北、闽西南"区域联盟。教育部大中小学思政课一体化建设专家指导组组长、中国人民大学秦宣教授、省指导委员会专家指导组组长、福建师范大学潘玉腾教授分别作连线指导和交流发言。①

(2)山西:成立山西省大中小学思政课一体化建设指导委员会

2022年8月,为深入贯彻落实习近平总书记在学校思想政治理论课教师座谈会上的重要讲话精神,贯彻落实中办、国办印发的《关于深化新时代学校思想政治理论课改革创新的若干意见》及省委教育工作领导小组印发的《山西省深化新时代学校思想政治理论课改革创新的若干措施》精神,加强对不同学段不同类型思政课建设分类指导,推动新阶段学校思政课高质量发展,全面提高思政课质量和水平,决定成立山西省大中小学思政课一体化建设指导委员会。②

(3)河南:成立大中小学思政课一体化建设工作联盟协调指导工作委员会

2022年5月,省委教育工委办公室、省教育厅办公室公布大中小学思政课一体化建设工作联盟协调指导工作委员会管理委员和专家委员名单,河南省大中小学思政课一体化建设工作联盟协调指导工作委员会正式成立。河南省大中小学思政课一体化建设工作联盟协调指导工作委员会的成立,有利于河南省在大中小学循序渐进、螺旋上升地开设思政课,引导学生立德成人、立志成才,推动大中小学思政课一体化建设向纵深发展,提升思政教育实效,总结形成可推广、可复制的大中小学思政课一体化建设河南经验。③

---

① 福建省教育厅.福建省大中小学思政课一体化建设指导委员会成立[EB/OL].(2022-12-13)[2023-05-01].https://jyt.fj.gov.cn/gkxx/ldhd/202212/t20221213_6078012.htm.

② 山西省教育厅.中共山西省委教育工作委员会山西省教育厅关于成立山西省大中小学思政课一体化建设指导委员会的通知(晋教政函[2022]19号)[EB/OL].(2022-08-12)[2023-05-01].http://jyt.shanxi.gov.cn/sjytxxgk/xxgkml/jytwj/202208/t20220817_6954870.html.

③ 河南省教育厅.河南省大中小学思政课一体化建设工作联盟协调指导工作委员会正式成立[EB/OL].(2022-05-20)[2023-05-01].https://jyt.henan.gov.cn/2022/05-20/2452953.html.

（4）河南：成立平顶山市大中小学思政课一体化建设指导委员

2022年5月，平顶山市大中小学思政课一体化建设指导委员会成立大会在平顶山学院中心会议室举行。会议指出，成立思政课一体化建设指导委员会就是要充分利用各个学段特别是高校思想政治教育资源，积极推动大中小学思想政治教育纵向有序衔接、横向有效贯通，全面提高思政课质量水平。各级党委、各类学校要深刻认识大中小学思政课一体化建设的重要意义，充分挖掘育人资源，形成协同育人格局，汇聚强大育人合力。指导委员会要对全市大中小学思政课一体化建设加强领导、指导、培训、研判。各级教体部门和各级各类学校要积极支持一体化建设专家指导组成员的工作。大中小学思政课一体化建设区域联盟要发挥思政课建设强校和高水平思政课专家示范带动作用，建立跨学段、跨学科的片区交流机制和集体研修备课机制。①

（二）推进会议

大中小学思政课一体化推进会议以助推一体化创新发展为目的，由各高校或相关机构安排组织，邀请与大中小学思政课一体化建设相关的专家学者、政府部门人员以及基层教师等参与其中，通过面对面的互动沟通，分享一体化研究成果与实践经验，交流看法和建议，具有权威性、时效性、互动性等特点。2022年，大中小学思政课一体化推进会议主要有学术论坛、座谈会、工作推进会以及研讨会，且主要集中在东部地区，西部、中部、东北部地区依次递减，其中福建、北京、天津、上海、浙江等地召开推进会议的次数高于其他省市，西藏、陕西、山西、海南等地次数较少。

1. 大中小学思政课一体化建设学术论坛

（1）北京：第二届全国大中小学思政课一体化实践研究高峰论坛

2022年4月，第二届全国大中小学思政课一体化实践研究高峰论坛在北京市第十一中学召开。论坛由北京教育科学研究院德育研究中心主办，全国100余所大中小学和机构以线上线下相结合方式共同参与。第一分论坛以"大中小学思政课一体化建设机制研究"为大主题，下设四个研讨话题，专家们分别对大中小学思政课一体化领

---

① 中国教育在线.平顶山市大中小学思政课一体化建设指导委员会成立大会在平顶山学院举行［EB/OL］.（2022－05－27）［2023－05－01］. https://www.eol.cn/henan/hengd/202205/t20220527_2228624.shtml.

导、沟通、评估与激励机制创新进行深入交流。第二分论坛主题为"大中小学思政课一体化建设实践探索",学者共话大中小学思政课一体化建设教学、实践模式创新,在讨论中增强思政课实践教学的实效性、针对性和灵活性。本届论坛旨在强化课程建设,制定大思政课课程育人实践方案,持续推进大思政课课程实施,形成大中小学一体化衔接备课机制,推进共同体发展,持续加强大中小学思政共同体建设,扩大共同体联盟育人广度与深度。①

（2）天津：天津市首届大中小学思政工作一体化工作论坛

2022年6月,由天津市委教育工委、市教委、天津外国语大学共同主办的"天津市首届大中小学思政工作一体化工作论坛"通过线上线下相结合的形式成功举行。论坛吸引了天津市大中小各学段的思政课教师、德育干部、中小学班主任、高校辅导员等从事思想政治教育工作的一线教师广泛参与;新疆和田地区教育系统采取集中观看的方式,组织地县两级教育行政部门和各级学校干部教师3 800余人在线收看收听,累计有5 000余人次参会。参与论坛的专家学者们围绕"以一体化理念系统推进大中小学思政课建设""提高中小学班主任核心素养的方式""心理健康教育与思政融合的路径探索""模式化推进大中小学思政课一体化的实践与思考""加强课程价值引领,落实立德树人根本任务"等主题,从不同的角度对如何开展大中小学思政工作一体化工作进行了深入探讨,共收到论文297篇,形成提案10个。②

（3）江西：第八届全国大中小学思政课一体化建设高层论坛

2022年10月,由江西省大中小学思政课一体化建设指导委员会专家指导组、上海师范大学、山东师范大学、景德镇陶瓷大学主办的第八届全国大中小学思政课一体化建设高层论坛暨党的二十大精神融入大中小学思政课论坛在景德镇举行。论坛邀请到了武汉大学原党委副书记骆郁廷教授,中国人民大学郝立新教授,北京大学孙熙国教授,上海师范大学张志丹教授、石书臣教授等19位来自国内思政课研究方面的专家、学者围绕大中小学思政课一体化建设做了主旨发言。此次会议的合办是全国协力

---

① 北京教育科学研究院德育研究中心.第二届全国大中小学思政课一体化实践研究高峰论坛召开[EB/OL].(2022－04－25)[2023－05－01]. https://www.bjesr.cn/ywbm/dyc/kydt/2022－04－25/50553.html.

② 天津外国语大学.天津市首届大中小学思政工作一体化工作论坛在天津外国语大学举办[EB/OL]. (2022－06－21)[2023－05－01]. http://news.tjfsu.edu.cn/content/20220621/20220621_810.htm.

统筹推进大中小学思政课一体化建设工作的新的有益尝试，对进一步助力一体化建设发展、为党育人、为国育才具有重大意义。①

2. 大中小学思政课一体化建设座谈会

（1）江西：赣州市大中小学思政课一体化建设现场会

2022年6月，赣州市大中小学思政课一体化建设现场会在江西理工大学（三江校区）召开。赣州市委教育工委副书记胡敦祥出席会议并讲话，江西理工大学党委副书记伍自强致欢迎辞，并介绍了江西理工大学办学情况及思政工作情况。胡敦祥强调要从提高政治站位、强化整体规划、强化队伍建设和丰富育人载体四个方面统筹推进大中小学思政课一体化建设。②

（2）湖北：大中小学思政课一体化成果展示暨2022年黄石市思政课建设总结大会

2022年11月，黄石市教育局、黄石市教育科学研究院、湖北师范大学共同举办了大中小学思政课一体化成果展示暨2022年黄石市思政课建设总结大会。会上，大学、高中、初中和小学四个学段的思政课教师代表围绕"推进生态文明、建设美丽中国"的主题，进行同课异构的教学成果展示，通过不同的教学方法和教学形式，展现了各学段思政课的不同特点。湖北师范大学马克思主义学院副院长唐兴军表示，下一步，高校将深入与中小学共建大思政课、共享教学资源、共研教学方法和共评教学效果，为建立大中小学"手牵手"集体备课形式进行更多有益的新尝试，推动大中小学思政课一体化深入融合。黄石市教育局副局长、黄石市教育科学研究院院长肖惠东表示，思政课教学必须充分把握学生在不同学段的身心、思想和行为特点，将国家和社会的要求与学生特定学段成长发展的需要有机结合起来，实现大中小学思政教课一体化建设的价值追求。③

（3）贵州：贵州省大中小学思政课一体化建设"手拉手"集体备课中心召开联席会议

2022年5月，贵州省大中小学思政课一体化建设"手拉手"集体备课中心在贵州

① 上海师范大学马克思主义学院.我院承办第八届全国大中小学思政课一体化建设高层论坛召开[EB/OL].（2022－11－03）[2023－05－01].http://marx.shnu.edu.cn/c6/9e/c2466a771742/page.htm.

② 赣州教育.全市大中小学思政课一体化建设现场会召开[EB/OL].（2022－06－26）[2023－05－01].https://mp.weixin.qq.com/s/2vgj9AuggB-8SP1NiCrX3A.

③ 湖北师范大学.[黄石日报]我市推进大中小学思政课一体化建设[EB/OL].（2022－11－24）[2023－05－01].https://www.hbnu.edu.cn/2022/1124/c5140a138965/page.htm.

师范学院组织召开了集体备课中心联席会议。会议充分分析了贵州省大中小学思政课建设现状,研讨了贵州省大中小学思政课一体化建设"手拉手"集体备课中心建设方案,规划了贵州省大中小学思政课一体化建设"手拉手"集体备课中心近期工作安排部署。与会专家从各自所处学段出发,就大中小学思政课为什么需要一体化、建设什么样的一体化、怎么推进一体化、如何通过一体化建设取得成效等方面进行了深入探讨。与会专家还就大中小学思想政治理论课一体化建设短板弱项问题进行了讨论,并为有效解决问题提出宝贵意见和建议。会议内容丰富、讲解透彻,既有知识纵深,又有现实针对性,彰显了理论深度和全局视野的融合。①

（4）云南：云南省第二届大中小学思想政治理论课一体化建设教学展示活动成功举办

2022 年 7 月,由中共云南省委教育工委、云南省教育厅主办,云南师范大学承办,云南师范大学马克思主义学院、云南师范大学实验中学和云南师范大学西南联大博物馆联合执行的云南省第二届大中小学思想政治理论课一体化建设教学展示活动在云南师范大学实验中学举行。教学展示活动上,云南师范大学及其附属幼儿园、小学、初中、高中思政课师生代表和西南联大博物馆讲解员以联大故事为主线,以爱国主义为核心,引导学生们筑牢深厚的爱国情怀、坚定远大的理想信念、生成为中国特色社会主义持续奋斗的源动力。张建国教授认为,云南省大中小学思政课一体化建设首先要回归思政课的本质,将道理讲深、讲透、讲活;其次要注重个性化,各阶段思政课既要有所衔接也要有所区别;最后要做好纵向联系与横向拓展工作,邀请云南省更多的学校参与展示,形成更为健康有序的大中小学思政课一体化建设。②

（5）辽宁：辽宁省习近平生态文明思想融入大中小学思政课一体化建设集体备课会

2022 年 11 月,为学习贯彻党的二十大精神,进一步推进习近平生态文明思想融入大中小学思政课一体化建设,由中共辽宁省委教育工委、辽宁省教育厅主办,沈阳农业大学承办的习近平生态文明思想融入大中小学思政课一体化建设集体备课会成功举

①　贵州师范学院马克思主义学院.凝聚合力　携手同行——贵州省大中小学思政课一体化建设"手拉手"集体备课中心召开联席会议[EB/OL].(2022 - 05 - 30)[2023 - 05 - 01].https://mp.weixin.qq.com/s/lb3CA8S8VkED423kt_O7LQ.

②　云南师范大学.云南省第二届大中小学思想政治理论课一体化建设教学展示活动成功举办[EB/OL].(2022 - 07 - 04)[2023 - 05 - 01].https://www.ynnu.edu.cn/info/1099/26662.htm.

办。会议指出，辽宁省积极推动大中小学思政课一体化建设，积极探索大中小学思政课一体化建设机制，打造了横向各课程密切协同、纵向各学段层层递进的课程体系，构建了横向贯通、纵向衔接、特色鲜明的大中小学思想政治教育一体化建设机制。同时，强调要注重实现全省大中小学思政课一体化建设的整体性，保证全省大中小学思政课一体化建设的层级性，加强全省大中小学思政课一体化建设的协同性，着力构建大中小学思政育人大格局；要增强全省大中小学思政课集体备课的实效性，落实立德树人根本任务。①

（6）辽宁：抗联精神融入大中小学思想政治教育一体化建设论坛暨辽宁省本溪市教学现场会

2022年11月，"抗联精神融入大中小学思想政治教育一体化建设论坛暨辽宁省本溪市教学现场会"在辽宁科技学院举行。韩劲松在致辞中介绍了学校在将抗联精神融入育人过程中取得的成效。韩劲松表示，辽宁科技学院聚焦红色基因将抗联精神有机融入育人全过程已有六年多时间，以"七个融入"即融入党建、融入思政、融入教学、融入科研、融入文化、融入实践、融入双创构建"大思政"格局，取得了"十个一"国家、省市级抗联研究丰硕成果。今后，学校将进一步发挥在红色抗联领域的优势和资源，落实党中央、国务院大中小学思政课一体化建设的要求，充分发挥思政课在落实立德树人根本任务中的关键作用，为辽宁省大中小学思想政治教育一体化建设工作做出更大贡献。②

（7）吉林：吉林省大中小学思政课一体化建设集体备课会

2022年5月，吉林省大中小学思政课一体化建设教师培训基地（吉林大学）在线上举行集体备课会，来自吉林省各地各高校的近200名大中小学思政课教师相聚云端。吉林省教育厅思政处负责人杨延秋在致辞中表示广大教师要循序渐进、螺旋上升地讲好思政课，各级各类学校要种好责任田、守好一段渠，思政课教师要不断总结经验，加强交流，取长补短，争取把大中小学思政课一体化建设推向一个新的台阶。与会

---

① 辽宁省教育厅.辽宁省举办习近平生态文明思想融入大中小学思政课一体化建设集体备课会［EB/OL］.（2022－11－03）［2023－05－01］. https://jyt.ln.gov.cn/jyt/jyzx/jyyw/20221103120431590067/index.shtml.

② 辽宁科技学院.抗联精神融入大中小学思想政治教育一体化建设论坛暨辽宁省本溪市教学现场会在我校召开［EB/OL］.（2022－11－10）［2023－05－01］. https://www.lnist.edu.cn/info/1012/7778.htm.

的各位专家教师分别围绕不同的主题进行了集体备课交流。①

（8）黑龙江：黑龙江大中小学思政课一体化建设联校集体备课会

2022年5月，由中共黑龙江省委教育工作委员会、黑龙江省教育厅指导，教育部全国高校思政课"手拉手"集体备课中心（哈尔滨师范大学——黑龙江省）、黑龙江省教育厅大中小学思政课一体化建设指导委员会主办，哈尔滨师范大学马克思主义学院、黑龙江省思政课名师工作室（哈尔滨师范大学）承办的"大中小学思政课一体化建设联校集体备课会"顺利举行。上海师范大学马克思主义学院院长张志丹教授以"推进大中小学思政课一体化建设的探索与未来走势"为题进行专题辅导。张志丹教授从全国推进大中小学思政课一体化建设的成就与问题入手，全面讲述了上海师范大学大中小学思政课一体化改革的早期探索，深入细致地介绍了统筹推进新时代"四位一体"的思政课一体化建设的实践，展望了统筹推进大中小学思政课一体化建设的未来趋势。②

3. 大中小学思政课一体化工作推进会

（1）江苏：江苏省大中小学思政课一体化建设推进会

2022年12月，江苏省大中小学思政课一体化建设推进会在南京举行。省委常委、省委宣传部部长张爱军强调，要深刻认识大中小学思政课一体化建设的重要意义，坚持问题导向和目标导向相结合，坚持守正和创新相统一，推动思政课建设内涵式发展，让每个学段都有"责任田"，都有"一段渠"，努力为学生健康成长打好人生底色。同时也要切实加强党对思政课建设的领导，进一步明确有关部门单位和各级各类学校党组织的主体责任，形成推进大中小学思政课一体化建设的强大合力。教育部社科司副司长宋凌云充分肯定了江苏省思政课改革创新特别是大中小学思政课一体化建设成效，并从领会核心要义、破解一体化难题、聚焦主要责任等不同角度对今后工作提出了明确要求。会上，南京、徐州、苏州教育行政部门有关负责人、省内部分高校马克思主义学院、中小学校代表也就推动大中小学思政课一体化建设展开了交流发言。③

---

① 吉林大学马克思主义学院.吉林省大中小学思政课一体化建设集体备课会在线上举行［EB/OL］.（2022－05－22）［2023－05－01］. https://mp.weixin.qq.com/s/xbUz5hGhABnSsuPhix2ZGQ.

② 哈尔滨师范大学.我校马克思主义学院承办黑龙江省大中小学思政课一体化建设联校集体备课会［EB/OL］.（2022－05－17）［2023－05－01］. http://cs.hrbnu.edu.cn/info/1019/26296.htm.

③ 江苏省教育厅.江苏省大中小学思政课一体化建设推进会在宁举行［EB/OL］.（2022－12－16）［2023－05－01］. http://doe.jiangsu.gov.cn/art/2022/12/16/art_58390_10708899.html.

（2）河南：大中小学思政课一体化工作推进会暨骨干教师培训班

2022年8月，河南省委教育工委、省教育厅举办2022年度河南省大中小学思政课一体化工作推进会暨骨干教师培训班。此次会议邀请了5位专家围绕"大中小学思政课一体化建设"进行深度解读，为学员们提供了宝贵的经验和方法；开展5场主题论坛，聚焦大中小学一体化建设中的热点、痛点、难点问题，交流做法，碰撞思想，更新理念；就本片区一体化工作推进落实情况和下一阶段工作规划，13个片区分别召开研讨会进行探讨，各抒己见，明确方向，厘清思路，坚定信心；围绕"党与人民心连心，喜迎党的二十大"这一主题，新乡片区的各学段思政课教师以《习近平新时代中国特色社会主义思想学生读本》教材为依托，进行了一场大中小学思政课一体化教学展示，各学段有效衔接、循序渐进、螺旋上升，构建"大思政课"育人新格局。①

（3）内蒙古：阿拉善盟大中小学思政课一体化建设工作推进会议

2022年9月，阿拉善盟委教育工作领导小组秘书组召开全盟大中小学思政课一体化建设工作推进会。本次会议采取视频的形式召开，全盟各级教体行政部门主要负责同志、分管思政工作领导及相关科（股）室负责人，全盟小学、初中、高中、阿拉善职业技术学院全体思政课教师，盟、旗两级思政教研员参加会议。会议听取了部分旗区党委教育工作领导小组秘书组推进中小学思政课一体化建设工作情况汇报，并就高质量推进全盟思政课一体化建设工作提出四点意见。②

（4）青海：大中小学思政课一体化建设工作推进会

2022年10月，青海师范大学召开大中小学思政课一体化建设工作推进会，线上审议了相关建设方案，并就持续、深入推进相关工作做了安排部署。会上，马克思主义学院院长方立江介绍了学校大中小学思政课一体化建设相关方案的主要内容，对行文架构、任务分工等作了说明。青海师范大学校党委书记毛学荣、校党委副书记许存宁指出要坚持系统思维，从整体性、递进性、协同性出发，统筹推进大中小学思政课一体化建设，推动思政课建设内涵式发展。要正确厘清大思政格局和大中小学思政课一体化

---

① 河南省高校思想政治工作信息网.2022年全省大中小学思政课一体化工作推进会暨骨干教师培训班举办［EB/OL］.（2022－08－25）［2023－05－01］. http://jyt.henan.gov.cn/2022/08－30/2596317.html.

② 阿盟教育体育.阿拉善盟召开大中小学思政课一体化建设工作推进会议［EB/OL］.（2022－09－17）［2023－05－01］. https://mp.weixin.qq.com/s/JotdYZmZhnh1OrBxHy4NLA.

建设间的理论联系和内涵区别,加强顶层设计、明确建设目标、创新工作思维,从实际特色入手,充分利用好现有资源,从可操作性入手,合理设计方案内容,从时效性入手,及时有序推进工作。①

4.大中小学思政课一体化建设研讨会

（1）北京：北京市大中小学思政课一体化建设研讨会

2022年10月,由北京市委教育工委、市教委,中国人民大学等单位组成的联合调研课题组以线上形式召开北京市大中小学思政课一体化建设研讨会,邀请来自北京大学、中国人民大学、首都师范大学、北京城市学院等高校马克思主义学院负责思政课的领导和来自中国人民大学附属中学、北京师范大学附属实验中学、北京市广渠门中学、首都师范大学附属中学（通州分校）、北京市第二中学分校、北京市第五十四中学、北京市第一四二中学及北京市东城区史家胡同小学、北京市朝阳区芳草地国际学校远洋小学、北京市昌平第二实验小学等负责中小学思政课的领导参会,共15所学校参加了会议,共同交流探讨北京市大中小学思政课一体化建设情况。②

（2）天津："航天精神"融入大中小学思政教学交流研讨会

2022年8月,天津市教育两委在中国航天科技集团五院天津基地举办"航天精神"融入大中小学思政教学交流研讨会,统筹推进大中小学思政教学一体化建设。新学期开学后,天津中德应用技术大学将开设"航天精神"系列课程,由学院教师、航天五院专家和天津"技能大师"共同打造课程模块,将"航天精神"真正纳入思政课程体系。③

（3）上海：第四届大中小学思政课一体化建设学术研讨会

2022年8月,华东师范大学马克思主义学院、上海市学生德育发展中心以在线形式共同举办"第四届大中小学思政课一体化建设学术研讨会"。来自全国各大高校的专家学者、教育部大中小学思政课一体化指导委员会专家组成员、区域教育管理者、一

---

① 青海师范大学.我校召开大中小学思政课一体化工作线上推进会[EB/OL].(2022-10-31)[2023-05-01].https://mp.weixin.qq.com/s/jGqrlzkhyIQP9Wh3y5qBSQ.

② 中国人民大学马克思主义学院.北京市大中小学思政课一体化建设研讨会成功举办[EB/OL].(2022-10-17)[2023-05-01].https://mp.weixin.qq.com/s/XR4ai_tGqM65zRnBXmtf4w.

③ 天津市教育委员会.我市打造新时代学校思想政治工作新格局[EB/OL].(2022-09-05)[2023-05-01].https://jy.tj.gov.cn/JYXW/TJJY/202209/t20220905_5979206.html.

线中小学思政课教师等 1 500 余名参会者线上"云相聚"，围绕会议主题进行深入探讨。会上华东师范大学马克思主义学院院长顾红亮在致辞中指出，大中小学思政课一体化正从外延式建设转变为内涵式发展，关键有以下三点：一是重点聚焦搭建一体化的资源平台，二是坚持构建一体化的师资体系，三是着眼扩展一体化工作格局，将学校小课堂与社会大课堂结合起来，将课堂教学、现场教学和虚拟教学一体化结合起来。①

（4）浙江：杭州市上城区大中小学思政课一体化教学研讨活动

2022 年 11 月，2022 中国名师名校长论坛·思政分论坛分会场——杭州市上城区大中小学思政课一体化教学研讨暨全国思政教育研究院联盟学校活动在杭州师范大学第一附属小学成功举行。本次活动由思政教师杨佳群主持。浙江省教育厅教材建设与管理处三级调研员陈熙熙，浙江金融职业学院马克思主义学院院长牛涛，浙江金融职业学院纪委书记张江琳，杭州市基础教育研究室副主任、杭州市小学道德与法治教研员、正高级教师方丽敏，以及杭州各区县市的小学道德与法治教研员、骨干教师齐聚杭师附小，全国思政教育研究院联盟学校、附小结对的鹤峰小学、雷山小学、义乌高新区小学、凤川小学等多所学校的教师同步参会，共研共学，探讨大中小学思政教育一体化背景下小学如何展开思政教育新协同、走出一条具有学校特色的思政教育之路。②

（5）浙江："统筹推进大中小学思政课一体化建设"全国学术研讨会

2022 年 12 月，"统筹推进大中小学思政课一体化建设"全国学术研讨会采取线上线下相结合的方式，在台州市和锦州市同时举行。研讨会由浙江省教育厅、辽宁省教育厅主办，台州市大中小学思政课一体化研究中心、渤海大学马克思主义学院、台州学院马克思主义学院、辽宁省思政课名师工作室、浙江省思政课名师工作室承办，站在新的历史起点上，在充分解读党的二十大精神的基础上，为统筹推进大中小学思政课一体化建设提供了新的研究视角和清晰路径。③

① 华东师范大学.媒体关注|第四届大中小学思政课一体化建设学术研讨会在线举行[EB/OL].（2022－08－30）[2023－05－01]. https://www.ecnu.edu.cn/info/1095/60841.htm.
② 中国教育在线.杭州市上城区大中小学思政课一体化教学研讨活动在杭州师范大学第一附属小学举行[EB/OL].（2022－11－26）[2023－05－01]. https://zhejiang.eol.cn/zhejiang_news/202211/t20221126_2257923.shtml.
③ 台州学院."统筹推进大中小学思政课一体化建设"全国学术研讨会召开[EB/OL].（2022－12－03）[2023－05－01]. https://www.tzc.edu.cn/info/1112/70797.htm.

（6）福建：福建省"铸魂育人，全面推进中小学大思政"研讨会

2022 年 12 月，福建省"铸魂育人，全面推进中小学大思政"研讨会在福州召开。会上，福建教育学院党委委员、副院长张志刚研究员在发言中从坚持政治自觉、坚持守正创新和坚持提质增效三个方面提出推动大中小学思政课提升质量和水平的建议。福建教育学院培训管理处处长，省级基础教育教学成果特等奖、省五一劳动奖章获得者黄丽萍教授以"融合共生，润物无声：课程思政的实践探索"为题，指出要通过明确融入内容、挖掘融入点、优化融入方法，实现无痕融入、互利共生，创新破解实施课程思政的难点；她结合实践提出"5+1+X"，把握融入点，从目标、情境、任务、评价四个纬度和学科、课程、内容、学情四个经度建构"四纬四经"模式，提出破解"两张皮"等难题的策略。其他参与会议的专家教师们也分别从不同角度做了专题讲座。①

（7）福建：厦门"培养责任意识"大中小学思政课一体化展示研讨会

2022 年 12 月，思明区教育局、思明区思政课一体化教学研究中心、集美大学马克思主义学院联合举办"培养责任意识"大中小学思政课一体化展示研讨活动。活动上展现了不同学段的三堂精品思政课，课例融入党的二十大精神宣讲，结合新课标，入情入境，令人耳目一新。会议中也揭晓了思明区思政课一体化项目的近期计划和方向。活动中，集美大学马克思主义学院杨柳夏老师对中小学思政教师们的日常教学提出建议，要提高课程资源的开发与二次利用能力，要注重教育信息资源的运用，要平衡好宏大叙事与微观讲述，让思政课堂有时代气息，"微而不碎"，"大而不空"。②

（8）湖北："湖北省思政课教学大中小一体化暨思想政治教育专业人才培养"学术研讨会

2022 年 7 月，由湖北大学马克思主义学院、湖北青少年思想道德教育研究中心主办的"湖北省思政课教学大中小一体化暨思想政治教育专业人才培养"学术研讨会成功召开。与会专家分享了各自关于"高校思政课与中小学思政课衔接的理论与实践"的观点和看法。武汉大学马克思主义学院杨威教授作了题为"大中小学思政课一体化

---

① 人民网.福建省"铸魂育人，全面推进中小学大思政"研讨会举行［EB/OL］.（2022 - 12 - 31）［2023 - 05 - 01］. http://paper.people.com.cn/rmzk/html/2022 - 12/31/content_25961700.htm.

② 厦门思明教育.学习宣传贯彻党的二十大精神，推进思明大中小学思政课一体化建设［EB/OL］.（2022 - 12 - 22）［2023 - 05 - 01］. https://mp.weixin.qq.com/s/yv-xFPkzqkxX1Au7uwSJdw.

的课程目标体系"的专题报告,他围绕思政课一体化与课程目标体系、思政课课程目标体系确定的基本依据、新时代思政课课程目标体系的一体化建构和新时代思政课一体化课程目标体系的有效实现四个方面阐述了自身观点。参会各专家学者分别围绕中学思政课教学实际、中学思政课教师队伍建设、高校思政人才培养理念、思政专业培养目标以及课程设置、民族类高校思政人才培养、思政专业研究生培养等话题展开热烈交流探讨。①

（9）四川：攀枝花市大中小学思政课一体化建设工作研讨会

2022 年 8 月,攀枝花市大中小学思政课一体化建设工作研讨会在攀枝花市三中召开,来自攀枝花学院、市教科所、市三中、市七中、市实验学校、西区教研室、市十九中小、仁和思源学校的相关代表共 30 余人参加了本次会议。会议由攀枝花市教育和体育局总督学郭光恒主持,来自攀枝花学院、市教科所、西区教研室的专家及中小学校长、教师代表在会上做了交流发言。各位专家代表围绕推进大中小学思政一体化建设面临的主要问题,对如何深化大中小学思政内容的衔接,构建大中小学思政课一体化多元化教学模式,强化大中小学思政课一体化的保障机制以及本单位开展思政教育的具体措施等方面进行了精彩的研讨交流。②

（10）云南：第二届云南省大中小学思政课一体化建设研讨会

2022 年 5 月,第二届云南省大中小学思想政治理论课一体化建设理论研讨会在云南师范大学呈贡主校区举行。此次研讨会以"接续思政育新人　踔厉奋进新时代"为主题,旨在深入贯彻落实习近平总书记关于学校思政课建设重要讲话精神和考察调研中国人民大学重要讲话精神,推动大中小学思政课一体化建设内涵式发展。来自全国各高校的专家学者、云南省重点马克思主义学院负责人以及云南省部分大中小学思政课教师代表齐聚一堂,热烈研讨。此次研讨会,专家学者及思政教师充分交流了学术观点,增强了对大中小学思政课一体化建设的内涵、要素、基本要求的共识。大家纷纷表示在今后的教育教学实践中,将协同推进大中小学思政课一体化建设内涵式发

①　湖北大学马克思主义学院."湖北省思政课教学大中小一体化暨思想政治教育专业人才培养"学术研讨会圆满召开［EB/OL］.（2022－07－27）［2023－05－01］. http://marx.hubu.edu.cn/info/1114/7012.htm.

②　攀枝花教育体育.攀枝花市大中小学思政课一体化建设工作研讨会举行［EB/OL］.（2022－08－29）［2023－05－01］. https://mp.weixin.qq.com/s/BcmI2Fb4svl25y36qErkwg.

展,接续思政育新人,踔厉奋进新时代。①

（11）甘肃：天水市大中小学思政课一体化建设研讨会

2022 年 6 月,天水市委教育工委、天水市教育局召开全市大中小学思政课一体化建设研讨会。甘肃省教育厅一级巡视员余晓东,天水市委常委、宣传部部长王文东,省教育厅思政处和天水市教育局负责人出席会议。会上宣读了《成立天水市大中小学思政课一体化建设指导委员会的通知》,与会领导为天水市大中小学思政课一体化建设指导委员会专家代表颁发聘书,部分县区教育局、学校和思政课名师工作室代表做了大会交流发言。各分教学指导委员会分组进行思政课教学观摩和教学交流研讨。②

①　云南师范大学.接续思政育新人　踔厉奋进新时代——第二届云南省大中小学思政课一体化建设研讨会在我校顺利召开[EB/OL].（2022－05－16）[2023－05－01]. https://www.ynnu.edu.cn/info/1099/26336.htm.

②　天水教育发布.天水市召开大中小学思政课一体化建设研讨会[EB/OL].（2022－06－14）[2023－05－01]. https://mp.weixin.qq.com/s/H4Z9WrxUs2JijxKnuDmG-Q.

第四章

大中小学思政课教材一体化建设研究与实践

　　教材建设关乎国家事权,关乎人才培养的质量和方向,大中小学思政课教材一体化建设对于循序渐进、螺旋上升地培养堪当民族复兴大任的时代新人具有重要意义,是高质量推进大中小学思政课一体化建设的重要抓手。在新的历史条件下,对大中小学思政课教材一体化研究和实践进行系统分析是全面深化一体化建设的必要举措。2022 年度,大中小学思政课教材一体化建设持续深入发展,研究方面呈现出细化、深化、系统化等特点,实践层面的交流探讨常态化有待加强。

一、研 究 现 状

　　随着大中小学思想政治教育一体化建设的持续推进,有关一体化发展的前提性、条件性要素越来越受到学界重视。其中,作为教育教学的基本载体,教材及其相关研究受到了更多关注,被视为破解重复交叉、学段断点等难题的关键,而如何构建一体化的思政课教材体系也成为 2022 年度学界关注的焦点之一。综观 2022 年度有关思政课教材研究与开发的相关文献,更多的学者将目光放在教材的一体化构建方面,有关教材一体化的价值意蕴、学理基础、体制机制、现实困境与突破路径等均有涉及,教材的学段衔接分析、党的创新理论进教材、重大主题教育赋能教材内容一体化等逐步成为思政一体化改革的前沿性、热点性问题。同时,地方红色教材开发等辅助性、校本化教材研究与开发也取得了阶段性成果,为提升思政课教材一体化的科学性、规范性和贯通性奠定了坚实基础。

(一) 年度文献计量与主题分布

1. 文献计量

(1) 文献选择

　　为保证原始数据的全面性、可靠性,本研究立足于中国知网(CNKI)全文数据库采取高级检索方式收集、整理思政教材一体化相关主题的期刊文献及学位论文。首先,在文献发表方面,设定检索条件为期刊检索,主题 = "思政" AND "教材",期刊来源 =

"核心期刊"及"CSSCI",检索条件＝"精准"。通过检索可以发现,2022年度共发表相关论文209篇。以主题＝"思政课"AND"教材"、期刊来源＝"核心期刊"及"CSSCI"、检索条件＝"精确"进行检索,可以发现2022年度相关论文共发表97篇。再以主题＝"思政教材"AND"一体化"、期刊来源＝"核心期刊"及"CSSCI"、检索条件＝"精确"进行检索,可以发现2022年度共发表相关论文62篇。

此外,在学位论文发表方面,设定检索条件为学位论文检索,主题＝"思政课"AND"教材",检索条件＝"精确"。通过检索可以发现,2022年度共有硕博士学位论文发表184篇。再以主题＝"思政教材"AND"一体化"、检索条件＝"精确"进行检索,可以发现2022年度共有硕博士学位论文66篇。

纵向对比可以发现,相关文献发表呈现出逐年增长态势(见图4-1),学界对大中小学思政课一体化建设的研究逐渐深入,对教材一体化方面的关注逐步增多,研究主题更加细化。

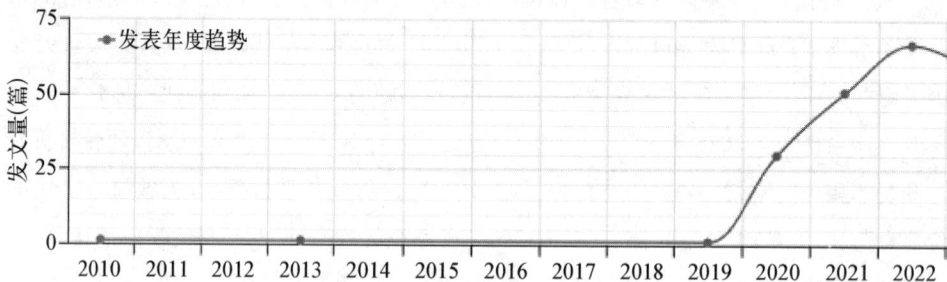

图4-1 "教材一体化"发表年度总体趋势

（2）文献分析

经过整理,在文献主题方面(见图4-2),除了"思政课""一体化建设""大中小学思政课一体化""大中小学"等基础性研究主题外,"教材一体化""一体化教学""链条式"等内容也值得关注。值得一提的是,所检索到的相关研究中,以"教材一体化"作为研究主题的文献仅有2篇,可以看到,"教材一体化"在整个思政课一体化建设研究中所占比重较低,研究体量与其作用、地位不相匹配,对教材一体化进行研究的重视度有待提高。

在期刊分布方面(见图4-3),可以看到相关论文发表数量靠前的刊物有《中学政治教学参考》《思想政治课教学》《中国高等教育》《学校党建与思想教育》《思想理论教育导刊》,这些刊物是思政课教材一体化研究的主要刊物,在一定程度上表现出中学

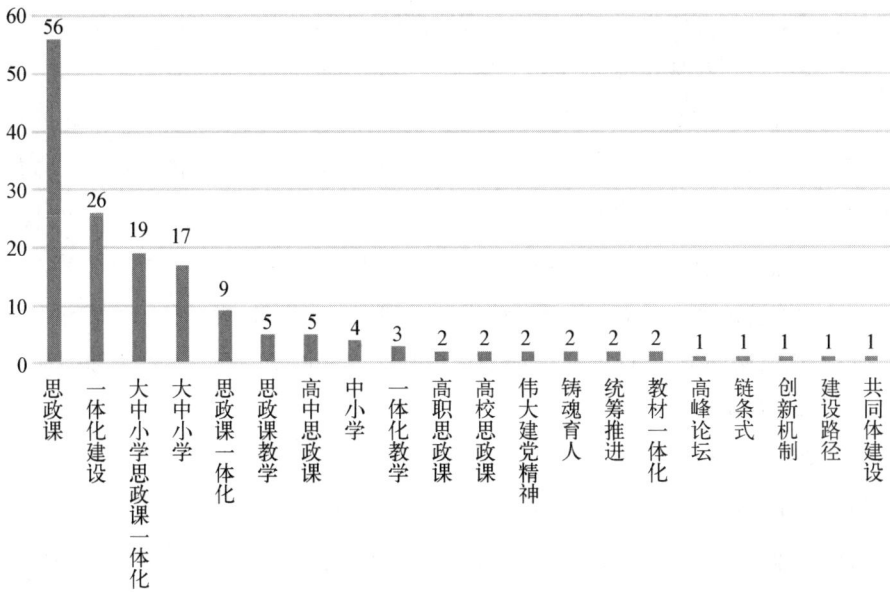

图 4-2　主题分布

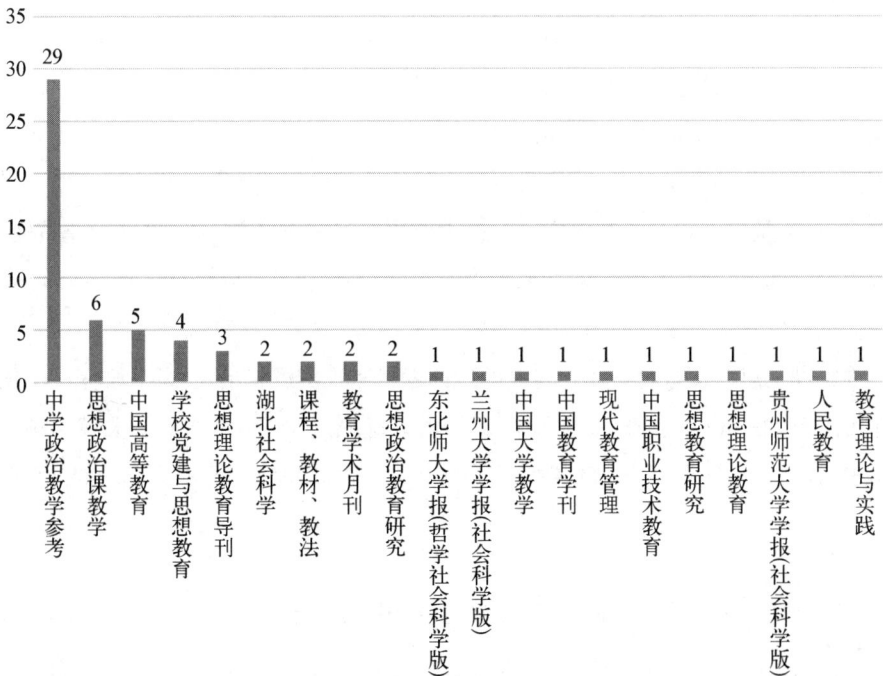

图 4-3　期刊分布

学段是思政课教材一体化探讨较多的学段，与其他学段相比，中学道法教师结合自身教学经验进行了大量学术探讨、交流互鉴。

经过梳理可以发现，2022 年度思政课教材一体化的研究主题主要聚焦在教材一体化的理念、教材一体化建设的回顾、教材编审一体化的体制机制探讨、教材一体化建设的问题梳理、教材一体化建设的对策建议等，这与《教育部教材局 2022 年工作要点》中关于思政课教材建设的内容是一致的。《教育部教材局 2022 年工作要点》、《习近平新时代中国特色社会主义思想学生读本》、系列重大主题教育、三科统编教材推广使用、教材使用监测评价、教材审核专家队伍建设、教材基础研究等对教材方面的研究具有重要的指导作用。

2. 主要内容与观点

（1）关于教材一体化的学理探究

教材是课程目标的具体展开，是课程内容的基本参照，在大中小学思想政治教育一体化建设中抓住教材一体化建设就抓住了"牛鼻子"。2022 年度，学界对思政课一体化建设中教材的基本性质、教材一体化的重要意义等进行了探讨。

马福运、张迪谈道，教材作为国家意志的文本表达，承担着传播社会主流文化、培育国家认同观念的历史使命[1]，阐述了教材的"国家事权"这一性质。教材与课程内容高度相关，丁帅、陈旻从课程内容的关系、纵向衔接关系、横向贯通关系三个方面把握课程内容一体化的科学内涵，他从前后、平行、交互、螺旋四个角度揭示了课程内容间的关系，从各学段课程的内容螺旋上升揭示课程内容纵向衔接，从同学段不同思政课课程内容之间、思政课与其他科目课程内容的贯通揭示课程内容横向衔接[2]，也为教材一体化的阐释提供了有益借鉴。

许家烨从思政课教材一体化建设的理论逻辑和现实逻辑出发，指出教材一体化建设作为思政课一体化建设的关键环节，解决的是课程建设的切实难题和关键问题。也就是说，教材作为课程展开的关键要素，课程目标、教材、课程内容三者之间的互动符合

---

① 马福运，张迪.大中小学思政课一体化建设的几个关键问题[J].课程·教材·教法，2022(12)：14－20.

② 丁帅，陈旻.大中小学思想政治理论课课程内容一体化面临的问题及破解路径[J].思想教育研究，2022(10)：131－137.

"合规律性和合目的性的动态统一"①,教材一体化作为思政课一体化建设的重要抓手,符合新时代思政课内涵式发展的要义。李娟、李站稳从哲学层面指出,要以系统思维统整大中小学思政课教学内容,实现整体功能大于系统各组成部分功能之和②,思政课教材作为教育内容体系的基本载体,需要加强统筹建设。同时,周麟、龚超也从哲学世界观的角度论证了思政课一体化的重要意义,认为思政课从学科设置、教学目标到教材体系都具有整体的逻辑,思政课一体化属于整体性意识与系统性建构的创造性实践。③ 贾丽民、宋小芳从坚守正确政治方向的必然要求、立足时代客观现实的必然要求、实现思政课教育教学循序渐进螺旋上升的必然要求三个方面阐述了各学段教材内容有机衔接的必要性。④

思政课教材一体化建设早已有之,梳理以往教材一体化建设的研究,总结教材一体化已取得的成就,对进一步推进教材一体化建设具有重要意义。陈亮、柏鑫、李红梅通过系统梳理思政课教材一体化的研究成果,对新时代以来的 69 篇相关文献进行总结,指出以往有关研究主要关注教材一体化建设的地位与作用、教材一体化建设的发展历程、教材一体化建设存在的问题与原因、教材一体化建设对策,基于此,三位学者从加强专题研究、综合研究范式、健全研究体制机制三方面做出展望。⑤

（2）关于教材编审的一体化

教材内容一体化是教材一体化的重要表现,教材内容安排要体现循序渐进、螺旋上升的原则。2022 年度,学界围绕教材内容一体化的研究主要从编、审两个角度展开。

在教材内容编选方面,教材内容须关照学生成长发展规律和思想政治教育规律,使各学段教材既各具特色又衔接有序。马福运、张迪根据《全国大中小学教材建设规

①　许家烨.大中小学思想政治理论课教材一体化建设:逻辑、问题与对策[J].思想教育研究,2022（02）：113－118.
②　李娟,李站稳.对大中小学思政课一体化建设的哲学思考[J].中学政治教学参考,2022（48）：30－32.
③　周麟,龚超.大中小学思政课一体化建构的哲学审思[J].湖北社会科学,2022（12）：152－159.
④　贾丽民,宋小芳.新时代大中小学思政课一体化建设应正确处理的几对关系[J].思想理论教育导刊,2022（01）：101－105.
⑤　陈亮,柏鑫,李红梅.大中小学思政课教材一体化建设回顾与展望[J].中学政治教学参考,2022（15）：74－78.

划(2019-2022年)》的要求,提出从内容体系、话语体系、表述方式、逻辑架构、呈现方式方面着手,形成全方位螺旋式上升的一体化范式。文章指出,要系统考虑不同学段的教学重点、知识要点和学生特点,兼顾相邻学段的教材内容。① 在教材内容的多维度衔接、螺旋式上升方面,吴晓云、李珍琦进一步指出,学制内每一阶段的课程内容应主线贯穿,前后学段衔接、难易程度依次递进,使各个学段达到预期的育人目标②,进而达到立德树人的总目标。可见,在教材编选方面,教材一体化应从课程目标一体化出发,遵循各学段学生成长发展规律,安排适切的教育内容,促使各个学段教育目标的实现。刘嘉圣、刘晞平则指出,教材内容协同就是要处理好整体规划和各有侧重的关系,在关注各学段课程目标、课程要求的同时特别注重不同学段教材内容间的衔接过渡,预留出一定的缓冲空间。③ 徐秦法、黄俞静在区分"简单重复"和"有效重复"的基础上提出要形成符合教育规律的重复,在指出课程内容完整性和逻辑性不足后提出要形成完整而连续的课程内容知识网络,在明确当前课程内容层次递进顺序不清后提出形成循序渐进的有机内容整体。④

（3）关于教材一体化建设的问题梳理

教材建设具有严谨性、时代性、周期性等方面的要求,这些要求在客观上为教材一体化建设带来挑战,当前,思政课教材一体化在理论和实践方面均取得一定成就,但还较为初步。2022年度,思政课教材一体化建设中存在的问题依然是学界关注的焦点。

课程标准的模糊影响到教材一体化建设。教材编排是课程目标的具体展开,其内容的选取、组织必定受到课程标准的制约,可以说教材一体化是课程标准一体化的延伸。许家烨将课程标准一体化尚未落实作为教材一体化过程中亟须解决的问题之一,认为当前课程标准存在学段间不连贯、修订步调不一、研制各自为纲、表述过于笼统等问题,直接影响了教材一体化的建设。⑤ 有学者认为义务教育阶段课程标准的缺乏导致初中和高中课程内容衔接不畅,出现初中学段对教材深挖,而高中学段教材解读浅

① 马福运,张迪.大中小学思政课一体化建设的几个关键问题[J].课程·教材·教法,2022(12)：14-20.
② 吴晓云,李珍琦.论大中小学思政课一体化建设的课程观创新[J].中国教育学刊,2022(11)：43-48.
③ 刘嘉圣,刘晞平.论统筹推进大中小学思政课一体化建设[J].中学政治教学参考,2022(40)：42-45.
④ 徐秦法,黄俞静.纵向衔接：构建"链条式"大中小学思政课一体化课程内容体系[J].思想理论教育导刊,2022(02)：122-127.
⑤ 许家烨.大中小学思想政治理论课教材一体化建设：逻辑、问题与对策[J].思想教育研究,2022(02)：113-118.

显的问题,学段间层次不突出。① 丁帅、陈旻从大中小学思政课课程标准缺少学段间的系统设计出发,指出不同学段的教材编写团队各自为政,各学段教材未能统一规划和协调合作。② 具体来说,大学阶段暂未出台明确的思政课课程标准;初中阶段使用的课程标准为 2011 年版,较为陈旧;中职与高中阶段的课程标准为 2020 年版,距今不久。2022 年版《义务教育道德与法治课程标准》的出台为小初、初高教材一体化的推进提供了有力指导,然而高中与大学教材一体化仍然面临着课程标准模糊的难题。

在教材内容方面存在着"重复交叉、脱节错位"等问题。大中小学思政课教材内容在纵向上存在无意义重复、衔接部分缺失,教育内容与教育对象不适配,教育内容倒置等现象。以高中、初中教材内容的交叉重复为例,有学者分析、整理出统编教材高中《思想政治》和初中《道德与法治》中的重复板块与内容(见表 4 - 1)。张莉、徐国锋、吴涯通过实证调研,发现教材内容在纵向衔接方面存在前后倒置、重复与缺漏、断裂与碎片化、呈现随意等现象。③ 例如,个别知识投放位置超前,学生因没有相关概念的储备而接受困难,有的内容逻辑不够严密,论证过于简单,也给学生接受带来困难。也有学者认为相关研究有待深入,当前思政课一体化育人效果不明显、课程教材体系还不完善、教育内容表面化④,需要进一步加强课程设计的系统性关照、层次性区分、递进性衔接。蔡亮、赵梦天持有类似观点,他们认为跨学段教材衔接度不高,很少有教师会去研究相邻学段教材,对教学内容"眉毛胡子一把抓",难免产生"孤岛效应"。⑤ 造成这一局面的主要原因,在徐建飞、董静看来是我国现阶段不同学段的思政课教材编写分别由不同部门负责、不同专家撰写,教材的系统性、整体性、协同性意识不强,教材难成一体,教学内容断裂分化。⑥ 针对这一问题,郭绍均表示,需要区分"必要重复"和"简

① 那琛,张必发."同异"之间:初高中思政课一体化的思考与实践——以"基本经济制度"一框为例[J].中学政治教学参考,2022(02):35 - 37.

② 丁帅,陈旻.大中小学思想政治理论课课程内容一体化面临的问题及破解路径[J].思想教育研究,2022(10):131 - 137.

③ 张莉,徐国锋,吴涯.思政课教材内容纵向一体化衔接的问题分析[J].中学政治教学参考,2022(39):52 - 55.

④ 汪俞辰.新时代大中小学思政课一体化建设探究[J].中学政治教学参考,2022(39):74 - 76.

⑤ 蔡亮,赵梦天.大中小学思政课一体化育人实效性探析[J].学校党建与思想教育,2022(18):39 - 42.

⑥ 徐建飞,董静.大中小学思想政治理论课一体化建设:内涵逻辑、实践困囿与优化方略[J].社会主义核心价值观研究,2022(04):78 - 88.

单重复"，大中小学思政课教材内容不是不能重复，一定的重复是必要的，教材内容的选择应遵循由具体到抽象、由平面到立体、由链式到网状、由感性到理性、由量变到质变的原则，在编写教材和教师教学用书时，应对各学段思政课教材中的相关重复内容予以说明①，对教材重复这一问题要有充分的认识。周奇、李茂春指出，教材内容的不适配、无效重复会挫伤学生学习积极性，影响思政课教学效果和思政课一体化建设。②

表4-1　初高中思政课教材重复内容梳理③

内　容	教　材	
	初中《道德与法治》	高中《思想政治》
国家利益	八年级上册第八课第二框	选择性必修1第三课
基本经济制度	八年级下册第五课第一框	必修2第一课、第二课、第四课
根本政治制度	八年级下册第五课第二框	必修3第五课
基本政治制度	八年级下册第五课第三框	必修3第六课
改革开放	九年级上册第一课第一框	必修1第三课
文化自信	九年级上册第五课第一框	必修4第九课
民族精神	九年级上册第五课第二框	必修4第七课
核心价值观	九年级上册第五课第二框	必修4第六课
中国梦	九年级上册第五课第二框	必修1第四课
建设法治中国	九年级上册第四课	必修3第七课
人类命运共同体	九年级下册第二课	选择性必修1第五课

　　教材体系的逻辑性、针对性不足，亲和力有待加强。凌小萍认为，不同学段的教材与学生的距离较大，与学生日常生活和成长需求联系过少，教材叙事在文献资料、学术

① 郭绍均.统筹推进新时代大中小学思政课一体化建设的理念及路径探究[J].课程·教材·教法，2022(07)：90-95.
② 周奇，李茂春.论大中小学思政教育一体化建设[J].中学政治教学参考，2022(39)：33-36.
③ 刘凌臣.提升初高中思政课教学针对性的"八因"策略[J].中学政治教学参考，2022(19)：83-85.

术语、表述方式、呈现形式层面的针对性与生动性方面仍需加强,她特别指出教材内容一体化建设要跳出课程非结构性的单一模式,确立广域的思政课内容,超越知识中心,确立广谱思政课教学范式。① 王升臻从时空二维分离的角度探讨了当前思政课一体化建设存在的问题,认为教材内容抽象化、片面追求各学段教材体系内部的自洽与完备,使教材内容与现实生活脱节。② 贾丽民、宋小芳通过对现行教材的考察指出,知识点在小学、中学和大学呈现出由少到多的分布特征,加之教材容量的有限性,使得知识点存在学段性缺失的问题。此外,知识点专题模块化的编写方式割裂了不同类别知识点之间的逻辑关联③,加大了学生理解的困难。

教材建设的分工与合作不足。教材建设是一项系统工程,从广泛意义上讲,包括政府、宣传部门、一线教师、国家教材委员会等多个主体,目前各主体之间分化割裂现象严重。许家烨认为,从人的因素看教材一体化,其根本制约在于缺乏一体化思维的沉浸及其贯通和灵活运用④,具体而言,管理上协同不足、编写时分合难济是教材一体化建设需要克服的难题。

(4) 关于推进教材一体化建设的对策建议

针对教材一体化建设过程中出现的问题,对症下药,提出对策建议对进一步推进教材一体化发展具有重要的指导意义,因此这也是本年度学术界重点探讨的内容。2022 年度,学界主要从强化教材建设的重要遵循、打造教材建设专门队伍、构建一体化课程内容标准、补齐教材内容短板弱项等方面建言献策。

基于强化教材建设的基本原则推进教材一体化。许家烨从构建高质量的教材体系出发,认为教材建设必须正本清源,牢牢遵循政治逻辑、认识逻辑、心理逻辑。⑤ 正是由于思政课是落实立德树人根本目标的关键课程,思政课教材一体化建设有着更高

① 凌小萍.大中小学思政课一体化建设的实践困境与突破路径[J].贵州师范大学学报(社会科学版),2022(03):11-20.
② 王升臻.试论大中小学思政课一体化建设的时空二维融合——基于马克思社会实践时空观[J].湖北社会科学,2022(03):162-168.
③ 贾丽民,宋小芳.新时代大中小学思政课一体化建设应正确处理的几对关系[J].思想理论教育导刊,2022(01):101-105.
④ 许家烨.大中小学思想政治理论课教材一体化建设:逻辑、问题与对策[J].思想教育研究,2022(02):113-118.
⑤ 许家烨.大中小学思想政治理论课教材一体化建设:逻辑、问题与对策[J].思想教育研究,2022(02):113-118.

的要求和更严的标准。蔡亮、赵梦天认为统筹不同学段思政课教材的编排衔接首先要结合各学段学生特点，设计具有层次性、差异性的教材，同时要注意教材编排的整体性，发挥教材编写主管部门和优秀一线教师的积极作用①，兼顾到各学段教材的特殊性和思政课教材的普遍性。漆新贵、漆沫沙也认为教材内容的思想性、理论性应得到重视，要将马克思主义及其中国化理论成果特别是习近平新时代中国特色社会主义思想有机融入各学段教材，同时要增强教材的亲和力、针对性，分析学情，根据学生关注的热点、焦点问题，使教材内容"接地气""受欢迎"，并在教材的结构、文字表述等方面贴合学生的认知特征。② 教材一体化在重点解决不同学段之间教学内容衔接不畅及重复叠加的问题之外，王升臻认为还要关注教学内容贴近实际、贴近生活，让学生感觉到学习思政课是自身健康成长的需要③，拉近教材内容与学生的距离。

以体制机制破解教材一体化难题。胡新峰、陈麟提出从强化教材编审力度、健全教材编审的组织机构、各学段教材编写组建立联络机制、完善教材内容及相应辅导教材的匹配工作等方面推进教材体系建设④，这从国家层面为推进教材一体化建设提出具体建议，有效地发挥了党、国家教材委员会、教育主管部门、哲学社科领域专家的优势，有力促进了教材体系的一体化、科学化、系统化。面对各学段教材内容低效重复、衔接不到位等情况，郭绍均从健全教材建设的编审用研机制出发，认为可以通过建立健全教材一体化的编写审核机制、沟通协调机制、使用评估机制、监测反馈机制，设立国家级大中小学思政课教材一体化研究中心⑤，以研促行，以常态化的体制机制促进教材一体化的研究和建设。

构建一体化课程标准助推教材一体化。漆新贵、漆沫沙看到了课程标准对于课程教学效果的预期影响以及对教师确定教学内容的直接影响，提出将各学段课程目标细

---

① 蔡亮，赵梦天.大中小学思政课一体化育人实效性探析［J］.学校党建与思想教育，2022（18）：39－42.

② 漆新贵，漆沫沙.论推进大中小学思政课一体化建设［J］.中学政治教学参考，2022（28）：58－61.

③ 王升臻.试论大中小学思政课一体化建设的时空二维融合——基于马克思社会实践时空观［J］.湖北社会科学，2022（03）：162－168.

④ 胡新峰，陈麒.新时代背景下大中小学思想政治教育一体化建设研究［J］.思想政治教育研究，2022（04）：75－79.

⑤ 郭绍均.统筹推进新时代大中小学思政课一体化建设的理念及路径探究［J］.课程·教材·教法，2022（07）：90－95.

化工作作为其他工作的"先头兵",优先部署完成,尽快摆上议事日程。① 凌小萍从课程大纲、教材体系、课程标准相一致的角度出发,主张从大中小学思政课全景视域出发,整体规划不同学段思政课教材以减少不同学段间教材内容的无意义重复。② 有学者持相似观点,认为各学段思政课教材应是逻辑完备、内在统一的开放体系,各学段教材目标的设定、内容的撰写必须整体谋划,避免出现断层和前后不一致的地方③,换言之,教材目标的制定对教材撰写具有提纲挈领的作用,要重视课程目标、教材目标的一体化。

打造教材建设专业队伍,为教材一体化提供人才保障。徐建飞、董静提到了不同学段思政课教材编写、审定、修改应在国家教材委员会统筹下,由各学段专家集体研讨、相互协作、共同完成,以实现不同学段的思政课教材衔接连贯、重点突出、难易得当、主次分明④,以高质量的教材助推思政课教学内涵式发展。漆新贵、漆沫沙持相似观点,主张修订统编教材需要强化大中小学教材编写人员之间的沟通交流,以集体研讨的方式保证各学段思政课教材内容结构、编排风格的进阶性、合理性,同时加强对新修订教材的审核把关,加入一体化这一观测点,在全国范围内集中专家学者、各学段教师代表进行严格审定。梁海峰认为完善教材体系重在发挥学科专家引领和统筹作用,要正确处理顶层设计、课程目标、课程内容、课程标准之间的关系。⑤

(二)研究热点分析

1. 纵向研究聚焦教材的学段衔接

教材建设包括教材编写及教材使用,与此对应,教材一体化建设在宏观层面的研究聚焦不同学段间教材内容编排的有效衔接,在微观层面的研究则着眼于教材使用的

① 漆新贵,漆沫沙.论推进大中小学思政课一体化建设[J].中学政治教学参考,2022(28):58-61.
② 凌小萍.大中小学思政课一体化建设的实践困境与突破路径[J].贵州师范大学学报(社会科学版),2022(03):11-20.
③ 陈磊,徐秦法.大中小学思政课一体化建设的"段间规律"探寻[J].中国大学教学,2022(06):60-65.
④ 徐建飞,董静.大中小学思想政治理论课一体化建设:内涵逻辑、实践困囿与优化方略[J].社会主义核心价值观研究,2022(04):78-88.
⑤ 梁海峰.思政课一体化建设存在的问题及其解决路径[J].中学政治教学参考,2022(21):20-21.

一体化,在将教材内容转化为教学内容时按照一体化的原则进行教学设计。2022 年度,多位学者从以上两方面着笔,对教材一体化的学段间衔接进行探讨。

在顶层设计层面,教材建设的协同联动效应不断加强,义务教育阶段教材一体化建设研究渐成规模。《义务教育道德与法治课程标准(2022 年版)》在教材编写建议中将"按照大中小学德育一体化的要求建构内容"作为编写原则,要求强化一体化设计,按照小学低、中、高年级和初中四个学段,学习要求循序渐进、螺旋上升,学习内容各有侧重,实现教材内容的相互衔接、层层递进。由此,义务教育阶段思政课教材一体化成为研究热点之一。石芳、韩震认为修订后的课程标准坚持一体化设计思路,形成了循序渐进、螺旋上升的内容体系,既统筹了小学与初中的课程内容,又与高中思想政治课程有机衔接,有效落实了思政课课程内容一体化的要求。① 义务教育道德与法治课程标准修改组认为 2022 版新课标的主要变化与突破之一就在对课程内容进行结构化、一体化设计,使义务教育阶段和普通高中思政课在课程内容和学习水平上保持一致性和进阶性,而在义务教育阶段内部构建学段衔接、循序渐进、螺旋上升的课程内容体系。② 李晓东、李楠总结"新课标"的新要求,认为"新课标"加强了学段衔接,以"三合一"的方式对义务教育阶段的道德与法治进行整合,以核心素养培育、议题式教学等方式与普通高中思想政治课程标准密切关联。③ 张波、姚李红论证了高中和大学思政课一体化建设的多维结构性路径,提出课程教材一体化是推动高中和高校思政课一体化建设的重要路径,高校教材体系建设要以高中教材体系建设为前提和基础,进一步提升教材的思想性、政治性、理论性以服务高校思政课教育教学目标的实现④,两学段教材要梯次前进、螺旋上升。可以看到,《义务教育道德与法治课程标准(2022 年版)》出台后,教材一体化日益成为课程内容一体化的必然要求。教材和师资是课程建设的两大要素,在新课标指导下进行教材建设迈出了课程标准研制组和教材编写组加强联系

---

① 石芳,韩震.打牢铸魂育人根基落实核心素养培养——《义务教育道德与法治课程标准(2022 年版)》解读[J].教师教育学报,2022(03):112-117.

② 素养导向,一体化设计道德与法治课程标准——义务教育道德与法治课程标准(2022 年版)解读[J].基础教育课程,2022(09):23-29.

③ 李晓东,李楠.义务教育道德与法治课程的新要求及教学应对——以统编教材《道德与法治》(八年级上册)为例[J].天津师范大学学报(基础教育版),2022(04):7-13.

④ 张波,姚李红.高中和高校思政课一体化建设的多维结构性路径[J].中学政治教学参考,2022(19):66-68.

的第一步,有力地支持了教材一体化建设。

在微观运用层面,学者和一线教师从一体化把握教材内容出发进行教学设计,从一体化的视角探讨教材内容转化为教学内容的可能路径。陈磊、徐秦法认为教材体系整体布局、逻辑递进的"段间规律"是思想政治教育"段间规律"的样态演绎之一,提出完备的教材体系应与各学段的受教育群体相契合,同时也是逻辑完备、内在统一的开放体系,精准把握教材、创造性地使用教材同等重要。① 面对当前各学段教材内容存在的无效重复、断裂倒挂等客观问题,学者们从教材的使用方面提出建议。金涛从一体化的视角审视高中思政课教材,认为当前思政课教材尚未形成各学段衔接的优化体系,高中教师应分析比较同一或相似主题在教材不同学段的内容呈现,从相邻学段的内容思考本学段的教材解读、教学设计。② 赵军则主张通过建设思政课一体化校本教材提升思政课一体化育人实效,他认为,普通高中思政教研组结合地区、学校、学生实际,整体规划思政课教学设计,遵循整体性原则,承接大学思政课与衔接义务教育阶段道德与法治课,提升教材使用效益,为学校思政课一体化建设提供教材保障。③ 刘凌臣持相似观点,主张统一开发针对不同学段的校本思政课程④,将其作为统编思政课教材的有益补充,弥补统编教材"多余性重复"的不足。张莉、余晓蓉从小初高《读本》的有效衔接出发,提出起始阶段抓实"零起点"教学,相邻阶段拧紧"链条式"合力,跨越学段跑出"加速度",以促进《读本》一体化教学水平的提高,在"跑好本段"的同时,关注育人接力跑,传好育人"接力棒"。⑤ 杨立东、周江从初高中思政课内容一体化建设的角度建议横向对比找差异、纵向衔接谋整体,把握教材内容的同与异,一体化运用教材,同时参考新课标明确两个学段教材挖掘的度。⑥ 微观方面的研究以现有教材为前提,进行了从各个学段教材到跨学段教材的一体化分析,着重从教材使用方面推进思政课一体化建设,一线教师通过实践调研建言献策,以一体化的教学设计重构教材

① 陈磊,徐秦法.大中小学思政课一体化建设的"段间规律"探寻[J].中国大学教学,2022(06):60-65.
② 金涛.一体化视域下的高中思政课教学设计[J].思想政治课教学,2022(05):22-24.
③ 赵军.普通高中思政课一体化建设三要点[J].中学政治教学参考,2022(31):38-41.
④ 刘凌臣.提升初高中思政课教学针对性的"八因"策略[J].中学政治教学参考,2022(19):83-85.
⑤ 张丽,余晓蓉.小初高《读本》教学"交棒区"的有效衔接[J].思想政治课教学,2022(12):14-18.
⑥ 杨立冬,周江.初高中思政课内容一体化建设的原则与途径[J].中学政治教学参考,2022(07):45-47.

内容,具有很强的现实意义,教育实证研究逐渐增多。

2. 党的创新理论进教材相关研究逐步深化

2022 年 2 月,教育部印发《新时代马克思主义理论研究和建设工程教育部重点教材建设推进方案》,将深入推进习近平新时代中国特色社会主义思想进教材作为重点任务之一,要求深入实施《习近平新时代中国特色社会主义思想进课程教材指南》。随后,《教育部教材局 2022 年工作要点》进一步明确,深入推进习近平新时代中国特色社会主义思想进教材,包括推进党的二十大精神进教材、用好习近平新时代中国特色社会主义思想学生读本等。2022 年度,如何切实推进党的创新理论进教材工作依然是学术界关注的热点。

2022 年 10 月,党的二十大胜利召开,二十大精神成为学界热议的话题,如何将二十大精神融入各学段思政课教材也成为了研究热点。《课程·教材·教法》2022 年第12 期开设党的二十大精神研究与阐释专栏,《思想政治课教学》将党的二十大精神学习解读、大中小学思政课一体化建设作为 2022 年度重点选题。与此同时,国家教材委员会制定实施《党的二十大精神进课程教材工作方案》,将习近平新时代中国特色社会主义思想和党的二十大精神及时融入课程教材作为要点之一。王志超、许晓辉、芦科漩将党的二十大精神与高校思想政治理论课相结合,提出从高质量集中备课、加强理论研究向教学实践转化、丰富教学载体促进学生学习的主动性三个方面促进二十大精神系统进教材。[1] 有学者提出,一线教师、辅导员深入学习贯彻二十大精神,切实增强推动党的二十大精神进教材的政治自觉,推动党的二十大精神全面融入学校思政课教育教学全过程,坚持用习近平新时代中国特色社会主义思想铸魂育人。[2] 可以看到,目前将二十大精神融入各学段思政课教材的研究还较为初步,主要集中在呼吁一线教师提高认识、加强学习以促进二十大精神的"三进"工作,研究聚焦二十大精神三进的理念探讨,而对如何融入各学段思政课教材以及如何使这一工作落地落实的研究还相对较少。

此外,加强《读本》与统编教材的协调配合仍然是本年度学者们关注的重点。杨雷认为《读本》与统编教材内容存在交叉重叠,课时的有限性要求必须整合教学内容,

---

① 王志超,许晓辉,芦科漩.党的二十大精神融入高校思想政治教育的价值意蕴与实践路径[J].和田师范专科学校学报,2022(06):1-8.

② 将党的二十大精神融入思政课[J].上海教育,2022(33):6-7.

打通横向联系、实现教材融通①，为高中学段《读本》与统编教材一体化提供借鉴。张宇从高中与大学思政课学科能力、学科思维和学科方法一体化的视角对高中学段《读本》教学提出建议，认为立足文本研读有助于使学生从感性认识上升到理性认识，做到"形式创新"和"内容深挖"相结合。在学科思维方面，张宇认为时政热点的解读从机理和路径层面打通了教材知识与时政术语间的联系，这种渗透"关系论证"的学科思维为大学学习打下基础。最后，张宇主张以研学推动学生体会思政"事理交融"的学科特色，在"科学精神"的推动下为大学理论学习奠定思维基础。② 在初高中《读本》教学一体化建设方面，王全忠将"十个明确"作为一体化建设的结构主线，将"劳动创造生活"作为一体化建设的内容主线，阐述了教材"双线"并进一体化使用的可行性和现实性，并以"总依据"为例，根据教材建构一体化的教学设计，促进教材内容扎根学生心田。③ 在《读本》使用方面，张松玲从融合化、一体化、社会化三个角度阐述了《读本》与部编教材的关系，《读本》内容关照学情重点突出、螺旋上升，她还认为《读本》的使用有力推动了大中小学思政课一体化建设，在培育优秀学子、打好中国底色、筑牢红色根基方面教育作用突出。④ 面对思政课教材内容长期以来存在的阶段重复、衔接度不高等问题，为更好实现"循序渐进、螺旋上升"地培养社会主义建设者和接班人的目标，欧捷、陈秀鸿提出聚焦主题精心选择、统筹规划、重新整合《读本》教材内容进行教学设计，在主题内容的结构与逻辑、主题情境的创设与探究、主题活动的策略与指导方面着力，推进小学、中学思政课一体化建设。⑤ 学生核心素养的培育是新时代对教育提出的新要求，刘雅贤、王庆军从素养培育一体化的视角阐述了《读本》一体化教学样态、教学价值和教学建构，特别强调了基于素养本位的《读本》一体化教学须融通学段，坚持循序渐进的原则⑥，以教材为基础，深挖其中的衔接点，链条式安排教学内容。《习近平新时代中国特色社会主义思想学生读本》是党的创新理论有机融入各

① 杨雷.高中《读本》一体化教学探究[J].思想政治课教学,2022(04)：12－14.

② 张宇.《读本》教学的一体化实践路径[J].思想政治课教学,2022(02)：26－29.

③ 王全忠.初高中教学体系一体化建设探析——以《读本》教学为例[J].上海教育科研,2022(03)：43－47.

④ 张松玲."三化"并举学《读本》[J].思想政治课教学,2022(03)：50－51.

⑤ 欧捷、陈秀鸿.基于主题意义的《读本》一体化教学[J].思想政治课教学,2022(08)：22－25.

⑥ 刘雅贤、王庆军.基于素养本位的《读本》一体化教学探析[J].中学政治教学参考,2022(39)：48－51.

学段课程的重要抓手，是思政课教材一体化建设的重要组成部分。在横向上，《读本》与统编教材理应互相配合，如何实现各学段两者内容的协调融合、不重复、不缺位是当前学界重点关注的内容，多数研究从文本分析出发，阐明各学段《读本》与统编教材内容一体化建设问题，并从教学设计、校本课程等角度提出建议，促进各学段《读本》与统编教材横向贯通。在纵向上，《读本》自成体系，研究者考察了《读本》内容安排的渐进性、有序性，从学生学科素养发展的角度提高《读本》一体化使用效率。

3. 主题教育贯通各学段教材成为研究焦点

《教育部教材局 2022 年工作要点》提出落实系列重大主题教育指南和纲要，充分发挥各种教育资源的优势，赋能思政课教材内容一体化。2022 年度，根据统编教材以主题教育贯通各学段课程内容成为学界的一大热点，其中，红色资源、党史资源、伟大建党精神成为极具热度的选题。林子赛、夏净提出创新并完善"地方红色资源+教材读本"统编教材体系，在研究各学段课程标准的基础上构建红色教育目标体系，规划螺旋式上升的教材内容，将地方红色资源活化为思政课教材的重要资源或辅导性教材读本。[①] 卢观链将地方党史资源融入思政课一体化，提出以地方特色党史读本补充教材体系，形成统编教材和地方辅助教材相结合的教材体系，保证教材内容的连贯性和递进性。在地方党史读本一体化建设方面，他进一步从各学段学情出发，从小学阶段情感启蒙到大学阶段价值观引导，建议地方党史读本的编写须坚持连续性和阶段性相统一的原则。[②] 张素敏将编制红旗渠教材作为构建红旗渠精神融入教学内容一体化的有效载体，主张健全一体化教材沟通机制和专家、教师联系沟通机制，从教材编写体制机制方面提高红旗渠教材的科学性、权威性、针对性和生动性，同时从学情方面深挖红旗渠元素并将其融入各学段教材。[③] 周军海提出依托高水平区域德育专家，编写独具特色的地方红色文化教材，团结专家、名师编撰涵盖各学段的红色文化教材和衔接各学段的思政教育通俗读物、校本教材，关照不同学段学生认知规律，使地方文化资源在

① 林子赛,夏净.地方红色资源赋能思政课一体化建设逻辑[J].中学政治教学参考,2022(36)：57-60.
② 卢观链.地方党史资源融入思政课一体化建设探赜[J].中学政治教学参考,2022(31)：62-64.
③ 张素敏.红旗渠精神融入大中小学思政课教学内容一体化研究[J].教育理论与实践,2022(21)：43-46.

融入大中小学思政课教材的过程中实现螺旋上升。① 代海林、刘婵婵从伟大建党精神融入思政课一体化教学的可能性出发，认为以教材中的党史内容为起点，可以看到伟大建党精神孕育、形成、丰富、发展的历程，其总体上呈现循序渐进、螺旋上升的特点，因而伟大建党精神融入各学段思政课教材具有理论基础。② 潘柳燕、覃承凤将伟大建党精神进教材作为其融入大中小学思政课一体化教学的基本保障，主张组织不同学段思政专家研讨、论证伟大建党精神进各学段教材的可能性、递进性，为伟大建党精神进教材提供学理支撑，切实把伟大建党精神融入大中小学思政课教材落到实处。③ 胡邦霞、黄梦溢看到了中华优秀传统文化在推进大中小学思政课一体化建设内涵式发展方面的价值，主张挖掘各学段教材中中华优秀传统文化的契合点、连接点，以中华优秀传统文化为专题构建各学段思政课教材一体化的模块④，例如，以家国情怀为主线贯通不同学段中个人与自我、与他人、与集体、与国家社会、与自然的关系，由浅入深、由点到面地将优秀传统文化与教材内容相结合。邸军莲、南小青从文化安全教育的教学内容重复、缺乏有序递进的现实状况出发，有针对性地提出国家进一步完善课程教材体系，科学设置教育教学的整体框架和主要内容，强化文化安全教育内容的系统性，在小学阶段加强情感培养，在中学阶段将知识学习与课外实践相结合，而在大学阶段注重提升相关理论水平和担当精神。⑤ 秦敏挖掘了劳动教育在小学、初中的《道德与法治》教材以及高中《思想政治》教材中的相关内容，提出以思政课一体化助推劳动教育在各学段的有效展开⑥，循序渐进、螺旋上升地培养具有正确劳动观念的社会主义建设者和接班人。

在主题教育融入教材一体化的相关研究中，部分研究将教材编撰作为红色资源发

---

① 周军海.基于地方红色文化资源融合的大中小学思政课一体化建设——以浙江蚂蚁岛精神为例[J].中学政治教学参考,2022(27)：70－72.

② 代海林,刘婵婵.伟大建党精神何以融入思政课一体化教学[J].中学政治教学参考,2022(09)：7－9.

③ 潘柳燕,覃承凤.伟大建党精神融入大中小学思政课一体化教学探究[J].学校党建与思想教育,2022(10)：49－52.

④ 胡邦霞,黄梦溢.以优秀传统文化助推思政一体化建设[J].中学政治教学参考,2022(14)：50－52.

⑤ 邸军莲,南小青.大中小学思政课一体化背景下的文化安全教育探析[J].学校党建与思想教育,2022(02)：55－57.

⑥ 蔡敏.劳动教育融入大中小学思政课教学的实施路径[J].中学政治教学参考,2022(01)：18－20.

挥思想政治教育功能的途径，包括两种可能的探索，其一使红色资源循序渐进地融入各学段教材中，其二编撰专门的地方红色文化教材，与部编教材配合使用，并强调地方红色文化教材编写的层次性，试图将其纳入大中小学教材一体化建设的视域中。另有部分研究立足当前各学段部编教材，分析教材一体化建设现状，以某一主题为主线串联各学段教材相关内容，为教材一体化进一步建设提供参考。

（三）研究趋势展望

2022 年度，大中小学思政课教材一体化建设在学段衔接、党的创新理论进教材及主题教育一体化等方面成果颇丰，教材一体化研究的深度、广度、精细度向前推进。以党的创新理论进教材为主线，学者们多方着力分析问题、建言献策，为发挥思政课教材思想引领作用进行了有益探索。然而，成就与挑战并存：其一，教材一体化建设基础理论有待深化；其二，推进党的二十大精神有机融入各学段教材尚处起步阶段；其三，义务教育阶段新课标下的教材建设还没有得到广泛而深入的关注；其四，地方红色资源融入教材的体制机制、实践路径相关研究还不充分。

1. 加强党的二十大精神进各学段思政课教材研究

党的二十大在 2022 年金秋十月召开，会议回顾总结过去五年的工作和新时代十年的伟大变革，为推进下一步的工作进行战略谋划和全面部署，在新的高度上举旗帜、聚力量、促团结。会后，新华社发文《中共中央关于认真学习宣传贯彻二十大精神的决定》，社会各界积极响应号召，掀起二十大精神解读的热潮。从思想政治教育方面看，党的二十大报告所包含的党的最新理论成果，既涉及思想政治教育的基础性内容，如"中国共产党为什么能，中国特色社会主义为什么好，归根到底是马克思主义行，是中国化时代化的马克思主义行"，也包括思想政治教育的具体内容，如"三个务必""历史自信""精神富有"等，为未来思想政治教育工作提供内容支撑。《教育部教材局 2022年工作要点》将推进党的二十大精神进教材作为深入推进习近平新时代中国特色社会主义思想"三进"工作的重点，指出以中小学三科统编教材、教育部马工程重点教材为重点，组织修订大中小学统编教材、国家课程教材，推动和指导各地各校系统修订相关教材，将党的二十大精神及时准确融入各级各类教材。国家方针政策是学界研究的重要指南。当前，二十大精神的学习、研究、宣传是学界研究工作的重中之重，推动二十大精神进各学段思政课教材是促进习近平新时代中国特色社会主义思想落地落实的重要举措,充分体现了教材的国家事权这一性质,对大中小学循序渐进地实现立德树人这一育人根本目标具有促进作用,因此需要加强对习近平新时代中国特色社会主义思想进课堂进教材进学生头脑的相关研究。目前,学界关于二十大精神的研究多停留在解读层面,而对于如何深入挖掘其中的思想政治教育资源使其融入各学段思政课教材尚着笔不多。后续研究或可以《习近平新时代中国特色社会主义学生读本》为载体,加强二十大精神融入各学段思政课的相关研究,提高教材内容和各学段学生认知发展规律的适切性,在小学阶段注重学生情感启蒙,初中阶段注重感性体验和知识体验相结合,高中阶段重在实践体验和理论学习相结合,大学阶段注重理论思维的养成,研究生阶段注重深度探究,从扣好爱党爱国爱社会主义的第一粒扣子开始到最终形成宣传、阐释、研究习近平新时代中国特色社会主义思想的素质和能力。此外,当前思政课教材存在理论性过强、探究性弱、脱离实际等特点,教材内容的说服力、亲和力有待提升,而二十大报告中总结的党在新时代十年和过去五年的现实成就有助于使学生具体可感地体会到"中国共产党能、中国特色社会主义好、马克思主义行",因此,加强二十大报告中蕴含的思想政治教育资源研究,使其有层次、分阶段地融入各学段教材应成为今后一段时间研究的重点。

2. 加强地方红色资源融入思政课教材体系研究

不断丰富思政课教材体系是思政课教材一体化建设的重要方面。思政课教材一体化不仅包括纵向上大中小幼各学段教材内容的循序渐进、螺旋上升,也包括横向上同一学段不同思政课教材之间拧成一股绳、谋教育合力,从这个角度看,思政课教材既包括统编教材,也包括地方性的校本教材或场馆红色文化读本等,思政课教材体系应当呈现出纵向上循序渐进、螺旋上升,横向上相互贯通、互为补充的格局。目前,学者们大都将编制红色文化读本作为地方文化资源充分发挥思想政治教育功能的必要途径,还有学者提倡将红色文化融入教学设计,前者只是将教材研究置于客体的位置,后者没有看到教材在发挥红色资源教育价值方面的独特作用,两者对地方红色资源与思政课教材的认识存在偏颇。较少学者从大中小学思政教材一体化的视角对地方红色资源进教材进行研究。党的二十大报告强调要完善思想政治工作体系,推进大中小学思想政治教育一体化建设,教材作为课程建设的根本,其一体化是思政课一体化建设的重要方面,要建设具有中国特色、中国风格、中国气派的哲学社会科学教材体系,就必须重视地方红色文化资源的利用,形成各具特色的思政课教材体系,实现普遍性与特殊性的统一,加强对不同学段学生接受特点的研究,使地方红色文化读本在呈现方式、叙事方式等方面与各学段学情相符合。此外,要加大地方红色文化读本进教材体系的体制机制研究,为专家团队、一线思政课教师编写高质量的地方红色读本、校本教材提供组织保障。

3. 加大2022版新课标指导下的思政课教材建设研究

课标、教材、教法是课程建设的重要方面,课标对教材、教法有提纲挈领的作用,《义务教育道德与法治课程标准(2022年版)》的推出是教育部教材司系统规划部署思政课教材建设高质量发展的关键一步,其中一体化建设初中、小学教材内容体系是一大亮点。目前,已有相关研究关注新课标与教学改进的关系,比较有代表性的是朱文芳撰文思考新旧课标之间的关系以体悟新课标对教学改进的指导作用①,还有学者着重解读新课标,如杨翠英等撰文表达研读新课标后的思考②。正如韩震教授所提及的,2022版课程标准是回应时代要求、回应思政课改革创新、落实立德树人根本任务的重要举措,将会扎实推进习近平新时代中国特色社会主义思想进课程进教材,新修订的课程标准在内容方面进行调整,反映了党和国家重大实践和理论创新成果,贴近学生的真实生活,建立主题鲜明、线索清晰的内容框架,坚持一体化设计思路,形成了循序渐进、螺旋上升的内容体系。③ 国家教材委员会办公室主任、教育部教材局局长田慧生表示,《义务教育课程方案和课程标准(2022年版)》的颁布实施将会促进教材的修订,义务教育各学科教材修订工作已于2022年全面启动,并印发了《义务教育国家课程教材编写修订规范(试行)》,强化教材编写修订的全过程管理。新课标对课程内容方面的要求必然会推动课程教材内容的修订,因此,后续对新课标的研究需要加大对课程内容和教材内容方面的关注不仅在现有教材的框架内改进教学内容设计,更要在顶层设计方面建言献策,以更贴切的教材建设回应新课标对课程内容提出的新要

① 朱文芳.领悟变化精准施教——对落实《义务教育道德与法治课程标准(2022年版)》的思考[J].课程教材教学研究(教育研究),2022(Z6):12-16.

② 杨翠英.《义务教育道德与法治课程标准(2022年版)》研读[J].课程教材教学研究(小教研究),2022(Z6):13-16.

③ 石芳,韩震.打牢铸魂育人根基落实核心素养培养——《义务教育道德与法治课程标准(2022年版)》解读[J].教师教育学报,2022(03):112-117.

求,以"课标+教材"的双螺旋前进推动思政课内涵式发展。

4. 深化大中小学教材一体化建设的基础理论研究

习近平总书记指出,要抓好教材体系建设,从根本上讲,建设什么样的教材体系、核心教材传授什么内容、倡导什么价值,体现国家意志,是国家事权。建设具有中国特色、中国风格、中国气派的高质量教材体系背后离不开强大的科学研究作支撑,这对提高教材的科学性、时代性、可读性等意义重大。正如陈亮等所提到的,大中小学思政课教材体系的高质量发展必然有相应的大中小学思政课教材一体化建设研究成果作支撑。他们还认为,针对当前思政课教材一体化建设研究仍处于起步阶段、研究数量与质量都亟须扩充与加强的现实状况,应以加强大中小学思政课教材一体化建设专题研究为抓手①,为教材一体化建设保驾护航。目前关于教材一体化的研究多集中于教材的一体化使用方面,而对于教材一体化的概念厘定、价值意蕴、体制机制、实践路径等基础论证还较为缺乏,学术界对思政课教材一体化尚未达成共识,对思政课一体化建设存在误解必然影响思政课实效性的发挥,学者们把教材建设仅当作顶层设计而忽视了教材建设与科学研究相互促进的关系。目前,国家在大中小学思想政治教育一体化建设方面建设了多个研究基地,可以依托这些研究基地加强教材一体化方面的基础研究,为教材一体化建设的实践提供理论支撑。

二、实践情况

（一）教材一体化相关会议

2022 年度,各地区多次举办教材一体化相关主题的学术论坛、推进会等多项重要实践活动,深入推进教材一体化建设。

---

① 陈亮,柏鑫,李红梅.大中小学思政课教材一体化建设回顾与展望[J].中学政治教学参考,2022（15）：74-78.

1. 厦门打造一体化思政"中央厨房"

2022 年 12 月 7 日晚,厦门市翔安区来自多所学校不同学段的思政课教师就"自信自强"这一主题进行"同主题备课"教研活动。面对各学段思政教材"高度重合"的问题,厦门市大中小幼思政课教师"同备一节思政课",来促进思政课教师掌握不同学段的思政教育进展,在"思想碰撞"中捕捉课程教育灵感,大学思政课教师帮助中小学思政课教师解构教学目标,编撰适合中小学学生阅读的校本教材,鼓励全学段思政课教师参与课程设计,打造一体化思政"中央厨房"。①

2. "学习宣传党的二十大精神与大中小学思政理论课一体化教材建设"高端论坛举行

2022 年 11 月 19 日,"学习宣传党的二十大精神与大中小学思政理论课一体化教材建设"高端论坛在合肥工业大学举行。合肥工业大学校长郑磊指出,统筹推进大中小学思政理论课一体化教材建设,关键是处理好"全程贯穿"与"学段差异"的关系,打通大中小学教材的阶段性阻隔,深入探讨大中小学思政理论课教材一体化建设问题,探索思政理论课共建、共享、共研模式,完善师资队伍阶梯式发展支持体系。这对统筹大中小学思政理论课一体化建设、提升思政理论课教师的教学能力和水平,培育有理想、有担当、有本领的时代新人具有重要意义。安徽省委教育工委委员、省教育厅副厅长储常连表示,教材建设意义重大,建设什么样的教材体系,核心教材传授什么内容、倡导什么价值,体现国家意志,是国家事权。未来,安徽省大中小学一体化思政课教材建设重点研究基地要立足国家和安徽省重大需求,加强统筹规划,强化协同协作,努力办出特色,精心做大做强,为全省教材建设和管理提供理论支持、智力支撑。安徽省教育厅思想政治工作处处长王后林就深入推进大中小学思政理论课教材一体化建设提出三点建议:一要提高认识,准确定位;二要有效聚合省内外力量,推进多校协同;三要对标国家教材研究基地,争创一流。陈鸿海指出,要深刻认识思政理论课教材一体化建设的重大意义,不断深化合作交流,共同推进安徽省大中小学思政理论课教材建设一体化发展,为办好新时代思政课、建设教育强国做出更大的贡献。②

---

① 新华社客户端.半月谈|厦门: 打造一体化思政"中央厨房"［EB/OL］.（2023 – 02 – 03）［2023 – 4 – 23］. https://baijiahao.baidu.com/s?id=1756770417002411556&wfr=spider&for=pc.

② "学习宣传党的二十大精神与大中小学思政理论课一体化教材建设"高端论坛举行［EB/OL］.（2022 – 11 – 22）［2023 – 04 – 23］. http://www.hfut.edu.cn/ersd/info/1054/1236.htm.

3.宜昌推动全市大中小学思政课一体化建设

2022年4月21日,湖北省宜昌市大中小学思政课一体化教学指导委员会召开2022年度第一次工作会议,学习《习近平新时代中国特色社会主义思想进课程进教材指南》,深入贯彻习近平总书记关于学校思想政治理论课的系列讲话精神,认真落实中央关于新时代思政课教学改革创新要求,并对进一步推进工作进行研讨。会上,市委教育工委专职副书记、市教育局党组成员、副局长黄赤蓉对教指委提出四点工作要求:一要深刻把握新形势下思政课的特殊重要性;二要紧紧抓住"大中小学思政课一体化"这个重中之重;三要善用"大思政课",增强思政课亲和力、针对性;四要铺就思政课教师成长的"快速路"。会议明晰了扎实推进习近平新时代中国特色社会主义思想进课程进教材的重大意义、基本原则、总体目标、主要内容、学段要求、课程安排、组织实施,为推进大中小学用好《习近平新时代中国特色社会主义思想学生读本》、确保《读本》使用落全落实落好指明了方向。会议要求,2022年教指委将以大中小学落全落实落好《习近平新时代中国特色社会主义思想学生读本》为载体,将《读本》与思政课相结合,组织开展全市大中小学《读本》精品课展评活动、全市大中小学思政课一体化教学研讨活动。①

同时,为进一步贯彻《中共中央办公厅、国务院办公厅关于加强和改进新形势下大中小学教材建设的意见》《关于印发中小学三科统编教材"铸魂工程"推进实施方案的通知》,各地积极组织力量开展道德与法治学科教材培训,全面推进国家统编教材的使用。例如,东莞市教育局教研室组织各镇街道开展统编教材线上培训。

(二)社会服务与影响

新闻视频类节目《中小学德育课堂》取得阶段性成果。2022年度,内蒙古教育厅与新华社新闻信息合作中心合作推广的《中小学德育课堂》节目已实现全区2600多所大中小学全覆盖,助力自治区思政课一体化教学,为全区大中小学打开了了解世界的新窗口,有利于引导学生扣好人生的第一粒扣子。作为全面推进习近平新时代中国特

---

① 宜昌市教育局.宜昌推动全市大中小学思政课一体化建设[EB/OL].(2022-04-24)[2023-04-24]. http://jyj.yichang.gov.cn/content-57512-309046-1.html.

色社会主义思想进教材、进课堂、进学生头脑的重要举措，《中小学德育课堂》是各地开展德育和思政工作的创新平台和示范样本，将党史、时事新闻、品德故事等作为活教材，开拓了青少年"读懂中国、看清世界"的视野，激励广大学生树立远大理想，热爱伟大祖国，肩负时代重任，勇于砥砺奋斗，练就过硬本领，锤炼品德修为。据统计，新华社德育课堂自 2017 年 9 月正式推出以来，已在全国 31 个省、市、自治区落地，被全国约 1 亿中小学师生观看使用。

三科统编教材使用度进一步提高。以北京为例，2022 年 9 月起，三科统编教材在北京市中职学校投入使用。市教委明确，中等职业学校要按照学生人数足额配备中职三科统编教材，不得用地方课程教材、校本课程教材、读本、讲义等替代。同时，为提高教材使用效果，要求积极组织教师学习中职三科课程标准，加强解读和交流指导。

地方性教材、校本化的红色教材获得长足发展。以江西省红色教材的开发与教学融入为例，江西省编写的《红色文化》教材荣获首届全国教材建设奖基础教育类一等奖。江西赣州将爱国主义赣南红色资源融入教育教学，编写《赣州市中小学生党的基本知识教育简明读本》作为全市地方教材。

第五章

大中小学思政课教学一体化建设研究与实践

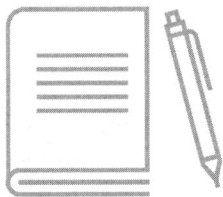

自习近平总书记提出要"推进大中小学思政课一体化建设"[①]以来,各方已深刻认识到思政课教学一体化建设的重要意义。思想政治理论课作为新时代落实立德树人根本任务的关键课程、学生接受思想政治教育的主渠道和开展意识形态工作的主阵地,思政课教学一体化建设已然成为大中小学思政课教学的一项重要工程和教学改革的发展方向。只有打好组合拳,才能讲好思政课[②],统筹推进各阶段思政课教学循序渐进、螺旋上升和内涵式发展是守好一段渠和跑好接力赛的关键所在。

一、研究现状

大中小学思政课教学一体化建设是一个系统工程。本章内容主要对 2022 年度大中小学思政课教学一体化建设的相关文献进行梳理,以呈现目前思政课教学一体化的研究现状,并分析这一领域的理论研究动态和发展趋势。总体来说,2022 年大中小学思政课教学一体化建设情况整体向好,无论是研究数量还是研究质量较之上一年度都有较大提升。研究内容更为深化、细化:不仅有大中小学思政课教学一体化内涵外延、价值意义、问题对策、困境出路等宏观研究,也包含相邻学段教学衔接、课堂教学改革、工作机制创新等微观探索,大体上实现了大中小学思政课教学一体化体系的有机衔接贯通和相互协调,为进一步推动大中小学思政课教学一体化建设的研究和实践奠定了良好基础。但也要看到,教学一体化建设仍然存在着诸多亟待解决的问题。

(一) 年度文献计量与主题分布

1. 年度文献计量

本报告中所用期刊及学位论文的数据全部来自中国知网(CNKI)的全文数据库,

---

①　用新时代中国特色社会主义思想铸魂育人　贯彻党的教育方针落实立德树人根本任务[N].人民日报,2019-03-19.

②　习近平.思政课是落实立德树人根本任务的关键课程[M].北京:人民出版社,2020:23.

为保证原始数据的全面性和可靠性，在中国知网中采用高级检索进行文献分类。

就文献数量而言，在期刊论文发表情况方面，于 2023 年 3 月 30 日在中国知网（CNKI）总库中选择学术期刊库，以主题＝"思政＋思想政治"AND 主题＝"教学一体化＋教学衔接＋一体化教学"，检索条件＝"精确"，期刊来源＝"全部期刊"，时间范围＝"2022 年—2022 年"进行检索，共有相关文献 152 篇，剔除不相关文献后，可以发现 2022 年度中国知网共收录相关期刊论文 52 篇。若将期刊来源＝"北大核心＋CSSCI"，并保持其他检索条件不变，再次进行检索，共有文献 33 篇，剔除两篇不相关文献后，可以发现 2022 年度中国知网共收录相关核心期刊论文 31 篇，其中有 9 篇来源类别为CSSCI。在学位论文收录方面，在中国知网（CNKI）总库中选择学位论文库，以主题＝"思政＋思想政治"AND 主题＝"教学一体化＋教学衔接＋一体化教学"，检索条件＝"精确"，时间范围＝"2022 年—2022 年"进行检索，共有文献 35 篇，剔除不相关文献后，可以发现 2022 年度中国知网共收录相关学位论文 24 篇。

除主题为大中小学思政课教学一体化的期刊论文和学位论文外，也有不少研究大中小学思政课一体化的文献中部分涉及了教学一体化的内容。以主题＝"思政课一体化"AND 全文＝"教学一体化＋教学衔接＋一体化教学"，检索条件＝"精确"，时间范围＝"2022 年—2022 年"分别在学术期刊库和学位论文库中进行检索，共有相关期刊论文 170 篇、学位论文 20 篇，期刊论文剔除不相关论文 33 篇及前文已有主题论文 48 篇、学位论文剔除不相关文献 3 篇及前文已有主题学位论文 5 篇，可以发现 2022 年度共有部分涉及了大中小学思政课教学一体化内容的期刊论文 89 篇、学位论文 12 篇。

可以发现，相较于 2021 年，2022 年大中小学思政课教学一体化相关主题的期刊论文、学位论文发表及收录数量均有较大增幅，呈逐年增长趋势。足以说明大中小学思政课教学一体化日益成为学界研究的热点之一，相关研究越来越受到重视，这些成果也为进一步探索、研究并推动大中小学思政课教学一体化提供了学理支撑和方法论指导。

2. 年度研究主题

本年度聚焦大中小学思政课教学一体化的相关研究日渐丰富深入，2022 年度的研究主题在教学一体化的理论研究、现状分析、路径探索之余也不断拓展研究边界，从实践教学、中职高职教学衔接、特殊主题融入思政课教学等方面进一步推动大中小学思政课教学一体化研究持续深入，学校思想政治理论课教学改革创新持续加强。

（1）关于大中小学思政课教学一体化的理论研究

关于大中小学思政课教学一体化的内涵逻辑研究。要深入推进大中小学思政课教学一体化建设，首先必须加强基础理论研究，厘清核心概念范畴及其涉及的相关命题的意蕴。纵览2022年有关大中小学思政课教学一体化的文献后可以发现，学界对于"一体化"这一概念基本达成共识，认为"一体化"不是简单地将两个以上的部分机械堆积为一个整体，而是依据既定的目标，在辩证思维的指导下，通过某种方式或手段，遵循一定的规律和原则，在同一体系下彼此包容、相互合作、形成合力，组合成一个层级递进、结构优化的有机系统，其实质是旨在由部分联合成为整体。但已有文献对"大中小学思政课教学一体化"这一概念缺乏统一明确的概念界定，"思政课一体化"与"思政课教学一体化"的内涵有重合混淆之嫌，往往二者被模糊化使用。多数学者都是从教学角度对大中小学思政课一体化的内涵进行定义。例如，有学者认为，大中小学思政课一体化建设的实质就是构建大中小学思政课教学共同体的过程①，是按照立德树人的根本任务来安排顶层设计，运用系统理论和科学方法对小学、初中、高中、大学等不同学段的思政课教学进行各方面各层次的综合考察和整体设计，构成一个紧密连接、衔接有序、稳步推进、共同提升的一体化教学体系，实质就是构建思想政治教育的育人新机制、新模式、新方案，形成稳定有序、充满活力、良性互动的大中小学思政课教学共同体。

关于大中小学思政课教学一体化的价值意义研究。在突出育人主旨方面，有学者提出，开展一体化建设本身不是目的，是探寻既不"抢跑"又不"抄道"的峰回路转的学生健康成长路径。大中小学思政课教学一体化也不是简单趋同重复和差异的消弭，而是各个主体在协力同心的努力中求同存异，实现差异之间的和谐并进，强调的是铸魂育人实效的高效实现。② 在提供创新空间方面，大中小学思政课教学一体化建设的提出为新的教学模式教学方法的出现提供了广阔空间。有学者指出，在推进大中小学思政课教学一体化建设的过程中，可以通过"U－G－S"教师教育模式形成大学、地方政府与中小学校三方深度合作的共同体，做到一体化建设中多元主体的不虚化不缺位，

① 徐建飞，董静.大中小学思想政治理论课一体化建设：内涵逻辑、实践困囿与优化方略[J].社会主义核心价值观研究,2022(04)：78－88.
② 王恒富.思政课一体化教学的价值定位与应然选择——以江苏省中小学法治教育一体化主题展示为例[J].中学政治教学参考,2022(33)：14－16.

从而促进大中小学实践融通,保证顶层设计,构建全面、协调、联动、衔接的思政课育人体系,推动立德树人根本任务的有效落实。① 在整合课程资源方面,大中小学思政课教学一体化的提出对我国现阶段大中小学教育发展状况、德育工作的开展情况提出了新的要求。思想政治理论课的高质量发展需要与时俱进,在创新中求发展。因此在挖掘思政课课程资源的同时还要筛选课程资源,从而使学生更好地实现对思想政治课内容或某一概念的深入理解,提高其自主判断意识和综合素质。② 由此可见,大中小学思政课教学一体化建设不仅是思想政治理论课创新的重要方向,也是实现思想政治教育高质量发展的重要抓手。

（2）关于大中小学思政课教学一体化的现状研究

学者们主要从整体规划、课程建设、体制机制、学段衔接等方面对目前大中小学思政课教学一体化建设的现状进行了深入研究。

有学者指出,大中小学思政课教学一体化建设是一个包含教学目标、教学内容、教学主体和教学评价等要素的系统工程,目前存在教学目标定位不精准、教学内容简单重复、教学队伍管理缺位、教学评价主体单一等问题。③ 也有学者从教学话语的角度分析目前大中小学思政课教学一体化存在教学话语目标定位不清,内容各说各话,方式千篇一律的问题。在信息多元化的时代没有实现教学话语的针对性和新颖性,过分强调对受教育者的控制而缺少与受教育者的对话,严重阻碍了大中小学思政课教学一体化的建设与发展。④ 除了宏观层面的共性问题外,也有相关研究聚焦具体某一学段思政课教学过程中的现状困境。如有学者针对一体化视域下高中思政课的教学设计现状进行探索,认为目前在高中阶段全面推广实施一体化教学主要面临两大难题:一是各学段思政课教材编写尚未打通不同学段的壁垒;二是部分教师由于考试升学率等现实因素的影响,尚未树立一体化的课程意识和教学理念,无法发挥其主导作用。⑤

① 刘智,张超然.大中小学思政课一体化建设：价值意蕴与实践路径——基于"U-G-S"教师教育模式的视角[J].现代教育管理,2022(01)：93-100.
② 陈森霖,袁媛.统筹大中小学思政课一体化建设的价值意蕴、范式转向和实践路径[J].高校辅导员学刊,2022(02)：46-50.
③ 徐建飞,董静.大中小学思想政治理论课一体化建设：内涵逻辑、实践困囿与优化方略[J].社会主义核心价值观研究,2022(04)：78-88.
④ 胡中月.思政课教学话语的一体化建设[J].思想政治课教学,2022(11)：22-26.
⑤ 金涛.一体化视域下的高中思政课教学设计[J].思想政治课教学,2022(05)：22-24.

没有调查研究就没有发言权。大中小学思政课教学一体化建设的现状根据不同城市区域、不同教育资源分布的情况也会不同。因此，通过实证调查研究来掌握大中小学思政课教学一体化建设现状是极为必要的。2022 年度有相当数量的文献立足实证分析，在研究过程中结合大量调研数据，通过定量分析掌握当地思政课教学一体化建设的实际情况，为教学一体化体系的建构提供有力的数据支撑。有学者通过问卷调查和访谈的方式，从教师一体化教学意愿、教学指导培训情况、跨学段教研和教学创新情况四方面针对我国湘南地区进行大学与中学思政课教学一体化建设情况的调查分析，认为目前教学一体化建设存在教师能力素质失衡、课程衔接仍有缝隙、教研分离、学术氛围淡薄和教学评价缺乏系统性整体性等问题。[①] 也有学者从教师视域出发，针对目前一体化教学衔接机制建设进行实证分析，认为在激励机制、教学衔接交流、教学衔接诉求和外部优化方面存在缺陷。教学内驱力的不足和外部资源共享机制的缺乏在一定程度上制约了大中小学思政课教学一体化的深度和广度。[②]

（3）关于大中小学思政课教学一体化的路径研究

针对大中小学思政课教学一体化的现状问题和建设困境，学者们也提出了相应的解决策略和实施路径，着重强调一体化思维的引领作用和系统布局的重要地位。宏观层面，有学者纵观全局，指出要对不同学段的教学目标进行统一设计，创新思政课课程体系、课程资源共享机制和教材体系建设，建立教师集体备课机制与跨学段研究培训机制，构建合理有效的教学评价指标体系并优化实践方法。[③] 也有学者提出要辩证认识和正确处理教材内容特色与有机衔接、教师教研独创性与协同性、课堂教学与社会实践这三对重要关系，以破解新时代大中小学思政课教学一体化建设所遇到的难题。[④] 系统观念作为深入推进大中小学思政课教学一体化的重要观念之一，站在战略全局和复杂系统的高度，以系统观指导大中小学思政课教学一体化的建设，辩证思考

① 李忆华,张俊波.大学与中学思政课教学一体化建设的困境与破解——基于我国湘南地区大学与中学的调查[J].未来与发展,2022(12)：107－112.

② 谢春风.教师视域下大中小学思政课一体化教学衔接机制建设的实证分析[J].中国高等教育,2022(19)：26－28.

③ 徐建飞,董静.大中小学思想政治理论课一体化建设：内涵逻辑、实践困囿与优化方略[J].社会主义核心价值观研究,2022(04)：78－88.

④ 贾丽民,宋小芳.新时代大中小学思政课一体化建设应正确处理的几对关系[J].思想理论教育导刊,2022(01)：101－105.

一体化建设的主要路径是重要的破局手段,需要在教学内容、教学法训练、教师入职前和在职协同培养、评价改革创新四方面进行系统谋划。① 还有学者提出要构筑"鲜活、灵活、激活"的思政课一体化教学新样态②,用鲜活的教学素材、灵活的教学形式来激活教学课堂,满足学生的成长发展需求和期待,提升思想政治教育的亲和力和针对性。

在微观层面,已有多位学者从教学目标、教学方法、教学内容、教学评价等方面探讨大中小学思政课教学一体化的体系建构路径。在教学目标方面,有学者提出要围绕小初高思政课培养目标和各学段特点,构建"知—信—达"教学目标。③ 小学注重培养道德情感的认知,初中注重打牢思想基础与理想信念,高中注重培养将知识转化为关键品格的能力,从而提升学生思想政治学科核心素养水平。

在教学方法方面,多篇文章将文学、心理学、历史学等不同学科领域的研究视角引入大中小学思政课教学方法一体化的建设中,不断拓宽研究视域。有学者从叙事学角度出发,分析大中小学思政课教学一体化建设中情感叙事方法的应用,提出要通过情感叙事来对不同学段的思政课教学进行深耕,实现有意识的衔接、有选择的传导和有个性的共创。④ 有学者从认知能力视角出发,根据不同年龄段学生的认知性阶段特征,提出在小学阶段构建以"启发式"为主的教学方式,在初中阶段构建以"体验式"为主的教学方式,在高中阶段构建以"情境式"为主的教学方式,在本专科阶段构建以"问题式"为主的教学方式,在体现不同学段学生认知规律和接受特点差异性的基础上注重各学段教学之间的衔接性和贯通性。⑤ 也有学者将概念史研究视角引入思政课教学,介绍了一体化背景下概念史研究方法在思政课教学中的应用,认为在思政课教学中可以通过概念的演变来帮助学生理解时代更替和历史跌宕,培养运用马克思主

① 顾红亮.用系统观念思考大中小学思政课一体化建设路径[J].北京教育(德育),2022(09):13-16.

② 蒋建华,王锋,张宏建.构筑"鲜活、灵活、激活"的思政课一体化教学新样态[J].中国高等教育,2022(Z3):41-42.

③ 杨奇,姚晔晋.一体化视域下"知—信—达"教学目标构建[J].中学政治教学参考,2022(25):19-20.

④ 吕增艳,王宇.略论情感叙事在大中小学思政课一体化教学中的应用[J].东北师大学报(哲学社会科学版),2022(04):144-149.

⑤ 徐秦法,赖远妮.认知能力视角下大中小学思想政治理论课一体化教学方式建设研究[J].思想教育研究,2022(03):104-110.

义辩证唯物主义和历史唯物主义分析解决实际问题的能力。①

在教学内容方面,学者们往往以具体的教材章节为例,探讨教学过程中如何更好地构建教学内容的一体化体系。有学者通过初高中思政课对"基本经济制度"一框的教学实践比较,指出要找出初高中教材的差异和交叉重复之处,实现对教学内容的结构整合,兼顾不同知识点,按照合理比例安排教学内容,不能简单地照本宣科。② 也有学者以高中思政课必修一《中国特色社会主义》这一教材为例,提出从大学与中学思政课的整体性要求出发,在高中应把重点放在基础性概念和学科常识的理解掌握上,强化案例和议题为载体的情境化教学内容,弱化理论逻辑推演的教学内容,从而为大学思政课的理论教学打好知识和素养基础。③

在教学评价方面,有学者提出要提升一体化教学评价的支撑力,既要考虑学校教师的评价、学生的自我评价,也要考虑家长和社会的评价,因此需要综合考虑不同主体的评价尺度,深化评价改革。④ 还有学者提出要充分重视大中小学思政课评价体系一体化的全面性与多维度,通过加强评价体系的顶层设计和完善实施运行来激发教师学生等的内生动力。⑤ 也有学者从教师评价观角度出发,认为在一体化视域下,教师的评价观要从一元评价转向复合评价,不仅要关注学业分数,还要关注理论修为、思想觉悟和实践能力的增长,避免思政课育人功能的狭窄化倾向。⑥

（4）关于特定主题的教学一体化专题研究

关于特定主题的教学一体化专题研究是大中小学思政课教学一体化实践和研究的重点之一。2022 年,学者们也不断深化已有的研究主题,并尝试在新的领域内进行突破。

---

① 尹航.一体化背景下概念史研究方法在思政课教学中的应用[J].中学政治教学参考,2022(16)：51-54.
② 那琛,张必发."同异"之间：初高中思政课一体化的思考与实践——以"基本经济制度"一框为例[J].中学政治教学参考,2022(02)：35-37.
③ 徐升.《中国特色社会主义》一体化教学的衔接策略[J].思想政治课教学,2022(08)：17-21.
④ 韩同友,王管.大中小学思想政治教育一体化建设时空融合的逻辑审思[J].中国高等教育,2022(22)：30-31,58.
⑤ 冯刚,刘嘉圣.新时代大中小学课程思政一体化建设的内涵要素及优化路径[J].中国高等教育,2022(01)：9-11.
⑥ 金涛.一体化视域下的高中思政课教学设计[J].思想政治课教学,2022(05)：22-24.

中国作为有着五千多年悠久历史的文明古国，在大中小学思政课教学中恰如其分地运用丰富历史资源中蕴含的各类精神文化资源可以深化学生对学科知识的理解，升华学生爱党爱国的情感。学者们尤其重视革命文化和红色精神融入大中小学思政课教学一体化的可行性必要性分析与实践举措研究。如有学者提出，沂蒙精神作为具有培基固本、正本清源强大感召力的重要精神力量，在红色精神谱系中有着独特的地位和功效，需要在针对思政课教学一体化的要求和目标的基础上将沂蒙精神融入思政课程与课程思政，并在实践教学中实现沂蒙精神"三进"工作的螺旋上升、层层递进。① 伟大建党精神作为中国共产党人精神谱系的源头和中华民族精神的时代显现，也需要在遵循青少年认知与道德心理发展规律的基础上进行系统规划和统筹考虑，整体构建以弘扬建党精神为主要内容的大中小学一体化教学框架，并与大中小学思政课一体化教学相融合，形成无缝对接的教学体系。② 中国共产党带领中国人民自力更生、艰苦奋斗，不断摆脱贫困，迈向共同富裕的伟大社会实践也是新时代最生动的教育题材。通过在小学阶段进行劳动体验和劳动成果分享、初中阶段开展议题式教学、高中阶段尝试共同富裕思想的理论溯源，可以激发学生吃苦耐劳、不断创新的精神和热爱劳动的情感责任担当，从而培养新时代的奋斗者。③

为深入推动习近平新时代中国特色社会主义思想进教材、进课堂、进学生头脑，教育部组织编写的《习近平新时代中国特色社会主义思想学生读本》（以下简称《读本》）一经正式走进思想政治理论课课堂就引起了学者们的关注。经过 2021 年对《读本》内容的初步解读和课堂使用的基础研究，2022 年的《读本》相关教学研究则更为具体和深入。学者们普遍认为，《读本》教学不能仅仅停留在形式上的创新，更应该注重文本的研读、时政的融合与实践教学的配合。在读通教材文本、准确把握重点、实现教材融通的基础上，对《读本》的教学内容做必要整合，教学次序做适当调整，从而教出活力与实效，真正加强《读本》教材与统编教材的贯通衔接，彰显其时代性与学科特色。④

---

① 张志丹，郭相震.沂蒙精神融入大中小学思政课一体化教学研究[J].思想政治教育研究，2022（06）：106-113.

② 潘柳燕，覃承凤.伟大建党精神融入大中小学思政课一体化教学探究[J].学校党建与思想教育，2022（10）：49-52.

③ 吴佩贞，李宏亮.共同富裕的一体化教学[J].思想政治课教学，2022（05）：52-54.

④ 杨雷.高中《读本》一体化教学探究[J].思想政治课教学，2022（04）：12-14.

除了直接从《读本》的课堂教学角度进行研究外,也有学者从核心素养培育的角度,认为《读本》教学要实现从教材体系向教学体系的转化,需要立足素养本位,着眼于新课标对核心素养的培育要求。树立立德树人价值取向,确立生活逻辑内容取向、坚持活动生成策略取向、重视能力提升评价取向,深挖《读本》中蕴含的共性价值理念,推动《读本》教学常态化、规范化、有序化落地实践。①

值得注意的是,不同于以往相关研究大量聚焦于普通本科与中小学协同育人的思政课教学一体化,2022 年度有多篇文章关注到了中职与高职的思政课教学一体化问题。但更多文章聚焦于高职或中职内部思政课教学一体化的探索研究,涉及中高职教学衔接的核心期刊文章仅有一篇。中高职思政课教学一体化是基于职业教育视角推进思政课改革创新的重要举措,也是落实大中小学思政课教学一体化建设的重要一环。有学者通过结合天津市中高职思政课教学一体化建设的实践经验,认为在推进中高职思政课教学一体化的过程中需要彰显职教特色,更加注重培养学生的工匠精神、劳模精神、劳动精神等。同时体现职业教育重实践的特点,不断丰富实践教学形式,保质保量完成实践教学学时要求,构建"一平台、双保障、三示范、五协同"的特色教学一体化建设工作模式。②也有学者从课程思政的角度探索职业院校思政教育与专业教育"双融双驱"的客观诉求与现实困境。认为需要以一体化育人范式、立体式顶层设计来打造"双融双驱"的培养模式,营造良好的教师成长生态环境。同时以发展性评价标准形成高质量评估新机制,优化评价标准体系来培养新时代迫切需要的专业人才与工匠人才。③

此外,还有聚焦"劳动教育""法治观教育""生态观教育""中华民族共同体意识"等主题如何有效融入大中小学思政课一体化教学的相关研究。

(二) 研究热点分析

2022 年度,大中小学思政课教学一体化建设研究主要围绕教学目标、教学内容、

①　刘雅贤,王庆军.基于素养本位的《读本》一体化教学探析[J].中学政治教学参考,2022(39):48-51.
②　华战胜.中高职思政课一体化建设实践探究[J].中学政治教学参考,2022(35):75-77.
③　周志国,金萍女,鲍婷婷,等.职业院校"双融双驱"课程思政育人路径探索——基于新时代工匠培育视角[J].职教论坛,2022(06):114-121.

教学方法、教学评价、各学段教学衔接五方面不断深入创新。表现为教学目标一体化纵向贯通、教学内容一体化横向联动、教学方法一体化富有成效、教学评价一体化持续推进、各学段教学衔接深入发展。以上成果为不断推进大中小学思政课教学一体化、发挥思政课关键课程作用打牢基础，提供先进理论指导与正确方向引领。

1. 同中存异：教学目标一体化纵向贯通

教学目标指引着整个教学活动的开展，合理确定教学目标是教学的首要环节，决定着思政课教学内容的选择、教学方法的实施和教学效果的评估。因此，教学目标一体化是大中小学思政课教学一体化的关键，也是教学一体化建设的主要目标。截至2022年底，我国大中小学思政课教学一体化的目标体系坚持树立系统思维、分层分类，从对各学段学生的总体要求出发，力图打破学段阻隔，统筹好教育目标一致性和内容梯度衔接性的关系，基本上实现了系统性与层次性结合、关联性与进阶性统一的同中存异，纵向贯通。

首先体现在系统性与层次性相结合方面。思政课教学目标一体化设计是指将大中小学各学段的教学目标看作一个有机整体，在遵循培养德智体美劳全面发展的社会主义建设者和接班人总体课程目标基础上，精准谋划各学段的具体目标，最终形成一个循序渐进、互联互通的教学目标体系。党的二十大报告指出"培养什么人、怎样培养人、为谁培养人是教育的根本问题"，强调"育人的根本在于立德"。[①] 思政课作为为国育人、为党育才的核心课程，无论是小学阶段、中学阶段还是大学阶段，教学的最终目标都要达成高度一致，聚焦于立德树人的根本任务，统筹设计各学段的具体目标，做好具体目标向整体目标的有机转化。需要注意的是，教学目标并不等同于课程目标，课程目标是对整体课程教学预期的结果，具有宏观性和统整化的特点，而教学目标是课堂教学活动实施的方向和与其达成的结果，具有微观性和具体化的特点。[②] 以伟大建党精神融入大中小学思政课为例，小学阶段注重树立英雄形象，初高中阶段注重培养对伟大建党精神的理性认知，大学阶段则应注重领悟建党精神，更深层次地认识伟大建党精神的历史价值与时代意义。通过系统性与层次性的结合，使得具体育人目标围绕立德树人总体目标，更好增强思政课育人的亲和力与针对性。

---

① 习近平.高举中国特色社会主义伟大旗帜　为全面建设社会主义现代化国家而团结奋斗——在中国共产党第二十次全国代表大会上的报告（2022年10月16日）[M].北京：人民出版社，2022：34.
② 李岚，赵文琪，胡洁.法治教育的小初高思政课一体化[J].思想政治课教学，2022(11)：17－21.

其次,在关联性与进阶性相统一方面,表现在大中小学各学段的教学目标既相对独立又各有侧重。大中小学各学段各自有着不同的教学目标,但这些教学目标并不是彼此孤立、相互割裂的,而是在前一阶段的基础上不断提高,逐步深化,构成循序渐进、螺旋上升的一体化目标序列。《义务教育道德与法治课程标准(2022年版)》明确指出:学科核心素养是学科育人价值的集中体现,是学生通过学科学习而逐步形成的正确价值观、必备品格和关键能力。① 政治认同、道德修养、法治观念、健全人格、责任意识是道德与法治课程要培养的核心素养。而以义务教育阶段"政治认同"这一核心素养培养的学段目标为例,从第一学段的"认识国旗国徽、感知中华优秀传统文化",第二学段的"初步感知基本国情、初步了解中华优秀传统文化",第三学段的"简要了解中国共产党的历史和革命传统"到第四学段的"了解中国特色社会主义制度的优越性",名词的重复彰显不同学段教学目标的关联性,动词的递进关系则直接体现了教学目标的进阶性。关联性与进阶性的统一对落实课程标准精神、提高思政课教学质量起到至关重要的作用。

2. 详略得当:教学内容一体化横向联动

思想政治理论课作为落实立德树人根本任务的关键课程,其中的"德"既是思政课的教学内容也是思政课的教学目标,直接关系着教育根本任务的落实和实现。2022年,相关研究在探讨如何深化新时代学校思政课改革创新时也紧紧抓住教学内容建设这一根本,根据教学目标及不同学段思政课一体化建设的要求,力图使各学段思政课都在加强自身内部建设的同时做好学段之间教学内容的衔接,提高其一体化程度。逐步开创具有中国特色的思政课教学内容体系,做到教材体系与课外扩展横向联动,教学内容有详有略,详略得当。

首先,各学段内部的思政课教学内容一体化程度得到很大提升。主要表现在教材的使用方面,各学段的思政课教材都实现了教材的全国统编通用。义务教育阶段的"道德与法治"主要围绕道德教育和法治教育内容,把小学与初中整合为一个系统整体,使九年一贯制在教学内容编排上得到充分体现;高中阶段的"思想政治"围绕中国特色社会主义"五位一体"总体布局,合理安排教学内容;大学思想政治理论课以马克

① 中华人民共和国教育部.教育部关于印发义务教育课程方案和课程标准(2022年版)的通知(教材〔2022〕2号)[EB/OL].(2022 - 04 - 08)[2023 - 04 - 16]. http://www.moe.gov.cn/srcsite/A26/s8001/202204/t20220420_619921.html.

思主义及其中国化理论成果为核心,有机融合思想、政治、道德、法治、历史等教学内容,形成包括"马克思主义基本原理""毛泽东思想和中国特色社会主义理论体系概论""中国近现代史纲要""思想道德与法治""习近平新时代中国特色社会主义思想概论""形势与政策"六门课为主体的课程体系。可以说,经过长期建设,我国大中小学思政课已经开创出以马克思主义基本原理与马克思主义中国化的理论成果为核心内容,以中国特色社会主义核心价值观教育为重要组成部分,融合法治教育、劳动教育、心理健康教育、中华优秀传统文化教育等具有中国特色的思政课教学内容一体化体系。同时,各学段的教材内容也应遵循学生的认知发展规律和价值观形成规律,形成由浅入深、由简单到复杂、由感性认识和形象思维逐渐上升到理性认识和抽象思维的教学体系。以宪法知识教育为例,大中小学思政课的宪法专题教育应遵从法治建设的逻辑理路及优越性、依法治国首先坚持依宪治国、宪法的地位这一逻辑进行编排与完善。在小学阶段重点使学生对宪法知识有最基本的认知;中学阶段强调树立宪法意识;高中阶段将宪法的基本知识作为必备知识;在大学阶段明晰我国以宪法为核心的法治建设的发展历程,突出中国社会主义国家宪法的优越性;对职业教育阶段的学生还应增强相关职业教育的法律素养培育。①

其次,教材补充内容与教材实现横向深度联动。大中小学思想政治理论课的教学内容并不局限于教材本身,课外校外、线上线下的教学资源也是思政课教学内容的重要组成部分。《高等学校思想政治理论课建设标准(2021年本)》中指出,在使用最新版马克思主义理论研究和建设工程重点教材为思想政治理论课统编教材的同时,选用中宣部和教育部组织制作的《时事报告(大学生版)》和《时事》DVD作为学生学习辅导资料。② 教育部关于进一步加强新时代中小学思政课建设的意见中也提出要扎实推进习近平新时代中国特色社会主义思想进教材进课堂进学生头脑,依据道德与法治(思想政治)课程标准,统筹编好用好国家中小学思政课统编教材、《习近平新时代中国特色社会主义思想学生读本》等,切实增强思政课教材教辅和读本对不

---

① 丁帅,陈旻.大中小学思想政治理论课课程内容一体化面临的问题及破解路径[J].思想教育研究,2022(10)：131-137.
② 中华人民共和国教育部.教育部关于印发《高等学校思想政治理论课建设标准(2021年本)》的通知(教社科〔2021〕2号)[EB/OL].(2021-12-02)[2023-04-16].http://www.moe.gov.cn/srcsite/A13/moe_772/202112/t20211214_587183.html.

同学段学生的适应性。① 其中,自 2021 年教育部召开研究部署《读本》使用工作的座谈会后,《读本》就作为推进党的创新理论"三进"工作的重要抓手得到广泛关注。作为教材的补充内容,各学段的《读本》教学同样立足学科思维方法和学科特色,着眼于学生学科思维和学科能力的培养,深化时政融合,在积极结合时政热点开展教学活动的同时,鼓励学生进行研究性学习,从机理和路径层面真正打通教材知识与读本术语之间的联系,从而深度培养学生的论证能力和学科思维。②

3. 理实结合:教学方法一体化富有成效

思政课教学方法的改善选用对推进大中小学思政课教学一体化起着至关重要的作用。在过去的一年中,大中小学思政课普遍采用以课堂理论教育方法为主,案例分析法、合作探究法、情境教学法、角色扮演法等师生互动方式为辅的创新型教学方法,致力于让小学思政课"动"起来、初中思政课"燃"起来、高中思政课"议"起来、本科专科思政课"活"起来、研究生思政课"筑"起来。增强思政课的实践性,实现思政课与生产劳动和社会实践相结合,理论学习与实践探究相融合,不断推动大中小学思政课教学方法一体化建设进程。

"理论只要说服人,就能掌握群众,而理论只要彻底,就能说服人。"③课堂理论教育方法是思政课教师以强大的真理力量引导学生全面发展,以知识的力量感染学生的重要教学方法,在开展思政课教学中起到至关重要的作用。科学的思政课教学方法要求教育者与受教育者之间建立平等交往,即教师与学生平等参与的双向互动关系。不同于以往传统的"灌输式"教学方法,各学段教师逐步向引导学生研究问题的"问题式"教学方法转变。注重结合社会现实问题与学生思想实际组织教学,同时对教学内容进行适当的筛选整合,避免与上下学段出现学习内容和学习层次的重复或遗漏。王忠杰在探讨一体化理念下的思政课教学策略中就提出要实现课程内容活动化,鼓励教师在教学中根据教学目标和内容选取恰当真实的教学情境,提出有梯度、序列化的问

---

① 中华人民共和国教育部.教育部关于进一步加强新时代中小学思政课建设的意见(教基〔2022〕5号)[EB/OL].(2022－11－08)[2023－04－16].http://www.moe.gov.cn/srcsite/A06/s3325/202211/t20221110_983146.html.

② 张宇.《读本》教学的一体化实践路径[J].思想政治课教学,2022(02):26－29.

③ 中央马克思恩格斯列宁斯大林著作编译局.马克思恩格斯文集(第一卷)[M].北京:人民出版社,2009:11.

题,使教学内容活动化,让学生在活动中习得知识、提升素养。① 在教学方法上体现了衔接性、实效性与科学性。

自《新时代学校思想政治理论课改革创新实施方案》中提出要"规范实践教学,把思想政治教育有机融入社会实践、志愿服务、实习实训等活动中,切实提高实践教学实效"②以来,传统思政课重理论轻实践的教学方法已不再适用于新时代思政课,新时代思政课应该是一堂紧密联系实际,与生活息息相关的有高度有温度的生活课。切实开展实践教育教学活动,注重实践教学效果,实现活动内容课程化才是大中小学思政课教学方法改革的重要方向。尤其对于中小学思政课来说,启蒙性学习和体验性教育是实现"培养道德情感、打牢思想基础"课程目标的重要举措。只有在中小学寓教于乐地开展思政课教学活动,坚持"以理服人"和"以情感人"的统一,将知识从课内延伸到生活领域,引导学生牢固树立正确的政治立场,才能在本科专科和研究生阶段实现由经验导向向理论导向的转变,让学生从知识的被动接受者成为在某一领域构建自己知识体系的主动研究者,更好培养能服务于国家建设、承担时代大任的研究型创新型人才。

但同时需要注意的是,实践教育活动和先进教学技术的应用,归根结底只是辅助思政课教育教学的方式之一,并不能作为主要甚至是唯一的教学方法。任何一种教学方法的使用都要结合理论教学方法,紧扣思政课教学目标与教学内容,强调其教育性。同时要警惕泛娱乐化倾向,切忌片面追求学生个性化需要的满足。③

4. 刚柔并济:教学评价一体化持续推进

教学效果和教学质量需要在教学评价中获得具体判断,教学评价不仅是对教学目标达成情况的检验,更是教学活动的重要向导和激励机制。因此,评价改革是课程改革的重要内容之一。④ 目前,各项研究致力于制定一体化的思政课评价标准、量化一体化的评价指标、创新一体化的评价方法、优化一体化的评价过程。将考试分数的硬

---

① 王忠杰.一体化理念下的思政课教学策略[J].中学政治教学参考,2022(21):25-27.
② 中共中央宣传部,中华人民共和国教育部.中共中央宣传部教育部关于印发《新时代学校思想政治理论课改革创新实施方案》的通知(教材[2020]6号).[EB/OL].(2020-12-22)[2023-04-16].http://www.moe.gov.cn/srcsite/A26/jcj_kcjcgh/202012/t20201231_508361.html.
③ 王晓宇.新时代大中小学思政课一体化建设的几个着力点[J].思想理论教育导刊,2022(12):116-120.
④ 刘素芬.思想政治理论课改革衔接:以大、中学校衔接为例[M].北京:社会科学文献出版社,2009:287.

性标准和核心素养培育情况的软性标准相结合,持续推进刚柔并济、软硬兼施、定量评价与定性评价并重的大中小学思政课教学评价一体化体系建设。

首先,在评价内容上表现为坚持知识评价与价值评价相统一。《义务教育课程方案与课程标准(2022年版)》指出:要对学生核心素养的综合发展状况进行评价,兼顾学生学习态度、参与学习活动的程度以及对课程内容的理解应用水平;要着重评价学生在日常生活与学习中表现出的思想政治素养、道德品行、法治观念,以及在真实情境与任务中运用所学知识分析问题、解决问题时所表现出的核心素养发展综合水平。[1]这表明大中小学思政课在进行教学评价时不仅要关注理论知识的掌握情况和知识体系的建构情况,更应重视深入考察学生对知识的内化程度,评价课程教学对学生价值观的影响。同时体现不同学段之间的连贯性和衔接性,评价内容依据学段特点分层递进,使大中小学思政课的教学评价既合规律性,又合目的性,达到以评促学、以评促教,促进学生思想道德发展,坚定政治认同,形成正确的政治立场和价值观念的最终目的。

其次,在评价方法上表现为定量评价与定性评价相结合。逻辑理论知识的评价往往通过考试分数就可以得到精确的量化,但感性知识的评价不是简单地量化数据和即时评价就可以完成的,需要在定性的基础上进行定量评价,即质性评价,在保证数据分析的科学性和客观性的同时增强评价的艺术性。[2] 在考试法的基础上,结合观察法、谈话法、自评互评法、成长记录法等不同方式对大中小学生在学习和生活中所表现出来的具体道德行为进行形成性和发展性评价,拓展多样化的思政课教学一体化评价方法。

除了对学生学习情况进行评价外,针对教师教学情况的评价也是大中小学思政课教学评价一体化的重要组成部分。对标各学段学生群体对思想政治教育的认知与评价,可以衡量思政课教师的育人效果是否实现了有效衔接和有序进阶。这就要求对思政课教师进行过程性和绩效性评价,在整体性评价的基础上实现局部的考察,通过整体评估与局部评估的统一,检验思政课教师是否符合学段内的应有标准以及在全学段内是否发挥了思政课育人全过程中的角色效应,实现各学段思政课教师队伍的整体性

---

① 中华人民共和国教育部.教育部关于印发义务教育课程方案和课程标准(2022年版)的通知(教材〔2022〕2号)[EB/OL].(2022-04-08)[2023-04-16].http://www.moe.gov.cn/srcsite/A26/s8001/202204/t20220420_619921.html.

② 韦继红.高校思政课教学的整体性思考[J].中学政治教学参考,2022(47):41-43.

评估与学段性评估协同推进。①

5. 双向对话：各学段教学衔接深入发展

加强相邻学段之间思政课教学的有效衔接是大中小学思政课教学一体化建设的重要组成部分。不同于以往关注教学衔接问题的往往是更高学段的学者教师，低学段往往是被衔接的对象和被研究的客体，2022 年度关于学段之间教学衔接的研究已呈现双向对话的良好态势，更多的研究也尽量兼顾两学段的教学特点来提出相应举措，每一学段的相关主体都有较强的主动衔接意识，致力于通过多方努力不断深入大中小学思政课教学一体化体系的建设和发展。

在义务教育阶段的思政课教学衔接方面，关注中小学教学衔接的文章数居多。学界对中小学思政课教学衔接的研究时间范围主要集中在小学六年级到初中一年级这一阶段，也有部分学者将教学衔接所涵盖的年级范围扩展至小学五、六年级到初中七、八年级。大多在分析教材内容的基础上，从中小学教师教学的角度提出相关建议。此外，更有多篇文献聚焦于中小学法治教育和生命观教育的教学内容。以法治教育为例，《青少年法治教育大纲》明确了小学阶段法治教学的定位是"重普及宪法常识，养成守法意识和行为习惯，让学生感知生活中的法、身边的法，培育学生的国家观念、规则意识、诚信观念和遵纪守法的行为习惯"，初中阶段法治教学的定位是"使学生初步了解个人成长和参与社会生活必备的基本法律常识，进一步强化守法意识、公民意识、权利与义务相统一观念、程序思维，初步建立宪法法律至上、民主法治等理念，初步具备运用法律知识辨别是非的能力，初步具备依法维护自身合法权益、参与社会生活的能力"。② 这是一个从"认识"到"再认识"的进阶过程。基于该教学定位，有学者提出构建中小学法治教育"五合一"全维建构模型③，以宪法教育、民法教育、"成长"法教育、行政法教育、刑法教育为具体内容，分析根据中小学学生知识积累、认知能力差异和成长阶段需要，积极探索传统课堂转型。中小学教师不仅要在教学过程中发挥主观能动性，通过议题式教学、辨析式教学、参与体验式教学等方式构建中小学法治教育的

---

① 李鑫,郑敬斌.大中小学思政课教师队伍一体化建设探析[J].学校党建与思想教育,2022(06)：47−50.

② 中华人民共和国中央人民政府.教育部司法部全国普法办印发《青少年法治教育大纲》[EB/OL].(2016−07−18)[2023−04−21].http://www.gov.cn/xinwen/2016−07/18/content_5092493.htm.

③ 翟丽群,贾新文.中小学法治教育"五合一"全维建构[J].中学政治教学参考,2022(42)：9−11.

适切性路径,也要充分激发学生的主体地位,通过项目式学习等方式实现教与学的一体化,鼓励学生关注已有生活,将思政课教学过程中枯燥无味的问题变成学生自己的问题,不断增强法治教育的系统性、针对性和完整性。

在初高中思政课教学衔接方面,学者往往从教学内容着手,通过对教材版本、教材内容、课程标准等方面进行对比,提出初高中思政课教学衔接需要遵循整体性、递进性和依规性原则,在尊重学情和规律的基础上实现初高中思政课教育资源的优化整合,打破初高中思政课教学脱节的困境。①

在高中与大学的思政课教学衔接方面,因高中与大学教学模式和学习方式的截然不同,应试条件下高中阶段更多关注考试成绩,容易导致思政课铸魂育人功能发挥得不到位,系统化的大学与高中思政课教育链条就极为容易断裂,多数学者和教师都不断强调加强高中与大学阶段思政课教学有效衔接的必要性。有学者认为我国在由应试教育向素质教育的转变过程中,高中思政课的教材内容和考试方式变化极大,大学思政课教材修订频率加快,而两个学段的教师对课程教学衔接上出现的问题习惯于从本学段内部解决问题,缺乏整体性思维,因此需要打通两学段教学衔接的难点,切实提升思政课教育教学的实效性,提高学生思想政治理论水平。因此,在对高中与大学思政课教学衔接的有效路径进行探索时,学者主要从应试教育的制约、衔接意识不足、缺乏衔接平台与机制等方面的问题着手,认为在顶层设计方面,需要深化教育体制的改革,落实素质教育;在教学衔接方面需要两学段教师积极研学双方教学内容,了解对方教学特点和规律,同步优化教学方法;在保障机制的建立方面更是重点阐述了建立高中思政课教师与大学思政课教师相互交流机制的重要意义,认为良好的教学沟通机制能够促进双方形成共识,推动高中与大学思政课教学的有效衔接。②

(三) 研究趋势展望

自2019年8月中共中央办公厅、国务院办公厅印发《关于深化新时代学校思想政治理论课改革创新的若干意见》后,关于大中小学思政课教学一体化的研究成果成爆

---

① 杨立冬,周江.初高中思政课内容一体化建设的原则与途径[J].中学政治教学参考,2022(07):45-47.
② 段溥,刘於清.高中与大学思政课教学有效衔接探究[J].中学政治教学参考,2022(07):36-38.

发式增长。各地纷纷成立大中小学思政课一体化研究基地并举办相关学术论坛、研讨会等活动，许多学术期刊也开辟相关专栏，将其作为重点选题。上述迹象表明，大中小学思政课一体化研究可以说已经成为学界研究的热点和重点，大中小学思政课教学一体化研究也应呈现多元化研究趋势，通过加强不同学段、不同学科的时空融合研究，充分利用实证研究、创新人工智能赋能研究，树立系统思维，统筹教学梯度衔接，不断推进新时代思政课内涵式发展。

1. 加强大中小学思政课教学一体化的时空融合研究

"推动大中小学思政课一体化建设，要坚持全面、联系、发展的观点，运用系统思维对大中小学思政课各方面、各层次进行整体规划、统筹安排、系统推进。"①课堂教学作为思政课育人功能得以发挥的主渠道，大中小学思政课教学一体化更是大中小学思政课一体化建设的关键所在。因此，构建一个立体化的教育体系不仅需要在时间上逐渐推进不同学段之间的教学内容，还需要在空间上实现不同主体之间的协作，并且让其他学科深度参与其中。这种教育体系应该坚持多向思维，汇集多方力量，以实现时间维度的无缝衔接、空间维度的有效衔接，以及双向交叉融合。

综合考察一年以来的大中小学思政课教学一体化相关研究，首先发现现有研究往往倾向于围绕某一特定教育阶段进行专项性研究，如专门探讨中高职院校、本科阶段或是中小学阶段的内部思政课衔接情况。其次，大多关注两个相互连续的教育层级之间的思政课衔接状况，此类研究探讨最多的是高中与大学之间的思政课衔接，然后关注小学与中学的教学衔接，鲜少有学者关注本科生与研究生、中职与高职等其他学段的思政课教学一体化建设情况。从时间维度考察，现有研究以零碎化、片面化、局部化研究居多，全局性论述缺失；从空间维度考察，现有研究虽已经尝试将心理学、语言学、历史学、教育学、生态学等专业视角引入大中小学思政课教学一体化建设之中，但此类研究多为单向研究，停留于线性思维，学科联系窄，大中小学思政课教学一体化的时空融合研究有待深入。

2. 巩固大中小学思政课教学一体化机制实证研究

大中小学思政课教学一体化建设是一项长期、系统、需要落到实处的工程，需要一个完善机制的支撑和保障。以切实可行的长效机制建构为支撑，才能完善思政课

---

① 朱新华.推动大中小学思政课一体化建设(专题深思)[N].人民日报,2022-09-06.

教学一体化改革的相关制度,将顶层设计出台的相关方针政策转化落地,进而推进大中小学思政课教学一体化的建设进程。而相关保障机制的研究需要建立在实践基础之上。目前,学者们关于机制的研究主要聚集在宏观和理论层面,以思辨性研究为主,缺少实证研究的有效实践,量化研究较少,导致相关措施、进路较为空泛,可操作性不强;已有的实证研究主要聚焦于不同学段的教学衔接和教材文本分析方面,缺少对教学机制一体化的相关研究。但大中小学思政课教学一体化本身具有较强的实践性,在不同地区、不同学校、不同学段都各有其特点,因此,应不断探索在大中小学思政课教学一体化的实践中推进机制建设,加强实证研究,进一步细化强化具体路径,有针对性地发现问题、解决问题,不断提高思政课教学一体化建设的实效。

3. 创新人工智能赋能大中小学思政课教学一体化研究

有效利用人工智能新技术是新时代思政课教学创新与发展的必然趋势。这不仅是技术与教学的叠加,更是教育理念革新的信息化时代。① 当今时代,人工智能引领的新一轮科技革命急剧改变着人类社会的生产、生活、思维和学习方式,人类社会由信息化向智能化快速发展。新技术的引进也对教育理念、教育模式和教育方法产生深远影响,对教育过程优化、育人成效提高有着促进作用。思政课作为在各专业学科、课程建设中起引领作用的关键课程,加快其智能化建设是顺应时代潮流,落实"积极推动人工智能与教育深度融合,促进教育变革创新"②要求的重要举措,是对新时代社会发展和教育现代化要求的回应。

目前,虽已有研究开始探索思政课教学智能化建设相关问题,但数量稀少,大部分研究的关注主体为思政课教师,且内容停留于利用虚拟现实、智慧教室等技术手段改进教学方法,降低课堂"低头率",鲜少有研究将人工智能技术应用于教学一体化体系的构建完善。但思政课教学不仅仅包括教学方式,也包含教学平台、教学环境、教学评价等不同方面,因此,需要加快创新人工智能赋能大中小学思政课教学一体化的相关研究,建构思政课教学与人工智能等现代信息技术相互融合、协同共建、可持续发展的"互联网+"的信息化大中小学思政课教学一体化体系。

---

① 查建国,陈炼.人工智能赋能思政课创新[N].中国社会科学报,2022-05-06(02).

② 新华网.习近平向国际人工智能与教育大会致贺信[EB/OL].(2019-05-16)[2023-04-20]. http://www.xinhuanet.com/politics/leaders/2019-05/16/c_112450211.htm.

二、实 践 情 况

2022年度,全国各地区多次举办大中小学思政课教学一体化相关主题的教学展示活动、学术论坛、推进会议、研讨交流等多项重要实践活动。相关活动为推进大中小学思政课教学一体化建设打牢了实践基础,为思政课达到应有的教学育人效果提供实践指导。

（一）教学一体化展示活动常态进行

随着各方对思想政治理论课教学和大中小学思政课教学一体化关注度的不断上升,不同学段聚焦同一主题同上一节课的思政课教学展示活动已成为大中小学思政课教学一体化实践活动的常态化构成部分。一系列的教学一体化展示活动在丰富发展了思政课的内涵与表现形式之余,打破了大中小学思政课"各自为政""各负其责"的困境。本章仅选取长三角地区部分具有代表性的展示活动,此外,各地区、学校、院系等单位于2022年度也都就大中小学思政课教学一体化这一主题举行相关展示活动（详细可参见本报告的其他章节内容）。

2022年6月,上海市宝山区举行讲好抗疫这堂"大思政课"——大中小学思政课一体化建设线上教学展示活动。来自大中小学各学段的思政课教师围绕"讲好抗疫这堂'大思政课'"主题同上一堂课,共同探讨抗疫现实素材的课堂应用,将思政小课堂连接社会大课堂,将学习抗疫精神、建党精神等优秀成果转化为落实立德树人根本任务的实际效果,立体展示了上海市大中小学思政课一体化建设的进展。上海市宝钢新世纪学校教师樊卿卿围绕"'疫'起担当 同心同行"主题,鼓励学生走进社区工作,带领学生进一步了解基层群众自治,增强了学生的社会责任感,树立了为社区发展贡献力量的意识。上海大学附属中学教师刘乾琪以"戮力同心 共同守'沪'"为主题,结合学生搜集和分析疫情防控、青年抗疫等一个个生动的故事,帮助学生明确新时代青年学生的责任与担当,厚植爱党、爱国、爱社会主义的情感。上海市崇明区教育学院教师陈艳丁围绕"同心抗疫　同心守'沪'"主题,结合三个多月的抗疫经历,回顾上海防疫的相关政策,激发学生发扬伟大的抗疫精神,不做旁观者,努力做合格的社会主义建设者和接班人。上海大学马克思主义学院王金伟在小初高教学的基础之上进一步升华,对"坚持'动态清零'实质上就是坚持人民至上、生命至上"进行深刻解读,紧紧围绕"如何科学认识'动态清零'?""'动态清零'的实质是什么?""实现'动态清零'的成功经验是什么?"这三个问题进行全面分析,深刻认识并把握到坚持"动态清零"实质就是坚持人民至上、生命至上。①

2022 年 12 月,上海市静安区教育局召开"与现实同频、与实践同行"静安区落实思政一体化建设在路上主题活动。上海市青云中学教师张文娇展示了"坚持以人民为中心"一课的教学,上海市风华初级中学教师胡航舟展示了"认识国家利益至上"一课的教学。张老师充分依托教材内容引导学生学习了"必须坚持人民至上"这一马克思主义中国化时代化新篇章。胡老师通过引导学生探究十年来上海取得的成就,带领学生感受党的重大成就和新时代十年的伟大变革。随后由来自华东师范大学第一附属中学的上海市特级教师、正高级教师、教育部大中小学思政课一体化建设指导委员会委员、教育部基础教育教学专家指导委员会委员陈明青老师对两节课进行了点评。她对两位老师的课予以了肯定,认为她们把握了大方向、善用了大资源、讲好了大道理。并高度赞扬了静安教育系统的思政课教师专业发展的学科教研共同体和通过搭建平台为思政课教师发展提供的丰富资源和有力支撑。②

2022 年 4 月,江苏省基础教育前瞻性教学改革实验培育项目阶段推进暨中小学法治教育一体化建设展示研讨活动在线上举行。该活动由江苏省中小学教学研究室主办、常州市教育科学研究院承办。在课堂展示环节,常州市庙桥小学文翔老师开设的"公民的基本义务"一课,通过"我是宪法小达人"活动,让学生了解义务就在我们身边;通过"我是税收小能人"活动,引导学生用辩论的形式,思考权利和义务的关系。

① 宝山教育.[新闻眼]讲好抗疫这堂"大思政课",大中小学思政教师线上展示教学[EB/OL].(2022 - 07 - 01)[2023 - 04 - 21]. https://m.thepaper.cn/baijiahao_18840748.

② 上海市静安区人民政府.与现实同频、与实践同行——静安区落实思政一体化建设在路上主题展示活动[EB/OL].(2022 - 12 - 26)[2023 - 04 - 21]. https://www.jingan.gov.cn/sy/004009/004009010/004009010001/20221226/ae85f9e0 - 124f - 4525 - 8bc2 - 04f66449213e.html?type = 2.

通过"我是小小外交官"活动,让学生模拟外交部新闻发言人,驳斥错误观点,以行动切实履行维护国家安全、荣誉和利益的义务。常州市中天实验学校邹冰倩老师开设"依法履行义务"课,全课采用模拟居民会议的形式,通过"疫情防控经验分享",带领学生了解抗疫中的权利和义务;通过"社区居民纠纷调解",让学生知道遇到矛盾时该如何依法履行义务;通过"共谱疫情防护倡议书",引导学生学以致用,做爱国守法的公民。常州市金坛第四中学陈慧老师的"全民守法"课,从打假达人的新闻入手,激发学生兴趣,运用议题式教学法,设置两个议题引领学生自主探究权利和义务关系,引发学生结合生活经验与实践进行思考,推进全民守法,最后通过模拟政协提案活动,激发学生公共参与的积极性,增强学生的法治意识。①

2022年10月,江苏省南京航空航天大学马克思主义学院与溧阳市联合开展大中小学思政课一体化教学展示活动,小学、高中、大学三位教师分别围绕"坚持党的全面领导"这一共同主题进行教学展示。强埠小学史云怡老师以"办好中国事情关键在党"为题进行了现场授课。史老师依据小学生的认知特点,让学生以分享身边的变化入手,逐步感知学校、家乡乃至中国的变化;回顾香港回归之路、奥运之路、扶贫之路,明白中国发展的不易;重温少先队员队词,畅想校园梦、家乡梦,乃至中国梦。在一段段贴近生活的故事和历史中引导学生感悟中国共产党的坚持与付出,明白办好中国的事情关键靠党。溧阳中学陈昕老师的教学内容是"坚持和加强党的全面领导"。课堂按照"为什么、如何做"的逻辑结构展开,通过班级各小组展示研学成果,引导学生逐步探寻出百年大党成功执政的奥秘,随后通过展示十四五规划编制过程,帮助学生理解党的领导是中国特色社会主义制度的最大优势,增强高中生对中国共产党的情感认同。南京航空航天大学马克思主义学院陈子烨老师展示了"新时代加强和坚持党的全面领导的内在逻辑"一课。她将课堂内容分为三个层面:第一,理论逻辑,使学生了解马克思主义政党的性质、目标、特征,帮助学生明白中国共产党是马克思主义建党学说的中国化;第二,历史逻辑,带领学生回顾党的百年历史,帮助学生了解党的领导是铸牢万众一心、推进发展的思想基础;第三,实践逻辑,以"面对世界百年未有之大变局,

---

① 常州市教育科学研究院.相约"云教研"研讨促成长|常州举行江苏省中小学法治教育一体化建设展示研讨活动[EB/OL].(2022-04-29)[2023-04-21]. https://mp.weixin.qq.com/s?_biz=MzAwMTU4MzA2Nw==&mid=2651425477&idx=1&sn=9418dc25b90223f90f2dc51d2f4f0fd2&chksm=812a5871b65dd1677ac44bf89b4e5c478750a31aeb87bd7b989e9eaf55062b353ef2f5096655&scene=27.

中国该如何向第二个百年奋斗目标进军"为题进行讨论,让学生对在新时代下如何加强和坚持党的全面领导有了更深入的理解和领悟。①

2022 年 6 月,浙江省台州市大中小学思政课一体化课堂教学展示活动在浙江省温岭市九龙学校小学部举行。以"党的领导"为主题,来自大学、高中、初中、小学的七位骨干教师同台献课。三门县心湖小学陈程程执教"富起来到强起来"第一课时"改革创新谋发展"。学生通过小组合作学习,了解改革开放后我国在工业、农业、科技、文化、教育等各个领域取得的辉煌成就,以及改革创新实践和科教兴国战略对社会经济生活产生的深刻影响,激发学生的民族自豪感和自信心。温岭市九龙学校小学部孙鸿执教"富起来到强起来"第二课时"精神文明新风尚"。教师组织学生研读"社会主义核心价值观""公共场所文明宣传标语""博物馆纪念馆免费开放""电视文化类综艺节目""浙江遂昌文化下乡"五份资料,并展开思考和讨论:国家和社会在精神文明创建中做了哪些努力? 这对我们的生活有什么影响? 从而让学生理解精神文明建设改变着人们的生活,让人们生活得更有道德、更有文化、更有价值。温岭市大溪镇第三中学颜雨馨执教"忆百年征程　启筑梦新篇——从十九届六中全会出发"。本节课的中心议题是"如何实现中华民族伟大复兴中国梦"。教师从时政信息"十九届六中全会"出发,从党和青少年两个角度讨论"如何实现中华民族伟大复兴中国梦",加深学生对中国共产党的认同感,理解中国梦也是每一个中国人的梦,从而明白实现中国梦必须要坚持党的领导,同时也离不开全国人民的共同努力。临海市外国语学校叶潇洒执教"话奥运　畅梦想"。教师以体育强国梦作为切入点,以小见大,以点带面,让学生加深对中国梦的理解,从而增强对中国共产党的认同感。温岭市之江高级中学江巧巧执教"怎样高扬永不褪色的旗帜"。课堂以"怎样高扬中国共产党永不褪色的旗帜"作为主议题,学生通过合作讨论,理解党在坚持初心、与时俱进等方面所体现出的先进性、人民性、纯洁性,从而对中国共产党的领导、对社会主义产生认同。台州市洪家中学李爱美执教"坚持党的领导"。本课以"百年大党,何以行稳致远"为总议题,以"过去,我们为什么能够成功?""未来,我们怎样才能继续成功?"两个分议题的思考贯穿课堂,感受中国共产党在百年历程中经历的苦难和辉煌。台州学院马克思主义学院杨宇琦

---

① 　南航马院.学院与溧阳市联合开展大中小学思政课一体化教学展示活动[EB/OL].(2022 - 10 - 27)[2023 - 04 - 21]. https://mp.weixin.qq.com/s/dJkmhZnrQvwu4gRW3RvkTw.

执教"从十大共富城市解读共同富裕"，引导学生理解"何谓共同富裕思想的沿革"谈起，让学生明白共同富裕是社会主义的本质要求，是人民群众的共同期盼。杨宇琦深入解读了实现共同富裕的路径，与学生交流讨论如何做大"财富蛋糕"，以惠及全体人民。通过讨论浙江省如何用好"民营经济""生态经济""数智经济""人文经济"四张经济金名片，展望了浙江省高质量发展建设共同富裕示范区的美好愿景。①

2022 年 7 月，安徽省皖疆大中小学思政课一体化建设云端"金课"活动举行。基于"弘扬载人航天精神，强国有我"这一共同主题，安徽财经大学马克思主义学院王程、蚌埠新城实验学校沈雅静、皮山县固玛镇第一中心小学孙羽柔三位老师结合学生发展的阶段性和主体性需求，分别进行教学展示活动。安徽财经大学王程教授以新时代思政课"八个统一"的建设规律为课程设计立足点，依托马克思主义基本原理，将载人航天精神放在时间轴、空间场和理念域三维坐标中进行解读。在提高学生辩证思维能力的同时，引导学生自主思考，在知识学习的过程中担当时代使命。以《人民日报》三张不同年份的同天"号外"引入课程，蚌埠新城实验学校沈雅静老师将课前小组作业成果，纳入课堂讨论。通过精心创设问题情境，沈雅静老师将教学内容融入其中，鼓励学生在小组作业中积极探讨，从中渗透对学生参与意识和创新思维的培养。小组作业与课堂讨论的有机结合，使课堂氛围始终处于活跃状态。皮山县固玛镇第一中心小学孙羽柔老师将大量优质视频资源嵌入课堂，大大增加了知识的生动性和具体性。通过引入"中国航天之父"钱学森、"中国飞天第一人"杨利伟等人物形象，孙雨柔老师将载人航天精神通过鲜活的故事呈现出来，以"润物无声"的方式引导学生树立人生理想，铸牢中华民族共同体意识。②

2022 年 11 月，安徽省蚌埠市大中小学思政课一体化建设研究院、蚌埠市教育科学研究所、龙子湖区教育体育局联合举办"厚植家国情怀　育新时代新人"大中小学思

① 温岭教育.统筹一体发展共育时代新人——台州市大中小学思政课一体化课堂教学展示活动在我市举行[EB/OL].（2022 - 07 - 04）[2023 - 04 - 21]. https://mp.weixin.qq.com/s/CqHqvhaL4_GxGt23TZC6Xw.

② 安徽蚌埠市教育局,安徽才进大学马克思主义学院,新疆皮山县教育局.皖疆同上思政课共画育人"同心圆"[EB/OL].（2022 - 07 - 17）[2023 - 04 - 21]. https://baijiahao.baidu.com/s?id=1738613943834787912&wfr=spider&for=pc.

政课一体化教学观摩与研讨活动。四位不同学段的教师分别执教：蚌埠师范附属小学刘振娜老师执教的课题是"天下兴亡、匹夫有责的爱国情怀"，蚌埠市龙子湖实验学校高婵老师执教的课题是"延续文化血脉"，蚌埠三中高阳老师执教的课题是"弘扬中华优秀传统文化与民族精神"，安徽财经大学郭雪老师执教的课题是"尊重和传承中华民族历史文化"。市教科所副所长吴徐汉对教学观摩活动进行了总结，认为优质教育的关键在优秀教师，优秀教师的作用一定在课堂，优质课堂的关键在教研。四位老师以博大精深的中华文化为载体创设情境，以丰富、真实的情感为纽带，结合不同学段学生的特点，厚植家国情怀。拳拳赤子心，殷殷家国情。其他教师从学段学情特点、课程内容解读、课堂教学实施、学科核心素养落实、一体化建设思路等角度进行点评，将立德树人根本任务落到实处，推动大中小学思政课一体化建设不断开创新局面。①

（二）年度主题研讨交流会蓬勃开展

除大中小学思政课一体化同课异构的教学展示活动外，聚焦不同主题的研讨交流会和实践研学活动也蓬勃开展，为挖掘并丰富大中小学思政课教学一体化的相关素材、构建全学段思政课生态链和共同体、落实立德树人根本任务提供鲜活的案例示范与生动的实践经验。

1. 多措并举落实"三进"工作

自中国共产党第二十次全国代表大会召开以来，探讨党的二十大精神如何融入大中小学思政课教学一体化的主题研讨交流会已成为教学一体化实践活动的重要组成部分。各地积极响应教育部党组召开的"学习宣传贯彻党的二十大精神　推动习近平新时代中国特色社会主义思想'三进'工作"座谈会精神，在行动上全面推动习近平新时代中国特色社会主义思想进教材、进课堂、进头脑。② 江西师范大学在"三进"工作

---

① 蚌埠市教育局.厚植家国情怀育新时代新人——记蚌埠市大中小学思政课一体化教学观摩与研讨活动［EB/OL］.（2022－11－11）［2023－06－20］. https://mp.weixin.qq.com/s/vwolEhZR_qoWL20OYo5RA.

② 中华人民共和国教育部."学习贯彻党的二十大精神推动习近平新时代中国特色社会主义思想'三进'工作"座谈会召开［EB/OL］.（2022－11－25）［2023－04－21］. http://www.moe.gov.cn/jyb_zzjg/huodong/202211/t20221125_1003469.html.

座谈会召开的当天举行"党的二十大融入思政课研讨会暨大中小一体化教学展示"活动,强调要强化大中小学之间的沟通联系,加强以习近平新时代中国特色社会主义思想为核心内容的思政课课程群建设,通过相互学习、相互借鉴,使思政课内容高度聚焦、力量一体推进,有效发挥思政课建设强校和高水平思政课专家示范带动作用。通过集体备课、教学研讨、专题培训、资源共享等一体化教学展示活动,学深悟透党的二十大精神,更好地推进各学段思政课教学目标的实现,落实立德树人根本任务。① 常州市紧随其后,召开党的二十大精神融入大中小学思政课一体化建设论坛,通过充分发挥七个大中小学思政课一体化建设联盟的引领带头作用,打造思政"金课"和"大思政课",加快融入长三角以及全国大中小学思政课一体化建设联盟,将"一体化"落实到位,输出、共享优质师资和培训资源,打造更有生命力的思政品牌。② 上海市青浦区于 2022 年 12 月举办主题为"学习二十大:弘扬伟大建党精神"的青浦区中小幼思政课一体化建设专题研讨活动。聚焦"伟大建党精神"这一主题,不仅有复旦大学副教授深刻阐述伟大建党精神的内涵及教育意义,也有中学、小学、幼儿园三个学段的教师展示将伟大建党精神融入思政课教学的实践做法,通过学经典、懂比较、悟理论、讲故事,大力推进伟大建党精神进教材、进课堂、进学生头脑。凸显了中小幼各学段思政课循序渐进、螺旋上升、相互衔接、一体化建设的特点。在善用大资源、汇聚大合力、搭建大平台、培育大师资四个方面强调了思政课在落实立德树人根本任务中的关键作用。③ 四川师范大学也举办"学习宣传贯彻党的二十大精神,推进大中小学思政课一体化建设"研讨活动,通过全面介绍党的二十大基本情况、重大意义和中国式现代化的中国特色和本质要求,指出各学段的思想政治理论课教师应当全面准确领会党的二十大报告中的关键要义,积极将"中国式现代化"这一主题融入思政课教学。从各学段

---

① 江西师范大学马克思主义学院.党的二十大精神融入思政课研讨会暨大中小一体化教学展示"在昌举行[EB/OL].(2022 - 11 - 25)[2023 - 04 - 21]. https://mar.jxnu.edu.cn/2022/1125/c1179a241598/page.htm.

② 常州市教育局.党的二十大精神融入大中小学思政课一体化建设主题论坛举行[EB/OL].(2022 - 11 - 15)[2023 - 04 - 21]. http://www.changzhou.gov.cn/ns_news/778166848184252.

③ 青浦教育.课程教学季⑥|"学习二十大:弘扬伟大建党精神"——青浦区中小幼思政课一体化建设专题研讨活动在区教师进修学院举行[EB/OL].(2022 - 12 - 07)[2023 - 06 - 03]. https://mp.weixin.qq.com/s?_biz=MzA3MTcxNzE4NA= =&mid=2649906063&idx=1&sn=2d25718f833f1b4bf50ce690de34622a&chksm=872fa3a0b0582ab638525c18e7a8a7389db47b0c79155f786f1db326e38c79c795fbb1c7ed5e&scene=27.

沟通协作、教师队伍建设、课程资源供给、思政课实施模式四个方面推进大中小学思政课一体化。在同课异构环节,大中小学四个学段的四节课例以"中国式现代化"为共同主题,结合了学生的身心发展阶段特征,突出了立德树人根本任务的同向性和同质性,实现了不同学段思政课育人目标的核心价值定位,为推进大中小学思政课一体化教学提供了良好示范。① 各地关于将党的二十大精神融入大中小学思政课教学一体化的生动实践不仅推出了丰富翔实的学习党的二十大精神教学素材,更为加快建设教育强国,推进大中小学思政课教学一体化建设做出巨大贡献。

2. 持续发力推动《读本》落地

《习近平新时代中国特色社会主义思想学生读本》作为落实"三进"工作的重要抓手,也成为各大主题研讨会和教学展示活动的关注点之一。上海市光明中学于 2022 年 11 月举办外滩学区思政课一体化建设启动仪式暨《习近平新时代中国特色社会主义思想学生读本》教学研讨活动。三位来自小学、初中、高中的思政课老师分别从文化、法治、外交等领域进行了《读本》课教学展示,引领学生深化对习近平新时代中国特色社会主义思想的认识。外滩学区中另外两所成员校的思政教师,也分享了初中版《习近平新时代中国特色社会主义思想学生读本》的教学心得。② 江苏省苏州市教育科学研究院于 2022 年 10 月举行《习近平中国特色社会主义思想学生读本》教学研讨活动。以"伟大的事业都始于梦想:中国梦　我的梦""'蛋糕'做大了同时要分好:开对药方拔穷根""走进新时代:新时代新生活""我们的中国梦:我有一个梦想"四堂课巧妙地将《读本》中蕴含的习近平谈治国理政的智慧与学生的生活实际相联系,激发其爱党爱国情感,增强社会责任感和使命感。③ 江苏省无锡市也举办"无锡市大中小学思政课一体化建设'同备一堂课'"活动,围绕"以人民为中心"这一主题,选择《读

① 四川师范大学马克思主义学院.学术引领　典型引路:"学习宣传贯彻党的二十大精神,推进大中小学思政课一体化建设"研讨活动举行[EB/OL].(2022-11-04)[2023-04-21]. https://marx.sicnu.edu.cn/p/0/?StId=st_app_news_i_x638033633051696113.

② 上海市光明中学.[青年报]增强思政课教学对学生的吸引力和感召力,外滩学区思政课一体化建设启动![EB/OL].(2022-11-25)[2023-04-21]. https://mp.weixin.qq.com/s?_biz=MzA4MTU0MDUwMQ==&mid=2650673345&idx=2&sn=f16170acb6b253a2b097437ee8f9ff12&chksm=.

③ 中国网.《读本》润童心　"习语"引航程——记苏州高新区道德与法治楼靖怡名师工作室参加《习近平中国特色社会主义思想学生读本》教学研讨活动[EB/OL].(2022-10-31)[2023-06-18]. http://edu.china.com.cn/2022-10/31/content_78494240.htm?f=pad&a=true.

本》相关内容,呈现了小学和中学思政课的课堂教学,体现了大中小学思政课一体化建设纵向衔接、螺旋上升的特点。[1] 安徽省淮南市也举行中小学思政课一体化建设暨《习近平新时代中国特色社会主义思想学生读本》课堂教学展示研讨活动,三位老师围绕"共筑中华民族伟大复兴中国梦"这一主题,分别执教了小学低年级分册、初中分册和高中分册《读本》中相关内容的现场展示课。在课堂教学活动和主题讲座中,专家教师认为在《读本》的实际教学过程中,需要认真研读《读本》,对标教材,联系时政,开发资源,将《读本》中相对抽象的理论转化为贴近学生的语言,突出以学生为主体的教学理念,落实学科核心素养。要打破条块分割、学段分割壁垒,努力构建中小学思政课一体化建设教研体系。[2]

3. 因地制宜弘扬优秀文化

在推动习近平新时代中国特色社会主义思想"三进"工作之余,还有不少地区围绕中华优秀传统文化、地区特色文化、革命文化和红色精神等主题举办了一系列大中小学思政课教学一体化活动。利用红色基地,当地教育资源,VR、AR 等体感技术开展"沉浸式"教学,把课堂搬到现场,让学生在"如闻其声、如临其境"的课堂氛围中学习,使教学更接地气、更具活力,强化学生体验、增强感知,进而产生强烈共鸣。上海市普陀区的中小学校与华东师范大学合作建设"赤色沪西"课程,探索如何在不同学段讲授相同的爱国主义教育。其中,小学以启蒙教育为主,通过"走进院士"等课程激发小学生"爱党、爱国、爱人民、爱亲敬长、爱集体、爱家乡"的情感;初中结合"赤色沪西"主题寻访活动,增强家国意识和建设中国特色社会主义的责任感;高中开发"红色基因"主题活动课程,确立新时代青年学生跟党走的意识。[3] 扬州市教育局牵头扬州市团委等,在高邮市抗日战争最后一役纪念馆联合举办"缅怀革命先烈,传承革命精神"为主题的抗日战争胜利纪念活动,弘扬爱国主义精神,引导广大学生深刻认识历史、感悟历

[1] 宜兴教育.[聚焦]学习党的二十大推进思政一体化[EB/OL].(2022 - 11 - 17)[2023 - 04 - 21].https://mp.weixin.qq.com/s?_biz=MzIwMzE5Mzg0OA==&mid=2653725720&idx=1&sn=b07e33ef6d8764ad855326743c66e333&chksm=8d0b288fba7ca19914bc475e450e3c34ab59d0cd0a2c789e522fc2171811e3049f243668ab6b&scene=27.

[2] 淮南市教育体育局.汇聚中小学教学教研合力创新推动思政课一体化建设[EB/OL].(2022 - 01 - 11)[2023 - 04 - 21].https://sjtj.huaian.gov.cn/jyky/551601752.html.

[3] 光明日报.大中小学齐发力,思政课怎么传好"接力棒"[EB/OL].(2022 - 07 - 12)[2023 - 06 - 17].https://m.gmw.cn/baijia/2022 - 07/12/35876578.html.

史、不忘历史。在课堂教学展示环节,小学学段的教师带领少先队员走近革命烈士,以自主学习为主要形式,开启一次"红馆寻宝"之旅,队员们围绕"一件破旧外衣""一把短小手枪""一封深情家书"三个物件展开调查研究,台上台下积极互动,形成师生互动的良好教学局面。中学阶段的教师带领学生来到高邮抗日战争最后一役纪念馆,以实景探究学习为主要形式,引导学生分组查寻抗日战争最后一役的线索,让学生分析战前形势、我军指挥员战前的运筹帷幄、战役过程及其战役意义。沉浸实景,回顾了抗战的艰辛历程,帮助学生坚定传承红色血脉的决心和信心。两节课通过革命博物馆"寻宝"将一部厚重的抗战历史,通过学生的视角呈现在大家面前,通过"寻宝"、小组合作、故事分享、问题导思、"行走式"教学等创新教学形式,激发了学生学习内驱力,将红色文化的种子埋在学生内心。由爱家乡到爱国家,实现由"小我"迈向"大我"。①浙江革命烈士纪念馆通过强化馆校合作,积极参与"新时代大中小学思政教育一体化"项目建设。优秀讲解员、志愿讲解员和浙江省特级教师共同展演现场思政微课"碧海蓝天唤英雄",以配乐朗诵的形式深情讲述浙江英烈"海空卫士"王伟的壮烈故事,为探索思政课程改革创新实践、推动英烈文化与思政教育有机融合搭建了交流平台、生成了实现路径。②

　　因地制宜,因势利导,抓住关键时间节点开展大中小学思政课教学一体化活动是各方共识。北京冬季奥林匹克运动会顺利举办后,北京市各高校以"弘扬北京冬奥精神"为主题举办"同备一堂课"活动,推动北京冬奥精神进教材、进课堂、进头脑。来自中国人民公安大学、北京航空航天大学、中央财经大学、中央美术学院和北京工商大学的五位思政课教师做示范教学,旨在将冬奥精神融入教育教学,以小切口呈现大图景,不断提升课程亲和力和针对性。③ 江苏省扬州市借助地处京杭大运河畔的地理优势,通过课堂教学、云端探索、研学实践等方式,开展大中小学运河"思政一体化建设"活

①　中学思政价值立意的教学路径探索.缅怀革命先烈传承革命精神——扬州市大中小思政课一体化课堂展示暨研讨活动举行[EB/OL].(2022-09-17)[2023-06-03].https://mp.weixin.qq.com/s/e9A_kTTW9gJMdK7hTufoXw.
②　浙江革命烈士纪念馆.浙江革命烈士纪念馆强化馆校合作参与开展"新时代大中小学思政教育一体化"项目建设[EB/OL].(2022-11-25)[2023-06-03].https://mp.weixin.qq.com/s/ipda8xgFDIjaiMK675MbXQ.
③　新京报.推动冬奥精神融入教学,北京高校思政课教师集体"云端备课"[EB/OL].(2022-04-28)[2023-06-28].https://baijiahao.baidu.com/s?id=1731278255189001462&wfr=spider&for=pc.

动。不同学段的学生在北湖湿地公园、湿地博物馆等实践基地中动态化、场景化、探索化近距离接触大运河文化，感知北湖湿地的历史演变和生态文明，了解北湖湿地的重要地位。立体化呈现一堂穿越历史、横跨中国的"运河大思政"，激发广大青少年保护和建设大运河文化带的热情和信心。① 贵州省遵义市为深入贯彻落实习近平新时代中国特色社会主义思想，大力弘扬伟大建党精神、长征精神和遵义会议精神，进一步贯彻落实习近平总书记"传承红色基因，讲好遵义故事"的重要指示，于 2022 年 6 月举办"传承红色基因　共话思政育人"——遵义市首届大中小学思政课集体备课教学展示观摩活动。来自遵义师范学院马克思主义学院、遵义市朝阳小学等八位教师及各学段学生代表围绕"遵义会议精神"同上一堂课，不仅呈现了红色基因融入青少年学生成长发展的过程，也为推动遵义红色文化进大中小学校园、进课堂、进课程、进教师队伍、进学生头脑做出了示范。②

4. 高屋建瓴开展研讨培训

在各地各校积极探索大中小学思政课教学一体化的过程中，依托各类一体化平台，定期开展高质量的培训研讨是保证大中小学思政课教学一体化既有一体化之"形"，又具备一体化之"魂"的必要条件。中国传媒大学携手北京市朝阳区的大中小学就党的二十大精神如何融入中小学思政课进行了热烈的讨论，除了融入式、嵌入式、渗入式等多种教学方式外，与会人员一致认可讲故事也是思政课教学的重要方法之一。同时，朝阳区内大中小学之间也形成了推进大中小学思政课一体化的工作衔接机制。初步建立了"123N"（"1 个中心、2 个机制、3 个平台、N 个成员单位"）区域大中小学思政课一体化建设工作体系，形成了一体推进大中小学思政课工作格局，为大中小学搭建了常态化备课上课、集体研讨、问题研究的平台。③ 北京市通州区教育系统于

---

① 扬州共青团.大中小学"运河思政"一体化——北湖湿地公园研学活动成功举办［EB/OL］.（2022－07－08）［2023－06－03］. https://mp.weixin.qq.com/s/7LLMfhysZ_6xK4dTz6yrIA.

② 遵义教育."传承红色基因共话思政育人"——遵义市首届大中小学思政课集体备课教学展示观摩活动成功举办［EB/OL］.（2022－06－30）［2023－06－28］. https://mp.weixin.qq.com/s?_biz=MzI3MzExODQ2MQ==&mid=2650184232&idx=3&sn=e15d0ecc7edb7156e7223d4256bd8f4f&chksm=f32a1fbac45d96ac895809193cdd0a2fb143f08683ef696e52cd6d41424cfced2a7d1f18cb9b&scene=27.

③ 现代教育报.中国传媒大学携手北京朝阳大中小学共建"大思政课"［EB/OL］.（2022－12－06）［2023－06－19］. https://www.xuexi.cn/lgpage/detail/index.html?id=18377616411556991121&item_id=18377616411556991121.

2022年12月举办"贯彻落实党的二十大精神　推进思政课一体化建设"教学研讨会，该次研讨会紧紧围绕学习宣传贯彻党的二十大精神和加强大中小学思政课教学一体化建设两项内容，指出要积极探索大中小学思政课一体化建设的好经验，从学理的高度、实践的深度上归纳凝练，形成可推广的理论和实践成果。这是推进大中小衔接的思政课一体化建设的一次有益探索和尝试，为建设教研共同体打下坚实基础。①

其他地区同样重视从顶层设计出发，不断推进学段衔接、螺旋式上升的思政课教学一体化建设。四川省攀枝花市就大中小学思政课教学一体化建设面临的主要问题，对如何深化大中小学思政内容的衔接，构建大中小学思政课一体化多元化教学模式，强化大中小学思政课一体化的保障机制以及本单位开展思政教育的具体措施等方面进行研讨，指出要充分发挥课程、科研、实践、文化、网络、心理、管理、服务、资助、组织等方面工作的育人功能，依靠老师，依靠家长，依靠学校，依靠组织来共同落实大中小思政一体化课程建设。② 渤海大学、台州学院联合举办"统筹推进大中小学思政课一体化建设学术研讨会"，来自北京师范大学、浙江大学、华东师范大学、华中师范大学等多所高校的学者教授和《中学政治教学参考》《中国教育报》等报刊科研机构的相关专家针对大中小学思政课一体化建设的不同方面做了主题鲜明、内容丰富、贴近实际的报告，指出在大中小学不同学段的思政课教学中，要以五育并举为重要目标、以协同育人为核心理念、以学校统筹为基本要求，具体地、系统地、明确地把握现实问题，从而推动课程教学、培养培训等资源的共建共享。③ 在探讨"思政课程的一体化"的建设之余，甘肃省酒泉市教育局、酒泉市大中小学思政课一体化建设指导委员会聚焦"思政课程与课程思政（学科德育）协同育人"这一主题举办大中小学思政课一体化建设研讨会。示范专业和示范课程代表以"聚焦立德树人　坚持守正创新——协同推进'三

① 首都文明网.通州区推进大中小学校思政课一体化建设［EB/OL］.（2022-12-19）［2023-06-28］.https://www.bjwmb.gov.cn/dongtai/tongzhou/10016964.html.
② 攀枝花市第三高级中学.树立协同理念　突出问题导向　坚持整体统筹——攀枝花市大中小思政一体化建设工作研讨会在市三中召开［EB/OL］.（2022-08-30）［2023-06-19］.http://www.pzhsz.com/plus/view.php?aid=5026.
③ 新疆生产建设兵团第二中学.携手"思政一体化"共绘育人同心圆——统筹推进大中小学思政课一体化建设学术研讨会［EB/OL］.（2022-12-05）［2023-06-19］.https://mp.weixin.qq.com/s?_biz=MzA4ODIwNDkxNw==&mid=2650265247&idx=3&sn=0cba926a09a7c7ef6c3441821f60c02b&chksm=882ec585bf594c9314e4efc5e5803b5e3b34198c46e76bfa837a07f6d22831edd65162d96a3d&scene=27.

教'改革,提升思政课教学实效""以时代之声召唤青春使命——关于中职学校思想政治教育改革创新的思考""初中阶段思政课铸魂育人功能的多元实践""风力发电工程技术专业课程思政建设"为题,就思政课程和课程思政同向同行、协同育人,思政课程和学科德育融合协同、一体化育人等内容交流发言。这对于推动思政课程与课程思政协同育人,加强大中小学思政课教学一体化建设具有重要意义。①

5.多方协作扩展一体规模

职业教育和特殊教育作为我国教育体系的重要组成部分,同样积极参与到大中小学思政课教学一体化的建设当中。浙江交通职业技术学院与浙江公路技师学院中高职携手打造思政课教学共同体。学生们走进"四史六馆融为一体"、传统展馆与 VR 智慧思政课融为一体的沉浸式思政实践教育基地,将追寻"浙里"红军足迹、弘扬伟大的革命的红色理论课与现代 VR 技术相结合,实景体验红色革命历史与文化、社会主义建设历史与文化,进一步加深对思政课堂上、教材书本上的理论知识的理解与领悟。②浙江省绍兴市上虞区职业教育中心与浙江工业职业技术学院马克思主义学院就"中高职一体化思政教学"主题举行座谈活动。通过"学科课程建设、项目化推进、绍兴市委合作宣讲和其他教科研活动"四个方面的主要工作共同推动中高职思政课教学一体化,力图破解高职思政课教材与本科不一致、两学段教师不了解双方培养要求、结合专业困难、实践教学难以落实等痛点问题,协力培育真正的大国工匠。③ 福建船政交通职业学院则以人才共育、团队共创、课程共建、资源共享、实践共进的"五共"推进中高职思政课一体化建设,基于学院省级课程思政项目"船政文化"建设,为"3+2"中职学生讲授船政文化,培养学生"船政人"的认同感和使命感,勇担高质量发展职业教育的社会责任。④ 福建省福州市也积极开展大中小学思政课教学一体化工作研讨会,通

---

① 甘肃省教育厅.2022 年"思政课程+课程思政"论坛暨酒泉市大中小学思政课一体化建设研讨会举办[EB/OL].(2022-05-26)[2023-06-19]. http://www.gsedunews.cn/content-94151356e5e449c0a10e2affb6b16755.htm.

② 浙江交通职业技术学院.推进中高职一体化建设 携手打造思政课教学共同体[EB/OL].(2022-11-10)[2023-06-03]. http://www.zjvtit.edu.cn/info/1003/18448.htm.

③ 绍兴市上虞区职业教育中心.携手共建思政一体化教学——上虞区职业教育中心与浙江工业职业技术学院开展联合座谈会[EB/OL].(2022-07-04)[2023-06-19]. https://mp.weixin.qq.com/s/BXG0o5rM3zozmUi_teHUzA.

④ 福建船政交通职业学院.媒体声音|福建船政交通职业学院:"五共"推进中高职思政课一体化建设[EB/OL].(2022-03-22)[2023-06-19]. https://mp.weixin.qq.com/s/5vSapVjkI3wswT_Ago2GeA.

过开展教学展示、教学研讨、课题研究、资源共享等活动不断探索大中小学思政课一体化建设机制,集合小学、中学、中职和高职院校的力量共同打造思政课一体化建设联盟,努力形成大中小学思想政治教育共融共建共育共进的发展局面。①

浙江省宁波财经学院牵手宁波市特殊教育中心学校,围绕"生命教育"这一主题,引导大学生和听障孩子们在生命的对照和反思中体悟其意义。将大中小学思政课教学一体化模式引入特殊教育学校的课堂,这不仅是一次普特融合的教育教学创新,更是运用大思政课思维,把思政教育、生命教育和劳动教育在理论和实践层面有机融合的有益尝试。在帮助特殊儿童认识自我、悦纳自我,发现个人的生命价值和社会价值的连接的同时,也能为大学生提供自我教育、实践专业能力的机会,更好地感悟生命意义,发现个人的使命担当。② 内蒙古自治区呼和浩特市教育教学研究中心则以"红色的爱,只为中国——幼小衔接、普特融合、思政一体化建设"为主题,举办联合教研活动。来自幼儿园、小学、特殊教育学校的教师分别以"我喜欢红色""我们都是少先队员""国旗"为题,带来精彩纷呈的同课异构教学展示,强调在特殊教育教学中要突出重点、因材施教,探索了幼小思政一体化建设、幼小衔接、普特融合的教研新途径。③

---

① 福州教育研究院.思政课程・研育新人⑨|携手绘制育人"同心圆"——中职思政学科召开"大中小学思政课一体化"工作研讨会[EB/OL].(2022-09-09)[2023-06-19].https://mp.weixin.qq.com/s/xfeEc1L60Ep7V-P_t5mFyg.

② 中国教育在线.这所高校牵手"特教"　创新"大中小思政一体化"教育模式[EB/OL].(2022-12-08)[2023-06-03].https://www.eol.cn/zhejiang/zjgd/202212/t20221208_2260201.shtml.

③ 呼和浩特教研.红色的爱　只为中国——幼小衔接、普特融合、思政一体化建设主题教研活动[EB/OL].(2022-07-25)[2023-06-18].https://mp.weixin.qq.com/s/Z6PCFfk-TDwwLmQEiFhu2g.

第六章

大中小学思政课教师一体化建设研究与实践

习近平总书记在学校思想政治理论课教师座谈会上强调,"办好思想政治理论课关键在教师,关键在发挥教师的积极性、主动性、创造性。思政课教师,要给学生心灵埋下真善美的种子,引导学生扣好人生第一粒扣子"。加强思政课教师一体化建设是大中小学思政课一体化建设的关键环节。2022年,围绕相关议题,专家学者展开了一系列研究,取得了丰硕成果,抓住了实践过程中的痛点与难点,在国家及地方教育系统持续深化各种举措的同时创新对策探索,多方合力,共同推动了大中小学思政课教师一体化建设的发展。

一、研究现状

2022年,大中小学思政课教师一体化建设研究取得了一定程度的进展。本文的研究数据选自中国知网(CNKI)收录的核心期刊及CSSCI来源期刊(含CSSCI扩展版本)。通过设定搜索条件,分析年度文献计量、主题分布、研究热点等内容,并在此基础上展望未来的研究趋势。

(一) 总体情况

以"思政课教师一体化"为主题进行检索,得到2022年发表的相关文献共66篇。在总体指标方面,66篇文献的总参考数为59,总被引数为112,总下载数为83 688。(见表6-1)

表6-1 总体指标

文献数	总参考数	总被引数	总下载数	篇均参考数	篇均被引数	篇均下载数
66	59	112	83 688	0.89	1.7	1268

经过整理,66 篇文章的第一作者仅有一次重复,说明在本研究领域还未形成核心研究作者群体。在作者合作方面,单独作者的文献数量为 32 篇次,占比约 48%,相比去年有所下降,学者间的合作得到加强。

在研究机构方面,统计文章第一作者的单位来源,发表文献数量最多的研究机构为长春中医药大学、安阳师范学院、上海师范大学、重庆文理学院、广西大学、中国矿业大学、北京师范大学(各 2 篇),其余研究机构发表文献的数量均为 1 篇。(见图 6－1)

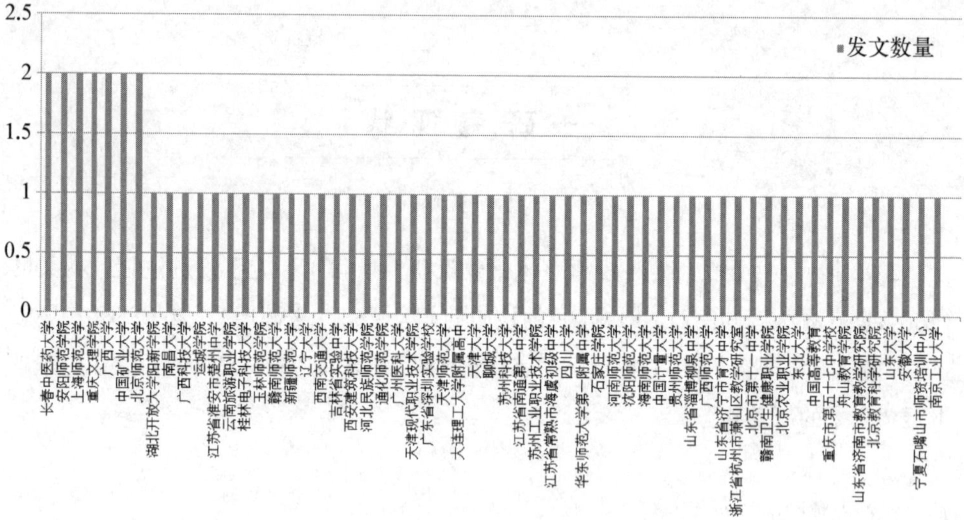

图 6－1　各机构发文数量

进一步进行分析可以发现,研究机构的发文数量整体较为平均。同时,在地域分布上,研究机构并没有明显集中,因此,大中小学思政课教师一体化建设经过数年来的推广,已经得到了全国各地的关注,相关的研究遍布各个地区。

其次,在 59 个研究机构中,高等院校的数量达到了 43 所,占比 73%。在 43 所高等院校中,师范类学校有 13 所,占比 30%。可以看出,一方面,师范院校对于相关主题的研究仍占较大比例;另一方面,也有越来越多的高等院校关注到相关议题,并开展针对性研究,形成合力,共同促进大中小学思政课教师队伍一体化建设研究的发展。

（二）研究热点

2022 年,关于大中小学思政课教师一体化建设的研究热点主要集中在大中小学思政课教师一体化的理论逻辑、现实困境、实践探索三个方面。

1.大中小学思政课教师一体化建设的理论逻辑

大中小学思政课教师一体化建设理论逻辑层面的研究主要围绕学理基础、现实契机、意义阐释等角度展开,具体如下。

（1）关于大中小学思政课教师一体化建设的学理基础

有学者认为,思政课教师队伍的协同性需求来源于思政课的课程性质。思政课要落实立德树人根本任务,解决好为谁培养人、培养什么人、怎样培养人这个根本问题,这一任务要求贯穿于不同学段思政课教师教书育人的全过程,故思政课教师在价值追求和价值目标方面具有共通性和聚焦性。共同的价值追求也是思政课教师队伍实现一体化发展的重要前提。[①]

（2）关于大中小学思政课教师一体化建设的现实契机

有学者认为,大中小学思政课教师队伍一体化建设的现实契机在于"共同的价值追求——立德树人""共同的根本遵循——学生认知发展规律""共同的课程体系——思政课系统性建设"。[②]

（3）关于大中小学思政课教师一体化建设的意义阐释

有学者认为,教学对象的差异性要求思政课教师队伍的协同性。大中小不同学段是从感性到知识再到理性的认知发展过程。教师要深刻把握学生的基本认知规律,坚持全学段思政课教师队伍的协同性,才能实现育人的循序渐进与螺旋上升。教师队伍的一体化是推进思政课一体化的关键一环,只有把握好这一环节,一体化建设才能落到实处。[③] 有学者认为,思政课教师是大中小学思政课教学内容一体化建设的直接参与者和实施者,大中小学思政课教学内容是否达到循序渐进、螺旋上升的一体化目标,

---

① 杨珺.大中小学思政课一体化的生成逻辑与实践进路[J].教育学术月刊,2022(09)：105－112.
② 曾玉梅.大中小学思政课教师队伍一体化建设研究[J].中学政治教学参考,2022(01)：16－17.
③ 杨珺.大中小学思政课一体化的生成逻辑与实践进路[J].教育学术月刊,2022(09)：105－112.

思政课教师的职业素养、业务能力、道德情怀等都起到至关重要的作用。① 有学者认为，要加强各学段思政课教师教研协同性，这能够打破学段壁垒，实现教师之间的优势互补，提高教师个人的工作效率。②

2. 大中小学思政课教师一体化建设的现实困境

大中小学思政课教师一体化建设现实困境层面的研究主要围绕师资配备、能力素养、一体化意识等角度展开，具体如下。

第一，思政课教师的师资配备需提高。有学者认为，尽管高校思政课教师的师生比达标了，但中小学特别是农村与偏远地区的中小学思政课专职教师配备情况却不容乐观。小学思政课教师兼职居多、专职教师的配备比例不高，中学思政课专职教师离配齐配足的要求仍有一定的差距。③ 有学者认为，思政课教师供给与需求不对称，主要表现在：其一，小学思政课教师多为兼职教师，缺乏专业基本素养，一些学校不愿意额外招聘专业的思政课教师；其二，中学思政课教师跨年级教学现象严重，使中学思政课教师的精力被大量分散和消耗，导致教学质量下降；其三，高校思政课教师一般由辅导员承担，而部分辅导员既不是思政专业毕业，也不是只专注思政课教学。④ 有学者认为，思政课教师数量供给不足，导致部分教师教学任务繁重，需要投入大量的时间和精力到日常教学中去，难以就大中小学思政课教师队伍建设、教学内容设计、教学方法选择进行一体化研讨和交流。⑤

第二，思政课教师的能力素养需提升。有学者认为："自身业务水平和能力亟须提升。部分思政课教师接受专业、系统的马克思主义理论教育培训不够，理论功底不扎实。部分教师的教学有待更新、单一的教学方式有待创新、专业的教学能力有待提高。"⑥有学者认为，大部分思政课教师对自己学段教材内容和教学目标熟悉。虽然大

① 张素敏.红旗渠精神融入大中小学思政课教学内容一体化研究[J].教育理论与实践,2022(21)：43－46.

② 贾丽民,宋小芳.新时代大中小学思政课一体化建设应正确处理的几对关系[J].思想理论教育导刊,2022(01)：101－105.

③ 蔡亮,赵梦天.大中小学思政课一体化育人实效性探析[J].学校党建与思想教育,2022(18)：39－42.

④ 曾玉梅.大中小学思政课教师队伍一体化建设研究[J].中学政治教学参考,2022(01)：16－17.

⑤ 徐建飞,董静.大中小学思想政治理论课一体化建设：内涵逻辑、实践困囿与优化方略[J].社会主义核心价值观研究,2022(04)：78－88.

⑥ 汪俞辰.新时代大中小学思政课一体化建设探究[J].中学政治教学参考,2022(39)：74－76.

部分教师认为有必要了解其他学段教材内容,但是实际工作中,多数老师对其他学段教材内容不太熟悉。① 有学者认为,从目前大中小学思政课教师队伍的状况来看,自觉承担起教学与科研双重任务的教师为数不多,中小学思政课教师重教学轻科研与大学思政课教师重科研轻教学的现象时有发生,思政课教师的教学与科研失衡。②

第三,思政课教师的一体化意识需强化。有学者认为,不同学段教师队伍的协同互动有待加强。不同学段思政课教师在工作职责、教学目标、结果导向上各有不同,共同教学、沟通成长的合作意识比较薄弱、方式比较单一。③ 有学者认为,思政课教师内部缺乏互动,中小学思政课教师通常要负责多个班级的教学,大学思政课教师除了日常的教学以外,还承担着相应的科研考核任务,如此庞大的工作量让思政课教师只能"各自为教""各自为研""各自为学",同时,思政课教师队伍与其他专业课教师队伍也存在协同不足的问题。④

3. 大中小学思政课教师一体化建设的实践探索

大中小学思政课教师一体化建设对策探索层面的研究主要围绕思政课教师的人员配备、思政课教师一体化建设的协同平台、思政课教师一体化建设的培养机制、思政课教师一体化建设的评价体系、思政课教师一体化建设的责任主体、思政课教师的学习共同体等角度展开,具体如下。

第一,不断扩充思政课教师的人员配备。有学者认为,要建设大团队,加强师资队伍建设,各地教育部门要践行大中小学思政课一体化建设的教育理念,严格按照中央要求配备建强大中小学专职思政课教师队伍,从制度层面规范教师配备工作,不断加大后备人才培养,从根本上解决思政课教师数量严重不足的问题。⑤ 有学者认为,要完善马克思主义理论学科体系,发挥马克思主义理论学科培养思政课教师的专业优势,尤其是加强本硕博一体化的人才培养模式,为大中小学思政课一体化建设发展输

---

① 谢春风.教师视域下大中小学思政课一体化教学衔接机制建设的实证分析[J].中国高等教育,2022(19):26-28.
② 徐秦法,黄冰凤.以"三个协同"推进大中小学思政课教师队伍一体化建设[J].思想政治教育研究,2022(02):7-13.
③ 汪俞辰.新时代大中小学思政课一体化建设探究[J].中学政治教学参考,2022(39):74-76.
④ 凌小萍.大中小学思政课一体化建设的实践困境与突破路径[J].贵州师范大学学报(社会科学版),2022(03):11-20.
⑤ 汪俞辰.新时代大中小学思政课一体化建设探究[J].中学政治教学参考,2022(39):74-76.

送一批批专业能力过硬的思政课教师。① 有学者认为，要想实现各学段思政课教师队伍配比结构的一体化，最关键的就是要处理好教育需求和师资供给的关系，在思政课教师的存量和增量上做好文章。要盘活各学段思政课教师存量，使各学段思政课教师资源得到充分整合，切实解决思政课教师的缺口问题。②

第二，健全推进思政课教师一体化建设的协同平台。有学者认为，充分利用教育部的"周末理论大讲堂""全国高校思政课教师网络集体备课平台"等培训载体和平台，依托全国思政课教师的研修基地、全国重点马克思主义学院等平台，跨界融合、优势互补、资源共享，积极构建国家、省、市、校四级培训体系，搭建大中小学思政课教师教学研讨、培训研修、备课说课、资源共享等平台，指导开展一体化实践探索，并推动其向中小学延伸。③ 有学者认为，积极搭建大中小学思政课教师一体化教学线上、线下资源供给交互机制和资源库，积极服务思政课教师教学衔接，打造思政课教学价值高地和智慧宝库。④ 有学者认为，就大中小学思政课教师一体化建设平台而言，可以开展大中小学思政课一体化建设国家级示范课程、示范团队、示范教师以及名师工作室的遴选活动，引导和鼓励大中小学思政课教师共同组建一体化教研团队、一体化网络课堂。⑤ 有学者认为，应将信息技术与思想政治教育结合，构建大中小学网络思政资源库，线上与线下相结合，发挥思政资源共享作用。⑥ 有学者认为，要建立和完善大中小学思政课教师网上交流平台，如易班、钉钉、腾讯会议等网络平台，"互联网+教育"时代为大中小学思政课教师交流沟通搭建了良好的跨越时空的网上平台，通过在网上互动的方式可以及时了解不同学段思政课的建设发展情况，有利于大中小学思政课教师根据思政课的发展情况不断进行调整和改进。⑦

① 徐秦法,黄冰凤.以"三个协同"推进大中小学思政课教师队伍一体化建设[J].思想政治教育研究,2022(02)：7-13.

② 李鑫,郑敬斌.大中小学思政课教师队伍一体化建设探析[J].学校党建与思想教育,2022(06)：47-50.

③ 汪俞辰.新时代大中小学思政课一体化建设探究[J].中学政治教学参考,2022(39)：74-76.

④ 谢春风.教师视域下大中小学思政课一体化教学衔接机制建设的实证分析[J].中国高等教育,2022(19)：26-28.

⑤ 郭绍均.统筹推进新时代大中小学思政课一体化建设的理念及路径探究[J].课程·教材·教法,2022(07)：90-95.

⑥ 马令存.思政课一体化建设中的教师沟通机制[J].中学政治教学参考,2022(17)：15-17.

⑦ 徐秦法,黄冰凤.以"三个协同"推进大中小学思政课教师队伍一体化建设[J].思想政治教育研究,2022(02)：7-13.

第三,完善关于思政课教师一体化建设的培养机制。有学者认为,要构建大中小学思政课一体化教学衔接实践落实机制,鼓励和支持大学马克思主义学院、政法学院、教师教育学院统筹规划专业课程,针对中小学思政课教师教学需要,组织硕士生、博士生和大学辅导员下沉学校思政课课堂,担任助教和教师,形成政策支持机制。① 有学者认为,要"建立大中小学思政课教师传帮带机制,组建思政课教师一体化建设教学研究团队,深化交流合作,在教学与研究中推动大中小学思政课教师队伍深度融合"②。有学者认为,"构建大中小学一体化思政课教师体系的关键是建立教师协同交流机制,以保证大中小学思政课教师在教学中能够协同合作、取长补短。建立教师协同交流机制的目的在于打破学段壁垒,畅通协同交流"③。有学者认为,首先,要着眼于管理机制,完善管理制度;其次,落脚于激励机制,激发工作热情;再次,建立沟通交流机制,打通交流渠道,构建沟通平台④。有学者认为,建立健全合理的思政课教师激励机制,不仅有利于鼓励思政课教师积极上进,促进思政课教学质量的提高,而且有助于提高思政课教师的社会地位和职业声望,推动全社会关心和支持大中小学思政课一体化建设⑤。有学者认为,要建立学术沟通机制,组建大中小学思政课教师研究团队,根据大中小学思政课一体化建设中的问题,形成项目课题,并让大中小学思政课教师参与进来。大中小学思政课教师可以联合申报课题项目,协同攻关研究。重点研究大中小学思政课一体化中的体制机制、内容衔接、教学方法创新、教学评价方式转向等现实问题⑥。有学者认为,应基于"U‐G‐S"(University‐Government‐School)教师教育模式开展思政课一体化建设,这不仅能够保障大中小学思政课教师研讨交流常态化,更可以充分发挥政府在一体化建设中统筹引领作用,保障在思政课一体化建设中多元主体不"虚化"、不"缺位",形成全面、协调、联动、衔接的思政课育人体系,推动立德树人根本任务的

① 谢春风.教师视域下大中小学思政课一体化教学衔接机制建设的实证分析[J].中国高等教育,2022(19):26‐28.
② 黄伟良.思政课一体化建设的价值意蕴与实践指向[J].中学政治教学参考,2022(41):18‐20.
③ 周奇,李茂春.论大中小学思政教育一体化建设[J].中学政治教学参考,2022(39):33‐36.
④ 柯强,徐荧松.大中小学思政课教师队伍一体化建设的路径探赜[J].学校党建与思想教育,2022(12):58‐60.
⑤ 凌小萍.大中小学思政课一体化建设的实践困境与突破路径[J].贵州师范大学学报(社会科学版),2022(03):11‐20.
⑥ 马令存.思政课一体化建设中的教师沟通机制[J].中学政治教学参考,2022(17):15‐17.

有效落实。① 有学者认为，应探索大中小学思政课教师跨学段的研修培训机制，有条件的大中小学可举办学术沙龙、学术讲座、学术研讨等活动，邀请大学思政课领域的专家就思政课教学的前沿理论问题展开培训，提升中小学思政课教师的专业化水平。大学也应对接中小学，采取团队协作、课题申报、课程示范等方式深入研讨提升思政课教学水平的锦囊妙计。此外，思政课教师应在目标设定、课程设置、内容衔接、方法创新等方面进行全面衔接性培训研修，深化对不同学段思政课教学理念、教学目的、教学内容、教学方式的了解。② 有学者认为，要建立"共学、共研、共训、共享"的育人共同体长效机制，即以"共同学习"为联结、以"共同教研"为抓手、以"共同培训"为载体、以"资源共享"为愿景。③

第四，构建思政课教师一体化建设的评价体系。有学者认为，要科学确立大中小学思政课教师队伍一体化建设的评价指标，科学合理的评价指标是实现大中小学思政课教师队伍一体化科学评价的有力依据，可在此基础上结合各学段思政课教师队伍建设发展现状，建立集效能、效率、满意度、可持续性为一体的评估指标体系。④ 有学者认为，要"建立一体化的思政课教师职前教育评价体系与评价标准""一体化的思政课教师在职培训评价体系与评价标准""一体化的现任思政课教师考核评价体系与评价标准"⑤。有学者认为，要优化思政课教学评价体系，完善听课评价机制，紧抓思政课教育教学质量关，构建国家、省、市、校四级课程评价体系，使跨学段同学、同训、同评价成为常态。⑥ 有学者认为，首先，各级主体要共同助力于大中小学思政课教师评价体系一体化建设，建立良性的评价共同体；其次，丰富评价机制，设置评估范围；再次，将思政课教师的准入门槛和退出机制纳入大中小学教师一体化评价体系。⑦

---

① 刘智,张超然.大中小学思政课一体化建设：价值意蕴与实践路径——基于"U-G-S"教师教育模式的视角[J].现代教育管理,2022(01)：93-100.

② 徐建飞,董静.大中小学思想政治理论课一体化建设：内涵逻辑、实践困囿与优化方略[J].社会主义核心价值观研究,2022(04)：78-88.

③ 曾令辉.推进大中小学思想政治理论课一体化内涵式发展的思考[J].马克思主义理论学科研究,2022(07)：113-120.

④ 李鑫,郑敬斌.大中小学思政课教师队伍一体化建设探析[J].学校党建与思想教育,2022(06)：47-50.

⑤ 何玉海.新时代思政课教师培养体制改革创新的思考[J].东北师大学报(哲学社会科学版),2022(06)：134-142.

⑥ 汪俞辰.新时代大中小学思政课一体化建设探究[J].中学政治教学参考,2022(39)：74-76.

⑦ 柯强,徐荧松.大中小学思政课教师队伍一体化建设的路径探赜[J].学校党建与思想教育,2022(12)：58-60.

第五,明确思政课教师一体化建设的责任主体。有学者认为,要发挥高校马克思主义学院的领航、示范和辐射作用,积极开展大中小学思政课一体化建设专门培训,使大中小学思政课教师能够更深入、更及时地理解思政课一体化建设的方向、思路,帮助他们突破理论及实践中的难点问题。① 有学者认为,"国家政府层面,建立大中小学一体化的思政课教师培养与培训规划管理体系,包括国家规划体系和地方政府规划管理体系,作为教师教育管理的一部分"②。有学者认为,发挥教育行政部门顶层设计、平台搭建、政策引领的主导作用,同时借助社会力量发挥"同课异构,协同共研"多种沟通平台的基础作用。③ 有学者认为,明确各学段各级党组织对思政课的领导和责任,依据教学要求对思政课教师队伍建设进行量身定制的顶层决策,能够确保各学段思政课教师资源得到充分挖掘和运用,保证思政课教师在思政课一体化教学中发挥正向的角色效应。④ 有学者认为,各学段主管部门必须按照统一规定,加强教育理念,实行统一管理。做好与各学段思政课教师的交流和联系工作,这是进一步加强教师统一管理的关键。⑤ 有学者认为,推进初高中思政课一体化,国家层面要优化顶层设计,完善课标和教材衔接,地方层面要建立必要的联动机制,搭建合作交流平台,改革考试命题导向等。只有不同层面、不同主体共同发力,才能助推初高中思政课一体化建设迈上新台阶。⑥

第六,构建大中小学思政课教师的学习共同体。有学者认为,不同学段的思政课教师既是完成本学段教学任务的独立个体,也是落实立德树人根本任务的命运共同体。因此,要通过构建上下联动、系统衔接、纵横贯通的大中小学思政课教师教研实践共同体,促进思政课教学资源的优化整合与共享。⑦ 有学者认为,大中小学思政课教

① 郭绍均.统筹推进新时代大中小学思政课一体化建设的理念及路径探究[J].课程·教材·教法,2022(07):90-95.
② 何玉海.新时代思政课教师培养体制改革创新的思考[J].东北师大学报(哲学社会科学版),2022(06):134-142.
③ 马令存.思政课一体化建设中的教师沟通机制[J].中学政治教学参考,2022(17):15-17.
④ 李鑫,郑敬斌.大中小学思政课教师队伍一体化建设探析[J].学校党建与思想教育,2022(06):47-50.
⑤ 肖霞.大中小学思政课一体化建设的四维探析[J].中学政治教学参考,2022(31):6-8.
⑥ 王明泉.落实"三个要"助推一体化[J].中学政治教学参考,2022(13):39-41.
⑦ 蔡亮,赵梦天.大中小学思政课一体化育人实效性探析[J].学校党建与思想教育,2022(18):39-42.

师要自觉树立"一体化"观念、"一盘棋"理念、"一家人"信念，打破"各管一段"的教学壁垒，避免各自为政、不相往来、各行其是的状态，实现各司其职、同向同行、整体联动、高度协作，可以创建各层次"大中小学思政课教师一体化研修基地""大中小学思政课教学协同创新中心"，致力打造大中小学思政课教师共同体。① 有学者认为，各学段教师都要增强共同体意识，树立协同化理念，既要整体规划，促使各级教师增强教师一体化建设的全局观念和整体意识，又要分段设计，让各学段教师根据学情做好本学段辖域内的规划，种好自己的责任田。② 有学者认为，建立学术研究共同体，实现思维碰撞共提升；聚焦某一思政教育专题，大中小学思政课教师分工合作、协同发力。高校思政课教师负责理论渊源剖析、项目申报与审核，中小学思政课教师提供优秀教学案例、搜集相关资料、进行调查访谈、完成教学实验，从而形成研修合力。③ 有学者认为，教师育人共同体主要是指以大中小学思政课教师为育人整体，以教师自我超越为基础，以立德树人为愿景，以思政课教学为手段，以系统思考为整合工具，以共学、共研、共训、共育的方式来克服大中小学思政课教师学段分散育人障碍，实现大中小学思政课教师一体化育人的一种组织模式。构建大中小学思政课教师育人共同体的核心在于提升教师育人的系统思维能力，根本特征在于系统思考与超越，基础在于立德树人的共同愿景，根本方法在于共同学习、反思与创新。④ 有学者认为，思政课教师要主动与其他学段思政教师进行密切交流与协作，打破不同学段思政课教师之间的教学壁垒，创建资源共享、项目共建、课程共研的教育共同体，增强与其他学段教师合作科研的能力。⑤

（三）研究趋势展望

总体而言，2022 年大中小学思政课教师一体化建设研究在理论逻辑、现实困境、

① 郭绍均.统筹推进新时代大中小学思政课一体化建设的理念及路径探究[J].课程·教材·教法，2022(07)：90－95.
② 柯强，徐荧松.大中小学思政课教师队伍一体化建设的路径探赜[J].学校党建与思想教育，2022(12)：58－60.
③ 曾玉梅.大中小学思政课教师队伍一体化建设研究[J].中学政治教学参考，2022(01)：16－17.
④ 曾令辉.论大中小学思想政治理论课一体化建设的三个基本问题[J].思想教育研究，2022(08)：104－110.
⑤ 张慧，石路.高中思政课在思政课一体化建设中的中枢地位与强化[J].中学政治教学参考，2022(15)：85－88.

实践探索上均取得了一系列进展,为推动大中小学思政课教师一体化发展贡献了理论智慧与实践智慧,但同时也不可避免地存在着研究上的片面与不足,主要表现在:第一,关于理论内涵的研究较少。大部分研究围绕大中小学思政课教师一体化建设在现实操作层面面临着什么样的困难以及如何解决这些困难而展开,相对而言缺少对思政课教师一体化建设内涵、基础、契机等角度的研究。第二,基于调查的实证研究较少。大部分研究缺少实质性的数据支撑,均是抛开具体因素的限制,漫谈如何建设一体化的思政课教师队伍。第三,微观视角研究较少。一方面,大部分针对思政课教师一体化建设的研究都是在思政课一体化建设的框架中展开,观点不够丰富;另一方面,大部分的文章囊括了普遍化的思政课教师一体化建设,缺少对于具体学段教师发展问题的聚焦。

在此基础上,展望未来,有三个研究方向供参考。第一,加强基础理论研究。尤其注重深入挖掘大中小学思政课教师一体化建设的内涵、根据、基础、意义等,为大中小学思政课教师一体化建设提供学理上的依据。第二,开展实地调研。针对大中小学思政课教师一体化建设过程中表现出某些特征的地域开展实地调研,聚焦矛盾的特殊性,树立典型。第三,重视微观研究。例如,针对大中小学思政课教师一体化建设的某一机制、平台进行专项研究,或是为如何将某一具体学段的教师纳入一体化建设中提供可操作的对策建议。

二、实践情况

2022 年,围绕党中央关于学校思想政治理论课的总体部署,各省市自治区及其下属教育系统持续推出具体的指导意见。结合地方特色,围绕软硬件建设、培训项目开发、平台搭建等内容,全国各地各级各类政府机构、学校、研究中心开展了丰富的实践探索。

(一)强化软硬件支持,夯实教师队伍一体化建设

2022 年度,各省市自治区立足各自资源禀赋,发挥实际优势,制定政策、完善制度,聚焦各级各类学校的"软硬件"建设,充分夯实教师队伍的一体化工作水平,促进

教学质量高速发展。

1.制度保障与资源供给

政策与制度在思政课教师队伍一体化建设的过程中发挥着引领与保障的重要作用。一年来,各省市自治区不断完善教师管理和发展的政策体系,保障高质量思政课教师队伍建设。

（1）河南:"大听课、大调研",河南省为156所高校思政课进行"质检"

2022年3月,中共河南省委教育工委、河南省教育厅印发《关于开展全省高校思想政治理论课"大听课、大调研"活动的通知》,并举行全省高校思想政治理论课"大听课、大调研"活动动员部署会,中共河南省委教育工委专职副书记尹洪斌出席会议,河南省教育厅思政处处长陈凯主持会议,思政处相关负责同志,以及河南省部分高校代表参加会议。据悉,河南省高校思想政治理论课"大听课、大调研"活动将实现全省高校全课堂、全课程、全覆盖,依托河南省高校思政课教指委和河南省重点马克思主义学院,成立17个调研组,组织122位专家,3月份将对河南省156所高校思政课集中进行春季听课、调研查摆,研判梳理思政课存在的具体问题,研究解决办法,形成听课报告和调研报告,并在此基础上起草制定"提升高校思政课质量专项方案"。

（2）云南:云南省教育厅等五部门关于印发进一步加强新时代中小学思想政治理论课教师队伍建设若干措施的通知

2022年4月,云南省教育厅等五部门印发《进一步加强新时代中小学思想政治理论课教师队伍建设若干措施的通知》,《措施》指出,要切实加强中小学思政课教师队伍配备管理,全面提升中小学思政课教师素质能力,不断创新中小学思政课教师评价激励机制,并强调要实施大中小学思政课一体化建设。省委教育工委、省教育厅成立大中小学思政课一体化建设指导委员会。各地要积极推进党委宣传部、教育工委与高校共建马克思主义学院,实施大中小学思政课"手拉手"共建计划。①

（3）黑龙江:关于印发《大兴安岭地区大中小学思想政治理论课一体化建设实施方案》的通知

2022年9月,大兴安岭地区印发《大兴安岭地区大中小学思想政治理论课一体化

---

① 云南省教育厅.云南省教育厅等五部门关于印发进一步加强新时代中小学思想政治理论课教师队伍建设若干措施的通知[EB/OL].（2022 - 04 - 29）.［2023 - 03 - 10］. https://jyt.yn.gov.cn/web/3e6a89a8ab914503a342fe46556a1246/4763ae51b15945348cebe4dbf5d90069.html.

建设实施方案》,强调加强人才管理,推进教师队伍一体化。推进高校按师生比例不低于1∶350规定核定专职思政课教师岗位编制,在编制内配足,不得挪作他用。小学按专职为主、兼职为辅配备思政课教师,初中、高中应配齐专职思政课教师,将中小学思政课教师队伍建设纳入对县(市)、区人民政府履行教育职责督导内容。落实省大中小学思政课教师队伍培养培训五年规划,加强思政课教师培训力度,构建分层次、有衔接的培训体系。落实省中小学思政课在职骨干教师提升计划,组织中小学思政课教师专题培训和中小学思政课统编教材教法培训。发挥高校思政课辐射作用,主动对接中小学思政课教师队伍建设,结合学校优势特色开发专门培训项目,深入中小学校开展教学实践。推动大中小学思政课教师专业发展一体化团队建设,遴选若干地级示范团队,确保每个团队涵盖各学段思政课教师。①

（4）广东:关于加强新时代中小学思想政治理论课教师队伍建设的实施意见

2022年10月,广东省发布《关于加强新时代中小学思想政治理论课教师队伍建设的实施意见》,要求推进大中小学思政课教师队伍专业发展一体化建设。成立广东省学校思想政治理论课教学指导委员会,每年遴选一批大中小学思政课教师专业发展一体化团队,建设省级示范团队,确保每个团队涵盖各学段思政课教师,定期开展大中小学思政课一体化教学研究活动,深入开展集体备课,共同探讨思政课一体化教学规律。鼓励高校马克思主义学院与中小学开展结对活动,定期开展教学研讨、课程研究、教师实践教育等活动。推动大中小学思政课教师交流。②

2. 资源库创建与资源更新

大数据时代,教学资源的获取突破了时间、空间的局限,一年来,逐渐有地区通过互联网资源平台的建设,使思政课教师得以相互分享各式各样的教学资源,既节约了教师材料收集的成本,更是极大地丰富了课堂素材的使用。

---

① 大兴安岭地区行署教育局.关于印发《大兴安岭地区大中小学思想政治理论课一体化建设实施方案》的通知[EB/OL].(2022-09-29)[2023-03-10].http://www.dxal.gov.cn/publicity_zfxxgk/zc/xxgkqtwj/bmwj_jyjbmwj/18460.

② 珠海市教育局.广东省教育厅中共广东省委组织部中共广东省委宣传部广东省财政厅广东省人力资源和社会保障厅关于加强新时代中小学思想政治理论课教师队伍建设的实施意见[EB/OL].(2022-10-28)[2023-03-10].http://zhjy.zhuhai.gov.cn/gkmlpt/content/3/3443/mpost_3443759.html#6182.

（1）辽宁：建设一体化协同平台共享思政课教学资源

2022年6月，辽宁省委教育工委、省教育厅印发《辽宁省进一步推进大中小学思政课一体化建设的若干举措》（以下简称《若干举措》）。《若干举措》提出，加强大中小学思政课一体化教学研究，全省建立思政课教师"手拉手"集体备课机制、教学交流机制，充分发挥优秀教师示范引领作用，进一步推进校校合作、校地合作，促进思政课优质教育资源融合共享。建立全省思政课教育教学资源共享平台，建设覆盖每门思政课、服务一线教学的问题库、案例库、素材库和在线示范课程库等资源库，内容循序渐进，目标螺旋上升，整体提升教师业务能力和育人水平。①

（2）山西：太原市积极推进大中小学思政课一体化建设

2022年10月，为扎实推进太原市大中小学思政课一体化建设工作，太原市展开太原市大中小学思政课一体化建设系列活动。思政课是落实立德树人根本任务的关键课程。太原市与山西大学、太原师范学院建立起大中小学思政课一体化市校区域协作机制。在此基础上，将构建一体化协同格局，建立健全大中小学思政课一体化建设集体备课机制、互听互讲机制、评价机制、师资培育机制、家校社共育机制，为太原市大中小学思政课一体化建设出真招、实招、管用之招，努力实现思政课建设的纵向衔接、横向贯通。同时，将拓展一体化平台建设，推进一体化内容建设，用好太原市大中小学思政课一体化建设协同中心、全国高校思想政治理论课教师研修基地（山西大学）、名师思政工作室等平台资源；办好同心圆讲坛、年度论坛、朋辈引领、研学实践等活动；推出精品课程、教学资源库、案例库；形成课程指南、校本读本、科研成果，发挥思政课的政治引领和价值引领作用，上好"大思政课"，全面提升育人效果。②

（二）开展培训与研究，提升教师队伍一体化教学素养

2022年，各省市自治区重点关注、紧抓教师队伍技能短板，围绕思政课一体化建设的相关主题有序开展专项培训与研究，在扎实提升基层一线思政课教师一体化教学

① 辽宁日报.辽宁：建设一体化协同平台共享思政课教学资源[EB/OL].（2022－06－21）[2023－03－10].https://baijiahao.baidu.com/s?id=1736199959675720540&wfr=spider&for=pc.
② 太原日报.太原市积极推进大中小学思政课一体化建设[EB/OL].（2022－10－22）[2023－03－10].https://baijiahao.baidu.com/s?id=1747338931263144036&wfr=spider&for=pc.

素养的同时,助推大中小学思政课一体化成熟与发展。

1. 丰富的课程培训活动

专项培训是提升教师教学素养的最直接与高效的渠道之一。一年来,各省市自治区重视思政课教师教学能力的提升,通过骨干教师培训班、培训工作会、集体备课会、专题培训班、强基大讲堂等多样化的形式,多管齐下,全面增强思政课教师队伍一体化素养。

(1)广西:2022 年学校思想政治理论课"一体化"建设骨干教师培训班暨集体备课会

2022 年 6 月,广西学校思想政治理论课"一体化"建设骨干教师培训班暨集体备课会正式开班。南宁师范大学马克思主义学院院长曾令辉教授、同济大学马克思主义学院教授陈大文、上海师范大学马克思主义学院院长张志丹教授以及来自各地的大中小学骨干教师共 280 余人参加了开班仪式。此次培训班由南宁师范大学马克思主义学院、广西高校思想政治理论课"一体化"建设骨干教师培训研修基地(南宁师范大学)共同举办,参会人员以线上、线下两种方式参与。本次为期四天的培训,主要通过专题讲座、现场教学、讨论交流等环节,深入讨论学习大中小学思政课"一体化"建设的相关理论和实践,旨在推动思政课"一体化"建设思想研究,切实提高思政课教育教学质量。①

(2)湖南:大祥区中小学思政教师培训工作会顺利举行

2022 年 6 月,大祥区中小学思政教师培训工作会召开。培训围绕小学思政课"远离毒品危害,当好禁毒安全官"主题进行公开授课。上课过程中,同学们兴趣浓厚,积极发言,气氛活跃。为了让培训工作更具实效,老师还在公开授课基础上,就如何做思政备课进行经验分享,并通过互动研讨、思维拓展、经验交流的形式给大家答疑解惑。"红漫·中小学思政教育一体化平台里面海量的资源不仅配套了 1—9 年级的思政教材,还有丰富的课后服务资源可使用,非常有利于推动思政教育新发展。教育乃国之大计,育人之本在于立德铸魂,而思想政治理论课是落实立德树人根本任务的关键课程,希望在本次培训后,全区各校能进一步重视思政课堂的建设,增强思政课的思想性、理论性和针对性,不断适应新形势、新要求,推动思政课建设内涵式发展。"区教育

---

① 南宁师范大学马克思主义学院.2022 年学校思想政治理论课"一体化"建设骨干教师培训班暨集体备课会顺利开班[EB/OL].(2022-06-20)[2023-03-10]. http://mkszyxy.nnnu.edu.cn/info/1044/3873.htm.

局负责人在总结中说道。①

（3）西藏：2022年西藏高校思政课骨干教师教学教研能力提升专题培训班

2022年6月，2022年西藏高校思政课骨干教师教学教研能力提升专题培训班在林芝举行，培训班由自治区教育厅主办，自治区高校思想政治理论课教学指导委员会、西藏民族大学马克思主义学院协办，西藏高校思政工作者培训基地（西藏民族大学）具体承办。自治区教育厅二级巡视员李志鹏、西藏民族大学副校长史本林、自治区教育厅思想政治工作处处长旺珍出席开班仪式，全区高校40余名思政课骨干教师参加培训。②

（4）广西：2022年广西学校思政课"一体化"建设骨干教师培训班暨集体备课会

2022年7月，广西学校思政课"一体化"建设骨干教师培训班暨集体备课会在桂林顺利举行，本次培训班为期六天，邀请了同济大学陈大文教授，上海师范大学石书臣教授，中国人民大学王向明教授、刘建军教授，华中师范大学胡田庚教授，广西师范大学韦冬雪教授、罗法洋副教授，广西正高级教师李晓翎等围绕"全面推进学校思政课'一体化'建设""大中小学思政课落实'大思政课'理念的思考""思政课的本质是讲道理——学习习近平总书记视察中国人民大学关于思政课重要论述""学校思政课'一体化'建设的教学方法创新思路""学校思政课'一体化'建设的资源开发与共享"等专题给学员们进行授课，并通过共享、共品、共评思政课实践与研讨环节，安排大学、高中、初中、小学的四位优秀教师围绕"法治"主题进行了模拟上课，专家进行现场点评，让学员对大中小学思政课"一体化"教学内容如何有效衔接有了更好的认识。③

（5）天津：天津师范大学马克思主义学院思政课教师为河北区教育系统中小学教师作大中小学思政一体化主题报告

2022年7月，天津市河北区教育系统2022年党员脱产培训暨大中小学思政一体

---

① 申梦婷,邓乐钢.大祥区中小学思政教师培训工作会顺利举行[EB/OL].(2022－06－25)[2023－03－10].https://www.sohu.com/a/560804618_100161010.

② 民大青年.2022年西藏高校思政课骨干教师教学教研能力提升专题培训班在林芝开班[EB/OL].(2022－06－29)[2023－03－10].https://mp.weixin.qq.com/s?_biz=MjM5MjI4NjQ4OQ==&mid=2653411407&idx=5&sn=6bbb1fe27050e91f8e33a9f35c607dc6&chksm=bd7bea398a0c632ffcd4dbbd78ebef520a49c0adf4539bf35cdf5041b558797de4ad86c7b79f&scene=27.

③ 广西师范大学马克思主义学院.我校马院承办2022年广西学校思政课"一体化"建设骨干教师培训班暨集体备课会[EB/OL].(2022－07－06)[2023－03－10].http://www.mar.gxnu.edu.cn/_t999/2022/0706/c389a243079/pagem.htm.

化主题报告会在天津市第二中学举办,天津师范大学马克思主义学院"习近平新时代中国特色社会主义思想概论"教研室党支部骨干教师刘慧、王耀东、贾莎、许兴帅受邀为河北区教育系统中小学教师作四场主题报告。天津市第二中学、天津市汇森中学、天津市河北区教育综合服务中心、天津市河北区教师发展中心等中小学教师代表200余人参加报告会。①

（6）安徽：首期大中小学思政课一体化建设专题培训班顺利结业

2022年8月,由安徽省委教育工委主办,安徽省学校思政课教师研学基地承办的全省首期大中小学思政课一体化建设专题培训班在安徽金寨干部学院顺利结业。来自全省高校、教育局、中小学的61名教研员、专职思政课教师参加了专题培训。理论教学中,安徽省政协教科卫体专委员会副主任、安徽省大中小学思政课一体化建设专家指导组组长刘新跃为学员作了题为"学习贯彻习近平总书记重要讲话精神,将课堂教学革命贯穿我省大中小学思政课一体化全过程"的专题讲座。现场教学中,全体学员追随习近平总书记的足迹,走进花石乡大湾村,学习了习近平总书记考察纪实视频,见证了革命老区从脱贫攻坚到乡村振兴的历史性成就。学员论坛上,学员们纷纷表示,本次培训既是理论知识的"供给站",又是视野拓展的"观景台",对于深化认识做好本职工作提振了信心。全省思政课教师必将以此为契机,进一步聚心、聚力、聚情,推动大中小学思政课一体化建设再上新台阶。②

（7）北京：北京市房山区召开教育系统思政学科教师强基大讲堂启动会

2022年10月,为贯彻落实党的二十大精神,进一步提升中小学校思政学科教师政治理论水平,引领全系统思政课教师研读经典、坚定马克思主义信仰,房山区教育党校、房山进校思政学科教研室组织思政学科教师强基大讲堂第二讲活动。本次大讲堂邀请中央党校科学社会主义教研部副教授、当代世界社会主义专业委员会副秘书长武晓超作"共产党宣言导读"专题报告。武教授从共产党宣言的诞生、基本思想和时代价值三个方面对《共产党宣言》进行了解读。为参加学习的干部教师准确领会《共产

① 天津师范大学.马克思主义学院思政课教师为河北区教育系统中小学教师作大中小学思政一体化主题报告[EB/OL].(2022－07－18)[2023－03－10].https://www.tjnu.edu.cn/info/1083/17294.htm.

② 安徽财经大学马克思主义学院.全省首期大中小学思政课一体化建设专题培训班顺利结业[EB/OL].(2022－09－01)[2023－03－10].http://szb.aufe.edu.cn/_t470/2022/0901/c2488a185494/page.htm.

党宣言》进行了深入浅出、言简意赅、准确深刻的解读。边红在总结时强调，党建工作者和思政课教师要真学、真信、真懂马克思主义理论，要如饥似渴地学习马克思主义经典，学习习近平新时代中国特色社会主义思想，以实际行动宣传马克思主义中国化时代化新成果，彰显立德树人关键课程的作用，提升用习近平新时代中国特色社会主义思想铸魂育人实效。①

（8）内蒙古：善教乐学"思政课"润心立德育新人——内蒙古大力推进大中小学思政课一体化建设的实践探索

2022年10月，党的二十大闭幕后，内蒙古自治区教育厅第一时间在包头师范学院举办大中小学思政课教师"学习二十大精神　同上一堂思政课"学讲研思活动。内蒙古大中小学思政课教师、高校辅导员、大学生党员、学生干部等3万余人聆听学习。学讲研思活动邀请来自教育部高等学校思想政治理论课教学指导咨询委员会、吉林大学、武汉大学、华东师范大学、同济大学、北京第二外国语学院的专家，就党的二十大精神融入思政课教学进行了全方位、多角度的深入研讨。学讲研思活动从"学"字入手，在权威专家的指导下深入研学了党的二十大精神；聚焦在"讲"上，将专家"指导讲"和各学段优秀教师"示范讲"有机结合起来；破题于"研"上，紧密结合不同学段认知规律，深入探讨如何把教材体系、教学体系有效转化为学生的知识体系、价值体系；最后落实到"思"上，引导广大思政课教师回归教学主渠道，深入思考如何更好地将党的创新理论融入教学实践。2022年以来，内蒙古先后举办了21场集体备课学讲活动，受众达63万人次。②

（9）安徽："思"接一体化　"政"通全学段——芜湖市举办思政课大中小学一体化建设研修活动

2022年11月，芜湖市思政课大中小学一体化建设研修活动在无为市举办，芜湖市教科所中小学思政课教研员、驻芜高校思政课专家学者代表、芜湖市属区县市思政课教研员、基础教育学校思政课优秀教师代表共80余人参与本次研修活动。研修活动

① 房山区文明办.房山区思政学科教师强基大讲堂第二讲成功举办［EB/OL］.（2022－10－31）
［2023－06－30］. https://www.bjwmb.gov.cn/dongtai/fangshan/10012499.html
② 光明日报调研组.善教乐学"思政课"润心立德育新人——内蒙古大力推进大中小学思政课一体化建设的实践探索［EB/OL］.（2022－12－30）［2023－03－10］. https://learning.sohu.com/a/622728418_121106854.

在观摩高中、初中和小学不同学段的三节视频课中拉开帷幕,芜湖市十二中张文文老师、安师大附外刘玉平老师、芜湖师范附小吴文云老师共同演绎了不同学段视角下共同富裕为主题内容的课堂样貌。本次研修活动专门安排了实践学习环节。老师们实地参观学习了无为市红色纪念地——新四军七师纪念馆和司令部原址,考察了美丽乡村建设示范点——黄汰行政村,参观了新能源汽车翘楚——比亚迪汽车刀片电池无为市生产基地。在这个过程中,参训老师们积极参与,踊跃发言,为大家带来了一场精彩纷呈的文化盛宴。[①]

2. 多样化的科研训练活动

除了日常教学实践,思政课教师素养的提升离不开科研的指引。一年来,各省市自治区重视增强各学段思政课教师的理论引领,引导其积极将党的创新理论应用至教学实践之中,更好地发挥思政课的育人功能。

(1)陕西:"陕西大中小学思政教育一体化建设路径研究"项目专家论证会

2022年7月,陕西科技大学对承担的陕西省财政厅重大研究课题"陕西大中小学思政教育一体化建设路径研究"召开专家论证会,会议邀请西安交通大学马克思主义学院教授卢黎歌,陕西师范大学新闻与传播学院教授、《陕西师范大学学报(哲学社会科学版)》副主编蒋万胜,西安建筑科技大学马克思主义学院院长、教授李仙娥,陕西师范大学马克思主义学院教授姚崇,陕西科技大学教育学院教授罗云,陕西科技大学马克思主义学院教授阮云志等专家对相关方案进行现场论证。清华大学马克思主义学院教授、《思想理论教育导刊》副主编(常务)刘书林在线上同步参会进行指导。[②]

(2)江苏:大中小学思政课一体化建设研究课题研讨会

2022年8月,江苏省高校哲学社会科学研究重大项目(思想政治教育委托)"全省大中小学思政课一体化建设研究"课题研讨会在中国矿业大学马克思主义学院举办。中国矿业大学马克思主义学院院长亓光教授、副院长程志波教授,徐州一中业务校长张安义,徐州市青年路小学教育集团(太行路小学)校长宋梅等课题组成员十余人出席了本次会议。研讨会由池忠军教授主持并作主题发言。课题首席专家池忠军教授

---

①　芜湖市教科所.“思”接一体化　“政”通全学段——芜湖市举办思政课大中小学一体化建设研修活动[EB/OL].(2022-11-14)[2023-03-10]. https://jyj.wuhu.gov.cn/xwzx/xydt/8384521.html.

②　陕西科技大学.我校举办“陕西大中小学思政教育一体化建设路径研究”项目专家论证会[EB/OL].(2022-07-20)[2023-03-10]. http://www.sust.edu.cn/info/1071/17326.htm.

指出,大中小学思政课一体化建设是培养时代新人的重大战略,应以问题意识为导向,突出重点,既要注重不同学科之间的横向协同,又要注重不同学段之间的纵向衔接,注意发挥高学阶对低学阶的带动作用。与会专家学者围绕全省大中小学思政课一体化建设研究的研究体系、专题研究内容、重点难点问题等进行了广泛而深入的研讨。本次研讨会深入贯彻习近平总书记在学校思想政治理论课教师座谈会上的重要讲话精神,为推进江苏省大中小学思政课一体化建设贡献智慧、凝聚共识。①

（3）广西：高校思想政治理论课教师研究专项重大课题攻关项目"大中小学思政课一体化建设研究"课题中期推进会顺利召开

2022年8月,高校思想政治理论课教师研究专项重大课题攻关项目"大中小学思政课一体化建设研究"中期推进会在广西大学马克思主义学院顺利召开。课题首席专家徐秦法教授汇报了问卷调查、访谈调研、认知能力测评实验、脑电实验等课题组已开展工作的进展情况,从大中小学思政课一体化课程内容建设、教学方式方法建设、教师队伍建设、评价体系建设四个方面汇报了子课题的研究进展。子课题负责人邓卓明教授总结了大中小学思政课一体化建设视域下的教学逻辑、新时代思想政治理论课建设的重要意义,以及存在的关键性问题,并对课题研究的下一步计划进行了介绍。子课题负责人张家军教授汇报了课题的研究进展情况、后期的工作计划,并提出了要厘清课题的研究范畴、进一步强化资政报告的重要性等建议。子课题负责人杨新国教授围绕"大中小学思政课一体化教学方式方法构建研究——基于认知能力发展规律的视角"汇报了认知能力测评的实验结果、脑电实验的具体进展,以及研究过程中存在的问题、下一步的解决方案。②

（4）北京：北京海淀区深化大中小学思政课一体化建设,推进育人机制创新——一体化上台阶　思政课深一层

2022年8月,海淀区申报的市级重大课题"大中小学一体化思政课教师研修共同体建设研究"正式立项。报告会上,来自中国人民大学、北京八一学校和清华附小的思

① 中国矿业大学马克思主义学院.江苏省大中小学思政课一体化建设研究课题研讨会在我院举办[EB/OL].(2022-08-18)[2023-03-10]. https://mks.cumt.edu.cn/info/1032/3325.htm.

② 广西大学马克思主义学院.高校思想政治理论课教师研究专项重大课题攻关项目"大中小学思政课一体化建设研究"课题中期推进会顺利召开[EB/OL].(2022-08-28)[2023-03-10]. https://my.gxu.edu.cn/info/1004/4014.htm.

政课教师共聚一堂。大学组建青年讲师团的经验,中学构建集团大思政格局的做法,小学六年分阶段衔接一体化的探索显示,课题立项已经有了坚实的基础。未来,大中小学校将与区教师进修学校协同构建海淀区大中小学思政课教师一体化研修模式,探索思政课教师研修共同体建设的现实路径。①

（5）山东:"大中小幼思政课一体化建设"研讨会

2022 年 10 月,青岛大学附属实验学校和幼儿园联合召开"大中小幼思政课一体化建设"研讨会暨青岛市重点课题"区域思政课教师队伍建设路径研究"推进会。会议由山东青大教育集团和青岛市崂山区教育体育局联合主办,在青岛大学附属实验学校初中部举办。会议首先由青岛大学附属实验学校初中部执行校长任成志致辞。青岛大学附属实验幼儿园、青岛大学附属实验学校小学部、初中部和青岛大学马克思主义学院的优秀老师进行了精彩课例展示。随后,初中部、小学部、幼儿园的校长、园长代表就"思政教育一体化"这一主题展开交流研讨。崂山区教育体育局初中教研员陈国华老师针对课例进行点评。会议还邀请了青岛大学马克思主义学院曲新英教授做专家讲座指导。最后,总校长马勇军教授总结并发言。②

（三）持续搭建大平台,促进教师队伍一体化合作

各省市自治区继续完善建立思政课教师队伍一体化合作的大平台,借助这些平台,各级各类学校、各学段教师得以开展教学研讨与经验交流,进行集体备课与课堂展示,在反复"切磋"、合作之中共同进步。

1. 教学研讨与经验交流

教研活动以"同行"交流为主要内容,在教师各方面素质的提升上发挥着举足轻重的作用。一年来,各省市自治区结合实际教育教学资源现状,以会议、论坛等途径积

---

① 光明网.北京海淀区深化大中小学思政课一体化建设,推进育人机制创新———一体化上台阶　思政课深一层［EB/OL］.（2022－08－16）［2023－03－10］. https://m.gmw.cn/baijia/2022－08/16/35955875.html.

② 大众网."大中小幼思政课一体化建设"研讨会在青岛大学附属实验学校初中部成功举办［EB/OL］.（2022－10－21）［2023－03－10］. http://qingdao.dzwww.com/gjzzz/202210/t20221021_10965322.htm.

极探寻各具特色的教研活动模式,推动教师教学研讨与经验交流进程的稳步推进。

（1）宁夏：2022 年全自治区大中小学思政课一体化建设工作暨全区高校马克思主义学院院长第一次联席会议

2022 年 3 月,宁夏回族自治区教育工委、教育厅召开 2022 年全自治区大中小学思政课一体化建设暨全自治区高校马克思主义学院院长第一次联席会议。会上,全自治区大中小学思政课一体化建设专家委员会、本科"毛泽东思想和中国特色社会主义理论体系概论"课委会、高职"形势与政策"课委会、全自治区高职高专和民办高校思政课建设联盟主任做了主题发言,大家就统筹推进习近平新时代中国特色社会主义思想进教材进课堂进师生头脑工作、2022 年课委会和建设联盟重点任务以及加强大中小学思想政治理论课"手拉手"集体备课、打造思政大课堂、共建教育实践基地等内容进行了交流,为推动新时代大中小学思政课建设发展分享经验做法、明确举措任务、提出意见建议。全自治区高校马克思主义学院(马研部)院长(主任),全自治区大中小学思政课一体化建设专家委员会、九个高校思政课课程建设委员会以及两个课程建设联盟主任及秘书长参加会议。①

（2）甘肃：甘肃政法大学举办"大中小学思政课一体化建设"论坛

2022 年 6 月,甘肃政法大学举办学习贯彻习近平总书记视察中国人民大学重要讲话精神暨第二届"大中小学思政课一体化建设"论坛。来自甘肃省教育厅、甘肃各高校及兰州市部分中小学的思政课专家和师生代表参加会议。论坛分两个阶段进行。第一阶段,兰州大学马克思主义学院教授刘先春做了题为"大思政要在大上做文章"的主题报告。第二阶段为交流发言,与会专家和大中小学思政课教师围绕习近平总书记视察中国人民大学重要讲话精神,从多角度深入研讨如何把思政课"讲深、讲透、讲活"、如何建设大中小学思政课一体化平台等问题。②

（3）重庆：重庆八中与高校开展"思政一体化"联合教研活动

2022 年 7 月,为充分发挥好思想政治课实现立德树人教育根本任务的关键性作用,推进大中小学"思政课一体化",加强"中学与大学融合育人"改革项目实践研究,

---

① 宁夏回族自治区教育工委,宁夏回族自治区教育厅.2022 年全自治区大中小学思政课一体化建设工作暨全自治区高校马克思主义学院院长第一次联席会议召开[EB/OL].（2022 - 03 - 30）[2023 - 03 - 10]. http://jyt.nx.gov.cn/ztzl/tsytszk/202203/t20220331_3412767.html.

② 中国青年报.甘肃政法大学举办"大中小学思政课一体化建设"论坛[EB/OL].（2022 - 06 - 26）[2023 - 03 - 10]. https://baijiahao.baidu.com/s?id=1736667395420830265&wfr=spider&for=pc.

重庆八中与重庆师范大学、西南大学等高校开展了"思政一体化"联合教研活动。观摩完重庆八中青年教师孔维豪执教的综合探究课"中国共产党为什么能?"之后,重庆八中高中政治组教师们和专家就本节课进行了联合研讨。在接下来的大学教师交流发言中,重庆师范大学马克思主义学院课程教研室主任、党支部书记郑瑜教授从课堂设计、学生学习方式等方面对课堂进行了肯定。西南大学马克思主义学院院长白显良教授表示,本次"思政一体化"教育研究是重庆八中"中学与大学融合育人"改革项目的重要组成部分,在项目建设上重庆八中与西大等高校进行了紧密的合作研究。①

(4)北京:北京大中小幼教师同台讲述育人故事,分享教育理念和智慧

2022年7月,"为党育人、为国育才"第四届北京市大中小幼教师讲述我和我们的育人故事工作推进会在首都师范大学举行。北京市委教育工委副书记李奕、首都师范大学副校长杨志成等现场参会,各区教育部门分管负责人、各高校党委教师工作部负责人、101个大中小幼一体化德育研究基地校(园)主管领导等线上参会。在首都师范大学专场讲述活动中,共有来自初等教育学院、心理学院、附属中学通州校区、实验小学、附属幼儿园的5位教师做了现场分享,他们用生动感人的语言、质朴真切的教育情怀传递教师的幸福,分享育人的智慧,共同讲述了育人育才的生动故事。大中小幼教师同台讲述我和我们的育人故事活动是北京市搭建的促进大中小幼一体化德育体系建设的重要活动平台。②

(5)天津:大中小幼思政一体化建设经验交流会

2022年9月,天津财经大学主办"喜迎盛会话思政培根铸魂育新人——大中小幼思政一体化建设经验交流会"。首先,两组师徒结对代表进行发言。大家表示要"手拉手""心连心",在互帮互助中共同进步,共同打造更好的思政教学模式,为全社会教育事业和谐发展做出贡献。天津财经大学统计学院经济统计系党支部书记、系主任段志民副教授向大家进行经验分享,分别从党建总体思路、落实举措及取得的工作成效三方面进行细致阐述,全面总结经济统计系作为样本党支部以来的工作与成果。其后,协议各方领导对大中小幼思政一体化建设分享了自己的见解和交流。仪式上,各

---

① 蒋玲.重庆八中与高校开展"思政一体化"联合教研活动[EB/OL].(2022-07-05)[2023-03-10].http://www.cq.xinhuanet.com/2022-07/05/c_1128805260.htm.

② 新京报.北京大中小幼教师同台讲述育人故事,分享教育理念和智慧[EB/OL].(2022-07-15)[2023-03-10].https://baijiahao.baidu.com/s?id=1738396445386787350&wfr=spider&for=pc.

校共同签订《大中小幼思政一体化建设协议书》，各校教师代表共同签订《师徒扶持协议书》。受疫情影响，挂牌仪式无法如期进行，拟将"青少年爱国主义教育基地"牌挂于乔安子村党建文化展室，将"思政一体化建设实践基地"挂于东太河中心小学德润讲堂。①

（6）新疆：新疆大中小学思政课一体化建设教学研讨会

2022年10月，由新疆维吾尔自治区党委教育工委、自治区教育厅主办的"开好讲好新疆地方思政课，推动学校铸牢中华民族共同体意识教育"——自治区大中小学思政课一体化建设教学研讨会通过线上形式召开。会议旨在推动大中小学思政课一体化建设，提升新疆地方思政课教育教学水平，加强学校铸牢中华民族共同体意识教育。自治区相关高校、科研单位和中小学校的20余位专家学者和一线教师作了交流发言。全疆大中小学相关思政课教师5 000余人参会。来自新疆大学、新疆教育科学研究院、伊犁师范大学、乌鲁木齐八一中学、新疆农业职业技术学院等院校的专家和一线思政教研员分别就大中小学地方思政课铸牢中华民族共同体意识教育路径、《简明新疆地方史》课程教学一体化建设思路等方面进行了深入交流和探讨。围绕会议主旨，大家畅所欲言，提出了具有理论高度和实践深度的见解与建议，为进一步开好讲好新疆地方思政课，推动学校铸牢中华民族共同体意识教育，深化自治区大中小学思政课一体化建设提供了宝贵思路和经验。②

（7）浙江：推进"大中小学思政课一体化建设"，浙工大牵手多所杭州中小学

2022年10月，"大中小学思政课一体化建设"教学研讨会在浙江工业大学屏峰校区举行。杭州濮家小学教育集团沈敏霞老师指出当前思政课"一体化"存在学段衔接不完善、师资力量薄弱、课堂实效性不足等问题。她强调，促进小学思政课发展，要立足校本研究，围绕"道德与法治+"，在日常教学过程中要研磨教材内容，发挥团队优势，顺应课程导向。杭州朝晖中学刘粉莉老师分析了初中学段道德与法治课程的主要

---

① 天津财经大学统计学院.青春献礼二十大|我院举办大中小幼思政一体化建设经验交流会[EB/OL].（2022－10－08）[2023－03－10]. https://mp.weixin.qq.com/s?_biz=MzIOMDYwMDQ2MQ==&mid=2247485729&idx=1&sn=8f6510dd02146aab2fa6d2c55c17b091&chksm=e9191dc3de6e94d59d48e3530f3d84b140a87c46c900fb068a54433053a3a11ec4e247f0a6d6&scene=27.

② 新疆维吾尔自治区人民政府.新疆大中小学思政课一体化建设教学研讨会召开[EB/OL].（2022－10－08）[2023－03－10]. http://www.xinjiang.gov.cn/xinjiang/bmdt/202210/b3fb14847cca476b88bc58e26d9635b2.shtml.

教学内容、教学方法以及学情,指出了初中道德与法治教师应当具备的综合素养。杭州师范大学附属中学吴欣华老师谈了大中小学思政课一体化建设中的"同"与"异"。杭州师范大学附属中学何秋月老师则认为当前存在初高中学段衔接不完善、评价方式不一致等问题,并立足学情,提出了"上好第一课""大单元"意识教学等经验。马克思主义学院思政理论课青年教师陈华波围绕思想政治教育衔接中存在的教育目标抽象、教育内容脱节、教育方法类同等问题,提出上好思政课一定要构建整体学科体系,系统编写教材体系,精心打造教学体系。①

(8)福建:思政一体化凝聚合力　共育有担当时代新人——2022 年晋江市中小学思政课一体化教学研讨暨义务教育道德与法治课标学习活动

2022 年 10 月,晋江市中小学思政课一体化教学研讨暨义务教育道德与法治课标学习活动在清华附中晋江学校成功举办,现场观摩和线上参与的教师共 3 154 人。本次活动以"喜迎二十大,做有担当的时代新人"为题,围绕"责任意识"这一核心素养,分别呈现了小学、初中、高中三节课。晋江市第二实验小学张玉红老师执教"我是班级值日生",通过引导学生明确值日生的职责、探讨解决值日工作中的问题等教学活动,激发了学生乐于承担班级事务的意愿,培养集体责任感和责任担当意识。清华附中晋江学校柯雯芳老师执教"做负责的人",通过引导学生分享自身经历、在问题情境中学习合理选择责任,启发学生在自我反思的基础上明确并自觉承担自己的责任。晋江第一中学郑晓东老师执教"中国特色社会主义"综合探究一"回看走过的路　比较别人的路　远眺前行的路",引导学生通过探讨找寻中国特色社会主义道路成功的秘密,劝诫学生应以百年为奋斗新起点,勿忘昨天的苦难与辉煌,无愧今天的使命担当,不负明天的伟大梦想。②

(9)青海:青海开放大学召开思政教学教研活动暨优秀思政课教师联盟成立大会

2022 年 11 月,青海开放大学在线召开思政教学教研活动暨优秀思政课教师联盟成立大会。与会人员围绕思政理论课的专题教学、实践教学和课程思政方面展开讨

---

① 钱江晚报.推进"大中小学思政课一体化建设",浙工大牵手多所杭州中小学[EB/OL].(2022-10-16)[2023-03-10]. https://baijiahao.baidu.com/s?id=1746836559595047639&wfr=spider&for=pc.

② 晋江市教师进修学校.思政一体化凝聚合力　共育有担当时代新人——2022 年晋江市中小学思政课一体化教学研讨暨义务教育道德与法治课标学习活动[EB/OL].(2022-10-14)[2023-03-10]. https://www.jjjxxx.com.cn/jyxdt/12760.htm.

论，海北电大张青兰老师以《思想道德与法治》课程为例，围绕开展专题教学、采用多种教学方法、提高教学效果等，提出了切实可行的意见建议。海东电大魏华老师从联盟筹建的积极意义入手，从教师职业发展、提升教学质量、加强交流合作角度展望了教师联盟的未来发展。青海开放大学脱芸老师从参与北京开放大学教研活动、教学改革、实践教学方面交流了学习的体会感受，提出要从坚持正确政治方向、以学生为中心、加强教学科研三方面入手争做新时代合格的思政课教师。海北电大李有花老师就如何推进课程思政，在润物细无声中达到育人目标谈了具体做法和建议。青海开放大学马进国老师从新任教师角度出发，重点梳理了国内思政课教学发展态势、取得成就、存在的问题，并就如何尽快适应开放教育要求，实现角色转变，增强思政课教学效果提出相关建议。[①]

（10）贵州：贵州师范大学"大中小学思政课一体化教学"主题教研活动

2022年11月，贵州师范大学基础教育研究院携同贵州师范大学附属高中、初中、小学联合开展了"大中小学思政课一体化教学"主题教研活动。本次主题教研活动的第一阶段由贵州师范大学附属中学思政课教师罗素梅、贵州师范大学贵安附属初级中学思政课教师吴锦琼、贵州师范大学贵安附属小学思政课教师杨明玥，分别就"在实践中追求和发展真理""认识总体国家安全观""公共生活靠大家——建立良好的公共秩序"进行观摩课展示。三位老师面向高中、初中、小学三个学段，针对不同年龄段的学生特点，聚焦深度学习开展教学，就如何推进大中小学思政课一体化建设进行了有效探索。第二阶段是大中小学思政课教师联合研讨。三位授课教师分别进行了说课，初中部的范向东书记进行了专家点评，他表示三位思政课教师的教学活动准确深刻、条理清晰、生动有趣，教学设计、课堂实施、课程选材、活动开展体现学生主体性、教师主导性、教学实践性、教学艺术性的有机统一。[②]

---

① 青海开放大学.青海开放大学召开思政教学教研活动暨优秀思政课教师联盟成立大会[EB/OL].（2022-11-25）[2023-03-10]. https://cms.pt.ouchn.cn/publish/sxw/fbxw/848607b32a4c43dabfa924aae2b1a8be.htm.

② 贵州师范大学附属中学.贵州师范大学"大中小学思政课一体化教学"主题教研活动在我校开展[EB/OL].（2022-12-02）[2023-03-10]. https://mp.weixin.qq.com/s?_biz=MzUzNjc3MDAxMA==&mid=2247488806&idx=1&sn=e79b2b7a204df4c5f4a323abfdd88053&chksm=faf07193cd87f885808312b9f1b96652666115c23eb4bd26e3207d2a8407760b54b2f3bd59e5&scene=27.

（11）新疆：新疆大中小学思政课一体化建设暨党的二十大精神进课堂教学研讨会

2022年12月,新疆大中小学思政课一体化建设暨党的二十大精神进课堂教学研讨会召开。研讨会分为主会场和小学、初中、高中三个分会场,来自全疆大中小学及科研单位的20余位专家学者和一线教师作了交流发言,全疆大中小学相关思政课教师750余人在线参加了会议。研讨会上,新疆艺术学院党委常委、宣传部部长周达疆,克孜勒苏职业技术学院党委书记李东河作开幕致辞,自治区思想政治理论课王超名师工作室主持人王超、新疆艺术学院马克思主义学院历史教研部主任孙梅、附属中等艺术学校教师林雪进行主旨发言。克州实验小学、第一中学、第二中学以及阿合奇县同心中学和乌鲁木齐市第五十一中学的八名教师进行了优秀课例分享,乌鲁木齐市水磨沟区教育研究室思政教研员王霞、马艳玲,新疆农大附中思政教研组组长韦晓光对课例进行了点评。四个会场代表于婧、贾元元、张兵、叶玟伸等专家教师分别做了总结发言,围绕会议主旨,提出了具有理论高度和实践深度的意见与建议。①

（12）海南：2022年海南省第四届学校思想政治工作学术论坛

2022年12月,2022年海南省第四届学校思想政治工作学术论坛在海口举行,省委常委、宣传部部长、副省长王斌出席会议并讲话。王斌指出,全省各类学校思政工作者要深入学习贯彻党的二十大精神,切实增强政治自觉、思想自觉和行动自觉,先学一步深学一层,既要当好学习贯彻党的二十大精神的排头兵、先锋队,也要当好宣传员、推动者;要深刻理解习近平总书记关于思想政治工作的重要论述,准确把握学校思想政治工作面临的风险挑战;要完善思想政治工作体系,推进大中小学思想政治教育一体化建设,聚焦聚力重点攻坚,把思想政治工作贯穿于学校教育管理的全过程,推动新时代高校马克思主义学院内涵式发展,充分发挥马克思主义理论学科在意识形态中的指导作用,打造政治素质过硬、业务能力精湛、育人水平高超的思政课教师队伍。本次论坛设置了主题报告、座谈交流、集体备课活动等三个部分,围绕将党的二十大精神融入大中小学思政课等主题进行了深入探讨。来自省内外多家高校的专家学者及师生

---

① 新疆艺术学院马克思主义学院.新疆大中小学思政课一体化建设暨党的二十大精神进课堂教学研讨会召开［EB/OL］.（2022－12－11）［2023－03－10］. https://www.xjart.edu.cn/2022/1212/c1523a13926/page.htm.

代表等 100 余人参加论坛。①

（13）江苏："南通市大中小学思政课一体化建设"通师高专联盟主题教研活动

2022 年 12 月，南通师范高等专科学校举办了"南通市大中小学思政课一体化建设"南通师范高等专科学校联盟主题教研活动。活动由该校马克思主义学院具体承办。研讨会上，南通师范高等专科学校附小校长、江苏省特级教师、正高级教师、江苏省大中小学思政课一体化建设专家指导委员会委员帅宁华，做专题讲座"指向核心素养的道德与法治课堂实践"。帅教授围绕相关政策法规，对义务教育阶段道德与法治课程的性质、理念、核心素养等做了独到的解读；还结合自己的教学实践，就指向核心素养培养的道德与法治课堂如何实施进行了详细的辅导。海门区育才小学黄淋琳老师执教了《习近平新时代中国特色社会主义思想学生读本》中的"我们的中国梦"这一课。议课评课阶段，徐金祥、帅宁华、左秀丽、毛东进、陆建、黄淋琳等老师就如何针对不同学段学生执教读本展开了热烈的讨论交流、发表了各自的见解。活动最后，南通市教育局基础教育处蒋卫星处长作工作总结。②

（14）重庆：重庆市高校思政课手拉手共建活动第九组大中小学思政课一体化建设研讨会

2022 年 12 月，重庆财经学院举办 2022 年重庆市高校思政课手拉手共建活动第九组大中小学思政课一体化建设研讨会暨第十届重庆财经学院"大思政课"铸魂育人系列活动总结表彰会。重庆市巴南区教委副主任苏建新在致辞中高度评价了重庆财经学院为推动巴南区思政课大中小学一体化所做出的努力，并提出四点建议。会议通过视频回放及作品展示的方式，对重庆财经学院"大思政课"铸魂育人系列活动开展的具体情况及所取得的育人成效进行了可视化展示。会上公布了在本届"大思政课"铸魂育人系列活动中各板块的获奖名单，参赛师生代表分享了他们参与此次活动的经过及活动感悟。随后，会议重点围绕大中小学思政课一体化建设展开深入研讨。③

①　海南日报.2022 年海南省第四届学校思想政治工作学术论坛举行［EB/OL］.（2022－12－13）［2023－03－10］. https://www.hainan.gov.cn/hainan/ldhd/202212/150d9f00aaae4745a637c2d76fc0fcb8.shtml.

②　南通师范高等专科学校.马院举办"南通市大中小学思政课一体化建设"通师高专联盟主题教研活动［EB/OL］.（2022－12－15）［2023－03－10］. http://mksxy.ntnc.edu.cn/2022/1215/C197a22190/page.htm.

③　重庆财经学院.重庆市高校思政课手拉手共建活动第九组大中小学思政课一体化建设研讨会暨第十届重庆财经学院"大思政课"铸魂育人系列活动总结表彰会成功举行［EB/OL］.（2022－12－28）［2023－03－10］. http://www.cfec.edu.cn/info/1053/22654.htm.

（15）青海：首届西部高校思政课教师研修论坛召开

2022年12月，青海省"党的二十大精神融入思政课教学研讨会暨首届西部高校思政课教师研修论坛"召开。活动旨在深入学习宣传贯彻党的二十大精神，推进习近平新时代中国特色社会主义思想"三进"工作，深化学校思政课改革创新，推动青海省大中小学思政课一体化建设，引导广大学者和思政课教师更加有效地推进以党的创新理论铸魂育人，全面落实立德树人根本任务。来自清华大学、北京大学、上海交通大学、吉林大学、四川大学、青海"两弹一星"干部学院、青海原子城纪念馆等省内外高校、科研院所、思政课校外实践基地共30余家单位专家学者参加论坛。青海省教育厅立足省情教情，坚持把学习宣传贯彻党的二十大精神作为教育系统当前和今后一个时期首要政治任务，指导各地各校开展学习宣传、融入教育教学、深化研究阐释、广泛宣讲巡讲、狠抓入脑入心、推动落地见效，确保党的二十大精神在全省教育系统落地生根。①

（16）四川：大中小学齐发力　推动"大思政课"一体化建设

2022年12月，成都市大中小学党建与思政教育研究中心在市教科院组织开展了以"教育、科技、人才是全面建设社会主义现代化国家的基础性、战略性支撑"为主题的大中小学思想政治课教研活动。集体备课成果展示后，周玫老师以"小学思政集体备课备什么"为主题进行点评和讲解。何博老师以"以活动型学科课程，推进党的二十大精神进中学、进教案、进课堂、进学生头脑"为主题，谈到党的二十大精神进中学的必要性、重要性，分析了"活动型学科课程"的内涵、特点与实施要求。四川师范大学马克思主义学院陈驰院长提出授课教师要以内容为王、敢于创新，在教法、备课中要思考如何去培养学生的爱国情怀和报国志向，提倡和鼓励大学进行"专题式教学"，在教学效果的评价方面要注重多元化。活动最后，成都大学马克思主义学院院长、成都市大中小学党建与思政教育研究中心大学研究中心主任屈陆教授表示，思政课教师要结合不同学段学生的年龄身心特点，讲深、讲透、讲活二十大精神，让学生真学、真信、真用。②

---

① 中国教育报.首届西部高校思政课教师研修论坛召开[EB/OL].（2022－12－22）[2023－03－10].https://baijiahao.baidu.com/s?id=1752925527959974161&wfr=spider&for=pc.

② 封面新闻.成都：大中小学齐发力推动"大思政课"一体化建设[EB/OL].（2022－12－09）[2023－03－10].https://www.163.com/dy/article/HO5JH7AE0514D3UH.html.

2.集体备课与课堂展示

习近平总书记多次强调,要用好课堂教学这个主渠道,思想政治理论课要坚持在改进中加强,提升思想政治教育亲和力和针对性。一年来,各省市自治区为各级各类学校的思政课教师提供了丰富的集体备课和课堂展示机会,促进大中小学思政课教师相互合作、专业发展和共同进步成长,不断推动新时代思政课高质量发展。

（1）河南:2022年春季开学思政第一课暨大中小学思政课集体备课活动线上直播

2022年2月,河南2022年春季开学思政第一课暨大中小学思政课集体备课活动进行了线上直播。河南省大中小学思政课一体化建设指导委员会专家组组长、河南师范大学马克思主义学院院长蒋占峰在点评中指出,河南省大中小学思政课一体化建设工作在省委教育工委、省教育厅的领导下百花争艳,初见成效,此次集体备课活动中,四位主讲老师展示出了各自的特色和优势,课程设计体现了大中小学思政课一体化、遵循了学生的成长规律。这场集体备课活动在全省思政课教师队伍中引发了热烈反响。观看秋季开学思政第一课后,郑州轨道工程职业学院思政课教师何家欢说:"此次集体备课活动令我受益匪浅、感触颇丰。我将把北京冬奥折射出的文化自信、体育精神和中国力量生动地呈现给学生,激励他们将爱国情、强国志、报国行自觉融入中国特色社会主义事业。"①

（2）黑龙江:黑龙江省大中小学思政课一体化建设联校集体备课会举行

2022年5月,黑龙江省"大中小学思政课一体化建设联校集体备课会"顺利举行,黑龙江省高校思想政治理论课第一片区思政课教师、省内部分高校马院教师、部分中小学思政课教师300余人参加了备课会。备课会第一阶段,特邀上海师范大学马克思主义学院院长张志丹以"推进大中小学思政课一体化建设的探索与未来走势"为题进行专题辅导。备课会第二阶段,哈尔滨市第三中学副校长何显贵以"建设基于党建引领的普通高中大思政课体系"、哈尔滨师范大学马克思主义学院副院长白夜昕以"大力加强大中小学思政课一体化建设"、哈尔滨市第一中学思政课教师于双以"大中小思政课一体化中高中思想政治课的教学特点及存在的问题"、哈师大附中思政课教师于佳以"'大中小思政课一体化'的实践与探索"、哈尔滨师范大学马克思主义学院思

---

① 河南省教育厅.省委教育工委、省教育厅举行2022年春季开学思政第一课暨大中小学思政课集体备课活动线上直播[EB/OL].(2022-03-02)[2023-03-10]. http://jyt.henan.gov.cn/2022/03-02/2407579.html.

政部副主任梁巍以"浅谈'简单重复'向'有效重复'的飞跃——以大学学段'原理'课教学为例"为题做了精彩的交流发言。①

（3）云南：大中小学思政课教师同备一堂课——曲靖市积极探索大中小学思政课一体化建设

2022年6月，为推动曲靖市大中小学思想政治理论课高质量发展，深化新时代学校思想政治理论课改革创新，统筹推进全市大中小学思政课一体化建设工作，曲靖师范学院与曲靖市教育体育局联合举办曲靖市2022年春季学期大中小学思政课教师"同备一堂思政课"活动。此次活动以"弘扬伟大建党精神，献礼二十大"为主题，充分发挥课堂教学主渠道作用，以学习宣传贯彻党的十九届六中全会精神为重点，以弘扬伟大建党精神为主要内容，整合各种资源，把思政小课堂同"社会大课堂"有机结合，着力增强思政课的思想性、理论性和亲和力，落实立德树人根本任务，迎接党的二十大胜利召开。②

（4）宁夏：大中小学思政课教师"手拉手"集体备课

2022年8月，宁夏举办大中小学思政课教师习近平新时代中国特色社会主义思想一体化集体备课会。特邀武汉大学马克思主义学院专家教学团队现场授课，全自治区高校马克思主义学院院长和全自治区大中小学思政课教师代表近200人参加活动。为期4天的集体备课会安排了2场主旨报告、11场专题讲座、2次社会实践教学活动以及8名思政课教师分享感悟，备课内容充实，教学活动紧凑。"此次集体备课会既有理论性研究，又有实践性探索；既有一线的经验，又有原创性成果；既有新思维，也有大视野。个人感觉受益匪浅，提高了理论素养，点亮了教学思维。"银川一中教师檀向杰说。③

（5）辽宁：2022年秋季开学思政第一课暨大中小学思政课一体化建设集体备课会

2022年9月，由辽宁省教育厅主办，渤海大学马克思主义学院和大连理工大学马克思主义学院承办的2022年秋季开学思政第一课暨大中小学思政课一体化建设集体

① 黑龙江网.黑龙江省大中小学思政课一体化建设联校集体备课会举行[EB/OL].（2022-05-15）[2023-03-10].https://baijiahao.baidu.com/s?id=1732882205195119035&wfr=spider&for=pc.
② 曲靖市教育体育局.大中小学思政课教师同备一堂课——我市积极探索大中小学思政课一体化建设[EB/OL].（2022-06-30）[2023-03-10].https://www.qj.gov.cn/html/2022/bmdt2_0630/102866.html.
③ 中国教育报.宁夏大中小学思政课教师"手拉手"集体备课[EB/OL].（2022-08-29）[2023-03-10].https://baijiahao.baidu.com/s?id=1742474675928975342&wfr=spider&for=pc.

备课会在云端召开。辽沈战役纪念馆党组书记、馆长刘晓光作了报告，刘晓光依据丰富详实的史料，全面阐述了辽宁作为"解放战争转折地"的历史成因、伟大意义和时代价值，从系统化、个性化、立体化三个角度提出了红色资源融入思政课的有效路径，并为思政课教师在教学中讲好党的故事、革命的故事、英雄的故事，教育引导学生传承红色基因、赓续红色血脉提出了有针对性的建议。会议强调，要推动党史学习教育常态化长效化，把红色基因传承下去。全省大中小学要充分发挥红色文化资源在辽宁省思政课建设中的重要作用，打造具有辽宁特色的思政课品牌，开创辽宁思政课创新发展的新局面。①

（6）山西：山西医科大学牵头举办吕梁片区大中小学思政课一体化建设教师集体备课会

2022年10月，山西医科大学作为吕梁片区大中小学思政课一体化建设的牵头高校，与吕梁市教育局、吕梁学院联合主办了"吕梁片区大中小学思政课一体化建设教师集体备课会"。山西医科大学党委副书记、山西省大中小学思政课一体化建设专家指导组副组长彭月兰教授出席并致开幕辞，山西医科大学马克思主义学院院长、山西省大中小学思政课一体化建设专家指导组成员苏果云教授主持了开幕式，线上参会人数近300人。会议围绕如何将"坚持人民至上"中国共产党百年奋斗的重大历史经验融入思政课教学，小学、初中、高中、大学各学段四位思政课教师进行了教学展示，四位不同学段的专家进行了点评、互评。王慧燕老师主讲了"坚持以人民为中心的发展思想"，特邀嘉宾同济大学马克思主义学院姚莉萍副教授作了题为"承续衔接，协同育人——统筹推进大中小思政课一体化建设的探索"的学术分享。在备课会最后，山西医科大学作为牵头高校，提出了下一步工作思路。②

（7）湖南：大中小幼思政课一体化共商共建打造红色"大思政课"湖湘样本

2022年11月，大中小幼思政课手拉手一体化建设集体备课会举行。此次会议的主题为"用好红色资源　赓续红色血脉"，12个共建单位的领导、嘉宾参加活动。集体

---

① 中央广电总台国际在线.辽宁举办2022年秋季开学思政第一课暨大中小学思政课一体化建设集体备课会[EB/OL].（2022 - 09 - 03）[2023 - 03 - 10]. https://ln.cri.cn/n/20220903/32bf331a-c002 - baba-5fcc-6a0c474fc671.html.

② 山西医科大学.我校牵头举办吕梁片区大中小学思政课一体化建设教师集体备课会[EB/OL].（2022 - 10 - 25）[2023 - 03 - 10]. http://www.sxmu.edu.cn/info/1050/32699.htm.

备课会上,湖南工商大学马克思主义学院党委副书记、副院长聂智和大家分享了学习党的二十大报告中关于"用好红色资源"重要论述的心得体会,深入解读了走近湖湘红色人物,用好湖湘红色资源的重大意义。长沙市教科院党委委员、规划发展室主任袁苍松围绕"用好红色资源——讲有风景的思政课"发言,分享了包括统筹区域资源、明确活动定位、具化教学载体等在内的传承红色基因之长沙经验。湖南大众传媒职业技术学院马克思主义学院院长王利华展示了具有传媒特色的"用好红色资源,开展'五我'实践"活动成果。《走近湖湘红色人物》课程组成员贺子姮现场进行了慕课演示,李琬琼分享了慕课录制的心得体会。各单位教师代表围绕主题进行了精彩的微课、慕课展示和集体研讨。①

（8）宁夏:踔厉奋发　笃行致远——石嘴山市思政名师工作室展示交流活动

2022 年 11 月,石嘴山市中小学思政课建设联盟、石嘴山市师资培训中心对 2021 年 10 月命名的五个思政名师工作室开展"线下＋线上"相结合的中期展示交流活动。交流探讨共成长,精研善思谱新章。在此次展示交流活动中,各工作室紧扣"研修一体,共同成长"这一主题,围绕工作室的建设、成员的培养、主题的推进及取得的成绩等方面,进行了汇报交流和课例展示,彰显了工作室的特色亮点,突出了体系规章健全、工作任务明确、理论实践双并修的工作体系,拓宽了集体研修的视野,调动工作室各方面的积极性,同向发力、同频共振。②

（9）山西:互学互鉴　共享共融　铸魂育人　一体推进——杏花岭区"党的二十大精神融入大中小学思政课教学"集体备课活动

2022 年 12 月,为落实太原市教育局关于组织开展"党的二十大精神融入大中小学思政课教学"集体备课活动的相关要求,推动全区中小学师生深入学习贯彻党的二十大精神,杏花岭区教育局通过腾讯会议线上直播的方式组织开展了主题为"中国共产党自我革命的内在逻辑与时代价值"的集体备课活动。从理论的思考到实践的探

①　红网时刻新闻.大中小幼思政课一体化共商共建打造红色"大思政课"湖湘样本[EB/OL].(2022 - 11 - 05)[2023 - 03 - 10]. https://baijiahao.baidu.com/s?id=1748662497348849476&wfr=spider&for=pc.

②　石嘴山市教育体育局.踔厉奋发　笃行致远——石嘴山市思政名师工作室展示交流活动[EB/OL].(2022 - 11 - 16)[2023 - 06 - 30]. https://mp.weixin.qq.com/s?_biz=MzAxOTc3NTc0OA==&mid=2651211496&idx=1&sn=3912cbbb9bb7d8ac13c7d72b812b99c3&chksm=80330e83b744879526c7cb1f0df8211099851d670af471c49e6ceaac7959cf849f40ff0daf99&scene=27.

索,从思想的交融到智慧的碰撞,大中小学的思政课教师们共研共思,互学互鉴,为积极推进思政课程一体化建设续写了新的篇章,也为在屏幕前聆听、学习的思政课老师们带来了更开放的视野,更新的思路,更多的实践思考。①

（10）江西:"九江市大中小学思政课一体化建设"听课磨课活动

2022年9月,由九江市教育科学研究所主办,九江市同文中学协办的"九江市大中小学思政课一体化建设"听课磨课活动在同文中学图书馆录播教室顺利举办。来自九江职业大学、九江市中心城区"大中小学思政课一体化建设"首批参研骨干教师近五十人参加了此次活动。会议由九江市同文中学思政教研组组长钟璟主持。会上,小学、初中、高中、大学各参训学段的老师们紧扣思政主题,基于本学段教材特点,呈现了一堂堂精彩生动的思政课。各学段思政课老师的不同演绎,为探索思政课一体化建设提供了一次次生动的实践。会后,九江市教科所思政教研员代表林琼主任介绍九江市"大中小学思政课一体化建设"的基本情况,与大家一起分享了在初启动阶段经历的挑战与考验。②

① 田志忠,任凤英.互学互鉴　共享共融　铸魂育人　一体推进——杏花岭区"党的二十大精神融入大中小学思政课教学"集体备课活动纪实［EB/OL］.（2022－12－13）［2023－03－10］. https://baijiahao.baidu.com/s?id=1752075407113385837&wfr=spider&for=pc.
② 九江市教育科学研究所,九江市同文中学.九江市大中小学思政课一体化建设活动［EB/OL］.（2022－09－09）［2023－03－10］. http://jyt.jiangxi.gov.cn/art/2022/9/9/art_30396_4137189.html.

第七章

大中小学课程思政一体化建设研究与实践

党的二十大报告指出，"全面贯彻党的教育方针，落实立德树人根本任务，培养德智体美劳全面发展的社会主义建设者和接班人"①。思政课是铸魂育人的主渠道，专业课是立德树人的重要阵地，推动大中小学课程思政一体化是高质量推进思想政治教育一体化、构建"大思政课"建设新格局的应然举措。2019 年 8 月，中共中央、国务院印发《关于深化新时代学校思想政治理论课改革创新的若干意见》，明确指出"整体推进高校课程思政和中小学学科德育"②，强调在中小学基础教育阶段中强调学科德育，面向大学高等教育阶段强调课程思政。面向思政课一体化建设的现实需要，"课程思政"的提出实现了"学科德育"的改进与深化，是课程思政建设衔接贯连得以实现的重要前置条件。课程思政与学科德育不是活动的增设，也不是课程的增开，而是将思想政治教育元素融入其他学科课程教学的全过程、全方面，在润物细无声中实现立德育人的目标。作为新时代落实立德树人中心环节的最基础手段，课程思政与学科德育建设重在发挥思政课程之外其他各类课程的德育功能，以期实现价值塑造、知识传授和能力培养的有机统一，进而达到立德树人的育人目标。统筹推进大中小学学科德育与课程思政一体化建设，是形成协同育人合力、切实提升育人效能的必要前提，也是打造全方位育人格局、形成立体化育人机制的基础性工作。

一、课程思政研究概况

从学科德育到课程思政，是新时代中国特色社会主义教育理论体系的生动实践，是新时代教育发展的理念创新、实践创新与文化创新。2000 年中共中央办公厅、国务院办公厅所颁布的《关于适应新形势进一步加强和改进中小学德育工作的意见》指出：德育要寓于各学科教学之中，贯穿于教育教学的各个环节。由此，学科德育建设

---

① 习近平.高举中国特色社会主义伟大旗帜　为全面建设社会主义现代化国家而团结奋斗——在中国共产党第二十次全国代表大会上的报告（2022 年 10 月 16 日）[M].北京：人民出版社,2022：34.
② 新华视点.中办、国办印发《关于深化新时代学校思想政治理论课改革创新的若干意见》[EB/OL].（2019－08－14）[2023－05－13]. https://mp.weixin.qq.com/s/doOkN3NIWjX7pCfAz8DLeQ.

成为充分调动基础教育阶段各学科教师育德自觉性、整体改进教书与育人割裂的问题的关键举措。随着新时代教育教学改革的方向变化与话语转化，学科德育的学段限制等问题日渐凸显，课程思政的概念应运而生。其以整体性思维为指导，将课程思政育人活动视为一个有机统一体，实现"整体大于部分之和"的合力效果，着力打造集全员、全程、全课程于一体的综合性课程思政育人体系，充分发挥课程思政与思政课程协同育人的集聚效果，将同向同行的要求贯穿于大中小学全过程，为社会输送更多具备优秀道德品质和高尚思想境界的人才。课程思政源于上海高校对2016年全国高校思想政治工作会议精神落实的实践探索。2018年北京大学师生座谈会上，习近平总书记强调"要把立德树人内化到大学建设和管理各领域、各方面、各环节，做到以树人为核心，以立德为根本""要引导教师把教书育人和自我修养结合起来，做到以德立身、以德立学、以德施教"，这些重要论述深化了课程思政认识。2018年全国教育大会突出强调"要把立德树人融入思想道德教育、文化知识教育、社会实践教育各环节，贯穿基础教育、职业教育、高等教育各领域，学科体系、教学体系、教材体系、管理体系要围绕这个目标来设计，教师要围绕这个目标来教，学生要围绕这个目标来学。凡是不利于实现这个目标的做法都要坚决改过来"。这些重要论述进一步明确了课程思政建设的基本内涵。

以"课程思政"为主题进行检索，得到了2022年以前发表的核心期刊及以上文献共1683篇，呈逐年上升趋势，集中于2020－2021年间进行发表，并于2021年达到顶峰868篇。（见图7－1）

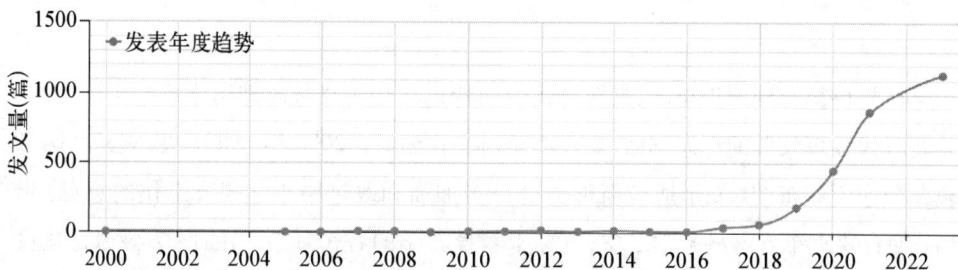

图7－1 "课程思政"发表年度总体趋势

文献主要聚焦于课程思政本体问题、单一学科课程思政建设、课程思政与思政课程协同育人等主题。其一，关于课程思政本体问题。课程思政的本体问题涉及许多方面,但归结起来主要为形式、问题、对策这三个方面。具体而言,石岩等立足于新时代"大思政发展格局",具体探究课程思政建设的现实问题与核心路径①;张亮等以研究生为主体切入课程思政建设,思考目前研究生课程思政建设所面临的困境与对策②;席岩等基于专业课教学背景,强调课程思政建设需要立足于大思政育人格局,从师资、内容、方法与评价体系等维度多措并举,促进课程思政建设③。其二,关于单一学科(专业)思政建设。单一学科思政建设研究主要集中于高等教育阶段,面向具体课程、专业、学科进行多元内容研究。具体而言,吴加权基于高校"双创"教育课程,探究"双创"课程与思政课程同向同行的必要性④;王鑫等以商科教学实践为例探讨商贸类专业进行课程思政建设的实践经验⑤;张敬源等聚焦于外语课程思政教学设计,面向课程育人的教学目标深入探究外语思政课程教学任务的设计与实施⑥。其三,关于课程思政与思政课程协同育人机制。课程思政与思政课程协同育人机制研究聚焦于高等教育阶段,相较而言,中小学仍存在着较大的探索空间。具体而言,罗雅丽立足于高校立德树人的根本任务,基于角色定位、学科知识与师资培育等维度整合梳理课程思政与思政课程得以同向同行的实践理路⑦;韩喜平等通过厘清课程思政与思政课程在协同育人过程中所产生的认识误区,以达成课程思政与思政课程同向同行的育人共识,将协同育人落到实处⑧;马利霞等立足于系统思维视域,将课程思政与思政课程协同育人视为一项系统性工程,以系统层次性、整体性、协同性等基本原则为指导,推动构建协同育人体系⑨。

① 石岩,王学俭.新时代课程思政建设的核心问题及实现路径[J].教学与研究,2021(09):91-99.
② 张亮,廖昀喆.我国研究生课程思政建设的形势、问题与对策——基于南京大学的思考与实践[J].社会科学家,2021(04):150-154.
③ 席岩,张亚南.课程思政视角的专业课教学路径[J].中学政治教学参考,2021(46):91.
④ 吴加权.高校"双创"教育课程思政建设探析[J].学校党建与思想教育,2021(24):45-47.
⑤ 王鑫,饶君华,权小妍.商贸类专业课课程思政建设探索与实践——以"市场营销基础"课程为例[J].中国职业技术教育,2021(29):22-26.
⑥ 张敬源,王娜.基于价值塑造的外语课程思政教学任务设计——以《新时代明德大学英语综合教程2》为例[J].中国外语,2021(02):33-38.
⑦ 罗雅丽.课程思政与思政课程同向同行的逻辑理路[J].中学政治教学参考,2021(48):105.
⑧ 韩喜平,肖杨.课程思政与思政课程协同育人的"能"与"不能"[J].思想理论教育导刊,2021(04):131-134.
⑨ 马利霞,赵东海.系统思维视域下构建思政课程与课程思政协同育人体系[J].系统科学学报,2021(01):47-50,66.

综上所述，关于"课程思政"的理论研究，学界主要聚焦于本体向度、学科维度、协同机制等角度进行探究，具有较高的研究价值与现实意义。尽管"课程思政"是 2019 年以来的研究热点，但在相关文献中已然占据着一定比重，在各学科、多领域中形成较为完备的课程思政研究体系，为学界后续相关研究提供了理论参考。但由于提出时间较短，理论深度与实践经验在客观上较为薄弱，仍需不断地发展完善。从研究内容与发展方向看，随着思政一体化、大思政等相关理念的提出，"课程思政一体化"逐步受到学界重视。通过对课程思政相关研究成果进行梳理，不难发现文献对于"一体化"都有着一定程度的涉及，或立足于"大思政"育人格局，或面向于协同育人机制探究，实现了"课程思政一体化"的初步探索研究。基于此，及时梳理课程思政相关成果与研究进程，是课程思政一体化建设研究得以全面深化的先决条件，也是推进课程思政一体化高质量建设的重要前提。

二、课程思政一体化年度研究进展

2022 年，大中小学课程思政一体化建设研究取得丰硕成果。本文的研究数据选自中国知网（CNKI）收录的核心期刊及 CSSCI 来源期刊（含 CSSCI 拓展版本）。通过设定搜索条件，分析年度文献计量、主题分布、研究热点等内容，并在此基础上展望未来研究趋势。

（一）年度文献计量与主题分布

由于课程思政话语体系的多元多样性，为了保证文献分析的全面性，以中国知网（CNKI）为数据源，分别以"课程思政""学科德育""课程育人""学科育人"合并"一体化"为主题词进行检索，将时间选定为 2022 年，共得到中文核心期刊及以上文献 43

篇。在总体指标方面,43 篇文献的总参考数为 38,总被引数为 170,总下载次数 70 130。(见表 7-1)

表 7-1　总　体　指　标

文献数	总参考数	总被引数	总下载数	篇均参考数	篇均被引数	篇均下载数
43	38	170	70 130	0.88	3.95	1 630.93

1. 主题分布

在主题分布方面,文献共聚焦了 30 个主题。整体而言,聚焦于"课程思政""思政课""大中小学""一体化建设"等核心主题词及其引申研究,具体化探究课程思政一体化建设的实践指向,如"优化路径""实践理路"等,重视课程思政的育人指向,如"思政育人""时代新人""人才培养"等。除此之外,在学科思政一体化建设中,"体育课程思政"一体化建设研究与实践取得了较为显著的成效,值得进一步重点关注。(见图 7-2)

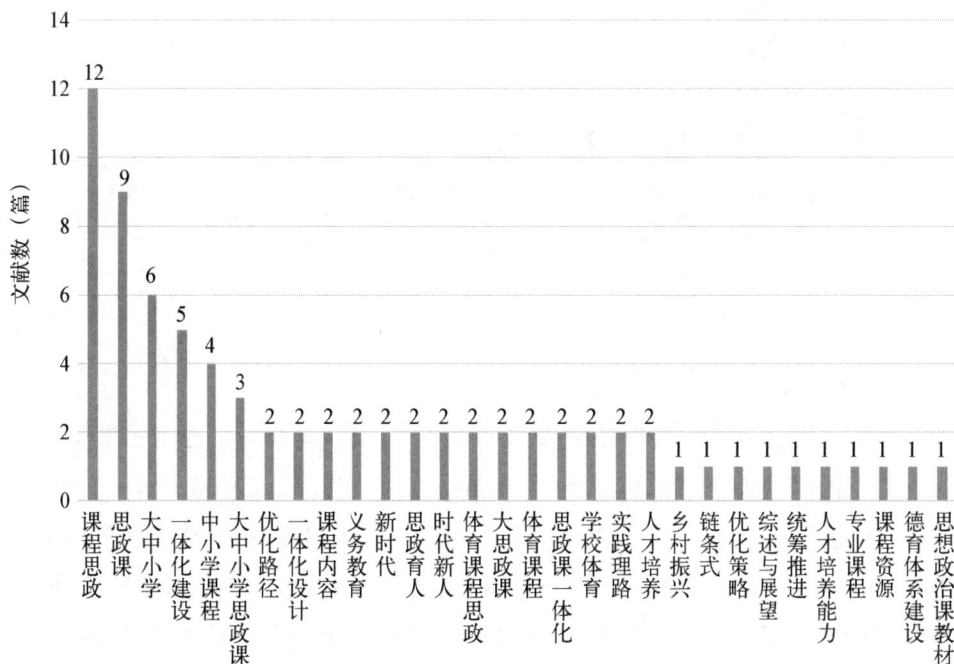

图 7-2　主题分布

2. 学科分布

在学科分布方面,文献共聚焦了10个学科。其中,"教育理论与教育管理"占据文献数量的多数,这是因为大中小学课程思政一体化建设研究隶属于教育教学研究。随后,"中等教育"与"高等教育"占据文献数量的大多数,可见大中小学课程思政一体化建设研究面向纵向的学段主体存在着不平衡性,主要聚焦于中学、大学学段研究,小学学段的研究则有所欠缺。在专业、课程的横向配合方面,体育、会计、经济、医学、文学领域课程思政一体化建设有一定的成效,从侧面表现出课程思政建设影响力辐射力较强,带动多学科多课程开展课程思政建设。(见图7-3)

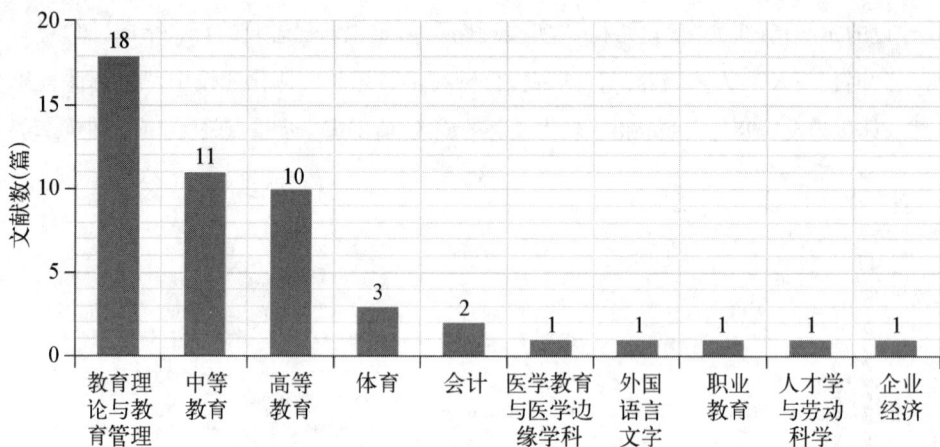

图 7-3　学科分布

3. 机构分布

在机构分布方面,文献发布共涉及30个机构。总体而言,大中小学课程思政一体化研究集中于高等院校的师范类学校中,其中华东师范大学、北京师范大学居于前列,这表明高等院校,尤其是师范类院校是推进大中小学课程思政一体化建设研究的主力军,且在一体化建设链条中多处于指导地位。除此之外,通过分析机构所处地区,可以发现大中小学课程思政一体化建设研究得到了全国各地的关注,相关研究遍及各个地区,尤其是上海、北京地区。(见图7-4、图7-5)

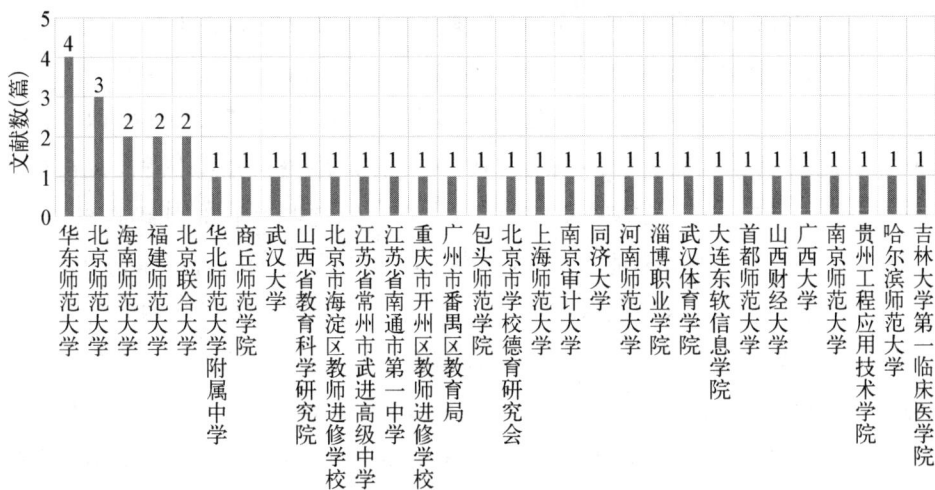

图7-4 机构分布

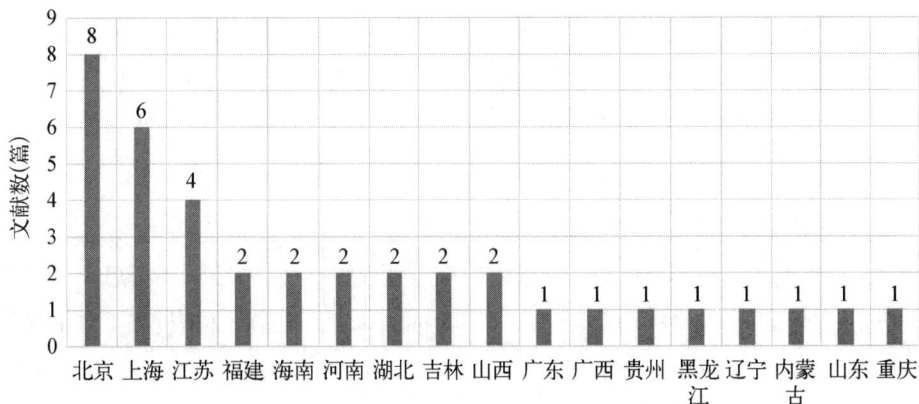

图7-5 地区分布

(二)年度研究热点分析

2022年,关于大中小学课程思政一体化建设的研究热点主要集中在大中小学课程思政一体化的理论依据、现状研究、实践理路三个方面。

1.大中小学课程思政一体化建设的理论依据

大中小学课程思政一体化建设在理论依据层面的研究主要集中于大中小学课程

思政一体化建设的概念界定、理论基础与价值意蕴等角度展开，具体如下。

（1）大中小学课程思政一体化建设的概念界定

第一，"大中小学课程思政一体化"的概念界定。学界对于"大中小学课程思政一体化"的概念界定主要基于对"课程思政"内涵的准确把握，探究课程思政在具体实践方面的一体化设计。倪朝辉等以课程思政的内涵把握为基础，明确提出"从课程建设、教材建设、教师教学能力培养和评价体系制定等方面进行一体化设计"①，为大中小学课程思政一体化的概念界定提供了具体化的教学实践指向。赵复学等基于体育课程思政实践探索，从宏观视角将课程思政一体化建设概括为"跨学段和全学段一体化建设模式"。②许瑞芳将大中小学课程思政一体化视为一个复合型概念，从"纵向衔接、横向协同、价值规范"三个层面把握大中小学课程思政一体化，实现概念的结构性、逻辑性厘清。③陆道坤将大中小学课程思政一体化的概念界定为"基于学生发展阶段性、连续性、渐进性构建学段有机衔接、课程思政与思政课程'同向同行'一体化、全贯通的课程思政体系"④，实现大中小学课程思政一体化内涵的明晰界定。目前，学界关于"大中小学课程思政一体化"的概念界定尚未明晰，需要进一步加强这一方面的理论研究，为大中小学课程思政一体化顶层设计落地提供学理支撑。

第二，"课程思政"与"学科德育"的概念明晰。从概念上明晰"课程思政"与"学科德育"以探究其相通契合点与衔接贯通的可能性，是深化大中小学课程思政一体化建设的应然之举。许瑞芳指出学科德育的核心词是学科，是面向基础教育阶段中具体的教学科目，而高等教育阶段面向学问性质进行学科划分，二者的关涉对象各有侧重，进而导致学科德育在推进深化的过程中面临着大中小学学段贯通的困境，课程思政便是在这样的境况下应运而生的。可以说，课程思政是在继承和发展学科德育理论成果

---

① 倪朝辉，刘彬，贺丹，等.基于教材建设及专业课程内容的课程思政一体化设计的思考与探索[J].中国免疫学杂志，2022（10）：1254－1256.

② 赵富学，黄莉，吕钶.体育课程思政研究的热点归集、问题聚焦及未来走势[J].武汉体育学院学报，2022（05）：22－28.

③ 许瑞芳.新时代大中小学课程思政一体化的内涵、难点及进路[J].新疆师范大学学报（哲学社会科学版），2022（03）：59－68.

④ 陆道坤.新时代大中小学课程思政一体化的内涵、难点及优化路径[J].新疆师范大学学报（哲学社会科学版），2022（02）：38－48.

的基础上产生的,是学科德育深化阶段的理论成果。① 段威等依托有关政策文件,分别对学科德育和课程思政进行历史追溯,通过探究党和国家有关文件面向学科德育和课程思政的使用语境,强调学科德育适用于基础教育阶段,且侧重于道德修养养成的教育,而课程思政则面向高等教育阶段,面向理想信念教育。② 陆道坤强调"学科德育"向"学科(课程)思政"的转向是构建大中小学课程思政一体化的语境前置条件,因此中小学学段的"学科德育"必然要向高校阶段的"学科(课程)思政"转变,二者是不同学段下的统一概念。③ 可见,学界基于探究联系点、分析区分点、把握同一点等多重视角明晰"学科德育"与"课程思政",基本核心概念的明晰客观上为大中小学课程思政一体化的落地提供了学理支撑。

(2) 大中小学课程思政一体化建设的理论基础

学界关于大中小学课程思政一体化建设的理论基础较为丰富,主要集中于"三全育人"理念、"教育性教学"理论、外溢理论、组织生态理论、圈层理论与协同理论、蔡元培德育观等。

"三全育人"理念被学界广泛运用于建构大中小学课程思政一体化中,张凤翠等强调"三全育人"理念从育人主体、育人过程及育人方位等层面为课程思政一体化体系建设提供方向指引④;殷世东等阐述"三全育人"为育人格局下课程思政文化自觉共同体的整体架构⑤;吴晓云等围绕"大思政课"格局建构,将课程思政与思政课程相结合、思政小课堂与社会大课堂相结合,开创全员全程全方位的"三全育人"模式⑥。

赫尔巴特的"教育性教学"理论与课程思政一体化建设要求有着高度的逻辑关联

① 许瑞芳.新时代大中小学课程思政一体化的内涵、难点及进路[J].新疆师范大学学报(哲学社会科学版),2022(03):59-68.
② 段威,李真,赵全红.新时代中等职业学校"课程德育"探析——以烟台市为例[J].中国职业技术教育,2022(17):55-60.
③ 陆道坤. 新时代大中小学课程思政一体化的内涵、难点及优化路径[J].新疆师范大学学报(哲学社会科学版),2022(02):38-48.
④ 张凤翠,邬志辉."三全育人"视域下高校课程思政建设研究[J].社会科学战线,2022(04):265-270.
⑤ 殷世东,余萍,张旭亚.课程思政话语体系的历史演进、课程论意义及其未来路向[J].中国教育科学(中英文),2022(02):95-106.
⑥ 吴晓云,李珍琦.论大中小学思政课一体化建设的课程观创新[J].中国教育学刊,2022(11):43-48.

性。唐东阳等基于"教育性教学"理论全员育人的实质要求,强调全体教职工,尤其是各个学科教师都要正确处理好教学与育人的关系,通过积极的沟通与交流形成合力推动学生实现更高层次的飞跃。①

外溢理论作为阐述一体化进程的动态理论图式,张慧等将其应用于共建大思政格局共建中,强调在课程思政育人体系构建中,思想政治教育所负载的育人功能经由全课程、全主体、全方位发生外溢,深化课程思政功能性外溢需要涵养合力育人文化、创立育人共同体。②

组织生态理论以种群组织、种群之间的关系、种群与环境的关系厘清思政课教师种群与非思政课教师种群之间的关系,胡姝等强调思政课教师与非思政课教师面临"开发思政元素、综合育人"的共同任务③,唯有开展合作,方能推进课程育人功能的发挥,构建教师共同体。

圈层理论与协同理论是姜凤敏等基于高校课程思政建设零碎化发展困境的诉求所提出的理论模型,要求高校在大中小学课程思政一体化建设的背景下探究育人课程、育人主体、育人功能协同模型的落实与运行。④

蔡元培德育观在德育落实方面提供诸多启示,李宜江结合蔡元培德育观强调要健全学校、家庭、社会协同育人机制,完善课程育人共生机制⑤,实现立德树人机制的贯彻落实。

可见,大中小学课程思政一体化建设具有坚实的理论基础,为推动一体化课程思政建设提供强大的学理优势,推动大中小学课程思政一体化建设提供多角度的思想方法与工作方法。

（3）大中小学课程思政一体化建设的价值意蕴

学界关于大中小学课程思政一体化建设的价值意蕴阐述主要从三个方面展开,分别是实现课程思政与思政课程横向联合、推动学科课程思政建设纵向对接、提升立德树人育人实效。

---

① 唐东阳,龚晨."教育性教学"理论对体育课程思政的学术观照与实践指导[J].山东体育学院学报,2022(05):69-76.
② 张慧,石路.课程思政的功能性外溢及实现路径[J].教育理论与实践,2022(15):19-23.
③ 胡姝,张广斌,张志勇.组织生态视阈下中小学思政课教师专业发展的困境与策略——基于2020年度全国中小学德育调查[J].教育科学研究,2022(08):71-77.
④ 姜凤敏,张良,包启明.高校课程思政圈层协同模型重构研究[J].学习与探索,2022(11):82-88.
⑤ 李宜江.蔡元培德育观及其对立德树人落实机制的启示[J].齐鲁学刊,2022(04):82-90.

第一，实现课程思政与思政课程横向联合。高晓峰立足于体育学科教学敏锐指出思政教育在其他学科运用的不充分、不融洽、不自觉等现象，一体化、结构化的课程思政教学体系构建有利于发挥各类课程与思政课程的协同育人效应。① 柳叶青基于职业院校工作特点，阐明课程思政体系建设推动专业教育与思想政治理论课同向同行，有利于破解思政教育与专业教育"两张皮"的难题。② 楚国清等立足于"大思政课"格局统筹推进课程思政与思政课程协同育人③，并将其作为新时期高校思想政治工作的创新举措与重要抓手。罗亚莉强调课程思政一体化建设中的协同育人衔接机制是思政课程与课程思政协同形成连续性和有序化状态的保障。④ 吴晓云等基于课程思政一体化建设所建构的全学科课程体系，阐明思政课与其他学科课程同向同行的共时性关系⑤，形成协同育人效果。

第二，推动学科德育与课程思政建设纵向对接。赵富学等基于大中小学一体化研究推展的背景，强调建设体育课程思政全学段一体化建设的必要性与可行性⑥，助力体育课程思政研究朝着更深、更广的方向拓展。位小龙同样立足于学校体育学科强调学校体育课程一体化体系能够推动体育课程思政实现学段纵向衔接⑦，提升育人实效。谭红岩等阐明自上而下的一体化推进体系，着重强调大学在课程思政一体化链条中的指导地位。⑧ 杨志诚进一步突出大学在大中小幼一体化德育体系建设的统领作用⑨，发挥大学担当推动各学段共同完成好立德树人的根本任务。石书臣提出课程思政一体化包括高校课程思政与中小学学科德育的一体化，将直接破解大中小学各类学

① 高晓峰.体育课程思政的历史传承、理论内涵与实践路径[J].北京体育大学学报,2022(06)：36－47.

② 柳叶青.职业院校课程思政教学体系建设研究[J].中国职业技术教育,2022(32)：38－44.

③ 楚国清,王勇."大思政课"格局下统筹思政课程与课程思政协同育人的蝴蝶结模式[J].北京联合大学学报(人文社会科学版),2022(03)：10－15.

④ 罗亚莉.思政课程与课程思政协同育人的衔接机制[J].思想理论教育导刊,2022(09)：143－148.

⑤ 吴晓云,李珍琦.论大中小学思政课一体化建设的课程观创新[J].中国教育学刊,2022(11)：43－48.

⑥ 赵富学,黄莉,吕钶.体育课程思政研究的热点归集、问题聚焦及未来走势[J].武汉体育学院学报,2022(05)：22－28.

⑦ 位小龙,于方方.学校体育课程思政一体化建设价值、挑战与优化策略[J].体育文化导刊,2022(02)：104－110.

⑧ 谭红岩,孟钟捷,戴立益.大中小学课程思政一体化建设的路径分析[J].教师教育研究,2022(02)：92－95.

⑨ 杨志成.论大中小幼一体化德育体系建设的大学担当[J].中国高等教育,2022(01)：7－8,32.

科、课程相互配合的学段屏障①，让同向同行的课程思政要求贯穿于大中小学全过程。

第三，提升立德树人育人实效。柳叶青强调课程思政体系建设中其他各类课程与思政课程协同效应的发挥，这不仅体现了思想政治教育的全面性，更反映了育人工作的整体性。② 楚国清积极探究课程思政的一体化实施，围绕立德树人中心环节，将课程思政作为贯通人才培养模式，构建高水平人才培养体系最基础的手段。③ 周志国等基于课程思政的日益推进，将课程思政与专业教育深度融合视为人才培养的最优选，推动形成一体化育人范式。④ 许瑞芳面向新时代强调抓好课程思政一体化建设的重要性，突出课程思政系统构建在贯通大中小学各学段的人才培养体系、实现立德树人教育使命的重要价值。⑤ 刘峰等依托社会主义核心价值观的育人核心元素，以核心价值观推进课程思政工作，深化课程思政一体化合力效果，共育新人。⑥

可见，大中小学课程思政一体化建设有着丰富的价值意蕴，作为大中小学思政课一体化建设的重要组成部分，既是落实思政课一体化体系建构的具体实践，也是落实立德树人根本任务的内在要求。

2. 大中小学课程思政一体化建设的现状研究

在 2022 年，大中小学课程思政一体化建设在现状层面的研究主要着眼于课程思政与思政课程协同关系分析、学段纵向衔接推进一体化建设、学科横向联动探究一体化建设以及学科纵横相接深化一体化建设等角度展开，具体如下。

（1）着眼学段纵向衔接推进一体化建设

基于纵向衔接的视角探究课程思政一体化，学界主要从学段布局、衔接可行性、教学体系衔接三个方面展开说明。

① 石书臣.推进大中小学思政课一体化建设的理念与路径[J].学校党建与思想教育,2022(01)：27 - 31,45.

② 柳叶青.职业院校课程思政教学体系建设研究[J].中国职业技术教育,2022(32)：38 - 44.

③ 楚国清.以提升人才培养能力为导向的课程思政探索与实践[J].北京联合大学学报(人文社会科学版),2022(04)：1 - 7.

④ 周志国,金萍女,鲍婷婷,等.职业院校"双融双驱"课程思政育人路径探索——基于新时代工匠培育视角[J].职教论坛,2022(06)：114 - 121.

⑤ 许瑞芳.新时代大中小学课程思政一体化的内涵、难点及进路[J].新疆师范大学学报(哲学社会科学版),2022(03)：59 - 68.

⑥ 刘峰,姜建成.社会主义核心价值观引领课程思政建设路径刍议[J].教育理论与实践,2022(18)：37 - 40.

第一,通过学段布局分析探究纵向衔接现状。赵富学等通过分析体育课程思政研究现状发现目前关于体育课程思政建设的研究成果主要集中于高等教育学段中。① 杨志成则确立大学在大中小幼德育体系建设的统领地位,要求大学德育勇担全学段的德育反思、研究工作,这表明大学在全学段课程思政一体化建设工作中做出了突出的贡献。② 与之相反的是中小学学科德育现状。徐艳指出中小学德育课程长期未能得到足够重视③,王贤德等结合实际情况指明了中小学主科教学挤占德育课程的现象④,这表明中小学段课程思政发展现状堪忧,至少在短时间内难以达到全学段课程思政一体化建设的要求。可见,当前全学段课程思政一体化建设明显存在大学统领,中小学被动跟进的情况。

第二,探究一体化纵向衔接可行性。赵富学等基于体育学科自身具备从小学到大学的学段贯通性,强调这一天然优势造就了全学段一体化建设模式的可行性⑤。张凤翠和邬志辉强调传统模式下思政课单兵突进育人重任的阶段性育人状态的扭转⑥,突出全过程育人下育人活动有效衔接的重要性。殷世东等指出面向"三全育人"的育人格局,需要将全学段贯通覆盖作为整体架构,方能构建课程思政文化共同体⑦。这表明推动构建一体化课程思政体系有其实践指向上的可行性,为全学段课程思政一体化建设奠定了现实基础。

第三,探究教学体系元素的学段衔接。目前,学界探究一体化课程思政学段衔接主要基于教学体系元素,包括教材、教师、教学等,其中教材思政为热点话题。其一,教材是推动全学段课程思政建设的重要载体。陈雅洁通过对大中小学教材内容的对比研究发现教材内容的衔接度不足⑧,阻碍了课程思政一体化的深化。倪朝辉等基于教

① 赵富学,黄莉,吕钶.体育课程思政研究的热点归集、问题聚焦及未来走势[J].武汉体育学院学报,2022(05):22-28.
② 杨志成.论大中小幼一体化德育体系建设的大学担当[J].中国高等教育,2022(01):7-8,32.
③ 徐艳.一体化视域下思政课共同体建设[J].思想政治课教学,2022(12):19-22.
④ 王贤德,徐少明,乐妮妮."双减"背景下学校德育的境遇变迁、实践困厄与超越路径[J].当代教育科学,2022(08):63-70.
⑤ 赵富学,黄莉,吕钶.体育课程思政研究的热点归集、问题聚焦及未来走势[J].武汉体育学院学报,2022(05):22-28.
⑥ 张凤翠,邬志辉."三全育人"视域下高校课程思政建设研究[J].社会科学战线,2022(04):265-270.
⑦ 殷世东,余萍,张旭亚.课程思政话语体系的历史演进、课程论意义及其未来路向[J].中国教育科学(中英文),2022(02):95-106.
⑧ 陈雅洁.黔西北红色资源在课程思政教学中的应用价值和传承[J].山西财经大学学报,2022(S2):121-124.

材建设探究学科课程与教材内容的一体化设计①，以期在润物细无声中实现思政教育。冯刚等面向新时代大中小学课程思政一体化建设，要求每个学科的教材内容既要对上一个学段整合式"承上"，也要对下一个学段铺垫式"启下"，推动各学段教材内容实现"无缝衔接"。② 王友富将"教材思政"作为"课程思政"推进深化的重要方向③，将立德树人贯穿到各环节、全过程中。其二，教师是课程思政全学段一体化建设的主力军。倪朝辉等将教师教学能力培养一体化设计视为实现课程思政"如盐化水"的关键④。谭红岩等在自上而下的一体化课程思政链条中强调要紧抓师资队伍建设，一体化促进不同学段教师形成教学共同体。⑤ 其三，教学是大中小学课程思政一体化建设的主渠道。罗滨基于中小学段教学内容探究，要求将社会主义核心价值观细化落实到学科育人中，实现各学段依次过渡、有序递进。⑥ 季斌以体育学科为例关注教学评价形式的学段性特征，如小学低年级评价关注体育活动愉悦度，中高年级强调运动锻炼活跃度，初高中阶段看重自我超越。⑦ 顾建军基于九年一体化设计有连续性、进阶性的劳动课程，从1—2年级、3—4年级、5—6年级、7—9年级四个学段提出相互衔接的学段课程目标。⑧ 可见，全学段一体化课程思政关于教学体系研究的成果较为丰硕，为课程思政教学活动提供借鉴经验，奠定实践基础。

（2）立足学科横向联动探究一体化建设

基于横向联动的视角探究课程思政一体化，学界主要从大学课程思政研究、中小学学科德育研究、课程思政与思政课程协同育人等角度展开，具体如下。

---

① 倪朝辉，刘彬，贺丹，等.基于教材建设及专业课程内容的课程思政一体化设计的思考与探索[J].中国免疫学杂志，2022(10)：1254－1256.

② 冯刚，刘嘉圣.新时代大中小学课程思政一体化建设的内涵要素及优化路径[J].中国高等教育，2022(01)：9－11.

③ 王友富."课程思政"论域下"教材思政"演进逻辑与建构策略[J].出版科学，2022(05)：25－32.

④ 倪朝辉，刘彬，贺丹，等.基于教材建设及专业课程内容的课程思政一体化设计的思考与探索[J].中国免疫学杂志，2022(10)：1254－1256.

⑤ 谭红岩，孟钟捷，戴立益.大中小学课程思政一体化建设的路径分析[J].教师教育研究，2022(02)：92－95.

⑥ 罗滨.北京海淀：以"大教研"专业支撑区域教育高质量发展[J].中小学管理，2022(08)：10－13.

⑦ 季斌.体育课程如何发挥完整育人的优势[J].人民教育，2022(Z2)：106－108.

⑧ 顾建军.建构一体化劳动课程为义务教育劳动育人奠基——《义务教育劳动课程标准（2022年版）》解读[J].全球教育展望，2022(07)：25－33.

第一,依托课程学习活动探究大学课程思政。由于大学学科专业数量较为庞杂,本章将基于教育部内部处室划分情况将大学学科专业划分为三个学科专业群,即人文社科、理工科、农林医药科,在学科专业群中阐述具有代表性的学科课程思政建设情况。

其一,人文社科中体育与外语学科课程思政成效显著,其中体育学科最为突出。具体而言:在体育课程思政建设研究中,郑继超等基于宏观的框架建构总结说明高校体育课程思政的逻辑理路,即"为什么—是什么—怎么做"①;章翔重点探究大学体育俱乐部在课程思政建设中"拔节孕穗"的积极意义②,助力大学生正确三观塑造;韩改玲等立足于运动训练学强调形成"课上教与论、课下读与思"的一体化教学模式以深化课程思政教育③;王江等基于高校篮球课程探究其育人价值,通过专业和思政有机双向互动育人模式的形成以提升育人实效④。在外语课程思政建设研究中,杨彬等基于中东欧非通用语教学模式探索课程思政,积极构建一体化教学研究、教师研修、专题研讨机制⑤;文秋芳充分利用"跨文化交际"这一课程平台,在"文明互鉴交流"理念下构建一体化育人平台⑥;卫朝霞等以"TED英语视听说"课程为平台积极查找外部育人素材,补充中国文化素材,以期在教材内外形成思政元素合力⑦;赵静利依据外语专业的跨学科特性证明外语课程与思政元素融合的必然趋势⑧。值得注意的是,除了体育、外语学科,艺术、会计学、图书情报与档案管理、新闻传播学等学科都进行了课程思政建设研究,结合学科专业特色优势创造性发展课程思政建设模式。

其二,理工科中工科课程思政建设在多个学科课程中广泛展开,其中,在新工科背

① 郑继超,董翠香,朱春山.我国高等学校体育课程思政研究:综述与展望[J].山东体育学院学报,2022(04):67-75.

② 章翔."三全育人"视域下大学体育俱乐部课程思政建设的学理基础与践行路径[J].体育学刊,2022(01):118-123.

③ 韩改玲,朱春山,孙有平,等.运动训练学课程思政元素及其融入课堂教学的实践探索[J].体育学刊,2022(01):111-117.

④ 王江,马彩珍,赵云霞.高校篮球课程思政育人的探索[J].教育理论与实践,2022(30):44-47.

⑤ 杨彬,蒋璐.课程思政视阈下中东欧非通用语教学模式的探索与实践——以"中东欧国家报刊阅读"为例[J].当代外语研究,2022(03):20-27.

⑥ 文秋芳.对"跨文化能力"和"跨文化交际"课程的思考:课程思政视角[J].外语电化教学,2022(02):9-14,113.

⑦ 卫朝霞,陈向京.深度挖掘教材思政元素,推进大学英语视听说育人实践——以"TED英语视听说"课程为例[J].中国外语,2022(04):4-11.

⑧ 赵静利.外语课程思政与思政课程协同育人探究[J].中国教育学刊,2022(01):151.

景下开展专业课程思政教学为研究热点。具体而言：在新工科课程思政建设中，黄锁明和李丽娟瞄准新工科专业中与思想政治教育共同的思想观念，如家国情怀、职业素养等，增强新工科专业付诸课程思政实践的针对性，提升新工科整个专业的课程思政育人体系的育人效果[1]；高晓瑜将"新工科"视为地方协同育人发展的必然趋势[2]，在水利类专业中探索水利类专业同思政教育协同育人的目标，以期培养出大胆探索、敢于创新的智慧水利人才；刘国龙等在新工科课程思政建设中探索共建共享各类教育资源，协调新工科专业教师同思政教师共同开展"育人"与"育才"工作，提升新工科专业的课程育人价值，培养出具备大格局、大情怀、大知识的新时代工程人才[3]。在工科学科课程思政建设中，舒美英等基于工程造价课程对标大国工匠精神，在工匠精神这一思政主题下探索"思政主题+元素盒子+知识模块+教学路径"四位一体的教学设计模式，开展创新、专注、精益、敬业的思政教学[4]；汤可可等在工科特色理论力学课程中从科学素养与情操的塑造，探索创新精神的培养，兼济天下家国情怀的树立等三个层面[5]，开展了具有同济特色的工科课程思政内容建设。除了以上几个工科专业，安全学科、无人机技术与应用课程、食品质量与安全专业都积极探索课程思政建设的学科特色融入点，理科课程思政建设中在物理、化学、生物学科也有所涉及，这表明大学课程思政建设在理工科的学科分布较广，课程思政建设的辐射带动力在不断增强。

其三，农林医药科专业群中医学、农学着力探索课程思政建设，其中，医学课程思政建设成果丰硕。具体而言：在医学课程思政建设中，陈婉琳在"医学仪器的创新设计与实践"课程中探索大学生创新创业能力的一体化培养，实现平台、学科、专业交融互通[6]；于芳等着眼于医学人文学科关注"人"的学科属性，在医学人文课程与思政课程协同育人的过程中探究思政育人与专业育才相结合、思政教师与专业教师相结合、

---

① 黄锁明,李丽娟.新工科课程思政教学存在的问题与对策[J].教育理论与实践,2022(36)：39－42.

② 高晓瑜.新工科背景下水利类专业智慧水利协同育人课程教学改革探索——评《灌溉排水工程学》[J].灌溉排水学报,2022(10)：158.

③ 刘国龙,孙上敬."新工科"课程思政的育人意蕴与教学实践研究[J].学校党建与思想教育,2022(07)：46－49.

④ 舒美英,李文博."造价工匠"主题课程思政教学实践探析[J].建筑经济,2022(S2)：138－142.

⑤ 汤可可,王华宁,温建明.工科特色理论力学课程育人的三维融合模式建设[J].力学季刊,2022(01)：190－195.

⑥ 陈婉琳,陈杭,齐炜,等.基于创新创业全生命周期的交叉学科双创课程建设——以浙江大学"医学仪器的创新设计与实践"课程为例[J].高等工程教育研究,2022(04)：86－90.

理论思政与实践思政相结合、传统线下与现代线上相结合的逻辑要求①,加强医者仁心教育;钟文浩等在三全育人的背景下基于学生、教师、学校三个层面实现医科高校课程思政顶层设计的发展与完善②,引导学生肩负担当人民群众健康守护者的神圣使命;陈第华等探索医学类专业课程面向课程思政建设的专业特殊性,在凝结医学特色与思政元素的教学模块中树立大医精诚的人才观与教育共同体观③;王强芬以医学院校为整体探究医学课程思政育人效果,在公共基础课—专业基础课—专业核心课的层级协同中着力构建一体化、系统化的专业课程思政体系④。在农学课程思政建设中,易鹏等面向新农科建设战略,探究高等农业教育培养"新农科"人才的神圣使命,在农科专业教学的全局部署中建立一套能落地有实效的课程思政教育体系⑤;刘丹等基于"涉农专业"这一指涉宽泛的学科课程概念,探究涉农课程特性与思政教育融合方案的制定,以确保涉农专业课程思政与思政教育协同共进、同向同行⑥。相较于医学、农学,林学专业课程思政建设则有所遗漏,需要后续面向学科专业特色积极探索课程思政建设的发展理路与实施路径,找准专业思政定位。

第二,依托学科教育活动探究中小学学科德育。长期以来,基础教育学科育人价值受到学界关注,助力中小学学科德育建设取得长足进步,但仍存在发展不平衡、不充分的问题,语数英等文化学科与音体美等非文化学科德育建设情况差距较大,劳动、信息科技在新课标背景下成为学科德育新主体。

其一,语数英等文化学科德育建设得到强化,语文学科德育建设成果突出。文化学科与非文化学科的分化来源于应试教育唯分数的思想积弊。一般而言,将用于升学性选拔的科目称为文化学科,如语文、政治、历史等;将偏重自我修养,不参与升学性选拔的科

---

①　于芳,徐玉梅.医学人文课程思政与思政课程协同育人的逻辑要求与实践路径[J].中国卫生事业管理,2022(09):691-694.

②　钟文浩,夏欧东,朱汉祎.三全育人背景下广东省医科高校课程思政教学现状及思考[J].中国卫生事业管理,2022(09):684-690.

③　陈第华,张忠.医学类专业课程思政与思政课程协同育人研究[J].中国卫生事业管理,2022(08):606-608,616.

④　王强芬.医学院校课程思政教学育人效果实证研究[J].中国卫生事业管理,2022(01):44-46,70.

⑤　易鹏,吴能表,王进军.新农科课程思政建设:价值、遵循及路径[J].西南大学学报(社会科学版),2022(03):78-87.

⑥　刘丹,刘博.涉农高校课程思政协同育人创新探索[J].中国稻米,2022(01):126.

目称为非文化学科,如艺术、音乐、科学等。在这样的划分下,文化学科德育成为中小学学科德育的主阵地,学科德育建设成果较为显著。具体而言,在语文学科德育建设中,李鹏等探索深化小学语文学科德育,将小学语文显著的人文特征同思政元素紧密相连,从德育资源、教育理念、教师队伍着手实现小学语文学科同德育工作的有机融合①;徐鹏等立足于义务教育阶段,探索具有语文学科特色的育人路径,在语文学科大主题、大问题、大任务、大概念的学校任务群中将学科德育落到实处②;郑国民通过义务教育语文课标育人指向,提出加强中小学段语文学业质量的衔接工作,充分体现语文学科德育功能。在英语学科德育建设中,柳华妮等以高中英语教材为载体,从文献、政策、习近平关于教育相关论述中构建教材育人概念框架。③ 在数学学科德育建设中,李沐慧等将"求真以至善"作为数学学科核心价值,在庞大的学科知识体系中抽丝出抽象、推理、模型三个核心概念,以伦理学的解读助推数学学科德育价值落地。在历史学科德育建设中,钱丽欣强调要真正落实"以史育人",在基础教育阶段中形成历史学科德育的连续体。④ 在物理学科德育建设中,王雄基于初中物理学科德育指出,学科德育目标的强化需要借助于课堂内外的联动结合,助力一体化德育体系的形成。⑤ 在生物学科德育建设中,王飞等以生物学科概念体系的优化为切口,审视生物学科所应当承担的德育价值,培育学生关于生物学科的核心素养。⑥ 可见,以语数英为代表的文化学科德育建设取得了较为丰硕的成果,部分学科如化学、地理等仍需进一步加强学科德育建设。

其二,音体美等非文化学科德育居于弱势,没有得到足够重视。在体育学科德育建设中,季斌立足于义务教育体育课程标准,探索建构"立德立行、思行合一、身体力行、协调发展"的一体化课程育人体系,实现体育学科德育建设的高质量发展⑦;尹志华等积极探究核心素养导向下的体育课程改革,基于内部维度(锻炼、竞赛、课程等)

① 李鹏,戴兆坤.立德树人背景下小学语文学科与德育工作的融合[J].人民教育,2022(09):77.
② 徐鹏,王彤彦.学科实践:义务教育语文课程的育人路径[J].课程·教材·教法,2022(11):14-20.
③ 柳华妮,於银梅,陈安澜.立德树人目标下英语教材思政育人价值融入研究[J].外语电化教学,2022(05):18-24,107.
④ 钱丽欣.以史育人　培根铸魂——访义务教育历史课程标准修订组组长徐蓝[J].人民教育,2022(Z2):26-28.
⑤ 王雄.初中物理学科德育渗透"三化"策略[J].物理教学,2022(05):34-36.
⑥ 王飞,赵占良.优化概念体系强调学科育人——《义务教育生物学课程标准(2022年版)》概念体系解析[J].课程·教材·教法,2022(11):29-35.
⑦ 季斌.体育课程如何发挥完整育人的优势[J].人民教育,2022(Z2):106-108.

与外部维度(家庭、社会、社区)的体系建构实现协同育人效果最大化①。在科学学科德育建设中,王宁英子强调要从儿童的视角、儿童的高度、课程的温度着手协同探索小学科学课程育人价值,培养学生的科学精神,增强学生的科学思维。② 在艺术学科德育建设中,胡智锋强调艺术教育是全面教育的重要手段③,因其鲜明的艺术学科育人特色,将成为不可或缺的育人力量。可见,音体美等非文化学科德育建设仍取得一定的成就,但就其辐射面、带动力而言仍有长足的发展空间。

其三,新课标背景下劳动、信息科技独立为新科目,开启学科德育探索。2022 年,教育部制定的《义务教育课程方案》进一步优化课程设置,将劳动、信息技术从社会实践活动中独立出来,关于劳动、信息技术学科德育的探索由此成为中小学学科德育探索新方向。关于劳动学科德育建设,冯永刚等将"育人"作为劳动课程的价值坐标,基于宏观、中观、微观视角分别从课程整合、课程模式、课程实施三个方面全面推进劳动学科德育建设④;顾建军基于九年一体化劳动课程设计构建一体化劳动课程,为义务教育阶段劳动学科德育奠定基础⑤。在信息技术学科德育建设中,蒲菊华等基于信息技术课程的育人价值角度,秉持着协同育人的德育理念,在多学科、全知识、宽领域的综合中发挥信息技术课程协同育人价值最大化⑥。不难看出,关于劳动、信息技术学科德育建设已经取得了初步的研究成果,面向未来学科德育建设仍需不断巩固、深化其研究成果。

(3) 探究课程思政与思政课程协同育人机制

随着课程思政建设的提出,课程思政与思政课程协同育人机制的探究成为学术研究的热点,主要集中于对课程思政与思政课程的关系探究、协同机制的现状分析。

第一,关于课程思政与思政课程的逻辑关系探究。学界大多基于生动形象的语言

---

① 尹志华,孙铭珠,孟涵,等.新时代核心素养导向体育课程改革的缘由、需求机理与推进策略[J].沈阳体育学院学报,2022(04)：22－28,70.

② 王宁英子.科学教学要"形""神"兼备[J].人民教育,2022(01)：17.

③ 程路.艺术教育将成为一支重要、独立的育人力量——访义务教育艺术课程标准修订组组长胡智锋[J].人民教育,2022(Z2)：54－56.

④ 冯永刚,温晓情.劳动课程育人的价值变迁、生成逻辑与实践进路[J].教育学报,2022(06)：52－62.

⑤ 顾建军.建构一体化劳动课程为义务教育劳动育人奠基——《义务教育劳动课程标准(2022 年版)》解读[J].全球教育展望,2022(07)：25－33.

⑥ 蒲菊华,陈辉,熊璋.信息科技课程的时代性、科学性和育人价值[J].课程·教材·教法,2022(11)：134－139.

明确表达课程思政与思政课程间的关系。具体而言,张尚字基于"讲中心道理"的中心主线,批驳思政课程在这一实践活动中的"独奏"现象,提出要以思政课程为"主旋律",协同其他学科课程进行"协奏"①,基于音乐领域简单而明了地展示二者间协同关系;单德伟等立足于高等院校课程思政建设现状,阐明要真正实现课程思政与思政课程的"一体化育人",仅仅靠辅导员与思政课教师"单兵推进""孤军奋战"是不够的②,还需要联合其他学科课程育人力量以"一盘棋"的思想指导形成育人合力;倪朝辉等在准确把握课程思政内涵的前提下,提出课程思政与思政课程协同机制的关系把握要真正做到"如盐化水",实现润物细无声的育人效果③;姜涛等指出当前高校课程思政建设存在课程与思政"两张皮"的问题,要进一步明晰课程思政与思政课程的关系是"盐溶于汤"的关系④;王嘉铭等反对将课程思政与思政课程协同发展性理解为简单化的生拉硬套,将这种看法称为不加区分地"一锅煮"⑤。可见,学界对于课程思政与思政课程的关系辨析大多结合日常生活实际进行生动形象地阐述,但都紧紧围绕课程思政与思政课程的协同特性进行阐述。

第二,关于课程思政与思政课程协同机制的现状分析。学界基于多角度多层面探究课程思政与思政课程协同机制的现状,通过归纳分析,主要集中在主体合力发挥、资源挖掘整合、课程协同实施这三个层面的现状探究中。具体而言,在主体合力发挥现状分析中,单德伟等指出思政课程与课程思政协同机制是一个系统工程,但高校仍存在高校辅导员与思政课教师孤军奋战的局面,其他专业课教师在思想政治工作上的主体性意识尚未被完全激发⑥;张凤翠等在肯定高校专业课程教师专业能力的同时,也指出了其存在

① 张尚字.课程思政和思政课程有机结合:讲思政道理的三维证成[J].河南师范大学学报(哲学社会科学版),2022(06):124-130.
② 单德伟,黄中生,谢雨豪.新文科背景下"思践制一体"课程思政模式构建研究——以南京审计大学会计学专业为例[J].财会通讯,2022(24):38-42.
③ 倪朝辉,刘彬,贺丹,等.基于教材建设及专业课程内容的课程思政一体化设计的思考与探索[J].中国免疫学杂志,2022(10):1254-1256.
④ 姜涛,孙玉娟.高校课程思政建设存在的问题与对策探讨[J].学校党建与思想教育,2022(20):44-46.
⑤ 王嘉铭,王晶晶.外语课程思政育人:"隐性"假设与"显性"逻辑[J].西安外国语大学学报,2022(02):44-49.
⑥ 单德伟,黄中生,谢雨豪.新文科背景下"思践制一体"课程思政模式构建研究——以南京审计大学会计学专业为例[J].财会通讯,2022(24):38-42.

育人认知能力与实践能力上的不足,在推进课程思政与思政课程协同育人机制的过程中难以同思政课教师形成一体化育人队伍①;张慧等则突出了思政课教师合作性不强的问题,说明现如今高校课程思政体系建设存在"铁路巡警,各管一段"的情况,使思政教师与专业课教师难以深入合作②。在资源挖掘整合现状分析中,段威等指出课程思政与思政课程协同机制的实现离不开丰富的德育资源,但现如今资源共享机制尚未完善,德育资源仅仅局限于同一学科、同一专业的教师使用,这便导致了课程间的德育资源没能得到较好地借鉴使用③;周志国等聚焦于思政资源与专业教育的简单相加现状,突出专业课程教师在实现思政教育与专业教育双向融合的过程中罔顾专业知识自身所蕴含的思政资源,将脱离生活、心灵鸡汤式的"思政教育"生搬硬套至专业教学中,在资源整合方面产生了认知误区④;尹夏楠等强调现如今专业课程与思政课程、专业课程之间各自为政,在散点式的课程思政建设下专业间的课程资源难以整合,进而导致德育资源的重复性、同质性⑤。在课程协同实施现状分析中,高晓峰认为课程思政是思政课程的重要延伸,但专业课程在不断细化的发展过程中弱化了其思政元素,思政教育由此成为思想政治学科的专项任务,造成了思政课程与专业课程不融洽的现状⑥;周志国等聚焦于课程教学实施过程,发现课程思政与思政课程被强行"嫁接"了起来,一味地堆砌知识点只会让思政课程与专业课程陷入"油盐不进"的尴尬处境⑦;刘国城等面向会计学专业人才培养,突出专业学科全课程融入思政元素的深度不足,难以落实课程思政教学改革,造成思政课程与其他专业课程存在"两张皮"的问题⑧。

① 张凤翠,邹志辉."三全育人"视域下高校课程思政建设研究[J].社会科学战线,2022(04):265-270.
② 张慧,石路.课程思政的功能性外溢及实现路径[J].教育理论与实践,2022(15):19-23.
③ 段威,李真,赵全红.新时代中等职业学校"课程德育"探析——以烟台市为例[J].中国职业技术教育,2022(17):55-60.
④ 周志国,金萍女,鲍婷婷,等.职业院校"双融双驱"课程思政育人路径探索——基于新时代工匠培育视角[J].职教论坛,2022(06):114-121.
⑤ 尹夏楠,孙妍玲.专业思政与课程思政一体化建设的探索与实践[J].山西财经大学学报,2022(S1):127-129.
⑥ 高晓峰.体育课程思政的历史传承、理论内涵与实践路径[J].北京体育大学学报,2022(06):36-47.
⑦ 周志国,金萍女,鲍婷婷,等.职业院校"双融双驱"课程思政育人路径探索——基于新时代工匠培育视角[J].职教论坛,2022(06):114-121.
⑧ 刘国城,董必荣,黄中生.会计学"课程思政"示范专业建设的研究动态、实现路径和保障策略——以南京审计大学为例[J].财会通讯,2022(12):27-32.

可见,学界对于课程思政与思政课程协同机制的现状研究主要聚焦于思政教师与其他学科教师、思政元素与其他学科德育资源、思政课程与其他专业课程的协同性探究中。

（4）聚焦学科课程纵横相接深化一体化建设

学界主要聚焦于体育学科、劳动课程两个课程主体探究大中小学课程思政一体化建设。

第一,关于大中小学体育课程思政一体化研究。体育学科思政一体化研究在纵向学段探究与横向学科协同方面都取得了一定的成果,而在打破学段、学科限制,实现纵横相接的课程思政一体化建设研究中,体育学科相较于其他基础教育学科取得了较为长足的发展。具体而言,一是位小龙面向新时代积极探究学校体育课程思政一体化建设,立足横向课程协同、纵向学段衔接、外在资源机制联合、内在课程目标统一四个视角对学校体育课程思政一体化建设进行概念界定,真正打破学段、学科、专业等壁垒,纵横相接、内外相连构建体育课程思政一体化研究体系。可以说,关于大中小学体育课程一体化建设的概念界定为体育学科思政一体化建设拓宽了外延研究视角,为其他学科的思政一体化建设落地提供了学理参考。① 二是赵富学等聚焦体育课程思政的研究热点判断其未来走势,将全学段一体化体育课程思政建设模式作为研究新方向,体育作为基础教育学科始终贯通于小学、中学、大学各个学段中,这将增强全学段一体化建设的可行性。面向未来发展,建设全学段体育学科的思政一体化模式需要聚焦于课程内容、课程目标、教学纲要、教学研究体系等元素,打破学段限制,实现有效衔接;此外,他们还将构建体育课程与思政教学共同体作为研究的新视角,尤其关注体育学科教师与思政教师、其他学科教师联合机制的建设,强化育人主体协同性。② 可见,尽管体育学科的思政一体化建设在学理研究上仅为初步发展、小有成就,但其中所蕴含的研究价值与发展潜力仍有待进一步深入挖掘。

第二,关于大中小学劳动课程思政一体化研究。劳动课程于 2022 年从综合实践活动中独立出来真正成为一门学科,在面向劳动课程思政建设的探索实践中,劳动教育因其育人本质成为学界研究大中小学劳动课程一体化的重要切口。具体而言,一是

---

① 位小龙,于方方.学校体育课程思政一体化建设价值、挑战与优化策略[J].体育文化导刊,2022（02）：104-110.
② 赵富学,黄莉,吕钶.体育课程思政研究的热点归集、问题聚焦及未来走势[J].武汉体育学院学报,2022（05）：22-28.

孙芙蓉等面向大中小学劳动教育积极构建纵向衔接、横向协同、纵横相接的育人体系，在大中小学各个学段中构建教育目标一体化、课程内容一体化、系统实施一体化、保障机制一体化的劳动课程思政建设实践逻辑。① 二是徐曼等立足于大中小学劳动教育整体建设，基于纵向学段维度，统筹推进一体化学段衔接，建设一体化资源整合平台，统筹教学场域，在家庭、社会、学校的协同发展中形成教育合力；基于横向学科维度，通过平台搭建、课程体系建构、教育资源联通等方面助力多样化育人模式的形成。② 三是李正军等在解读马克思主义劳动观的学理基础上探究劳动教育一体化建设所存在的横向协作性，集中探究劳动教育与德育、智育、体育、美育的协作发展空间，实现五育并举、同向发力；此外，在纵向衔接性的探究中，以大中小学各学段间的衔接性为基础，在家庭、学校、社会层面中实现育人耦合。③ 可见，学界对于劳动课程思政一体化研究主要基于宏观维度从整体上把握劳动教育一体化的实践进路，在横纵双维度的聚焦性探究中构建一体化的劳动教育建设体系。

3. 大中小学课程思政一体化建设的实践理路

大中小学课程思政一体化建设在实践层面的研究主要围绕全要素整合的一体化课程体系、全方位覆盖的一体化教学场域、多主体协同的一体化育人队伍等角度展开，具体如下。

（1）建构全要素整合的一体化课程体系

课程思政一体化建设背景下的课程体系涉及多个要素，学界主要从教学目标的确立和达成、教学资源的挖掘和整合、教学内容的选定和设计等三个方面推动一体化课程体系的建构。

第一，教学目标的确立和达成。教学目标是一体化课程体系建设的方向指引，只有在课程思政建设体系中找准定位、确定目标，才能够实现一体化课程思政建设的预期目标。基于此，高晓峰结合体育教学新课程改革的目标指向，强调要形成一体化、结

① 孙芙蓉,李子涵,徐田子.新时代大中小学劳动教育一体化的内涵意蕴、现实困境与实践逻辑［J］.中国教育科学(中英文),2022(05)：107－116.

② 徐曼,张治夏.新时代推进大中小学劳动教育一体化建设的思考［J］.内蒙古社会科学,2022(03)：179－185,213.

③ 李正军,代承轩,文春风.全面推进新时代大中小学劳动教育一体化建设［J］.中国高等教育,2022(09)：21－23.

构化、系统化的体育课程思政教学内容，就必须将一体化、结构化等要求与体育课程思政目标有机结合起来，形成一体化的体育课程思政目标体系①，为其他有关学科的课程思政目标设计提供了方向参考；冯刚等在学段统筹的基本要求下，提出新时代大中小学课程思政一体化建设要立足于各个学段，分析其阶段性特点、重难点所在，在此基础上形成螺旋上升、逐级有序递进的纵向性课程思政目标体系②；王贤德等强调要在以学科德育实践和活动德育实践为核心的全部德育实践中建构系统化、体系化的学校德育体系，保证德育目标面向多维时间、多重空间的一致性，在统一的德育目标下系统设计德育活动③。可见，在课程思政一体化建设中建立时空统一的课程思政目标体系需要依托学段特性，紧紧围绕螺旋上升、有序递进的建构要求展开。

第二，教学资源的挖掘和整合。教学资源是一体化课程思政体系建构中的知识养分，没有挖掘整合高品质的教学资源，就难以真正构建优质化的一体化课程体系。基于此，倪朝辉等基于医学微生物学课程思政建设的探索，强调要结合学科特性与教材内容深入挖掘各类思政资源，在学科知识与思政资源融入的过程中进行有关教学资源挖掘调整的一体化设计④，为医学类专业面向课程思政建设的一体化教学资源库平台搭建明晰了实践路径；张慧等面向大思政格局建构，主张充分挖掘各个学科、专业的思想政治资源，协同各学科、各学校建立学段共享、学科互通的思想政治教育资源库，实现资源畅通流动⑤；刘国龙等立足于"新工科"课程思政探索经验，提出建设学校教学资源与社会优质资源相结合的教学资源库，通过共建共享教学资源得以将各学科、各学段、各学校间散点化的德育资源整合起来，从而促进课程思政教学工作与课程体系的优化⑥。可见，在课程思政一体化建设中建立突破时空限制的德育教学资源库，有

① 高晓峰.体育课程思政的历史传承、理论内涵与实践路径[J].北京体育大学学报,2022(06)：36－47.

② 冯刚,刘嘉圣.新时代大中小学课程思政一体化建设的内涵要素及优化路径[J].中国高等教育,2022(01)：9－11.

③ 王贤德,徐少明,乐妮妮."双减"背景下学校德育的境遇变迁、实践困厄与超越路径[J].当代教育科学,2022(08)：63－70.

④ 倪朝辉,刘彬,贺丹,等.基于教材建设及专业课程内容的课程思政一体化设计的思考与探索[J].中国免疫学杂志,2022(10)：1254－1256.

⑤ 张慧,石路.课程思政的功能性外溢及实现路径[J].教育理论与实践,2022(15)：19－23.

⑥ 刘国龙,孙上敬."新工科"课程思政的育人意蕴与教学实践研究[J].学校党建与思想教育,2022(07)：46－49.

利于整合分散化教学资源,充分发挥德育资源一体化整合的集聚优势。

第三,教学内容的选定和设计。教学内容是一体化课程体系建构中的主体与支撑,通过教学内容的阶段性合理选定与一体化探索设计,能够让课程思政一体化建设产生事半功倍的效果。基于此,柳叶青立足于课程思政教学体系构建,尤其强调要抓牢领域相近或相同的学科课程,面向不同专业群把握共性思政元素,在教学内容的设计中实现跨领域配合、跨学科协同①,促使教育内容全学科覆盖、多领域融合;高晓峰指出教学内容作为新课程改革的主要内容与主体部分,要实现一体化课程体系建构,就要把牢学科课程面向思想政治教育的整体内容设计,依据系统化、一体化的要求同学科教学有机融合②;冯刚等紧抓教材内容编写的系统编排与整体推进,强调推进大中小学课程思政一体化建设就要紧抓教材内容,实现教材内容连贯化,真正做到承上前一学段,启下后一学段,实现各学段教材内容"无缝衔接"③,为教学内容一体化的实现提供了重要载体依托。可见,把牢教学内容整体设计,不仅需要面向不同学科领域,还需要瞄准不同学段找准衔接点,更需要把牢教材这一关键载体。

（2）创设全方位覆盖的一体化教学场域

面向大思政格局建构,课程思政教学场域逐步扩大其外延建设,学界主要从单一学科课程、全学科课程、全覆盖社会场域这三个层面由微观到宏观层层推进探究一体化教学场域的创设。

第一,面向单一学科课程创设一体化教学场域。单一学科课程是推进大中小学课程思政一体化建设最基本的单元,通过将单一学科课程视为整体,以课堂内外为重要组成部分探究其协同育人机制,立足于微观视角探究课程主体下教学场域的一体化建设。具体而言,殷世东等将课程建设视为课程思政建设的主战场,主张既要重视课程教学的合理实施,也要开展课程教学之外的教学活动,对课堂这一基本场域进行课程内外的协调整合,使之成为一体化教学场域建设的基础工程④;韩改玲等在课程教学

---

① 柳叶青.职业院校课程思政教学体系建设研究[J].中国职业技术教育,2022(32):38-44.

② 高晓峰.体育课程思政的历史传承、理论内涵与实践路径[J].北京体育大学学报,2022(06):36-47.

③ 冯刚,刘嘉圣.新时代大中小学课程思政一体化建设的内涵要素及优化路径[J].中国高等教育,2022(01):9-11.

④ 殷世东,余萍,张旭亚.课程思政话语体系的历史演进、课程论意义及其未来路向[J].中国教育科学(中英文),2022(02):95-106.

的主线指引下，以课前、课中、课后为重点环节，形成了课前设计德育资源融合、课中落实思政元素融入、课后实践价值行为养成的一体化课堂教学实施场域①；王清刚等不仅主张要依托课堂教学融入思政元素进行价值引领，并且提出要在课堂外充分挖掘第二课堂所蕴含的育人资源，第二课程能够通过社会研究、专业实习、课题调研等多种形式发掘德育资源，与课堂教学互为补充②。可见，尽管学科课程是教学场域一体化中最基本的单位，但在协调整合好课内课外、课前课中课后、第一课堂与第二课堂后，亦能够助力一体化教学场域的创设。

第二，面向全学科课程创设一体化教学场域。全学科课程立足于中观视角以课程为核心将课程思政外扩到全学科、全专业，是推进课程思政教学场域一体化的关键环节。具体而言：许瑞芳在"大思政"内涵的建设基础上，强调应当立足于课程这一中心场域，着力推进教学场域外延的扩展性建设，将课程思政一体化建设覆盖到全部学科课程，切实提升课程思政育人功效③；陈婉琳等基于跨学科研究范式，在专业融通、学科交互中组建教学平台，实现课程思政教学场域的扩展化、一体化发展④；广州市番禺区在"德育一体化"的探索与实践中实现一体化德育途径的创新性发展，理论化、系统化地提出了全科育人战略，要求各个学科在实施推进课程思政中定位好学科特色与培养方略，寻找学科与学段之间德育建设的契合点，让每个学科都成为德育一体化建设的主阵地⑤。可见，面向全学科创设一体化教学场域，一方面要求每个学科积极推进课程思政一体化的阵地建设，另一方面要求每个学科找准德育契合点、积极联通其他学科课程，推动形成一体化课程思政教学场域。

第三，面向全覆盖社会场域创设一体化教学场域。全覆盖社会场域是基于宏观视角的一体化教学场域创设，在实现课程教学外向辐射至各个学科课程的基础上，达成

① 韩改玲，朱春山，孙有平，等.运动训练学课程思政元素及其融入课堂教学的实践探索[J].体育学刊,2022(01)：111-117.

② 王清刚，汪帅.思政引领—科技赋能—多元创新：课程育人的实践探索——以《内部控制与风险管理》课程为例[J].中南民族大学学报（人文社会科学版）,2022(07)：156-163,187-188.

③ 许瑞芳.新时代大中小学课程思政一体化的内涵、难点及进路[J].新疆师范大学学报（哲学社会科学版）,2022(03)：59-68.

④ 陈婉琳，陈杭，齐炜，等.基于创新创业全生命周期的交叉学科双创课程建设——以浙江大学"医学仪器的创新设计与实践"课程为例[J].高等工程教育研究,2022(04)：86-90.

⑤ 广东省广州市番禺区教育局."德育一体化"擘画更大的育人同心圆[J].人民教育,2022(12)：62-64.

课程思政教学场域的一体化、全环节覆盖。具体而言：张凤翠和邬志辉在"三全育人"视域下指出增强课程思政育人实效，就必须实现全方位育人，在传统课堂场域的基础上，以互联网技术为依托将教学场域延展至校园内外的各个场域、多个空间，如学校宿舍、课外活动、社会实践活动等①；楚国清等基于"大思政课"的理论要求将课程思政建设实践场域的外延拓展至传统教学、社会课堂、网络课堂三大部分，推动促进固定场域、流动场域与新兴场域的融合发展，形成立体式、全覆盖的课程思政教学场域共同体②；文秋芳基于自身外语课程思政教学实践将课程思政教学场域分为内外圈，以所有课程作为内圈核心体系，将学校文化、班级背景、社会实践、家庭活动作为外圈支撑体系，在内外联动中助力一体化教学场域的形成③。可见，全覆盖社会场域面向课程思政建设的全过程、全环节，包含着课程思政一体化建设过程中所涉及的教学场域，进而探究系统化、整体化、一体化教学场域的创设与实现。

（3）建设多主体协同的一体化育人队伍

推进一体化育人队伍建设是面向大中小学课程思政一体化建设的关键力量，面对这一议题，学界主要围绕教师主体育人、思政教师与专业教师联动育人、全体教职工齐心育人三个维度接续拓宽一体化育人队伍的外延。

第一，发挥教师育人的主体性力量。教师是推进课程思政一体化建设的主力军，通过培养教师教学能力、制定激励评价机制、形成考核评价模式加强教师育人能力建设，为高质量课程思政建设奠定基础。具体而言：陈雅洁以黔西北红色文化为切入点探究教师德育素养强化路径，指出通过将教师德育能力与育人行为纳入职称评选、绩效奖励等评价指标以完善激励与考核机制，激发教师育人的积极性与主动性④；倪朝辉等面向新时代人才培养体系，主张在教师教学能力培养方面进行一体化设计，指出在知识传授与能力培养中融入价值规范引领是教师的必备素养，这便要求教师以教材

①　张凤翠,邬志辉."三全育人"视域下高校课程思政建设研究[J].社会科学战线,2022（04）：265－270.

②　楚国清,王勇."课程思政"到"专业思政"的四重逻辑[J].北京联合大学学报（人文社会科学版），2022（01）：18－23,40.

③　文秋芳.对"跨文化能力"和"跨文化交际"课程的思考：课程思政视角[J].外语电化教学,2022（02）：9－14,113.

④　陈雅洁.黔西北红色资源在课程思政教学中的应用价值和传承[J].山西财经大学学报,2022（S2）：121－124.

为载体,深入挖掘课程内容中所蕴含的思政元素,将专业性与德育性有机融合起来,落实课程育人①;韩改玲等面向专业课程思政实践教学的落实,提出要将学科教师思政育人知识与能力纳入考核评价过程中,可以通过线上线下、笔试面试、开卷闭卷、理论实践等多种方式综合考察教师思政育人综合素质的达成②。可见,教师育人主体力量的发挥需要借助于机制体制的建设,将正面激励与严格考核紧密相连,以综合性的方法与手段助力教师达成课程思政目标。

第二,思政教师与专业教师联动育人。组建一体化育人队伍,仅仅依靠教师个体力量的发挥是远远不够的,还需要思政教师牵头推进专业化、科学化的课程思政育人团队建设。具体而言:周志国等基于课程思政团队单一的问题,指出课程思政建设不应当只有专业教师孤军奋战,要求思政教师积极融入教师团队,专业教师则需要诚心接纳思政教师的到来,双向联动推进多元化教师团队构建③;张凤翠等提出要建设一支高素质的课程思政育人队伍们就必须要积极同思政课教师协同发展,在课程思政育人培训中加强同思政课教师的联系,在交流沟通、实践培训中提升思政育人能力④;郑心语等针对课程思政教学对思政课教师提出了具体的实践要求,要求思政课教师充分发挥其专业优势为其他学科教师梳理专业知识,用把关审核课程思政实施方案及相关内容,真正做到全过程、多方面支持课程思政建设⑤。可见,学界在推进一体化育人队伍建设时着重强调专业教师与思政教师主体作用的发挥,将其视之为一体化教师队伍的重要主体。

第三,全体教育工作者齐心育人。随着"大思政课"的推进与建设,全体教育工作者都应当成为一体化课程思政建设的育人主体。具体而言:单德伟等提出一体化育人队伍的建成需要广泛吸纳育人力量,如校内思政教学工作部门、校外思政领域著名

---

① 倪朝辉,刘彬,贺丹,等.基于教材建设及专业课程内容的课程思政一体化设计的思考与探索[J].中国免疫学杂志,2022(10):1254-1256.

② 韩改玲,朱春山,孙有平,等.运动训练学课程思政元素及其融入课堂教学的实践探索[J].体育学刊,2022(01):111-117.

③ 周志国,金萍女,鲍婷婷,等.职业院校"双融双驱"课程思政育人路径探索——基于新时代工匠培育视角[J].职教论坛,2022(06):114-121.

④ 张凤翠,邬志辉."三全育人"视域下高校课程思政建设研究[J].社会科学战线,2022(04):265-270.

⑤ 郑心语.基于显性教育与隐性教育相协同的研究生思政课改革创新[J].学校党建与思想教育,2022(06):51-54.

学者、中央重点新闻网等,建成学科特色、专业指导、舆论支撑的协同育人机制,以高质量育人队伍引领课程思政建设①;张凤翠等强调在"三全育人"视域下强调全员育人已经成为课程思政一体化建设的重要要求,这便要求专业课教师、思政课教师、后勤服务人员、行政管理人员积极承担育人责任,实现全员育人②;许瑞芳立足于一体化的关系重塑,指出一体化课程思政改革是一项复杂的系统工程,关涉到不同组织机构、职能部门、行政人员,这便要求在课程思政体系深化推进的过程中注重同马克思主义学院、德育处、教育处乃至其他学科院系的协同合作,推动建立一体化育人队伍③。可见,学界关于全体教育工作者的理解与切入点各有侧重,但都指向于建设一体化育人队伍这一实践要求。

(三)研究趋势展望

总体而言,2022 年,学界对于大中小学课程思政一体化建设的研究基本上围绕着"是什么—为什么—怎么做"这一逻辑主线展开,为高质量推进大思政课建设作了充分的理论探索。在"大中小学课程思政一体化建设是什么(What)"上,从"课程思政"与"大中小学思政课一体化建设"二元本体融合出发明晰核心概念、理论基础、研究价值等本原性问题,为研究的进一步深化提供学理支撑;在"为什么要推进大中小学课程思政一体化建设(Why)"上,主要基于学段纵向衔接、学科横向联动、学科纵横相接三重视角对大中小学课程思政建设进行现状探究分析;在"大中小学课程思政一体化怎么建设(How)"上,主要从教学、环境、人三个核心视角探究一体化课程体系、一体化教学场域、一体化育人队伍的发展思路与实践理路。可见,学界目前关于大中小学课程思政一体化建设的研究已经完成了系统化、一体化的逻辑架构,取得了较为丰富的理论成果。

与此同时,大中小学课程思政一体化建设研究仍有待突破之处。其一,核心概念

---

① 单德伟,黄中生,谢雨豪.新文科背景下"思践制一体"课程思政模式构建研究——以南京审计大学会计学专业为例[J].财会通讯,2022(24):38-42.
② 张凤翠,邬志辉."三全育人"视域下高校课程思政建设研究[J].社会科学战线,2022(04):265-270.
③ 许瑞芳.新时代大中小学课程思政一体化的内涵、难点及进路[J].新疆师范大学学报(哲学社会科学版),2022(03):59-68.

学理阐述有待深化。目前，学界关于一体化建设理论基础的研究初显规模，扎实的理论基础研究让课程思政一体化建设真正做到有理可依、有章可走。但核心概念的理论性阐述相较于理论基础研究而言便显得较为薄弱，尤其是面向"大中小学课程思政一体化"的概念阐述，学界大多遵循"课程思政+大中小学思政课一体化=大中小学课程思政一体化"的逻辑理路对这一核心概念进行界定明晰，在增强其解释力的同时客观上呈现出生硬且杂糅的特征，有待进一步深化明晰。其二，中小学学科德育与大学课程思政一体化研究有待突破。尽管学界在基础教育阶段学科德育研究、高等教育课程思政研究方面取得了一定的进展，但都仅仅局限于在单一学科、单一专业群、单一学段中探究一体化课程思政建设，尽管立足于具体学科学段能够更好地探究具体问题，能够基于学科特征与学科特性提出针对性措施，但不可否认的是，仅仅依靠微观视角或者中观视角是远远不能够达到课程思政一体化建设的实践要求的，还应当立足于宏观视角打通基础教育阶段与高等教育阶段间的学段隔阂，将大学课程思政建设与中小学课程思政建设相联通，真正建成大中小学课程思政一体化。

展望未来，学界应继续关注大中小学课程思政一体化建设的发展动向，从以下几个方面拓宽研究视域。

其一，深化核心概念的学理研究。大中小学课程思政一体化建设是一项庞杂的系统工程，厘清核心概念，有利于增强"大中小学课程思政一体化"这一核心概念对整个系统工程的学理统领，这便要求学界在后续研究中进一步加强学理基础研究，为大中小学课程思政一体化建设实践的深化奠定强有力的学理支撑。其二，推进课程思政一体化研究。课程思政一体化研究要求学界在后续研究中以整体性思维加强课程思政一体化研究，充分运用好基础教育学科面向大学、中学、小学学段衔接的天然优势，以基础教育学科为切入口推动课程思政建设的全学段贯通，形成课程思政全学段一体化建设模式。其三，凸显"大思政课"新指向。"大思政课"的出场为大中小学课程思政一体化建设提供了站位更高、格局更大的育人指向，助推思政教育和专业教育的双向联合，实现逻辑自洽，最大限度地凝聚育人合力，为大中小学课程思政一体化建设的发展研究提供更为宏大的工作格局。其四，迎接智能时代教育新变革。伴随着信息化时代的到来，如何在智能时代抓住机遇、促进发展，是一个重要的议题。大中小学课程思政一体化建设研究应当积极探究未来教育的基本特征，依托大数据、人工智能助力一体化建设理念转变、方法创新、路径改进，切实增强课程思政一体化建设的实效性。

三、课程思政一体化年度实践情况

2022 年度,大中小学课程思政一体化建设实践稳步推进,在全国各省市各地区有序开展,整体聚焦于课程思政一体化主题会议、专题教研等模块,相继举行大中小学课程思政一体化专题研讨会、学术论坛、工作会议、教学竞赛、集体备课会、学术专著出版、教学基地等系列实践活动。从数量上看,2022 年度课程思政一体化主题会议共计 30 余次,专题调研 11 项,相关基地建设 4 项(见第八章),这为大中小学课程思政一体化建设提供了丰富的实践经验。同时,为提升报告的参考借鉴价值,本部分进一步聚焦学科,筛选列出近 3 年基于学科探究课程思政一体化的相关实践探索情况。

(一) 课程思政一体化主题会议

1. 召开课程思政一体化专题研讨会

(1) 北京:国家开放大学主办 2022 课程思政新年研讨会

2022 年 1 月,以"聚焦聚力新时代,课程思政开新篇"为主题的"2022 课程思政新年研讨会"成功举办。研讨会设国家开放大学北京主会场和中国石油大学(华东)、广州番禺职业技术学院、北京经济管理职业学院、宁波外事学校等四个线下分会场。30 余位嘉宾与 100 余所学校的 4 000 多位老师相聚云端,共同探讨课程思政高质量发展的"道"与"术"。在全国高校思想政治工作会议召开五周年之际,站在"两个一百年"奋斗目标的历史交汇点上,强化课程思政示范项目引领,推动课程思政资源共享,探索创新课程思政建设方法路径,对进一步开展高质量的高校课程思政建设意义重大。泰山职业技术学院党委副书记、院长毕于民指出:"不论是课程思政,还是思政课程,二者都是手段,共同的目的是立德树人。课程思政和思政课程就是高等学校开展思想政治教育的两味良药,联合使用效果最佳。从长期实践来看,两者必须同向同行,双管齐下。要将显性教育和隐性教育相统一,形成协同效应,构建全员全程全方位育人大格局。"①

（2）广东：暨南大学承办新会计与专业课程思政研讨会

2022 年 3 月，由中国会计学会会计教育委员会主办、暨南大学承办的新会计与专业课程思政研讨会在暨南大学举行。本次专题研讨会主题为"新会计与专业课程思政研讨会"，以"主题报告+专家报告+圆桌论坛"形式围绕会议主题进行研讨。暨南大学宋献中校长指出，近年来，暨南大学以习近平总书记视察时的重要讲话精神为指引，在双一流和高水平大学的建设上取得了可喜的成绩。在新时代，如何坚持守正创新、与时俱进，深挖专业课程的育人元素、各类课程如何与思想政治课程同向同行以形成协同效应，是包括会计学在内的所有学科人才培养亟待思考和探索的重要议题。②

（3）甘肃：嘉峪关市教育局主办首届小初高语文一体化教学主题研修活动

2022 年 4 月，嘉峪关市首届小初高语文一体化教学主题研修活动在市明珠学校、市酒钢三中顺利举办，此次活动由嘉峪关市教育局主办，全市各小学、初中、高中共220 余名语文教师参加教研活动。活动旨在落实市教育局"全学段育人，高质量立校"的目标，打破学段壁垒，深化中小学教师对语文学科核心素养的认知与理解，增进全市语文教师对小学、初中、高中等各个学段语文教学中教材编排、课标要求、教学重难点等问题的认识，形成小初高语文一体化教学共识，提升各学段语文课堂教学的针对性和精准度，促进全市语文教育教学的提质升级。本次研修活动最大的亮点是做到了小初高同上一堂课。三个学段都将《归园田居·其一》按照不同阶段的学生认知，给了学生更多的思维空间，让学生真正成为课堂的主人，调动了学生主动学习的积极性，提高了自我学习的能力，根据学生不同阶段的不同学情，本着"教无定法，学无止境"的原则开展高效课堂活动，始终将语文学科的知识素养由浅入深地贯穿在课堂教学的每个环节中。③

---

① 在线学习.笃行向未来 新年开新篇——2022 课程思政新年研讨会成功召开[EB/OL].(2022－01－14)[2023－04－23]. https://mp.weixin.qq.com/s/_iFEHNk12d3hVYt5MQ_VKw.

② 暨南会计.中国会计学会会计教育专业委员会 2022 年新会计与专业课程思政研讨会在暨南大学举办[EB/OL].(2022－03－13)[2023－04－23]. https://mp.weixin.qq.com/s/Sz1zopkcxwuzaWf-M2yGUA.

③ 嘉峪关酒钢三中.同声相应破壁垒 一体研讨开先河——记嘉峪关市小初高语文一体化教学主题研修活动[EB/OL].(2022－04－19)[2023－04－23]. https://mp.weixin.qq.com/s/DYUAcJJmOb9MEMt55nyQbA.

（4）山东：青岛市市南区教育和体育局举行多学科整合课程思政一体化实施研讨会

2022年5月，市南区"多学科整合课程思政一体化实施"研讨会在宁夏路小学举行。本次研讨采用线上直播的方式，市南区各学科教研员和语文、道德与法治、综合实践活动、美术等学科骨干教师参与了本次活动。宁夏路小学教师孙甜进行了"基于学科融合思政一体化的有效探索"经验分享，从"聚焦项目化学习，深研多学科融合；聚焦思政一体化，深挖多学科育人；聚焦'双减'落地，深化多学科协作"等方面进行了交流，充分展现了宁夏路小学以项目为主线、着眼于思政一体化推进的育人模式。本次研讨会展示了市南区育人导向的跨学科主题教学实施特色，为探索全学科育人实施路径提供了可借鉴的成果。市南区教育和体育局将在新时代五育融合的理念下，深入学习并落实新课标理念，强化课程思政一体化建设，在培根铸魂、启智润心中培养学生成为堪当民族复兴大任的时代新人。①

（5）北京：中国人民大学出版社举办全国高校经济学类课程思政教学研讨会

2022年5月、6月，中国人民大学出版社举办"2022年全国高校经济学类课程思政教学研讨会"公益讲座。2022年4月，在五四青年节到来之际，习近平总书记来到中国人民大学考察调研时，发表了重要的讲话，对我国高等教育事业高质量发展、哲学社会科学创新发展提出了殷切希望。该研讨会旨在深入学习领会习近平总书记的讲话精神，深入贯彻《高等学校课程思政建设指导纲要》，帮助全国经济学教师将课程思政元素有机融入高等院校经济学教学。②

（6）湖南：长沙理工大学承办湖南省普通高等学校课程思政高质量建设研讨会

2022年5月，由湖南省高等教育学会教学管理专业委员会主办，长沙理工大学、高等教育出版社承办的"2022年湖南省普通高等学校课程思政高质量建设研讨会"在长沙顺利举办。周军表示，"希望全省高校进一步健全课程思政建设的体制机制，形成'校校有精品、门门有思政、课课有特色、人人重育人'的良好局面，为建设富饶美丽幸福新湖南提供强大的人才支撑"。本次研讨会邀请了省内外课程思政专家围绕课程思

① 市南教育体育.跨学科　深融合　实现课程思政一体化——市南区教育和体育局举行多学科整合课程思政一体化实施研讨会［EB/OL］.（2022－05－16）［2023－04－23］. https://mp.weixin. qq. com/s/9609t1u86nn9cTJu_Df3YQ.

② 人大社经济学.2022年全国高校经济学类课程思政教学研讨会［EB/OL］.（2022－05－13）［2023－04－23］. https://mp.weixin.qq.com/s/N6s_kJNlc_E1vLEWRbrEXw.

政体系构建与实施、课程思政示范课程建设与实践、课程思政虚拟教研室试点建设等方面开展研讨交流。①

（7）北京：高等教育出版社主办全国中等职业学校英语课程思政与教学实践交流研讨会

2022年6月，由高等教育出版社主办的"新课标　新要求　新路径　新实践"全国中等职业学校英语课程思政与教学实践交流研讨会召开，与来自全国的一线中职英语教师共同交流如何在中职英语教学中有机融入课程思政，深入探索课堂教学的育人方式，落实立德树人根本任务。张敬源教授梳理了课程思政的缘起及其发展历程，总结了当前课程思政实践中存在的一些问题。他建议，外语课程思政可以考虑以思政角度进行话语分析的设计方法，在准确把握育人目标的基础上充分挖掘教材中的思政元素，把控好内容、管理、评价和有效性四个关键要素，从而有效实施外语课程思政建设。他指出，中职英语课程思政建设中，教师是关键，学生是主体，要重点解决好课程思政有哪些内容、如何落实好课程思政建设这两大问题。②

（8）北京：教育部高等学校自动化类专业教学指导委员会举办全国高校自动化专业课程改革、课程思政教学研讨会

2022年6月，教育部高等学校自动化专业教学指导委员会举办全国高校自动化专业课程改革、课程思政教学研讨会。为了贯彻落实全国教育大会精神、全国高校思想政治工作会议精神和新时代全国高校本科教育工作会议精神，践行教学创新理念、聚焦人工智能时代的新工科，助力高校一流课程建设；探讨如何正确理解课程思政的内涵和意义，提高课程思政建设水平。③

（9）北京：国际关系学院举办日语专业课程思政建设研讨会

2022年9月，国际关系学院举办"2022年度日语专业课程思政建设研讨会"，为日

---

① 湖湘高教.2022年湖南省普通高等学校课程思政高质量建设研讨会暨2022年湖南省普通高等学校课程思政教学竞赛启动会顺利举行［EB/OL］.（2022－05－25）［2023－04－23］.https://mp.weixin.qq.com/s/BkwKQ2hb3o8ppsmBILNRhQ.

② 高教社外语.2022年全国中等职业学校英语课程思政与教学实践交流研讨会成功举办［EB/OL］.（2022－06－13）［2023－04－23］.https://mp.weixin.qq.com/s/h5lpqCy2LvBh7YQVza0K7w.

③ 机工教育.会议通知|2022年全国高校自动化专业课程改革、课程思政教学研讨暨教师研修会议（线上）通知［EB/OL］.（2022－06－09）［2023－04－23］.https://mp.weixin.qq.com/s/q1_vDhCz8eGfMTuRAOtB3Q.

语专业教师搭建相互交流和切磋的平台。该研讨会旨在深入贯彻教育部《高等学校课程思政建设指导纲要》文件精神,落实立德树人的根本任务,围绕"培养什么人、如何培养人、为谁培养人"的根本问题,充分发挥课程教学主渠道的育人作用,全面提升全体教师课程思政的教学理念和教学水平,着力构建"课程门门有思政,教师人人讲育人"的协同育人格局,大力推动课程思政体系的建设,加快实现课程思政全覆盖的目标。①

(10) 广东:沙坪街道第二小学承办 2022 年秋鹤山市中小学课程思政研讨活动

2022 年 9 月,沙坪街道第二小学承办了 2022 年秋鹤山市中小学课程思政研讨活动。沙坪街道第二小学的思政展示课基于学科特点,突出育人导向,深入挖掘学科教学内容的育人价值,将思想引领和价值观培养融入课堂教学中,充分发挥教学育人功能,得到一致好评。②

(11) 广西:桂林电子科技大学计算机课程思政虚拟教研室学术研讨会

2022 年 10 月,计算机课程思政虚拟教研室召开学术研讨会。会议邀请合肥工业大学李廉教授、暨南大学古天龙教授来分享他们关于教研室聚焦的科学思维和科技伦理的研究报告。③

(12) 江苏:阳山实验初中举行全国性初中数学学科德育教学研讨会

2022 年 10 月,由华东师范大学基础教育学科教研联盟、江苏省初中数学卓越教师培育站、盐城市初中数学王成刚名师工作室、苏州高新区教学研究室、苏州高新区金鹏名师工作室等多家单位联合举办的初中数学学科德育教学研讨会隆重召开,此次教学研讨活动由苏州市阳山实验初级中学承办。汪晓勤教授谈到,这次研讨活动的主题是数学学科德育,重点突出中华优秀传统数学文化融入初中数学教学。这三节课都追溯知识之源,构建知识之谐;设计探究活动,实现能力之助;融入数学历史,彰显文化之魅;运用古今联系,达成德育之效。在理性、品质、信念、情感这些德育维度上都达到了

---

①　国关日语.学术会议|国际关系学院 2022 年度日语专业课程思政建设研讨会[EB/OL].(2022 - 09 - 21)[2023 - 04 - 23]. https://mp.weixin.qq.com/s/E_DlK0N0 - O5LVEPfcJxM5A.

②　鹤山沙坪二小.思政|课程思政相融合铸魂育人共赋能——沙坪二小承办 2022 年秋鹤山市中小学课程思政研讨活动[EB/OL].(2022 - 09 - 28)[2023 - 04 - 23]. https://mp.weixin.qq.com/s/RDswP1tddzPXtka-8HQHiQ.

③　桂电计算机与信息安全学院.会议通知|2022 年计算机课程思政虚拟教研室学术研讨会[EB/OL].(2022 - 10 - 02)[2023 - 04 - 23]. https://mp.weixin.qq.com/s/ZCgj-xLqd2Ajh_1mTYMVRQ.

理想的效果。①

（13）广东：广州市番禺区教育局召开推进思政课程与课程思政建设教学研讨会

2022年10月，番禺区教育局召开2022学年推进思政课程与课程思政建设教学研讨会，会议以线下线上相结合的形式进行。活动中，番禺区展示了12节优秀课例，涵盖小学道德与法治、小学语文、小学数学、初中道德与法治、初中物理、初中化学、初中地理、初中音乐、初中美术、高中政治、高中历史、高中美术等学段学科，全方位呈现了思政教育融入各学段各学科教学的生动课堂。区教师发展中心教研部负责人强调要贯彻落实立德树人根本任务这一主线，坚持科学性、价值性和适应性原则，全方位推进思政课程与课程思政同向同行。②

（14）广西：北海市外国语实验学校召开北海市小初高数学大单元一体化教学研讨会

2022年11月，北海市小初高数学大单元一体化教学研讨会在北海市外国语实验学校召开。本次活动是在数学"方程与函数"的背景下，通过小学、初中、高中不同阶段的课程要求，探讨小学和初中，初中和高中学段知识和思维的衔接，了解由用字母表示数到等式及方程再到函数的不断提升过程，感受不同阶段数与式的重要性与必要性，感受数学数与形之美，提升学生数学思维，让数学核心素养落地，实现课堂的优质高效。李艳玲副校长认为，数学学习是一个整体化的过程，要依托学校小初高十二年一贯制的优势，认真研究课标，分析学情，在小、初、高一体化教学的大背景下，思考为学生长远发展的需要所必须培养的学习习惯和关键能力，不断发展学生的学科核心素养，将大单元一体化数学教学细细打磨，争取向学生呈现更优质的数学课堂。③

（15）广西：广西大学举行普通本科高校课程思政示范课程"献礼二十大　奋进新征程"研讨会

2022年11月，广西教育厅开展2022年普通本科高校课程思政示范课程"献礼二

①　苏州阳山实验初中.全国性初中数学学科德育教学研讨会在阳山实验初中隆重举行［EB/OL］.（2022－10－31）［2023－04－23］. https://mp.weixin.qq.com/s/4k67sn72cm0rJEVNyVN_cA.

②　广州番禺教育.番禺区教育局召开2022学年推进思政课程与课程思政建设教学研讨会［EB/OL］.（2022－10－31）［2023－04－23］. https://mp.weixin.qq.com/s/UvqiJbEb2ztgV9pI3PHewA.

③　北海市外国语实验中学.渗透数学思想　提升数学素养——北海市外国语实验学校小初高数学大单元一体化教学研讨会［EB/OL］.（2022－11－11）［2023－04－23］. https://mp.weixin.qq.com/s/Rz406SY9iU0Z7LyBcKkh2A.

十大　奋进新征程"展示活动。广西大学集中展示及研讨会在土木学院大型结构试验平台综合楼一楼第六报告厅举行。耿葵花在专题研讨环节中指出,推进课程思政建设,是落实习近平总书记全国高校思想政治工作会议讲话精神的重要举措,是实现德育与智育相统一,推动全员、全过程、全方位育人的必然要求。会议指出,今后广西大学将进一步加大支持保障力度,以示范课程为引领,落实思政建设,持续完善课程思政建设体系。本次活动是广西大学土木学院学习宣传贯彻党的二十大精神、全面推进课程思政建设的具体行动,加深了对习近平新时代中国特色社会主义思想和党的二十大精神的认识,推广了课程思政建设先进经验和做法,促进了学院间的课程思政建设经验交流。①

（16）浙江：绍兴市柯桥区教师发展中心组织开展语文学科初高一体化专题研讨活动

2022年11月,柯桥区教师发展中心组织开展语文学科"初高一体化"专题研讨活动。为进一步推进小初高一体化教学探索,提升各学段语文学科课堂教学的针对性和精准度,促进全区语文教育教学的提质升级。来自夏履镇中学的苗文娟老师指出,不论是初中语文还是高中语文,最终都指向对学生语文核心素养的培养。柯桥区发展中心副主任吴新竹主任指出,小初高虽然学段不同,但语文学科的教育目标和课程目标都是一致的,一体化活动通过不同学段的课堂展示让不同学段的老师更直观地了解对方,使得提升学生的语文学科核心素养更有的放矢。未来还会有更多跨学段交流活动,促进学段间的融合与碰撞,希望可以借此为提升柯桥区的语文学科教育水平助力。②

（17）吉林：东北师大附属中学承办地理学科幼小初高大一体化课程思政实践研讨会

2022年11月,由东师主办、附属中学承办的"U-G-S"教师教育创新实验区2022年同课异构研讨会暨地理学科幼小初高大一体化课程思政实践活动在线上举行。来

---

① 西大土木.2022年普通本科高校课程思政示范课程"献礼二十大　奋进新征程"广西大学集中展示及研讨会在我院举行[EB/OL].(2022-11-23)[2023-04-23]. https://mp.weixin.qq.com/s/mta2DQnk_Zqs-BVeIotXHg.

② 柯桥区教师发展中心.加强多维交流,促进学段衔接——记2022年柯桥区语文学科"初高一体化"专题研讨活动[EB/OL].(2022-11-28)[2023-04-23]. https://mp.weixin.qq.com/s/1Xce5MWl0orApQmh4vwKRg.

自全国 49 个实验区、教育部师范教育协同提质计划东北师大组团院校(哈尔滨师范大学、辽宁师范大学、浙江师范大学、白城师范学院、牡丹江师范学院、伊犁师范大学)实践学校的地理教师等参加了会议。魏民在致辞中表示,希望通过幼小初高大一体化课程思政实践活动有效推进实验区核心素养落实、提升课程育人质量,为东师服务实验区教学改进、引领实验区协同发展提供助益。邵志豪在致辞中表示,"U-G-S"实验区一体化课程思政实践活动充分发挥了东北师范大学幼小初高大一体化的学段构成优势,积极探索学科课程思政实施路径,挖掘课程育人元素,提升课程育人质量。他希望依托幼小初高大一体化课程思政实践活动,通过一门门课程、一个个主题、一批批教师进行示范探索,以点带面,逐步推进,形成成果可固化、经验可推广的课程思政策略。①

(18)江苏:南京工业大学承办全国高校自动化类专业课程思政资源建设研讨会

2022 年 11 月,由教育部自动化类教指委主办、南京工业大学电气工程与控制科学学院承办的 2022 年全国高校自动化类专业课程思政资源建设研讨会成功召开。教指委主任委员周杰教授强调,各高校要高度重视课程思政建设,真正将课程思政融入人才培养体系、纳入教学实践全过程,不断产出高水平的工作成果,推动自动化类人才培养质量不断提升,着力培养更多德智体美劳全面发展的社会主义建设者和接班人。②

(19)浙江:浙江工业大学管理学院承办高校管理学类课程思政建设研讨会

2022 年 12 月,浙江工业大学管理学院承办"2022 年高校管理学类课程思政建设研讨会"。该研讨会深入贯彻教育部《高等学校课程思政建设指导纲要》和教育部等十部门《全面推进"大思政课"建设的工作方案》,推动高校管理学类专业思政和课程思政建设,打造一流课程一流专业,提升人才培养质量。③

(20)辽宁:鞍山师范学院举办外语学科专业一体化建设学术研讨会

2022 年 12 月,鞍山师范学院外国语学院举办了"2022 年度外国语学院学术研

---

① 东北师范大学附属中学.东北师范大学附属中学承办 U-G-S 教师教育创新实验区 2022 年地理学科幼小初高大一体化课程思政实践活动[EB/OL].(2022-11-25)[2023-04-23]. https://mp.weixin.qq.com/s/rTJTIjIXpopi5b_Nci1qvg.

② 智汇电控.我校承办 2022 年全国高校自动化类专业课程思政资源建设研讨会[EB/OL].(2022-11-29)[2023-04-23]. https://mp.weixin.qq.com/s/JdilqibEey7C9XymUfWNtw.

③ 浙工大管院之家.2022 年高校管理学类课程思政建设研讨会(第二轮通知)[EB/OL].(2022-12-07)[2023-04-23]. https://mp.weixin.qq.com/s/-4YY67e7CT5jRpYAGUe-RA.

讨会"。会议以外语学科专业一体化建设为主题,就课程与教学、翻译学、课程思政、文学、语言政策与规划、国别区域研究等议题开展学术交流,旨在推进外语学科专业教学研究一体化建设。大连民族大学外国语学院院长闫怡恂教授认为外语类专业要回归人文学科,突出人文性,延展工具性特征,探索跨学科智慧。孙晓波老师强调大学英语课堂教学要以"多元协同,同向同行"为宗旨,以人才培养为目标,制定思政计划、挖掘思政元素、提升思政效果、搭建思政平台,探索和实践课程思政教育。①

2. 课程思政一体化学术论坛

（1）北京：北京大学出版社举办英语课程思政与新文科建设高层论坛

2022 年 5 月,北京大学出版社举办"博雅大学堂——2022 年英语课程思政与新文科建设高层论坛",围绕课程思政育人与新文科育才、语言研究的趋势和语言文学研究的新领域、外国文学文化课程思政案例设计等主题进行分享,旨在助力高校院系把握英语课程思政和新文科建设的重点、方法和路径,提高英语教师的教学能力,把思想政治教育贯穿人才培养体系,全面推进高校英语课程思政和新文科建设的新发展和新局面。②

（2）吉林：东北师范大学举办"'大中小'一体化　'学研训'共推进"论坛

2022 年 6 月、7 月,东北师范大学教师教育活动举办主题为"'大中小'一体化'学研训'共推进"的学术活动,旨在对"义务教育课程方案和课程标准（2022 年版）"进行全面解读,推进新的课程方案与课程标准全面落地实施。为贯彻落实党的十九大及全国教育大会精神,全面落实立德树人根本任务,进一步深化课程改革,近日,教育部发布了"义务教育课程方案和课程标准（2022 年版）"。新修订的课程方案和标准从国家层面厘定了育人目标、明确了改革方向、优化了课程内容及其组织呈现形式,是实现义务教育高质量发展再动员、再部署的纲领性文件。为系统推进课程方案和课程标准落地实施,明确学校课程实施的工作要求,特举办纵论"义务教育课程标准（2022 年版）"活动,以期有效推进教学改革,转变育人方式,切实

---

① 鞍师外院.推进外语学科专业一体化建设——外国语学院 2022 年度学术研讨会成功举办［EB/OL］.（2022－12－30）［2023－04－23］. https://mp.weixin.qq.com/s/3dMenByv64EnUKwj9Dz8Zg.

② 北大外文学堂.会议通知|举办 2022 年英语课程思政与新文科建设高层论坛［EB/OL］.（2022－04－05）［2023－04－23］. https://mp.weixin.qq.com/s/hZL-y73_zYn_tKFvTD5HfQ.

提高育人质量。①

（3）福建：集美大学召开全国大中小学外语课程思政一体化建设与发展高端学术论坛

2022年6月，2022年全国大中小学外语课程思政一体化建设与发展高端学术论坛在集美大学召开。来自全国各地各级各类学校7 000多名外语院系负责人、教研员和一线教师通过线上线下相结合的方式参会，共话大中小学外语课程思政一体化建设。本届论坛积极回应国家和时代的需求，对大中小学一体化外语课程思政进行有益探索，突出全局性、战略性、前瞻性问题研究，富有现实意义，对拓宽外语课程思政育人格局，推进外语课程思政一体化发展，打造大中小学外语课程思政教育共同体，构建全员、全程、全方位育人路径，实现立德树人目标具有重要意义。②

（4）北京：中国人民大学举办中国公共管理学科发展视角下的课程思政建设论坛

2022年6月，中国人民大学公共管理学院"中国公共管理学科发展视角下的课程思政建设论坛"以线上会议的形式举办。会议旨在学习和贯彻习近平总书记2022年4月25日在中国人民大学考察时的讲话精神，探讨公共管理学科"立德树人"的人才培养机制，将学科自主知识体系与课程思政建设有机融合，将中国场景、中国实践和中国经验更多融入公共管理学科的课程培养体系，实现中国公共管理学科发展与课程思政建设的同频共振，相互促进和协同发展。该论坛以"案例教学"、"实践教学"、自主知识体系融入课程等议题为主线，与会者共同研讨公共管理课程思政建设的价值、定位、标准、呈现形式和方式方法，在云端共商公共管理学科课程思政建设的有效机制。③

---

① 东北师范大学教师教育研究院.关于举办"大中小"一体化"学研训"共推进——纵论"义务教育课程标准（2022年版）"落地实施的通知［EB/OL］.（2022－06－17）［2023－04－23］. https://mp.weixin.qq.com/s/JgSiifgQjI0Jq38_n0U2lw.

② 外教社.2022年全国大中小学外语课程思政一体化建设与发展高端学术论坛成功举办［EB/OL］.（2022－06－23）［2023－04－23］. https://mp.weixin.qq.com/s/piz7FyuHkofdalaC9txhvA.

③ 中国人民大学公共管理学院.学术会议|中国公共管理学科发展视角下的课程思政建设论坛顺利举办［EB/OL］.（2022－06－27）［2023－04－23］. https://mp.weixin.qq.com/s/SYs2anzGbaYf4sgicfTRHA.

3. 举行课程思政一体化工作会议

（1）北京：中国矿业大学（北京）召开课程思政工作会议

2022 年 1 月，中国矿业大学（北京）召开课程思政工作会议，深入学习贯彻党的十九届六中全会精神，扎实推进党史学习教育，全面落实立德树人根本任务，强化思想引领和课程育人作用，充分发挥教师队伍主力军作用，切实提高人才培养质量。校党委书记徐孝民发表讲话，主要围绕全面构建德智体美劳全面发展的高质量育人体系，提升新时代立德树人铸魂育人工作实效，对加强学校课程思政建设、推进"五育并举"从三个方面做了部署。一要坚持心怀"国之大者"，为党育人、为国育才。全面推进学校课程思政建设，事关人才培养质量的提升，要坚持立德树人，培养堪当民族复兴大任的时代新人；坚持系统观念，强化德智体美劳"五育并举"；坚持守正创新，以有效融入实现"培根固元"。二要把握人才培养关键环节，立德树人、铸魂育人。各学院要往前沿站，聚焦"大思政"，实现院院有精品；教师要往高处走，建强"主力军"，实现人人重育人；课程要往深处挖，筑牢"主阵地"，实现门门有思政；教学要往巧里融，坚守"主渠道"，实现课课有特色。三要巩固党史学习教育成果，不忘初心、牢记使命。把党史学习教育全面融入育人实践，从党的百年奋斗史中汲取智慧和力量；要充分发挥教师党支部课程思政推动者作用，形成"三全育人"良好氛围。①

（2）安徽：安徽省高校课程思政教育联盟召开第一次工作会议

2022 年 5 月，安徽省高校课程思政教育联盟召开了联盟 2022 年度第一次工作会议，以扎实推进安徽省高校课程思政建设。郑承志指出，本次会议对课程思政工作进行再部署、再动员、再落实，充分彰显了课程思政建设的重要意义和省教育厅对课程思政工作的高度重视。会后将对照工作要点做好统筹协调，落实落细三项工作的具体方案、工作标准，认真开展好各项工作，为扩大联盟影响力、打造课程思政安徽品牌奠定良好基础。此次会议进一步加强了各联盟单位之间的交流合作，明确了年度工作要点，为推动安徽省高校课程思政教育改革创新与高质量发展起到重要作用。②

①　中国矿业大学北京.坚持立德树人　构建"三全育人"大格局：学校召开课程思政工作会议［EB/OL］.（2022－01－08）［2023－04－23］. https://mp.weixin.qq.com/s/3NpMMdSSzMF8VNZDozxsWg.

②　安徽商贸职业技术学院.安徽省课程思政教育联盟组织召开联盟 2022 年度第一次工作会议［EB/OL］.（2022－05－25）［2023－04－23］. https://mp.weixin.qq.com/s/8zmVB7zPfcaUpgi8M4Y5w.

（3）湖北：武汉大学课程思政教学研究中心举行课程思政工作推进会议

2022年10月，武汉大学举行课程思政教学研究中心工作推进会。会议就武汉大学课程思政优秀教研论文评审、课程思政优秀案例汇编出版、课程思政知识图谱应用试点、课程思政教学评价指南发布、课程思政学院行等重点工作进行了部署和研讨。陈训威对课程思政学院行相关工作进行了部署。他指出，课程思政中心近期发布了《武汉大学课程思政学院行标准对接手册SOPV1.0》，为中心深入学院，与学院共同举办课程思政专家讲坛、教学工作坊、工作推进会/研讨会、联合主题党日活动、思政课教师与专业课教师面对面交流活动等打下了良好基础。对接学院可根据自身需求和学科特点承办不同类型的活动，邀请不同的主体参与。中心举办活动应注重问题导向，关注活动实效。①

（4）福建：福州市课程思政一体化专家指导小组举行第二次工作会议

2022年11月，按照市委教育工委、市教育局关于推进大中小学思政课一体化建设的部署要求，福州市课程思政一体化专家指导小组举行第二次工作会议。会议重点讨论《福州市大中小学课程思政一体化工作方案》。福州教育研究院德育处主任严权纲对《方案》讨论稿进行说明，专家们围绕大中小学课程思政一体化的核心概念、开展工作的基本框架、未来推进的相关步骤和相关工作清单等问题进行研讨。与会专家认为，课程思政是一体育人的重要方法，是培养什么样的人的课程回答。只有抓住课堂主阵地，将思政育人融入学科、融进课堂，才能切实将国家对培养"有理想、有本领、有担当"的人的目标落地、落细、落小。同时，它也为教师专业发展指明了方向，明确了教师个人职业发展、专业成长的生涯路径。②

（5）河南：河南省召开大中小学思政课一体化建设联盟工作推进会

2022年11月，河南省大中小学思政课一体化建设联盟（郑州片区）工作推进会暨大中小学思政课一体化建设研讨会召开，旨在深入贯彻落实党的二十大精神，加快推进河南省大中小学思政课一体化建设工作。高保卫以"从'思政课程'走向'课程思政'——谈'课程思政'在中小学中的实践及运用"为主题，从"思政课程与课程思政内

① 武大课程思政.同心协力·有的放矢|武汉大学课程思政教学研究中心举行工作推进会[EB/OL].（2022-10-10）[2023-04-23]. https://mp.weixin.qq.com/s/X8V_DxeaZ8EPjtAUij8cPQ.

② 福州教育.福州市课程思政一体化专家指导小组举行第二次工作会议[EB/OL].（2022-11-06）[2023-04-23]. https://mp.weixin.qq.com/s/_4bUZ0VJp1xNwZyQzQy-sQ.

涵本质表现""中小学课程思政的实施现状""在中小学开展'课程思政'的价值""创新课程思政实践路径"四个方面作了详细阐述。苏霞以"善用大思政,构筑育人大格局——加快大中小学思政课一体化建设的对策与措施"为主题,从"建设'大课堂'""搭建'大平台'""建好'大师资'"三方面进行了详细阐述。建设"大课堂":思政课堂和课堂思政相结合、课堂教学和实践教学相结合、线下教学和线上教学相结合。搭建"大平台":建好用好"四大阵地"、善用社会大课堂、多校协同共建。建好"大师资":打开校门办思政课、专家辐射引领。①

(二)课程思政一体化专题教研

1. 举办课程思政一体化教学竞赛与培训

(1)江苏:苏州太仓持续开展全市大中小学"课程思政"优秀教学案例征集评选活动

2022 年 1 月,苏州太仓市教育局积极推进大中小学一体化"大思政"建设,有效地提升了项目成果的示范性和辐射性。通过成立"太仓市大中小学思政课一体化建设联盟",推动项目共建、资源共享、一体化实施,持续开展全市大中小学"课程思政"优秀教学案例征集评选活动,每年遴选优秀教学实录 40 个,不断充实思政课教学资源库,构建学科课程思政品牌,将思辨力培养作为落实学科课程思政价值的抓手和突破口。推进课程思政有机融通。建立由 20 位思政课名师为成员的专家库,构建大中小学思政课教师一体化备课和纵向跨学段、横向跨学科的交流研修机制。开发学子讲堂与文博研习两大践行课程,已形成"班级—年级—校级—市级"四个层级的学子讲堂实践品牌,开展"追访·拜谒"式的文化考察、"探源·探究"式的课题研究、"体悟·创造"式的农村调研等不同研学形式。②

(2)湖南:湖南省高等教育学会主办湖南省普通高等学校课程思政教学竞赛活动

2022 年 5 月,由湖南省高等教育学会教学管理专业委员会主办,长沙理工大学、高

① 豫教思语.河南省大中小学思政课一体化建设联盟(郑州片区)工作推进会召开[EB/OL].(2022 - 11 - 29)[2023 - 04 - 23]. https://mp.weixin.qq.com/s/zwqUe46oBMcbZEF1PNRXgw.

② 江苏省教育厅.苏州太仓:积极推进大中小学一体化"大思政"建设[EB/OL]. (2022 - 01 - 27)[2023 - 04 - 23]. https://baijiahao.baidu.com/s? id = 1746647595086224738&wfr = spider&for = pc&sa = vs_ob_realtime.

等教育出版社承办的"2022年湖南省普通高等学校课程思政教学竞赛启动会"在长沙举办。本次会议启动第二届普通高等学校课程思政教学竞赛,落实立德树人根本任务,高质量推进以"课程思政"为目标的课堂教学改革,使各类课程与思想政治理论课同向而行,全面提升全省高校教师课程思政教学能力。

（3）北京：外语教学与研究出版社启动"中西部地区高等外语课程思政教学设计大赛"

2022年6月,为深入实施《高等学校课程思政建设指导纲要》,全面推进高校课程思政建设,增进中西部地区外语课程教学交流与师资发展,助力高等教育高质量体系构建,服务振兴中西部高等教育战略,外语教学与研究出版社启动"2022年中西部地区高等外语课程思政教学设计大赛"。为中西部地区高校外语教师建立学习、交流的平台,共同探索课程思政与外语教学的融合,共建共享课程思政优秀教学资源,为中西部地区的教育创新与人才培养做出贡献。①

（4）黑龙江：课程思政研究院开展"觉醒杯"首届课程思政大赛

2022年7月,为深入贯彻习近平总书记关于教育的重要论述和全国教育大会讲话精神,落实教育部《高等学校课程思政建设指导纲要》的指导意见,全面推进课程思政建设,深入挖掘课程中蕴涵的思政元素,并融入课程教学,将思想政治教育引领贯穿于教育教学全过程,实现价值性和知识性的统一,达到专业知识与育人元素深度融合,实现立德树人的目标。课程思政研究院面向全国职业院校开展"觉醒杯"——2022年度首届课程思政大赛,旨在挖掘、展示优秀的课程思政建设及教学案例,为职业院校教师们提供一个更大的交流学习平台。②

（5）湖南：湖南大学承办外语课程思政优秀教学案例全国遴选交流活动

2022年11月,由教育部高等学校大学外语教学指导委员会,教育部职业院校外语类专业教学指导委员会、高等教育出版社有限公司、全国高校教师网络培训中心和《中国外语》编辑部分别作为指导单位和主办单位的"2022年外语课程思政优秀教学案例全国交流活动"在线上成功举办,本次活动由湖南大学承办。该活动分为大学英语组、

---

① 外研社高等英语资讯.获奖名单公布|2022年中西部地区高等外语课程思政教学设计大赛.[EB/OL].（2022-09-28）[2023-04-23].https://mp.weixin.qq.com/s/7bKmwt2ZjrY6hDS6lHxsWg.

② 思政研究院.关于开展"觉醒杯"2022年度首届课程思政大赛的通知[EB/OL].（2022-07-16）[2023-04-23].https://mp.weixin.qq.com/s/U0L7xCPv24f1wqTQmquSkQ.

英语类专业组、高职高专英语组和中职英语组四个组别同时进行,来自全国各地的135位教师通过说课阐述和问答两个环节围绕所选教学单元进行教学展示,结合教学目标深入挖掘素材中的思想政治教育元素,多角度、深层次地将思想政治教育融入外语教学,活动过程精彩纷呈。常红梅教授在致辞中说到,要推进职业教育外语课程思政教学建设和发展,就要积极培育和践行社会主义核心价值观,构建"全员育人、全过程育人、全方位育人"的教育体系,形成"门门课程有思政,人人讲育人"的良好局面。①

同时,2022年度,多地相继开展有关课程思政与思政课程协同育人的专题教研。例如,2022年7月,保山学院举办思政课程与课程思政"双思"课程创新教学大赛暨一流课程建设培训会,强调要围绕"五环同心、协同育人"理念,将专业教育与思想政治教育紧密结合,不断提高人才培养质量。再如,2022年7月,天津北辰区教育局主办主题为"课程思政与思政课程同向同行协同育人"的思政教育与学科教学融合现场会。与此类似,天津红桥区通过系统建设思政课协同培训与研修中心、举办课程思政论坛、开展思政精品课评选展示等方式,推动"思政课程"和"课程思政"协同育人。

2. 推进课程思政一体化集体备课会

(1)福建:福建信息职业技术学院承办全国职业院校旅游大类课程思政集体备课会

2022年9月,2022年全国职业院校旅游大类课程思政集体备课会举办。本次集体备课会以"'三教'赋能课程思政　同心共育文旅新人"为主题,来自九所不同层次职业院校的课程思政教学名师团队展示了"解读中国古典园林""旅游与跨文化交际""中国茶文化""中式烹调基本功训练"等九门课程的思政教学设计及课堂教学片段。五位点评专家就优秀课程思政案例应具备的特点、如何进行课程思政创新性设计、如何将课程思政与新型教学模式相融合、如何建立课程思政教学评价体系等与教学展示教师进行了深入探讨。②

---

① 高教社外语.2022年外语课程思政优秀教学案例全国交流活动成功举办.[EB/OL].(2022-11-29)[2023-04-23].https://mp.weixin.qq.com/s/OkuW_tYHKEwO_6ofuN3kNQ.

② 职教之音.职教快讯:2022年9月20日[EB/OL].(2022-09-20)[2023-04-23].https://mp.weixin.qq.com/s/V4vVqSsTEF_6mpiX1dgkcw.

（2）北京：北京建筑大学召开"党的二十大精神融入思政课程与课程思政"集体备课会

2022年11月，在全市上下深入学习宣传贯彻党的二十大精神的重要时期，北建大举行"党的二十大精神融入思政课程与课程思政"集体备课会，进一步深入学习宣传贯彻党的二十大精神，促进党的二十大精神进课堂、进教材、进头脑。北建大校领导与教师代表围绕党的二十大报告中的新观点、新论断、新思想如何融入思政课程和课程思政的路径和方法，以及人才培养模式改革和教育教学改革的工作思路进行了交流研讨。北建大党委书记李军锋勉励全体教师要坚守立德树人根本任务，牢记"为党育人、为国育才"的初心使命，带头学习宣传贯彻党的二十大精神，讲好育人思政大课，为培养更多优秀的规划师、设计师、建筑师人才做出积极贡献。①

（3）广东：广东省举办2022年度中职学校课程思政集体备课会

2022年12月，广东省2022年度中职学校课程思政集体备课会成功举办。会议旨在深入学习贯彻党的二十大、全国职业教育大会精神和习近平总书记关于职业教育的重要指示，进一步落实中共中央办公厅、国务院办公厅印发的《关于深化新时代学校思想政治理论课改革创新的若干意见》《关于推动现代职业教育高质量发展的意见》等文件要求，深化中职学校对课程思政的认识与理解，推动全省中职学校课程思政建设。会议主题为落实立德树人根本任务，重点围绕"培养什么人，怎样培养人，为谁培养人"这一根本问题，强化中职学校公共基础课程的关键作用，组织开展公共基础课和专业课课程思政集体备课与交流研讨。与会教师表示，不同院校教师共同备课，不仅互相借鉴教学亮点，也能较好解决自己在备课实践中的困惑。专家、名师的指点，跨校开展、跨区开办的集体备课会，一定能让我们齐头并进，实现广东省中职思想政治教育质量再上新台阶。②

3. 出版课程思政一体化学术专著

（1）北京：北京大学出版社出版第一册"北京大学课程思政丛书"《经济学科课程思政教学设计》

《经济学科课程思政教学设计》作为"北京大学课程思政丛书"的第一册于2022

---

① V思想.北建大召开"党的二十大精神融入思政课程与课程思政"集体备课会[EB/OL].（2022 – 11 – 13）[2023 – 04 – 23]. https://mp.weixin.qq.com/s/U7C4_S2wKa3Rob1me4nSJA.

② 番禺职校.经验典型|广东省2022年度中职学校课程思政集体备课会成功举办[EB/OL].（2022 – 12 – 24）[2023 – 04 – 23]. https://mp.weixin.qq.com/s/vYY0voqCQ2ptThz_4B5DUw.

年4月由北京大学出版社正式出版。《经济学科课程思政教学设计》既有丰富的一线课堂教学和育人经验，又熟悉国际学科前沿动态和新型教学手段，建设有"国家级一流本科课程""教育部课程思政示范课程""北京市课程思政示范课程""北京高校优质本科课程""北京高校优秀本科育人团队"等成果，《经济学科课程思政教学设计》即为任课教师们在以立德树人为核心，开展课程思政建设过程中，总结经验、集思广益、深入探讨、打磨凝练出的教学设计的精彩呈现。除总论外分经济学基础类、经济学史论类、经济学专业类3篇，涵盖29门课程，每门课程从"课程定位和思政建设目标""教学内容和思政要点设计""教学设计与方法"等方面条分缕析、循序渐进地对该课程的思政建设进行阐释，其中"教学内容和思政要点设计"采用表格形式，将每一部分的教学内容和知识点对应的思政元素详细列举出来，方便相关课程的教师对照灵活运用。①

（2）北京：北京体育大学出版全国体育领域第一本课程思政案例著作《运动生理学课程思政案例》

北京体育大学运动生理教学团队编写的全国体育领域第一本课程思政案例著作《运动生理学课程思政案例》由北京体育大学出版社正式出版。《运动生理学课程思政案例》是体育基础理论与课程思政深度融合的首次尝试，为北京体育大学体育特色课程思政建设新模式增加了新成果，丰富了学校"大思政课"育人格局的内涵，为课程思政真正落实于体育学各学科各专业打下了坚实基础、提供了借鉴思路。该书依据运动生理学教学大纲，以专业教材内容为主线，密切结合专业知识点，紧扣运动生理学实践，全面梳理各章节教学目标、课程思政元素、课程实例，选编最具时代特色的百余个典型案例，将"使命在肩、奋斗有我"的时代精神及"文明其精神，野蛮其体魄"的校训精神融入专业学习，潜移默化地教育学生为实现教育强国、体育强国、健康中国等国家战略贡献智慧和力量。教师可以根据个人授课特点选用合适的思政案例，帮助教师在传授专业知识的同时恰如其分地融入思政元素，切实做到"润物细无声"。②

（3）湖南：中南大学出版社汇编《课程思政教学设计》系列图书

在湖南省教育厅的指导下，湖南省教育科学研究院和中南大学出版社组织专家从

---

① 北京大学经济学院.北京大学《经济学科课程思政教学设计》正式出版[EB/OL].2022-04-29[2023-04-23].https://mp.weixin.qq.com/s/UMU_b3IXuyfW6RskrltlrA.

② 北京体育大学.全国体育领域第一本课程思政案例著作正式出版[EB/OL].（2022-08-13）[2023-04-23].https://mp.weixin.qq.com/s/KsdbPatq53t-qzB6bNbcmA.

全省普通高校教师课堂教学竞赛获奖教师的教学设计作品中,遴选出具有课程思政亮点和特色的部分优秀教学设计,汇编成《课程思政教学设计——文科卷》和《课程思政教学设计——理工科卷》。两卷书共编入 22 位获奖教师主讲的 22 门课程的 110 个教学设计。两书专题性、系统性兼备,学理性、通俗性兼具,实用性、可读性并存,可作为教学技能大赛的培训教材和课程教学设计的参考书。①

（三）基于学科的课程思政一体化探索

以基础教育学科为核心开展课程思政一体化建设为一体化发展提供了多方向的实践参考。基础教育学科的思政一体化模式探索实践主要集中于 2020—2023 年间,分布于各个基础教育学科中,如语文、数学、体育、化学等,呈现出模式多样、内容丰富的显著特性,为大中小学课程思政一体化建设面向基础教育学科的持续性深化提供了有益借鉴。

1. 语文学科课程思政一体化模式探索

（1）吉林：长春师范大学举行线上大中小学语文一体化课程展示活动

2022 年 4 月,长春师范大学举行线上大中小学语文一体化课程展示活动。大中小学四个学段的教师采用同课异构的方式,把美育观念作为一条红线贯穿于教学的始终,探索大中小学文学美育课程有效衔接的途径与方法,是对美育一体化实践模式的有益尝试。本次活动旨在落实教育部 2022 年工作要点关于"完善大中小学相衔接的美育课程体系,强化美育教师队伍建设"的要求,推动大中小学语文（文学）课程改革创新,提升大中小学协同美育的教学水平。②

（2）上海：上海交通大学和上海市师资培训中心共同举办上海市大中小学语文教师专题研修班

2022 年 10 月,由上海交通大学人文学院和上海市师资培训中心共同举办的 2022 年度上海市大中小学语文教师专题研修班在上海国际学生服务中心成功举行。经过多年的实践,基地通过打造学科课堂、实践课堂、空中课堂和行走课堂四类课堂,连通

① 中南大学教师教学发展中心.新书推荐|《课程思政教学设计》[EB/OL].（2022 − 04 − 21）[2023 − 04 − 23]. https://mp.weixin.qq.com/s/23Ydu52oThNVtg0x0rG3lg.

② 长春师范大学.人民网|大中小学语文一体化课程展示活动在长春师范大学举行[EB/OL].（2022 − 05 − 06）[2023 − 05 − 13]. https://mp.weixin.qq.com/s/xZoQZoee_cQDE67Xht1a0Q.

高校、师资培训中心与大中小学教师,打通大中小学学段壁垒,融通学科前沿和教学需求,贯通理论指引与实践指导,畅通教师的教学、科研与生活,积极探索基础教育教师在高校的"浸润式"研修渠道。① 人文学院的大中小学语文学科教师培训基地通过打通各学段界限,发挥学术优势,搭建交流平台,关注持续发展的办法,突破传统的业务培训模式,形成大中小学语文师资培训和教师成长的新特色和新渠道,得到广大学校和教师的认可。②

（3）天津：天津静海区举行大中小学语文学科课程思政一体化建设研讨活动

2022 年 11 月,天津市静海区举行首场大中小学语文学科课程思政一体化建设研讨活动,开启了全学段、全学科、全师生课程思政建设新篇章。静海教育始终坚持为党育人,为国育才,充分发挥课程"培根铸魂、启智增慧"的作用,在教学实践中注重立德树人根本任务的落实,全面提高人才培养质量。下一步,静海区将深入探索课程思政的教学样态转型,将研究重点转移到学习方式改变和学生核心素养培育,各学段、各学科、每堂课都要努力践行"知行合一"的思想,将行为目标落实到课程目标、核心素养目标、大单元教学目标、课时学习目标体系之中。

2. 数学学科课程思政一体化模式探索

（1）上海：上海市进才中学举办"立足数学学科德育本质,提升数学育人综合效能"为主题的上海市大中小德育一体化项目

2021 年 9 月,上海市进才中学成功举办"立足数学学科德育本质,提升数学育人综合效能"为主题的上海市大中小德育一体化项目暨浦东新区学科德育项目展示研讨活动。本次研讨活动采取线下观摩和线上直播同步进行的方式,从教学观摩、区域学科德育工作介绍、微论坛研讨、专家点评几个环节展开研讨。数学作为中学阶段极其重要的基础学科,更要在日常教学中立足于数学的学科特点与本质,发挥数学学科教学特色,融入德育教育,达到智育和德育的双重提升,培养学生全面发展。③

---

① 上海市师资培训中心.欢迎线上观看 2022 年上海市大中小学教师学科研修基地展示论坛［EB/OL］.（2022 - 11 - 14）［2023 - 05 - 13］. https://mp.weixin.qq.com/s/ahMSEHpm7myIG7JHb1Zo5A.

② 上海交通大学人文学院.2022 年度上海市中小学语文教师专题研修班顺利举行［EB/OL］.（2022 - 11 - 04）［2023 - 05 - 13］. https://mp.weixin.qq.com/s/TvZ98WusNmYNTq_1Q5JXCA.

③ 浦东德育.立足数学学科德育本质,提升数学育人综合效能——上海市大中小德育一体化项目暨浦东新区学科德育项目展示研讨活动［EB/OL］.（2021 - 09 - 17）［2023 - 05 - 13］. https://mp.weixin.qq.com/s/BBasZL85Lk1a59fCnE4rtw.

（2）吉林：吉林师范大学主办数学史与数学文化青年学者论坛

2022年12月,吉林师范大学成功主办数学史与数学文化青年学者论坛暨国家自然科学基金数学天元基金"数学史与数学文化高级研讨班"。其中,林开亮博士的报告以"中学—大学数学衔接"为主题展开,联系了中学数学和大学数学甚至现代数学,不局限于所教学内容的衔接,而是从数学整体的观点出发联系所谓的"初等"数学与"高等"数学,从不同的视角观察数学对象,希望让更多的听众认识到初等数学并不是简单的数学,高等数学也不都是高深的数学。此次论坛极大促进了省内外高校在数学史与数学文化研究方面的协同创新、交流合作,为高校搭建起了交流数学思想、分享教育智慧的互动平台,务实合作、共同发展的开放平台,加强沟通、增进互信的友谊平台。[1]

（3）重庆：西南大学附属中学举办新课程理念下"大—中—小"数学整体教学高端研讨会

2023年5月,西南大学附属中学成功举办以"高水平协同提质·高质量双新示范"为主题的2023年全国学科教育联盟第二届年会。各高校教师及西南各地中小学一线教师,从教学实践到学科研究,探讨了新课程标准、跨学科项目、数学文化等内容。该活动有利于打造高质量的数学学科教师队伍,推动大中小学教师发展机构横向联通的协同教研方式创新,助力探索大中小学纵向贯通的整体化数学教学课堂形态改革,引领基础教育育人方式变革。[2]

3. 英语学科课程思政一体化模式探索

（1）山东：青岛九中展示主题为"与无国界医生奋战100天"的英语学科思政一体化研究课

2021年1月,青岛九中英语组展示了主题为"与无国界医生奋战100天"的英语学科思政一体化研究课,多学科青年教师济济一堂,积极听课学习。通过主动挖掘英语学科课程内在的思政资源,结合全球抗疫时政背景和中国抗疫成功案例,巧妙融入

---

[1] 吉师数学与计算机.数学史与数学文化青年学者论坛在我校成功举办[EB/OL].（2022－12－28）[2023－05－13].https://mp.weixin.qq.com/s/uGN1isZOtGI4j0jko1fx-g.

[2] 鹏程远大.新课程理念下"大—中—小"数学整体教学高端研讨会——全国学科教育联盟暨数学学科教育联盟第二届年会盛大开幕[EB/OL].（2023－05－09）[2023－05－13].https://mp.weixin.qq.com/s/CyKiVh400g4MMj72XGNQdQ.

无国界医生主题语篇的阅读,带领学生感受作者与其他无国界医生共同抗击埃博拉病毒时的所见所闻所感,引导学生对"打破边境"和"构建人类命运共同体"的深入思考,呈现了一堂精彩的思政一体化跨学科融合课。①

（2）江苏：南京师范大学与长三角基础外语教育研究中心等联合举办"全国大中小学英语教科研贯通培训"活动

2021年10月,长三角基础外语教育研究中心、南京师范大学外国语学院与上海外语教育出版社共同举办了"全国大中小学英语教科研贯通培训"活动。与会专家和学者就基础外语教育新生态的构建,基础外语教育改革的新趋势,基础外语教育研究的选题、研究方法,教学研究论文的写作与发表展开深入讨论,探讨如何成为一名优秀的研究型教师。②

（3）山东：青岛大学附属实验学校举行英语学科大中小协同教研建设活动

2023年4月,青岛大学附属实验学校和青岛大学外语学院联合举行"英语学科大中小协同教研建设开幕仪式"。会议围绕2022版英语新课标提出的"文化意识"核心素养提升,组织了课例展示与观摩、研讨与交流,参会人员在磨课、上课、听课、评课中思考如何在新课标指引下提升学生文化意识素养,如何在课堂教学中将新课标中"文化意识"育人目标落到教学实处。此次活动推进了中小学教师与高校教师的互动,促进了一线教学实践与教育教学理论的结合,有助于构建基于学生全面、个性发展的一体化衔接培养格局,实现高等教育与基础教育的融合互动发展。③

4. 地理学科课程思政一体化模式探索

（1）吉林：东北师范大学附属中学举办地理学科幼小初高大一体化课程思政实践活动

2022年11月,东北师范大学附属中学举办地理学科幼小初高大一体化课程思政

---

① 青岛九中.教学研究|与无国界医生奋战100天——英语学科课程思政一体化跨学科融合［EB/OL］.（2021－01－19）［2023－05－13］. https://mp.weixin.qq.com/s/-mVnx6ivS26xtGMgvY39GA.

② 外教社基教部.贯通教学科研,助力教师发展——"全国大中小学英语教科研贯通培训暨长三角基础外语教育研究中心第十期'菁领论坛'"成功举办［EB/OL］.（2021－10－11）［2023－05－13］. https://mp.weixin.qq.com/s/6ms9QT5pSukHWQuKQfGf-A.

③ 山东青大教育集团.协同教研聚合力、合作发展创新篇——英语学科大中小协同教研建设开幕仪式暨2022版英语新课标研学会举行［EB/OL］.（2023－04－13）［2023－05－13］. https://mp.weixin.qq.com/s/UnGzMBKM909nn0FOobvBWA.

实践活动。东北师范大学附属中学立足幼、小、初、高一体化办学的体制优势和思政课程建设的传统优势，积极对接大学，聚焦多学段社会主义核心价值观教育一体化建设，以幼小初高大五个学段授课内容的统筹衔接及课程思政一体化设计为导向，深入交流与研讨一体化课程思政实践活动。①

（2）上海：华东师范大学组织"人文地理学课程思政建设经验分享"主题活动

2023年3月，华东师范大学组织了"人文地理学课程思政建设经验分享"主题活动。活动主题的确定基于前期问卷调研结果，旨在通过经验分享和交流普遍提升本课程开展课程思政教学改革的质量。西北大学黄晓军教授结合四位一体的目标体系设计、"思政主题+教学案例+实习案例"的总体框架以及"宏观设计+全程渗透""专题嵌入+案例支撑""教师引导+学生主体""社会实践+知行合一"等建设模式，展示了陕西省特色课程思政资源的特色经验，通过充分发挥团队作用，形成协同育人合力，挖掘地方特色，以提升育人效果。②

（3）安徽：合肥工业大学举行安徽省首届大中小学地球科学创新人才培养发展论坛

2023年4月，合肥工业大学举行第二届驻肥高校地球文化节暨安徽省首届大中小学地球科学创新人才培养发展论坛。"地球文化节"系列活动不仅是合工大第一课堂和第二课堂深度融合的典型案例，也是"校馆""校际"间深度合作交流的崭新平台。大中小学名师们齐聚一堂、交融交锋，共话大中小学地学人才培养一体化建设的话题，搭建了大中小学教师面对面交流的平台，增强地球科学对学生的吸引力，展现地学专业特色，传播地球科学知识，将学科特色与思政教育深度融合，大力推动思政课程与课程思政协同育人，引导师生践行生态文明理念，积极投身美丽中国建设。③

---

① 东北师范大学附属中学.东北师范大学附属中学承办 U–G–S 教师教育创新实验区 2022 年地理学科幼小初高大一体化课程思政实践活动［EB/OL］.（2022–11–25）［2023–05–13］. https://mp.weixin.qq.com/s/rTJTIjIXpopi5b_Nci1qvg.

② 华东师范大学教务处.虚拟教研室动态 | 人文地理学课程跨校虚拟教研室开展"课程思政建设经验分享"主题交流［EB/OL］.（2023–03–25）［2023–05–13］. https://mp.weixin.qq.com/s/z8ZO4LbZAJVsG1LJ6dGFbQ.

③ 合工大资环学院.第二届驻肥高校地球文化节暨安徽省首届大中小学地球科学创新人才培养发展论坛开幕啦！［EB/OL］.（2023–04–25）［2023–05–13］. https://mp.weixin.qq.com/s/fRg8zkwhFnekwhXRX4Usfg.

5. 物理学科课程思政一体化模式探索

（1）河南：新乡市第二十二中学探索物理学科课程思政一体化建设

2021 年 6 月,新乡市第二十二中学探索课程思政一体化建设之《物理篇》。通过学习物理学史,有助于激发学生学习物理的兴趣,培养良好的学习习惯,有助于培养学生学习知识、认识自然的科学方法和科学思维,有助于对学生进行爱国主义教育。物理知识是自然界中物理现象的原理和答案,这些答案中蕴含了很多培养中学生良好思政教育的素材。对于物理教师而言,物理教学目标不仅是知识与能力、过程与方法的传授,还要在物理教学中渗透思政教育,培养学生良好的精神和品德。这需要每一位物理教师深入挖掘教材中的思政教育素材,树立信心,选择合适的教学方法、合适的切入点,切实落实思政教育在物理教学中的渗透,实现学生综合素质的培养和提升。①

（2）山东：山东大学附属中学物理学科小—初—高一体化教研启动以"创新素养培育"为主题的教研活动

2022 年 3 月,山东山大基础教育集团物理学科小—初—高一体化教研启动以"创新素养培育"为主题的教研活动。具体而言,创新素养包含三个部分,即"创新实践＝创新人格＋创新思维"。而教师能做的,则是以课程标准为本源,以课程、活动为载体,挖掘创新素养在各学科、各学段的表征及达成方式。而山大附中正通过优化课程体系,建设高原—山脉—山峰课程体系,实现课程上的补充完善,同时深化教学改革,完善活动体系。基于百廿山大积淀的文化底蕴与山大名师荟萃的大环境,结合当前的大中小贯通育人体系,更好地发挥优势,凝心聚力,培育学生的创新素养。②

（3）山西：晋中市榆次一中开展教育实践活动之物理组"课程一体化——初高中纵向一体化"

2022 年 12 月,根据榆次一中全校开展"大学习、大讨论、大实践"教育实践活动部署,开展物理组"课程一体化——初高中纵向同课异构"研修。在基础教育阶段,初中物理与高中物理课程都应该注重科学知识的传授和技能的训练,注重将物理科学的新

---

① 新乡市第二十二中学.究天人之际,通古今之变;格物以致知,明理以励志——新乡市第二十二中学思政一体化建设之《物理篇》[EB/OL].(2021－06－07)[2023－05－13]. https://mp.weixin.qq.com/s/9aVbpaOrC_IzpjsAZfEYYQ.

② 山东山大基础教育集团.教研·物理|聚焦创新素养研究：物理学科小初高一体化教研[EB/OL].(2022－03－20)[2023－05－13]. https://mp.weixin.qq.com/s/mvl93UhzlI8ZFAQ06tFVuw.

成就及其对人类文明的影响等纳入课程，而且还应重视对学生终身学习愿望、科学探究能力、创新意识以及科学精神的培养。因此物理课程的构建应一脉相承，注重让学生经历从自然到物理、从生活到物理的认识过程，经历基本的科学探究实践，注重物理学科与其他学科的融合，使学生得到全面发展。①

6. 化学学科课程思政一体化模式探索

（1）山东：青岛九中开展主题为"揭秘索尔维制碱法和侯氏制碱法"的化学学科的思政一体化研究课

2020 年 12 月，青岛九中进行化学学科的思政一体化研究课，主题为"揭秘索尔维制碱法和侯氏制碱法"。专业课程思政一体化，为国育英才，是教育教学的一个非常重要的国家教育指导要求。本次思政一体课讲解了侯氏制碱法，在上课过程中渗透爱国精神、科学精神和科学无国界的国际胸怀，将学科知识和思政理念有机结合，在学习了制碱方法的同时，更学习到了侯德榜身上的奋斗品质、科学精神、家国理念。②

（2）天津：天津师范大学与西青区育英小学签订大中小学思想政治教育一体化共建协议

2021 年 11 月，天津师范大学化学学院与天津市西青区育英小学签订了《大中小学思想政治教育一体化共建协议》，旨在彰显天津师大实践育人功能，推进大中小学思政一体化工作机制建设，发挥专业优势和人才优势的实践锻炼，也是协同西青区义务教育优质均衡发展、丰富中小学生课后服务资源的具体体现。共建基地的设立和中小学课后服务是一项民生工程。双方的此次共建不仅拓展了学校课后服务渠道，还实现了课后服务模式的优化提升，使其真正服务学生、成就学生，助力"双减"政策大背景下打造中小学课后服务民生工程。③

---

① 榆次一中.云端共研聚智慧　初高衔接共创优|榆次一中"大学习、大讨论、大实践"课程一体化——物理组初高中纵向同课异构[EB/OL].（2023－01－11）[2023－05－13]. https://mp.weixin.qq.com/s/mCP1a_JW1MTgOdV8YDgvmg.

② 青岛九中.教育教学|揭秘索尔维制碱法和侯氏制碱法——化学学科思政一体化跨学科融合[EB/OL].（2021－01－06）[2023－05－13]. https://mp.weixin.qq.com/s/z3TReg-aK07ZWnPWHr941w.

③ 天津师范大学化学学院.天津师范大学化学学院与西青区育英小学大中小学思想政治教育一体化共建挂牌签约仪式顺利开展[EB/OL].（2021－11－22）[2023－05－13]. https://mp.weixin.qq.com/s/g0C5fJg12A14C1mAErELAg.

（3）上海：华东师范大学举办上海市大中小学教师学科研修基地中学化学教师专题研修班

2022年11月，华东师范大学化学与分子工程学院举办2022年上海市大中小学教师学科研修基地中学化学教师专题研修班。本次研修内容的三大模块：一是专题讲座，包括学科前沿讲座、科学思维方法、碳中和与绿色碳科学、教学研究与教研论文写作、中学课外探究选题及案例分析和新课标新教材特色解读与教学建议；二是实践体验，包括化学趣味实验、初高中部分双新实验等；三是主题研讨，学员聚焦研修新主题，以教学问题为中心，通过专家引导、小组讨论互动，完成研修任务。研修任务包括双新课程设计、课堂活动设计、项目化学习设计等，融合运用了"专题讲座与研讨""现场研修与实践体验""现场教学与在线互动"三种方式，从化学学科发展史、新发展、新动态等多方面进一步拓展了基础教育教师的学科视野。①

7. 体育学科课程思政一体化模式探索

（1）四川：四川师范大学附属青台山中学召开大中小幼一体化体育课程体系建设研讨推进会

2021年6月，大中小幼一体化体育课程体系建设研讨推进会在四川师范大学附属青台山中学召开。四川师范大学体育学院张晓林教授基于前期各中小学调研提出几点设想，设想构建1—2个体育项目四个学段的一体化融合，通过身体素质与运动技能的数据跟踪与衍生，四个学段进行检测等。推动"大中小幼"体育教育一体化发展的顺利进行，研讨推进会以人人都积极参与体育课、参与体育竞赛、参与体育训练，体验运动乐趣为目标，得出以武术、舞龙舞狮传统项目和篮球为主的教学内容来推动一体化发展，并加强常态化教研活动的开展。②

（2）天津：天津市滨海新区教体局与天津国土资源和房屋职业学院共同举办天津市滨海新区大中小一体化体育课程研讨会

2021年12月，由天津市滨海新区教体局、天津滨海新区教师发展中心与天津国土

---

① 华东师范大学化学与分子工程学院.改变思维精研修·卓越教师再起航——我院举办2022年上海市大中小学教师学科研修基地中学化学教师专题研修班[EB/OL].（2022-11-18）[2023-05-13].https://mp.weixin.qq.com/s/xr5CsERuNJnSsRKXAO0cig.

② 四川师范大学附属青台山中学.大中小幼体育教育一体化发展研讨推进会在我校隆重召开[EB/OL].（2021-06-16）[2023-05-13].https://mp.weixin.qq.com/s/H6n5c7p0bFjRWsCJUlZauw.

资源和房屋职业学院共同举办的"五育并举促'双减'体育筑基育新人——2021 年天津市滨海新区大中小一体化体育课程研讨会"。以"体适能"为主题的经验交流会，目的在于通过对大中小学体育教学一体化的研究，促进体育课程的深化改革，帮助学生形成终身体育习惯。大中小学体育教师代表针对"体适能"项目在不同学段的教学目标和要求，进行了成果展示，并对今后的工作提出相关建议：始终坚持以人为本的教育方针；加强一体化体育课程建设的宣传；形成"体适能"项目闭环机制；根据实际状况推进体育教学计划设计和实施以及教学目标提升措施；加强"双减"落地落实的督导。①

（3）天津：天津理工大学体育教学部推进大中小"三全五育"综合改革和"大思政课"协同共建

2023 年 4 月，天津理工大学体育教学部联合和平区鞍山道小学开展体育舞蹈、武术专题教学展示与互动交流，推进大学习、大中小"三全五育"综合改革和"大思政课"协同共建，促进教职工之间的教学，进一步开阔学生们的视野。②

8. 音乐学科课程思政一体化模式探索

（1）四川：教育部基础教育课程教材发展中心普通高中音乐学科四川教研基地举办大中小一体化音乐教学研讨会

2020 年 10 月，教育部基础教育课程教材发展中心普通高中音乐学科四川教研基地举办中国艺术歌曲进校园暨大中小一体化音乐教学研讨会。研讨会旨在进一步深入中华优秀传统文化在学校的传承，建设各民族共有的精神家园；更好推动中国艺术歌曲进校园活动的深入开展，进一步挖掘其育人价值和审美价值，主要依托教育部基础教育课程教材发展中心学科教研基地、各地教研机构、名师工作室、高校专业团队等专业力量开展。③

---

① 天津国土资源和房屋职业学院.学院纪事|五育并举促"双减"体育筑基育新人——2021 年天津市滨海新区大中小一体化体育课程研讨会［EB/OL］.（2021 - 12 - 13）［2023 - 05 - 13］. https://mp. weixin.qq.com/s/4XX9HiCHJtRvcAZpHj9H_w.
② 天津理工大学.媒体声音|媒体聚焦我校体育教学部推进大中小"三全五育"综合改革和"大思政课"协同共建［EB/OL］.（2023 - 04 - 18）［2023 - 05 - 13］. https://mp. weixin. qq. com/s/FpxOimyZbMRxz-UUBESFGw.
③ 教育网.今日直播|10 月 22 - 23 日,中国艺术歌曲进校园暨大中小一体化音乐教学研讨会即将开始！［EB/OL］.（2020 - 10 - 22）［2023 - 05 - 13］. https://mp.weixin.qq.com/s/77TBALOEsgBvLLLJkM1G3A.

（2）四川：金沙小学举行"'大中小'共研音乐教学，'一体化'共讨素养提升"成都市中小学音乐教师教学素养提升专题讲座

2021年4月，金沙小学举行成都市中小学音乐教师教学素养提升专题讲座，通过分析音乐教师所应具备的音乐教育理论素养及教学实践能力，从音乐课程的价值、性质、理念、目标入手，进一步强化了与会教师的课标意识，强调音乐课程标准在教学实践中的指导意义。借力高校教授高度的理论造诣、严谨的学术思维，影响和带动基础教育老师想清楚实践操作背后的理论依据，做扎实课堂教育教学。"大中小一体化"的教研新模式也必将带动全市音乐教师更加精进学科教学，在理论指导下的教学实践必然会走向更具学科特点，更有深度的音乐课堂教学。①

（3）四川：成都市郫都区第一中学举行"大中小一体化音乐教学研讨活动"

2022年5月，成都市周笛名师工作室在四川省成都市郫都区第一中学举行了"大中小一体化音乐教学研讨活动"。本次教研旨在通过对四川地区非遗文化的探寻与研究，探索传承和创新的新路径。红色经典音乐在我国音乐曲库中是独一无二的存在，要发挥其独特的作用，就要让学生从小感受到红色歌曲的无穷魅力，让他们的心灵受到红色音乐文化的洗涤。随着时代的发展和进步，红色经典音乐以丰富多样的形式呈现在大、中、小学音乐教学中，用学生喜闻乐见的形式和内容伴随他们成长。②

9. 美术学科课程思政一体化模式探索

（1）上海：华东师范大学举办美术学科大中小一体化"课程思政"研讨会

2021年8月，华东师范大学举办"美术学科大中小一体化'课程思政'研讨会暨教学设计比赛启动会"，研制完成美术学科大中小学一体化课程思政教学指南，为高校美术师范专业课程、中小学的美术课程在课程思政教学设计上提供参照；师范生的教学实践从"四史""三种文化"入手，与中小学携手开发相关课程，教学实践方面构成紧密联系的链条，形成同频共振的效应，进一步深化推进美术学科大中小一体化课程思政

① 成都教育研究."大中小"共研音乐教学，"一体化"共讨素养提升——记成都市中小学音乐教师教学素养提升专题讲座［EB/OL］.（2021-04-25）［2023-05-13］. https://mp.weixin.qq.com/s/aNLZnF1WIZRR48oyozEx9A.

② 周笛名师工作室.成都市周笛名师工作室举行"大中小一体化音乐教学研讨活动"［EB/OL］.（2022-05-28）［2023-05-13］. https://mp.weixin.qq.com/s/obtZbhzqvKGXZ7wMHowLww.

的建设。①

（2）辽宁：中国医科大学开展"大中小一体化美育协同发展"研究项目

2023 年 4 月，中国医科大学医学人文学院美育教研室进一步贯彻落实"辽宁省美育浸润行动计划"精神，开展"大中小一体化美育协同发展"研究项目，联合医学美术教研室和中国文化教研室，组建美育教师团队，解读"以美育人""以文化人"的理论来源，注重"艺术审美体验+人文艺术知识+艺术创作技能"的教学模式，强调艺术门类之间相互交融的课程建设。②

（3）四川：四川美术学院马克思学院与重庆市教科院德育研究所等共同举办"大中小学校美育思政课程一体化建设筹备研讨会"

2022 年 3 月，智慧美育研究院联合四川美术学院马克思学院、重庆市教科院德育研究所共同举办"大中小学校美育思政课程一体化建设筹备研讨会"。此次会议旨在发挥各方学术及教研优势，形成资源共享、信息互通、开放包容的工作机制，构建学科思政框架下的"美育+思政教育"新格局，"思政+艺术"教学模式主要聚焦于顺应时代政策要求、完善教师队伍、专注于学生学习、落实于课堂实践内容，强调大中小学校应该构成"手拉手"一体化的工作机制，整合不同学段的思政教育资源与教育特色，加快实现大中小学校美育思政一体化建设共同体。③

---

① 华东师大美术学院.卓越育人|美术学院：以美育人，守正创新，培养德艺兼备的复合型卓越美术人才[EB/OL].(2023-03-14)[2023-05-13]. https://mp.weixin.qq.com/s/-x842A8dNAaCbh_BvsV_Tw.

② 中国医科大学.红医润美|美育浸润"大中小一体化美育协同发展"2023 春季学期项目正式启动[EB/OL].(2023-04-18)[2023-05-13]. https://mp.weixin.qq.com/s/6NcDtGXex32N8g6khZQyFQ.

③ 课堂内外智慧教育.大中小学校同频共振，美育思政一体化大合唱[EB/OL].(2022-03-04)[2023-05-13]. https://mp.weixin.qq.com/s/QXlwE8gD9l0MnkXeVsb0BQ.

第八章

大中小学"大思政课"建设研究与实践

党的十八大以来,习近平总书记始终高度重视思政课建设,先后在全国思想政治工作会议、全国宣传思想工作会议、全国教育大会、学校思想政治理论课教师座谈会等重要会议上发表系列重要讲话。2021年3月6日,习近平总书记在看望参加全国政协会议的医药卫生界教育界委员时,再次聚焦如何讲好思政课这一关键问题,明确指出思政课不仅应该在课堂上讲,也应该在社会生活中来讲,并进一步强调,"大思政课"我们要善用之,一定要跟现实结合起来。上思政课不能拿着文件宣读,没有生命、干巴巴的。这为进一步深化思政课改革创新指明了方向。自此之后,全国开启了"大思政课"建设的序幕。2022年,多地行政部门、学校就推进"大思政课"建设做出了重要探索,一些学者对"大思政课"的科学意蕴和发展路向做出了深入分析,这些实践和研究为"大思政课"建设提供了有益借鉴。

一、研究现状

(一)年度文献计量与主题分布

在知网搜索"大思政课"关键词,并限定时间为2022年,搜索结果包括600余条。从知网上对所选中内容进行主要主题的共现矩阵分析,结果如图8-1所示。

从图表来看,与"大思政课"相关的主要主题中,"思政课"这一主题的研究成果数量最多,主要探讨思政课研究中的"大中小学"协同联动与"一体化建设"问题,以及思政课教学中的"大思政课"问题。与"大思政课"直接相关的主题在主题分布中也有所体现,如"大思政课"的实践路径,"大思政课"视域下的课程思政、实践教学等,均凸显出当下"大思政课"的研究热点趋向。

(二)研究热点分析

2022年"大思政课"研究主要聚焦于生成逻辑、内涵范畴、定位特征等本体论研究，以及"大师资""大协同""大内容""大教学""大评价""大载体""大资源""大体系"在内的构成性研究。

主题	思政课	大中小学	大思政课	"大思政课"	一体化建设	大思政	"大思政"	新时代	高校思政课	思政课教学	思政课教师	思政课一体化	课程思政	实践路径	实践教学	价值意蕴	高职院校	教育融入	着力点	协同育人	大数据时代	实践育人	思想政治理论课	思政课实践教学	立德树人	大课堂	实现路径	思政课程	大数据	实践探索
思政课																														
大中小学	99																													
大思政课	4																													
"大思政课"	81																													
一体化建设	47	50	1																											
大思政	8																													
"大思政"	5					9																								
新时代	14	6	4	3	6																									
高校思政课	4	1		3																										
思政课教学	8	5	1																											
思政课教师	4	8			6																									
思政课一体化	13	14		3		1																								
课程思政		2	2																											
实践路径	8	2	4	3				2																						
实践教学		3	3																											
价值意蕴	7			4							2																			
高职院校	2		3						1				1																	
教育融入	4		3	2								1																		
着力点	6	3																												
协同育人	2		2	1						3																				
大数据时代	2																													
实践育人	2		3																											
思想政治理论课		6		3																										
思政课实践教学		2										5																		
立德树人																														
大课堂			1																											
实现路径		1	2		2		1																							
思政课程			2									3				2														
大数据																3														
实践探索	2		2	2																										

图 8-1　2022 年知网关于"大思政课"主要主题共现矩阵分析表

1."大思政课"本体论研究

"大思政课"的生成、内涵、定位是"大思政课"研究中的本体论问题。正确把握"大思政课"本体论，深刻认识"大思政课"是什么、从何而来等根本性问题，为"大思政课"的后续研究和实践推进提供基础支撑。

（1）"大思政课"的生成研究

若要全面理解"大思政课"，则需将其放置于历史方位、价值渊源、理论沿革之中，辨其"来龙"与"去脉"，继而才有"谋定而后动"的改革。

首先，从历史逻辑上来看，"大思政课"于2021年3月6日习近平在看望参加全国政协会议的医药卫生界教育界委员时的讲话中被首次提出，但此次正式提出并不是偶然。有学者指出，早在新民主主义革命时期就已经产生了"大思政课"理念的萌芽①，主要体现在作为"大思政课"前身的思政课，在辐射范围、传播载体以及群众教育的实践活动中体现出"大思政课"所蕴含的要素。社会主义革命建设时期为理念探索期，从制度措施保障、提倡课堂教育与劳动教育相结合、发动思想改造运动以及运用文艺活动作为课程载体等方面进一步进行探索。改革开放和社会主义建设新时期的"大思政课"进入理念发展期，主要体现在"全员育人""三育人"等语词发展，教育目标、教育内容及教育方法的多样性与针对性，以及实践教学、社会性学习教育活动的探索。进入中国特色社会主义新时代后，"大思政课"进入理念深化期，主要表现在党和国家政策文件中提出的"三全育人"以及由"三育人"向"十育人"的发展，也体现在社会实践、新兴媒体技术与思政课堂的结合上。"大思政课"的历史逻辑也表现为思政课"生命线"理论的发展，即思想政治教育从军事政治功能、经济功能到人的培育塑造功能。有学者指出，以往虽然没有直接提出"大思政课"的概念，但与之相近的概念，如社会大课堂教学、生活化的思政课程、课程化的社会实践活动都已经蕴含了其内涵。② 还有学者认为"大思政课"是在完善"大思政格局"的基础上发展起来的，与实践教学、劳动教育、"三全育人"等概念既有联系又有区别，共同支撑起新时代的"大思政格局"。③

其次，从价值逻辑上来看，学者们普遍认为，"大思政课"的出场是顺应"两个大局"的必然要求。从国际环境上来看，"大思政课"的"大格局"来源于世界百年未有之大变局背景。从国内环境来看，一方面，"大思政课"的提出是对上一阶段思政课改革的有效延续，是对思政课改革进入"深水区"的破局之思，也是思政课作为高等教育发展的重要环节的自我发展。另一方面，"大思政课"是贯彻我国人才强国战略的重要

---

① 杨晓帆,汤举."大思政课"理念的历史演进与现实着力点[J].思想政治课教学,2022(09)：9-13.
② 韩可.课程论视角下"大思政课"的实施维度与实践理路[J].思想理论教育,2022(05)：72-77.
③ 李蕉."大思政课"的历史方位与理论定位[J].思想理论教育导刊,2022(09)：101-108.

步骤,即立足于培养跳出小视野、小格局的复合型创新人才。还有学者认为,"大思政课"不仅来源于教育环境复杂化、教育主体多元化的需要,更来源于教育客体互动性的要求。

再次,从理论逻辑上来看,一方面,"大思政课"来源于马克思主义理论学科的深厚理论滋养,也是对教育学有效教学论的应用。有学者提出,马克思主义人学理论是"大思政课"的本体性依托①,有效教学理论为思政课提供了逻辑上的支撑。另一方面,"大思政课"的理论根源可以从我国传统的"大小德育"之分来寻找,从狭义上的"小德育"发展至广义上的"大德育"为"思政课"向"大思政课"的转变提供了依据。

(2)"大思政课"的内涵研究

科学认识和正确理解"大思政课"的内涵,是"大思政课"本体论的关键问题。当前学界对于"大思政课"的内涵研究主要可概括为如下四种,即分别从"大思政课"的具体要素、表现形态、外延拓展以及关系把握四个角度来进行界定。

一是从要素构成上界定。有学者通过文件精神界定"大思政课"内涵要素,认为依据《全面推进"大思政课"建设的工作方案》的要求,"大思政课"内蕴"大教学""大课堂""大平台""大师资""大格局""大领导"的"六位一体"建设布局。② 有学者认为"大思政课"之"大"在"大思想""大政治""大理论课"。③

二是从表现形态上界定。有学者认为从实施主体、空间场景、互动形式等维度综合来看,"大思政课"以思政课程为基础形态,以生活实践为拓展形态,并最终熔铸于社会运行的泛在形态。④ 还有学者认为"大思政课"应当包含思政课程、课程思政与社会思政三个层面,其中思政课程发挥主导性作用,课程思政发挥协同作用,而社会思政发挥延展作用。⑤

---

① 李萱,王冲,周凯.讲好"大思政课":时代背景、理论支撑与实践路径[J].高校辅导员,2022(05):48-52.

② 刘先春,佟玲.深入贯彻落实"大思政课"建设布局[J].中国德育,2022(22):10-13.

③ 刘丹,刘博敏.新时代学校"大思政课"的内涵要素与内部关系论析[J].现代基础教育研究,2022,48(04):225.

④ 李济沅,代玉启.基于社会运行视角的"大思政课"形态优化[J].学校党建与思想教育,2022(07):67-71.

⑤ 刘丹,刘博敏.新时代学校"大思政课"的内涵要素与内部关系论析[J].现代基础教育研究,2022,48(04):225-229.

三是从外延拓展上界定。有学者认为"大思政课"的本质实际上是思政课的改革创新,在明确该本质的基础上,围绕其外延的扩大来理解"大"的含义。在对其外延的拓展上,主要也包含了两种观点,即"大'思政课'"和"'大思政'课"的观点,前者强调在"大思政"理念引导下开展的教育实践,后者则强调"思政课"的定位与"立德树人"有效性的要求。值得强调的是,"大思政课"的"大"是相对于"小课堂"而言的,但不能将其外延无限泛化。还有学者认为,"大思政课"应从"大思想""大政治""大理论课"三个层面来理解,"大思想"指向"课程思政"的价值蕴含,"大政治"表明"大思政课"的课程性质,而"大理论课"则是强调了课程的形态。

四是从关系把握的角度来界定"大思政课"。有学者从站位高远与视野宽广的关系、理论育人与实践育人的关系、思政小课堂与社会大课堂的关系、教材系统性与教学针对性的关系以及教学方法守正与创新的关系来认识"大思政课"的内涵。①

总体说来,通过概括学界对于"大思政课"的界定,可以大致得出以下共性维度,即"大思政课"内涵视野之大、格局之大、历史之大、体系之大、目标之大、主体之大、平台之大、场域之大、方法之大、空间之大、育人理念之大、数据之大等维度。

(3)"大思政课"的定位研究

准确把握"大思政课"的定位是推动"大思政课"改革创新的基本点。当前学界主要从两方面把握"大思政课"的定位。一是从"大思政课"与"思政课"的辩证关系定位。第一,"大思政课"是"思政课"的创新形态,最大的创新之处在于"大",即从思政小课堂延伸至社会大课堂以及网络空间。第二,"大思政课"是"思政课"的内涵式回归。"大思政课"的重心应当在"思政课",即应当始终坚持思政课的育人属性,将思政课堂作为立德树人的主渠道。从"思政课"到"大思政课",不仅仅是课程数量、课程内容和育人主体的单纯"量"的增加,而是对高质量思政课"质"的提升的更高要求。

二是基于"大思政课"与"大思政"的辩证关系定位。第一,"大思政课"的重心应当是"课"。有学者认为,"大思政课"有其相应的范围边界,而不应当将在"大思政"理念指导下开展的活动都归在"大思政课"的范畴之内。第二,"大思政课"不应当与"大思政"割裂开来。思政课本身内容的综合性使得其能够与社会重大教育主题相契合,这要求"大思政课"应当与"大思政"同向同行。

---

① 肖珍.论正确理解新时代"大思政课"的五对关系[J].中学政治教学参考,2022(09):4-6.

（4）"大思政课"的特征研究

"大思政课"是思政课的创新形式，具有鲜明的特征。在已有研究中，有学者将其概述为思想性、理论性、时代性、针对性、实践性五大特性。① 其中，思想性是"大思政课"作为思政课创新形式的根本要求，要坚持思想政治理论课的关键课程地位；理论性根源于马克思主义理论学科的科学性，"大思政课"仍需坚持运用学科的理论性；时代性主要体现在"大思政课"理念是在"两个大局"的背景下提出的，为此"大思政课"要注重与时代背景相联系；针对性源于学生发展的独特性需要，要求区分不同的学生对象，选择不同的教育目标、教育内容以及教学方法；实践性是最能够凸显"大思政课"独特之处的属性之一，坚持实践性也是坚持马克思主义的鲜明特征，"大思政课"需要结合社会实践对学生开展教育。还有学者认为"大思政课"具有教育效果的潜隐性、教育资源的支撑性以及教育内容检验性等特点。

2."大思政课"的"大师资"建设研究

"大思政课"之"大"在育人主体之广。其育人主体不仅有全体思政课教师，还包括学校的所有教育工作者以及全党全社会。"大思政课"的有效实施得益于社会、学校、家庭的广泛参与和通力协作。

（1）建设专兼结合的师资队伍

习近平总书记强调，"思政课是落实立德树人根本任务的关键课程，思政课作用不可替代，思政课教师队伍责任重大"。对于"大思政课"而言，建设一支数量充足、素质优良的"大思政课"师资队伍尤为重要。

第一，做好师资队伍建设的顶层设计。要在各层级建立相应的"大思政课"建设指导委员会、理论研究中心、协同创新中心等，在具体指导、活动组织和咨询研判等方面发挥作用。各地要出台相应的建设实施方案、激励政策，为活动开展提供经费支持，并经常性组织开展教学观摩、集体备课和研讨交流等活动，及时对成功经验进行总结。

第二，配齐师资队伍。配足专职思政课教师、辅导员队伍，提高中小学专职思政课教师比例，实行思政课特聘教授、兼职教师制度，积极聘请党政领导、科学家、老同志、先进模范等担任思政课兼职教师。按照《新时代高等学校思想政治理论课教师队伍建设规定》，"高等学校应当根据全日制在校生总数，严格按照师生比不低于1∶350的比

---

① 董晓绒.准确把握"大思政课"的五个基本特性[J].当代广西,2022(06)：32-33.

例核定专职思政课教师岗位"①。为中小学教师设置足够编制,为大学配备充足的教师,构建起专业课教师主讲、校外导师常态化走课的协同教学模式。首先鼓励思政课教师"走出去",通过思政课教师挂职工作常态化制度化培养"同课异构"素质;落实不同学段学校间、学校与地方间多主体的"手拉手"帮扶机制,开展结对工作;鼓励教师到地方党政机关、企事业单位、基层挂职锻炼,进行蹲点调研和理论宣讲。其次,要坚持思政课教师"请进来",组建一支思政课的特殊队伍,广泛延聘地方党政领导干部、企事业单位管理专家和负责人、社科理论界专家、各行业先进模范以及高等学校党委书记和校长、院(系)党政负责人、名家大师和专业课骨干、日常思想政治教育骨干、社会各行业先进模范人士、社会科研机构人员担任思政课校外导师,壮大"大思政课"师资队伍。此外还有学者从共青团的角度研究"大思政课"共同体的建设,认为共青团对于"大思政课"的建设能够发挥组织优势、桥梁优势和特性优势,因而要充分发挥共青团实践活动的优势。

第三,建强师资队伍。"大思政课"教师队伍建设既要坚持"六个要",也要以"四有"好老师的标准要求自己。有学者指出,"大思政课"教师要做学生坚定信仰的引路人、新时期国之栋梁的培育者以及学生为学为事为人的示范者。② 有学者用"大先生"来概括"大思政课"教师的素质要求,认为"大先生"要有"国之大者"的胸怀,爱国为民的大格局,紧跟前沿的大学问,"三个面向"的大视野,谨言慎行的大境界和身正为范的大品格。③ 一些学者认为,高校辅导员充当着理论教学的兼职思政课教师、实践教学的专职思政课教师、网络线上教学的思政课教师、管理育人的日常思政课教师等多重身份,因此应当在政治素质、理论素质、创新素质和实践素质等方面要求自身。

(2)"大思政课"的育人共同体研究

党的二十大报告指出,要深化教育领域综合改革,加强教材建设和管理,完善学校

---

① 中华人民共和国教育部.新时代高等学校思想政治理论课教师队伍建设规定(中华人民共和国教育部令第46号)[EB/OL].(2020-01-16)[2023-04-20].http://www.moe.gov.cn/srcsite/A02/s5911/moe_621/202002/t20200207_418877.html.

② 许光.在历史交汇点当好学生成长的引路人[J].中学政治教学参考,2022(09):15-16.

③ 卢黎歌,向苗苗,李丹阳.善用"大思政课"争当思政"大先生"[J].学校党建与思想教育,2022(05):11-18.

管理和教育评价体系,健全学校家庭社会育人机制。① 因此,家庭、学校、社会三方应当相互协同,以习近平总书记所提出的"党委统一领导、党政齐抓共管、有关部门各负其责、全社会协同配合"要求为指导,建设家庭学校社会育人共同体。

就校地协同育人共同体建设而言,可以从三方面入手。第一,完善社会对思政课的供给机制。提高社会各界对思政课的关注度,加大社会力量对思政课研究、研学、研修基地建设的支持力度,建设思想政治教育社会智库。第二,提高思政课的"社会"意识。有学者提出,要鼓励思政课关注社会脉搏,提高思政课对社会变化的适应性,提升思政课反哺和服务地方社会的能力。② 第三,建立思政课平台建设的社会协同机制,推动思政课与行业产业、政府的合作,通过建立线上线下混合研修模式,搭建协同教研平台。

育人共同体的组建既要注重对于各主体的整合,避免其无序拓展削减教育效果,又要体现高度的认同感与归属感。有学者认为,大中小学思政课教师共同体应有高度一致的信仰和理想,为党和国家培养德才兼备的社会主义建设者和接班人的共同远景并能够积极践行政策导引,共寻思政课教学、科研与社会服务的一体化。③

3."大思政课"的"大协同"建设研究

"大思政课"从运行角度来看,要抓好其机制建构,在机制的层面促进"大协同"。2022 年度关于"大思政课"机制的研究,主要聚焦两方面。一方面是具体运行机制探究,如教师沟通交流机制、协同备课机制、教学创新机制、教学模式保障机制、大中小学思政课衔接机制等研究。另一方面是关于整体建构"大思政课"协同机制的研究,有学者将其界定为"大思政课"格局中有关主体和资源协同配合、共同推动思政课建设的运作过程和作用方式。④

（1）"大思政课"协同机制的价值研究

构建协同机制是"大思政课"建设的内外两方面要求。从内部要求来看,协同机制研究反映了"大思政课"的内在思维理念,是"大思政课"之所以为"大"的应有之义。

---

① 习近平.高举中国特色社会主义伟大旗帜　为全面建设社会主义现代化国家而团结奋斗——在中国共产党第二十次全国代表大会上的报告（2022 年 10 月 16 日）[M].北京：人民出版社,2022：34.
② 盛跃明.打好思政课一体化的社会组合拳[N].中国社会科学报,2022－11－11(10).
③ 白文昊.大中小学思政课教师共同体的目标向度与实践进路[J].中国德育,2022(10)：30－34.
④ 石书臣,韩笑."大思政课"协同机制建设：问题与策略[J].思想理论教育,2022(06)：71－76.

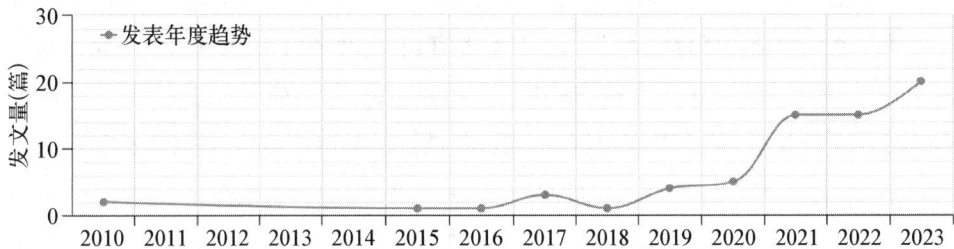

图 8-2 "大思政课"的协同机制建设研究趋势

从外部要求来看,构建"大思政课"协同机制是全面推进育人格局的重要环节,对整体格局构建起保障性作用。从微观成效来看,协同机制构建也是提升思政课质量的重要保障。一方面,协同机制的构建有利于思政课挖掘各方面的现实素材、历史素材和生活素材;另一方面,协同机制的构建能够为"大思政课"建构涉及的课程体系、教材体系、管理体系、评价体系等要素做出合理规划,为思政课质量提升提供系统性、整合性和协同性保障。

(2)"大思政课"协同机制建构的现状研究

当前"大思政课"协同机制建设尚存在一些问题。首先,是对于中央与教育部的协同要求的实际落实效果不理想,且促进协同的形式和手段较为单调。学校、家庭和社会三主体协同合力作用并未完全发挥,这主要根源于一些学校对"大思政课"所提出的实践要求重视程度不够,在学生实践课学分落实与成绩考核、教师实践课教学绩效与职称评定方面未得到落实。其次,思政课程与课程思政间、思政课教学单位与校内各部门间、思政课与学生社团活动和社会实践间、实践与网络资源间、学校与社会场馆间的协同问题上还需继续探索新模式。再次,"大思政课"运行机制与相关制度间,以及思政课制度,如课程建设制度、教学管理制度、教材编写制度、师资队伍建设制度、考核评价制度之间的衔接较为松散。最后,"大思政课"纵向衔接与横向贯通的长效机制尚未形成,许多政策体系并未生成具体的实施措施,使协同育人的效果受挫。

(3)"大思政课"协同机制建构的具体路径研究

"大思政课"需要建立健全目标明确统一、部门分工合理、权责明晰、协调统一的领导体制和整体联动的工作机制。首先,加强发挥教育部和各省市一体化建设指导委员会在组织领导、课程改革、教材编写、师资培训与考核、教学评估、实践教学以及结对共建方面的分类和统筹指导作用。其次,完善学校与社会、政府间多向互动的协同育人制度。在校内建构学校党委统一领导,教学部门、行政部门、服务部门协作联动的管理机制,校各部门之间建立协调沟通机制。在校外,鼓励党政机关、企事业单位等就近与高校共建思政课实践教学基地制度,完善思政课教师研学基地制度,实行思政课特聘教师、兼职教师制度。再次,用机制确保"大思政课"的过程实效性。整体上,建构"大思政课"课程体系,打造全过程的参与机制;具体来看,通过搭建合作平台,如实践教学共建平台、教学资源共享平台、网络教学合作平台,促进协同联动。除此之外,还要拓展立体化的载体运行机制,建立"大思政课"课程资源共享和开放机制,强化"大思政课"资源整合。最后,建立"大思政课"协同育人长效机制,使协同机制的制度化、规范化和责任制予以保障,并完善"大思政课"协同育人的督导督查制。

4."大思政课"的"大内容"建设研究

"大思政课"之"大"在内容的丰富多样性,爱国主义教育、劳动教育、马克思主义教育等都是"大思政课"的内容。不仅如此,丰富多样的内容还要进行有效整合,才能建立起全面立体的"大内容"体系。

（1）"大思政课"内容分布研究

在"大思政课"的教育内容方面,相关研究文献较为多样。整体上看,主要是关于"大思政课"视角下教育内容一体化整合的研究。具体来看,研究较多集中在如下内容:爱国主义教育、"四史"学习教育、法治教育、劳动教育、社会公德教育、生态文明教育、党的领导教育、英雄教育、中华民族共同体意识教育以及马克思主义大众化教育等内容。从其研究内容分布来看,即包括传统思政课研究视域下的教育内容,也包括较体现时代性和创新性的教育内容。

（2）"大思政课"内容整合研究

"大思政课"教育内容的整合是保障教育实效性的重要抓手。有学者指出,思政课内容整合是指在思想政治教育系统内,学科教师共同构建系统的思政课程体系,通过纵向统筹多学段内容主题,横向挖掘多学科思政育人元素,形成互动互补、同向同行的育人格局。它具有运行动态性、要素整体性和形式多样性特点。[1] 当前,"大思政

---

① 陈美兰,周婷."大思政"视角下大中小学思政课内容整合的困境与路径[J].中学政治教学参考,2022(05):13-15.

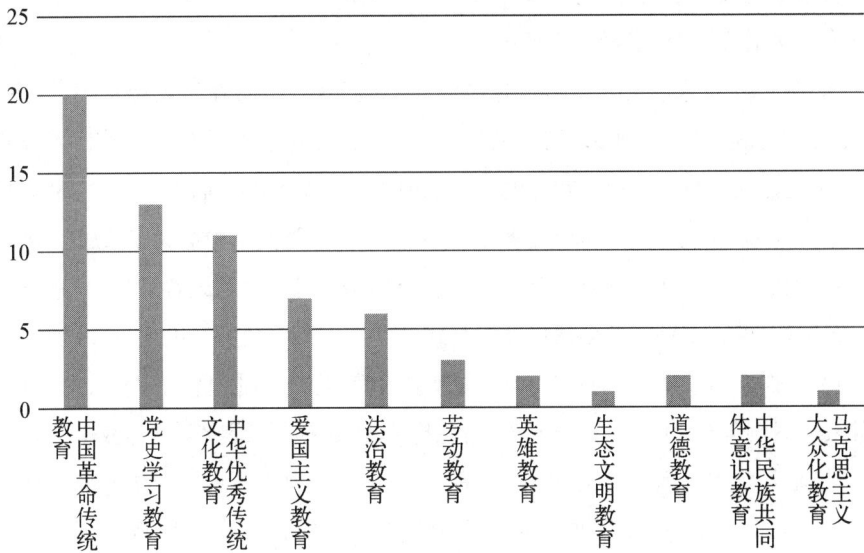

图 8-3 "大思政课"教育内容主题分布

课"内容整合面临着一些困境,主要表现在课程内容与课程目标脱节、相邻学段教学内容衔接不畅、教学模块间协同受阻、学科教学主题提炼不够、课程资源开发深度不足等方面。究其根源,主要是由于教研机制整合建设不足、教师观念落后、学科大概念缺失以及学段间互通性受阻。

"大思政课"内容整合首先要以原则作为基本遵循。有学者提出了整体性、递进性、依规性原则,还有学者提出要以时代性与科学性、整体性与层次性、政治性与可读性为原则。其次,内容整合要以体现时代内涵和构建科学体系为要求,以课程目标为引领,以认真研读教材和课标为前提,内容设计要尊重学情,遵循学生德育发展规律、心理认知发展规律和学科体系逻辑规律。再次,"大思政课"内容整合要实现教育内容与学生需求、理论资源与实践资源的有效对接。有学者指出,"大思政课"内容整合要将社会、自然和生活作为经验课程内容的主要来源,并将其有机结合起来。

5. "大思政课"的"大课堂"建设研究

"大思政课"要真正做到有深度、有广度、有效度,组织开展多样化的实践教学不可忽视。"大思政课"的教育教学方式应体现多样性,既要体现在课堂上,坚持其说理服人的本质,用好显性教育形式,同时又要在社会空间和网络空间进行潜移默化的教育影响，用隐性教育方式，以达到润物细无声的效果。

（1）"大思政课"的教学方式研究

"大思政课"所采取的教学形式是显性与隐性相结合的，在思政课堂中以显性教育为主，而在社会课堂中则以隐性教育为主。在"大思政课"视域下，教学育人方式最直接的指向是实践育人，这一点在相关文献的数量比例上也有所体现。从文献数量来看，2022年围绕"大思政课"的相关研究，有关教育方法类文章中绝大多数（近80%）围绕实践育人展开。除此之外，还有少量围绕大单元教学法、专题式教学法、问题链式教学法、案例教学法、议题式教学法以及混合式教学法的相关研究。因此，思政理论课教学应当善于探索启发式、互动式与体验式为主的教学方法，通过情境创设、情景展示、故事讲述、案例分析、小组讨论与研学、角色扮演、课题研讨、课堂辩论等教学方式为学生营造丰富的学习体验。除此之外，还有学者指出，"大思政课"必须准确把握"事、时、势"①，在鲜活场景中体现因事而化，在时代背景下做到因时而进，在传播创新上做到因势而新。

（2）"大思政课"的实践育人研究

实践育人的内涵与特点研究。学界普遍认为，实践教学可以作广义与狭义上的理解。狭义的界定偏向于"场所论"，即认为实践教学以社会为主体，与思政课课堂理论教学相辅相成。广义的观点则是"功能论"的，将其界定为除进行理论教学之外的所有与实践相关的教学方式，以及一切有利于学生发展和教育目标实现的实践活动。就其特点而言，有学者指出，"大思政课"视域下，实践育人应当具有教师主导与学生主体作用双向互动、内容整合与形式创新有机统一、问题导向与价值导向辩证统一的鲜明特征。②

实践育人的意义与现状研究。有学者认为，实践育人是落实立德树人根本任务的必然要求，坚持深化教育改革创新的关键环节，提升思想政治工作水平的重要途径，也是推动思政课内涵式发展的有力支撑。当前实践育人已经取得一些成效，但也存在着如下问题，如实践教学内容缺乏系统性安排，实践教学形式单一，特色不够鲜明；教学

①　张劲松，刘惠燕."大思政课"必须准确把握"事、时、势"[J].学校党建与思想教育，2022（20）：26-28.
②　任瑞姣."大思政课"视域下加强思政课实践育人探析[J].思想理论教育导刊，2022（04）：135-140.

过程缺乏问题意识,学生自主性与参与度不高;校地协同运行机制、学校各部门之间联动机制未能形成合力,与"大思政"育人格局衔接不够,校内长效保障机制尚未健全等等。

实践育人的举措研究。实践育人的相关举措主要围绕大思政实践育人体系、实践育人模式、实践育人基地、实践教学内容体系、实践教学团队、实践教学平台、实践教学创新路径等关键词展开,更体现特色的有结合本地区实际状况提出"五位一体"的大思政实践教学模式、活动体验型"大思政"教学、"三位一体"的实践化教学模式、校政行企"四方协同"高职大思政实践育人模式等举措。除此之外,值得关注的还有一些学者针对志愿服务、第二课堂在实践育人方面发挥的功用进行了研究。

第一,明确实践育人的目标导向。实践教育目标应当与理论教育目标有机统一起来,同时要体现习近平新时代中国特色社会主义思想、中华优秀传统文化、党和国家重要战略布局的宣讲。第二,明确实践育人的教学内容。要形成统一的教学大纲与教材、系统的教学内容,尤其注重推动习近平新时代中国特色社会主义思想融入实践教学体系。第三,综合使用多种教学方法。开展专题讲座座谈、阅读经典活动、第二课堂、组织实地参观、主题辩论赛、红歌比赛、志愿服务互动以及第二课堂等实践方式。第四,积极搭建实践教学平台。教育部等八部门于2022年8月联合设立首批"大思政课"实践教学基地对实践教育起到了重要的保障作用。第五,做好实践育人的机制保障。发掘学校与政府机构、校区、行业、企业、乡村、社区、厂区、馆区、园区等多方主体联合机制,做好经费保障和安全保障,建立好网络宣传和预警机制。第六,将实效性作为实践育人的落脚点。通过建立完善的实践教学指标,充分挖掘历史资源、本地资源、网络资源以及优秀文化资源,建立优质实践案例库,构建"微宣讲"与专家讲座之间的协同体系,以及用好第二课堂和志愿服务活动等方式保障实践育人的实效性。第七,探索具有地方特色的实践育人模式。有学者提出了实践育人的"五个模式",即面向价值塑造的青年榜样育人模式、面向文化融通的文化育人模式、面向历史叙事的四史育人模式、面向情感交流的时代精神育人模式以及面向场域建构的情景体验育人模式[①];有学者提出要构建"课堂+校园+社会+企业+网络"的"五位一体"大思政实践教

---

① 李仙娥."大思政课"视域下高校思政课实践育人模式的构建论析[J].思想理论教育导刊,2022 (01):106-110.

学模式;有学者指出要基于校园实践平台开展启发式、集中制的思政课实践教学,基于社会实践平台开展应用式、分散式的思政课实践教学,以及基于网络实践平台开展体悟式、自主性的思政课实践教学①;还有学者提出要构建"一主三化三结合"的实践教学体系,均体现了实践育人模式的创新性与发展性。

6."大思政课"的"大评价"建设研究

"大思政课"涉及的对象、内容、空间等范围之广,决定其评价方式是多元而不是一元。多元评价主要体现在评价主体、评价对象、评价内容等方面的多维度评价,这是"大思政课"之"大"的一个重要方面。

"大思政课"评价体系现状与问题分析。第一,从评价的目的来看,忽视了评价的价值理性即人的成长需求而仅仅追求其管理效用,导致评价的重量化轻质性趋向。第二,在评价主体方面,存在单一化的趋向。教师作为评价的"强势主体"②主导评价过程,阻碍学生与朋辈群体、家长、社区以及企业用人单位等其他评价主体作用的发挥。第三,在评价方法上,过分推崇权重等显性可量化的指标,如学生课程学分、考试成绩优秀率、教师的课时量、使用先进技术开展教学的比例,以及教学环节是否标准与规范化,使得评价方式过于机械化和简单化。第四,评价局限于"经验主义"和"有限数据"③,即评价主要取决于教师主观经验和纸质期末成绩,使得评价结果的准确性受到质疑。

构建"大思政课"的"大评价"体系的路径。有学者指出,"大思政课"教学评价应当在价值取向上从"方法中心"转向"学生中心",在评价主体方面从"一元主导"转向"多元协同",在评价标准上从"经验""数字"转向"多维证据",在评价方法上从"同而不和"转向"和而不同"。④ 为此需要构建系统完善、内容综合、多方协同的评估体系以及相应的评估机制,才能真正做到将"大思政课"的实践属性体现在评价的各个环节与方面。

第一,以整体观、结构观和全局观指导体系建设。在横向上,评价要立足教育主客

---

① 周晔.“大思政”视角下高校思政课“三位一体”立体化实践教学模式研究——新时代思政课改革创新发展系列之四[J].广西教育,2022(24)：65-68,112.

② 陆启越.基于循证实践的高校思政课教学评价范式新探[J].黑龙江高教研究,2022(08)：129-133.

③ 陆启越.基于循证实践的高校思政课教学评价范式新探[J].黑龙江高教研究,2022(08)：129-133.

④ 陆启越.基于循证实践的高校思政课教学评价范式新探[J].黑龙江高教研究,2022(08)：129-133.

介体三重基本维度,覆盖教育目标、教育内容、教育方法、教育主客体等基本要素;在纵向上,确保评价体系贯穿学生成长全学段以及"课前""课中""课后"教学全过程。评价过程中应始终坚持理论与实践的统一、理念与方法的统一、历史与现实的统一、具体与抽象的统一、横向联动与纵向衔接相统一等原则。除此之外,还有学者提出要以教师、教材、教法、教研、教学"五教并进"革新"大思政课"教育评价的思路①,也是对整体评价方向的准确把握。

第二,"大评价"的主体是多元主体协同合作的评价共同体。首先,要构建涉及教育监管部门、学校、教师、学生、家庭、党政机关、企事业单位等多方协同的合作评价机制②。其次,评价共同体仍应坚持以教师为主导,但要注意消解"唯教师"的单一主体偏差②。再次,通过学生自评、与朋辈群体互评使学生成为思政课评价的真正主体。

第三,"大评价"的评价内容尽可能面面俱到。评价内容既要包括学校和有关部门的落实情况、党政机关和企事业单位的支持和参与情况,也要包括教师教学情况、学生掌握知识以及言行举止的践行程度。重点考察学生课堂出勤率、参与讨论、回答提问、作业展示、主题发言、平时测验和期末测验分数等理论学习情况,参与公益活动、政策宣讲、社会志愿服务等实践活动情况,道德实践、生活消费、人际交往、遵纪守法等日常行为情况,网络平台中在线学习时间、任务点完成、参与讨论和互动、作业以及测验分数情况,以及学生社交、娱乐软件等自媒体平台中的发布内容、浏览信息以及参与讨论情况等。从评价的静态要素来看,要对各要素进行单一性评价;从评价的动态过程来看,要强调过程评价一体化;从评价效果来看,也有学者指出要以"增殖化"贯通综合评价③为主。

第四,在评价对象上,以学生的行为表现为客体。有学者提出"表现性评价"观点,即以学生在真实情境中完成具体学习任务所表现出的调用必备知识、描述与分类、解释与论证、辨析与评价、预测与选择等学科关键能力为核心,进行分析、评说与确证。④ 还有学者根据评价对象的不同,将"大思政课"分为"学理型"思政课、"实践型"思政课、"流动型"文化思政课和"网络型"思政课。

①　张彦."大思政课"需要"大评价观"[J].思想政治教育研究,2022(02):1-6.
②　徐秦法,张肖.破立并举:大中小学思政课一体化评价的理性审思[J].江苏高教,2022(09):81-85.
③　徐秦法,张肖.破立并举:大中小学思政课一体化评价的理性审思[J].江苏高教,2022(09):81-85.
④　郝良群."大思政课"表现性评价"切入点"研究[J].中小学德育,2022(11):40-43.

第五，评价方式着眼于"破""立"结合，多向度评价。"破"在于打破以往唯形式、唯分数、唯升学等僵化的评价模式，采用问卷、访谈、测试、档案袋、观察法、真实评价等方法对学生内隐素质进行考查。"立"指向立足现代信息技术，运用网络大数据手段创新评价手段，善用大数据评价。多向度指向定量评价与定性评价，动态评价与静态评价，以及线上评价与线下评价相结合。此外，还有学者基于医学概念，提出要将"循证实践"应用于思政课评价领域。也有学者提出试题命制过程中的"大思政课"理念，通过学术化建模、学理化建模、学程化建模、试题情境设计、试题任务设计以及试题打磨①六个方面的融入进行论述。

第六，"大评价"应构建多维性评价指标。评价指标设定应坚持以促进学生发展为目标，侧重思政课在融入现实内容、开展实践教学、大中小学思政课一体化、与社会资源协同共建等方面的成效。评价指标可以从教育效果入手，即基于"政治认同""家国情怀""道德修养""法治意识""文化素养"五大维度创设评价指标。还有学者指出，要设立"否定性评价指标""审查性评价指标"和"提升性评价指标"的"三维指标"。②

7. "大思政课"的"大载体"建设研究

"大思政课"之大在载体使用的范围之广，传统媒体和新兴媒体，以及各类教育教学实践等都是用好"大思政课"的载体。

（1）融媒体应用研究

有学者认为融媒体在时效更新、视听呈现、交流平等、传播多元等方面具有突出优势。将融媒体应用于"大思政课"能够拓宽"大思政课"的议题设置、打破"大思政课"的时空局限、弥补"大思政课"的互动不足，助力时政融入、时空融通、师生融动。在将融媒体应用于"大思政课"的过程中，应当坚持与新兴技术相结合、与党政传媒相结合、与社会生活相结合，切实实现"大思政课"的"大用"。③

（2）线上互动教学应用研究

有学者通过对全媒体进行界定，论述其对于开展高校思政课改革的重要性，以及当前存在的问题，进一步提出具体实践路径，指出要了解和关注学生的需求，创新课堂

---

① 朱张虎.例谈试题命制的"大思政课"理念[J].中学政治教学参考,2022(46)：54-56.

② 张彦."大思政课"需要"大评价观"[J].思想政治教育研究,2022(02)：1-6.

③ 司忠华,赵宇璇.论融媒体在"大思政课"中的应用[J].商丘师范学院学报.2022(08)：34.

教学理念,完善思想政治教育新媒体机制,促进线上线下"共融"①,以及构建全媒体视角下动态化的思想政治教育机制。

（3）微传播建设路径研究

有学者指出,依托微传播开展"大思政课"既是提升"大思政课"全媒体平台大影响力的需要,推动"大思政课"占领网络思想阵地的需要,也是提升"大思政课"对青少年学生的吸引力和认同度的需要。② 依托微传播开展"大思政课"的可行性在于能够为大思政课提供微切入点、帮助大思政课进行内容提纯,以及提供生动载体的互动渠道。因此,在微传播视角下,既要坚持"大思政课"的价值导向,又要通过合理选取微传播内容,丰富"大思政课"议题,更要通过微传播形式,强化"大思政课"效果。

（4）多元载体研究

运用好微电影、红色影视、话剧歌剧、动漫视频等多元传播载体。微电影具有"微时长、微投资、微制作"的优势,是推进"大思政课"建设的有力抓手③;歌剧话剧能够用强感染力促使学生认同理论④,是增强"大思政课"实效性的重要载体;动漫视频具有贴合受众、选题灵活、优秀作品积累丰厚等优势,为此需要党和国家加强对动漫产业的扶持力度,完善动漫分级管理体制,加强动漫创作者与思政教育者之间的联动,共同打造"思政课一体化+动漫视频"资源库⑤;此外要运用好人工智能、VR、AR、MR、5G 等新技术新媒体,以短视频为切入口,充分利用教育对象的碎片化时间进行微宣讲、微课堂等活动。

8. "大思政课"的"大资源"建设研究

"大思政课"大在可使用的资源范围之广、内容之多。当前,依据"大思政课"所涉及的多样化资源,学者做出了不同的划分。依据教育资源的场域,划分为课程内资源与课程外资源。课程内资源包含思政课程的经典思想理论资源、学术研究成果资源、教材资源、课件资源、课程资源等素材性资源,也包含课程实施的物质环境、设施等条

① 王建方.全媒体时代线上互动教学在高校"大思政课"中的应用路径[J].新闻研究导刊,2022(20):64-66.
② 张宜萱,许瑞芳.微传播视角下"大思政课"建设路径探析[J].教育理论与实践,2022(18):33-36.
③ 柴素芳,姜旭.以微电影为载体创新"大思政课"建设[J].思想教育研究,2022(12):157-158.
④ 冯兵,赵欣.新时代运用歌剧话剧增强思政课教学效果的独特优势与实现路径[J].北京教育(德育),2022(05):68-74.
⑤ 张峰.大中小学思政课一体化视角下动漫视频的应用研究[J].文教资料,2022(10):47-50.

件性资源。其中，教材资源应居于基础的核心地位。课程外资源包括社会历史资源、社会精神文化资源、社会心理资源、社会制度资源、社会组织资源，等等。其中，课程内资源居于更基础的地位，课程外资源起到补充和支持的作用。依据教育资源的性质，分为"正能量"资源和"负能量"资源。依据其内容，分为知识资源、物质资源、人力资源与制度资源，其中知识资源是价值性因素，人力资源是生成性主体条件，而制度资源是保障性资源。还有学者将其分为经典思想理论资源、学术研究成果资源、教材资源以及社会实践生活资源。其中，要实现社会生活教育资源向课程教学资源转化，需要满足相关性、内在统一性以及有效性①三方面要求。

从研究现状来看，"大思政课"的资源建设大多围绕精神文化类资源展开，可分为如下几类：第一，围绕伟大建党精神及以其为源头的中国共产党人精神谱系何以融入以及如何融入"大思政课"的问题。第二，研究北京冬奥会的活动资源、活动遗产与精神资源融入"大思政课"现实路径。第三，用好抗击疫情的各类实践资源，助力"大思政课"的研究。第四，研究中华优秀传统文化融入"大思政课"路径探析。第五，探究各地特色红色文化、红色资源融入"大思政课"实践路径，具体包含北京红色资源、宁夏红色文化、陕西红色文化、沂蒙红色文化、湖湘红色文化、甘肃红色文化资源、互联网红色文化、红色文化、红色资源、红色校史资源等相关研究。第六，沂蒙精神、红岩精神、东北抗联精神、北大荒精神与故事、岳麓书院文化育人资源、旅顺历史文化资源、地域特色资源、茶文化、地方校本资源等体现地域特色的资源融入"大思政课"的思考，体现出要讲好"中国故事"必须传播好"地方声音"的逻辑取向和价值路径，是对地方文化资源的创新性发展。第七，英雄精神、百年英模精神、雷锋精神、自我革命精神等体现思政学科特色的精神资源，除此之外，思政课的"时政"也是其一大重要资源。第八，体现其他行业专业特色的科学家精神、红医精神、耕读教育（农业生产与文化教育相结合）以及电力行业育人资源融入大思政课的问题。

当前，"大思政课"教学资源转化中存在一些问题。如经典思想理论资源与马克思主义中国化时代化成果之间、学术研究成果资源的生产和运用之间、社会生活资源与教材资源与教材体系之间的转化受阻，以及实践教育资源的开发利用与实践教育过

---

① 董雅华.善用"大思政课"　促进教育资源转化：意涵、问题与进路[J].思想理论教育，2022（04）：19－24.

程中的规范性指导缺失等问题。要把握好"大思政课"的资源开发、转化和运用问题，需要注意如下几个方面。第一，"大思政课"资源开发、转化和运用应遵循一定原则。有学者指出应注意规范化、精细化和个性化三方面问题。还有学者提出，要做好整体布局和具体编排，把握好教育资源的同质解读和异构表现，认识好教育资源的周期性和长期性，做好教育者的集中阐释和受教育者的自觉"发现"。① 第二，明确资源开发、转化和运用的主体。构建党委统一领导、党政齐抓共管、有关部门各负其责、全社会协同配合的资源开发转化多元主体，在提高教育者的"资源意识"的同时发挥教育对象发掘教育资源的自主性。在资源转化过程中，促进"以学生为主体"的教育资源转化是根本。② 第三，资源内容要以理论知识的教育性为核心，以教材资源、课程资源体系的统一性为基础，同时开发地方特色资源和校本资源。有学者提出，要以"三结合"推进课程开发资源化。③ 第四，在时效上注重教育资源开发转化的周期性与资源转化后续利用的长期性，着眼于教育资源的高质量选拔和资源开发的广适用性。第五，在落脚点上以社会问题为导向，培养学生的理性批判的精神、正确的处事态度以及投身实践的动力。

9."大思政课"的"大体系"建设研究

"大思政课"大在体系之大。"大思政课"不是某一个部门的工作，也不是单纯一条线的工作，而是一个全方位的有机整体。

（1）"大思政课"的体系与系统是什么

系统论视角下，"大思政课"具有多重维度。有学者将其划分为内部子系统和外部子系统，内部子系统即课程体系，包括目标、内容、执行体系和教学评价与反馈体系，外部子系统即要素体系，包括教学主体体系、教学对象体系和教学环境体系。④ 有学者将其归类为以教学主体、教育对象和教育介体组成的内部运行体系，以及由社会环境、教学管理环境和家庭环境构成的外部反馈体系。⑤ 有学者从"大思政课"的要素分

① 李敏."大思政课"教育资源转化的方法论思考[J].思想理论教育,2022(10)：74-79.
② 董雅华.善用"大思政课" 促进教育资源转化：意涵、问题与进路[J].思想理论教育,2022(04)：19-24.
③ 张成尧.思政课一体化建设的价值意蕴与实践要点[J].辽宁教育,2022(07)：52-55.
④ 贾支正,张钰.系统论视域下大中小学思政课一体化建设探析[J].系统科学学报,2023(03)：116-120.
⑤ 王洪标.系统论视阈下大中小学思政课一体化运行体系探究[J].湖北成人教育学院学报,2022(02)：65-69,88.

析入手,指出"大思政课"内含着马克思主义理论学科、马克思主义学院、教师队伍和教材建设四大基础性要素,领导、理论、资源三大运行性要素,组织和制度两大保障性要素。①

（2）"大思政课"何以需要体系与系统

第一,系统性来源于"大思政课"的本质要求。有学者指出,"大思政课"的系统论思维来自马克思主义理论体系的整体性、国内国际两个大局时代背景的整体性以及立德树人教育目标的整体性。② 还有学者指出,"大思政课"的系统性在于知识传授的系统性、党和国家事业发展全局中战略地位以及对社会系统的整体融入。③ 第二,以系统思维、系统观念立场审视"大思政课"具有重要的战略性意义。一方面,习近平总书记在十九届五中全会、党的十九届中央政治局第二十七次集体学习等多次讲话中强调系统观念的重要性,另一方面也体现在其服务于治国理政、服务于教育方针的贯彻、服务于深化课程改革以及服务于时代新人的培育等方面的作用。第三,"大思政课"视域下的一体化体系建设尚存在问题,如教师对一体化内涵认识不足,能力不够,缺少互动和合作教研的平台,师资队伍的选配和培养不足,缺乏统一的评价标准等问题。这些问题的解决,需要在研究好系统论的基础上,做好"大思政课"体系的建设。

（3）"大思政课"如何用好体系与系统

第一,"大思政课"系统建设要坚持党的领导。党政军民学,东西南北中,党是领导一切的。"大思政课"作为思政课立德树人的拓展阵地,坚持中国共产党的领导是其题中应有之意。为此,有学者指出,要充分发挥党的领导在理论引领、内容引领和制度引领上的"主心骨"作用。

第二,厘清"大思政课"内外系统之间的逻辑关系。根据第一部分的内涵界定,"大思政课"的系统归类划分因学者的观点而不同,但结构上基本不外乎内部子系统的构建、外部系统的建设以及内外系统之间的衔接与循环联动。内部系统的一体化要注重在目标、内容、机制和资源上增强成效聚合性。④ 有学者指出,要做到目标上螺旋

---

① 刘先春,佟玲.系统论视域下"大思政课"建设的多维分析[J].思想政治教育研究,2022(06)：114-120.

② 付洪,王丹阳.运用系统思维推进新时代大中小学思政一体化建设探析[J].马克思主义理论教学与研究,2022(02)：100-107.

③ 王延隆,房正.坚持系统观念统筹推进"大思政课"建设[J].思想政治教育研究,2022(05)：113-117.

④ 胡启明,洪润文.系统论思维与大中小学思政课一体化建设[J].中学政治教学参考,2022(07)：48-50.

上升,内容上有机衔接,形式上循序渐进以及备课制度上的一以贯之。[①] 有学者从教育内容、教学方法、教师培养、评价改革四方面来建构"大思政课"内部体系。[②] 还有学者从教材体系、教研体系、评价体系与保障体系四个维度出发谈现实路径。[③] 就外部系统而言,在校内要做到思政课程与课程思政,构建"党委+团委+学工+人事+教务+科研+后勤"的多主体协同[④],校外要协同家庭、学校、政府与社会,共建"大思政课"育人格局。

第三,坚持"大思政课"内外系统的循环联动。有学者提出要构建以教育主体、教育客体、教育介体三大要素为基点,以学校、家庭、社会三大子系统各自内循环为支撑,以内部系统与外部系统的外循环为核心,目标明确、结构合理、层次清晰的新时代"大思政课"内外循环系统模型。[⑤] 有学者提出要搭建家校社多跨度协同的"大思政课"教育协同机制,打造大中小、本硕博一体联动的"大思政课"教育教学体系,强化系统集成的"大思政课"教育教学氛围,形成社会氛围乘数效应。[⑥] 与之类似的观点,还有学者提出要以系统思维的层次性衔接和大中小学思政课一体化教育发展的阶段性,以系统思维的结构性优化大中小学思政课一体化建设各要素的协调性。[⑦]

第四,以多样方式探索"大思政课"体系构建。有学者从立体化理论学习体系、课堂协同育人体系、常态化育人体系、教师队伍建设工作体系以及领导和督导考核体系出发论述"大思政课"体系构建路径。还有学者针对应用型大学的特殊情况,指出既要强化校地合作以夯实大思政课育人体系建设基础,又要通过教材体系、教学平台体系、师资体系、数字化资源体系以及组织育人体系的建设来推动育人体系建设。[⑧]

(三) 年度研究趋势

从 2022 年度的相关研究来看,"大思政课"的研究基本呈现出微观研究与宏观研

① 贾支正,张钰.系统论视域下大中小学思政课一体化建设探析[J].系统科学学报,2023(03):116-120.
② 顾红亮.用系统观念思考大中小学思政课一体化建设路径[J].北京教育(德育),2022(09):13-16.
③ 夏益娴.大中小学思想政治理论课一体化体系建构研究[J].教育评论,2022(01):107-114.
④ 刘先春,佟玲.系统论视域下"大思政课"建设的多维分析[J].思想政治教育研究,2022(06):114-120.
⑤ 韩锐,纪梦然,刘畅.构建新时代"大思政课"内外循环系统[J].中国高等教育,2022(11):32-34.
⑥ 王延隆,房正.坚持系统观念统筹推进"大思政课"建设[J].思想政治教育研究,2022,38(05):113-117.
⑦ 付洪,王丹阳.运用系统思维推进新时代大中小学思政课一体化建设探析[J].马克思主义理论教学与研究,2022(02):100-107.
⑧ 唐强奎.推进大思政课育人体系建设[N].中国社会科学报,2022-12-16(11).

究双头并进的发展趋势。

"大思政课"的实践路径，在"大思政课"问题上属于实践层面的问题。关于"实践路径"的相关文章，发布数量呈现以年度为单位的增长。2022 年度相关研究数量达到42 篇，从其发展趋势来看，还将在一段时间内持续其研究热度。"大思政课"虽"大"，但在信息碎片化的时代，需要结合微观的视角进行研究。有学者主张从"微观"视角入手，主张通过"微"型团队、"微"型内容、"微"型主体和"微"型矩阵①实现"大思政课"建设。

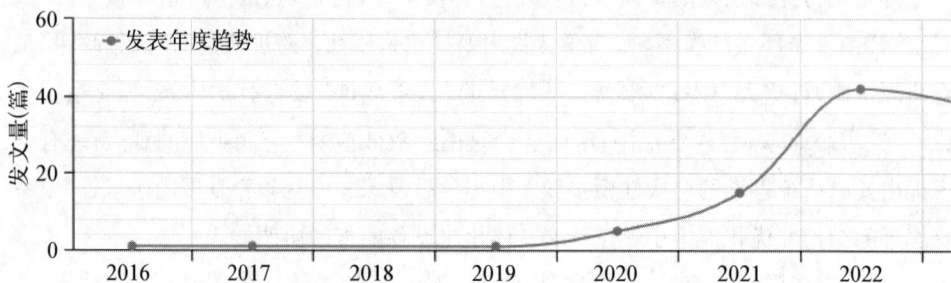

图 8-4　知网平台关于"大思政课"实践路径相关研究年度发展趋势

1. 从顶层设计上，把握"大思政课"的建设路径

"大思政课"要重视体系建设，加强顶层设计，首要的就是要坚持党的领导。2022 年 1 月，中共中央办公厅印发了《关于建立中小学校党组织领导的校长负责制的意见（试行）》，充分体现了坚持党对学校教育事业领导的重要性。因此，有学者指出，要以党的政治领导为统领，以思想领导为指针，以组织领导为保障，从而坚持以党的领导作为课程建设的根本保证。② 在此基础上要形成全面建设管理体系，强化教育主管部门的责任意识，在制度建设、经费支持、师资培训、资源统筹等方面积极出台政策。

其次，以"双贯通"项目支撑"大思政课"的体系建设。需要从教材一体化、学生生活一体化、实践教学一体化三个路径入手，这是从应然的层面来进行论述的；而在实然层面，"双贯通"项目在实施过程中也呈现出一些问题，针对这些问题进行改进，需要

①　刘伟杰，师海娟."大思政课"的"微"型教育路径研究[J].思想政治课教学，2022（09）：14-18.
②　李洪丽，李超.党的领导是课程建设的根本保证[N].中国社会科学报，2022-11-24（10）.

从教研活动的一体化、教师培训的一体化、评价方式的一体化三方面着力。① 在纵向维度上,"大思政课"要贯彻纵向到底的一体化建设,各学段实现目标一体、内容互通、资源共享。2022年度"大思政课"体系研究主要围绕大中小学思政课一体化的主题展开,其时间跨度涵盖了从高校(包括本硕博三个阶段)、高中、各类职业院校、初中、小学及幼儿园多个阶段,研究热点主要聚焦普通高校与高职院校的"大思政课"体系构建。从横向维度上看,有学者指出要推动思政学科与学科课程、德育活动以及优秀传统文化相结合,推动理论教学与实践教学相结合、与学生思维发展相统一、与家庭学校共发力。②

2. 从机制建设上,理顺"大思政课"的运行机理

"大思政课"教学机制建构涉及教学目标确立、教学内容选择、教学方法运用以及教学评价的合理设置。本部分研究热点主要聚焦教学内容与教学方法两部分。从教学内容来看,"大思政课"旨在构建主流意识形态主导基础上的多元化内容体系,2022年度有关"大思政课"内容的相关研究主要聚焦爱国主义教育、党史学习教育、法治教育、公德教育、劳动教育、英雄教育以及生态文明教育等,其中党史学习教育研究呈现出一定的热点趋势。从教学方法来看,主要体现为以"实践育人"为热点的"大思政课"教学方式探究,这与"大思政课"本身的实践内涵是相一致的。

"大思政课"的要素研究承接运行机制研究,涵盖"大思政课"的教育主体、教育载体、教育资源等要素,本部分热点主要聚焦"大思政课"教育主体与教育资源的相关研究。无论从思想政治教育学理论基础逻辑还是从相关文献数量来看,教育主体的研究都理应成为本部分重点,其研究热点主要聚焦"大思政课"的教师队伍建设,此外还涉及构建党团队协同育人、家校社多主体协同育人模式的构建。教育载体相较于教育主体而言表现出一定的创新性,但并未形成新的研究热点,其内容主要聚焦传播学视角下的微电影、话剧歌剧、红色影视、动漫视频等新型传播媒介在"大思政课"中的运用。"大思政课"教育资源的开发与运用属于本部分研究热点,其文献数量约为70篇左右,约占总文献数量的十分之一。"大思政课"教学资源的相关研究与实践活动情况表现出一致性,主要包括红色资源作为"大思政课"的特色资源,北京冬奥会作为"大思政

---

① 左霞.思政课一体化建设的"双贯通"探索[J].思想政治课教学,2022(02):22-25.
② 郑晓云."双贯通"思政育人改革下的学校路径探索[J].中国德育,2022(04):67-70.

课"的活动资源,抗疫精神、中华民族共同体意识作为"大思政课"的精神资源,以及中华优秀传统文化作为"大思政课"的文化资源等。除此之外,还包括许多地区的地域性资源,也构成"大思政课"特色资源的一部分。

3. 从横向发展上,统筹"大思政课"的相关建设

从 2022 年度围绕"大思政课"的文献具体研究情况而言,表现为两方面。一方面是纵向贯彻大中小学思政课一体化建设,本书其他章节均对纵向贯彻有所论述。另一方面是从横向来看,"大思政课"要协同思政课程、课程思政、社会思政、网络思政等多重力量。其研究热度在文献数量上表现为思政课程、网络思政、课程思政、社会思政依次递减。其中思政课程作为"大思政课"的主阵地,相关研究的热度体现出对于"大思政课"本质要素的把握;而网络思政的相关热度增加也为大数据、人工智能、虚拟仿真技术等新兴技术要素赋能"大思政课"提供了理论支撑。

首先,抓好思政课程,以高质量课堂建设为目标,夯实"大思政课"之本。高质量课堂作为党的十八大以来思政课改革创新的"最后一公里"①,指向思政课堂的内在逻辑重构。建设高质量思政理论课,既要坚持其本质属性,推动宏大理论叙事与微观日常叙事的结合,同时要增强课堂的情感亲和力、价值感召力和现实解释力。要抓好教材内容体系的一体化建设,使之体现理论性与现实性、知识性与价值性以及现代性与未来感的统一。此外,还要将实践活动、新媒体和虚拟教研室引进思政课堂。

其次,落实课程思政,发挥各专业独特优势,丰富"大思政课"育人资源。整体来看,"大思政课"视域下课程思政类文章研究各有侧重,这主要源于研究者所处专业的差异性以及各专业在开展课程思政过程中所具优势的独特性。从具体内容来看,2022年"大思政课"视域下的课程思政研究领域覆盖特色高校课程开发、专业人才培养、具体课程开设等多方面。从相关研究来看,特色高校课程开发主要指向民族高校特色课程,从专业领域覆盖面上涵盖了碳经济专业、皮革专业、财经专业、地矿类专业、旅游管理类专业等;从具体课程来看,围绕着高校体育课程、高职英语课程、英语写作课程、演讲与口才课程、社会学概论课程、单片机应用技术课程、小学语文课程内所蕴含的课程思政要素研究均体现出一定的创新性。值得注意的是,就课程思政的整体性研究上,有学者提出要建构以"育人课程—育人课堂—育人主体"为核心要素,构建"思政课

---

① 李蕉,周君仪."大思政课"视域下对建设高质量课堂的思考[J].思想理论教育,2022(07):79-84.

程—课程思政—大思政课"的高校课程思政圈层协同模型。①

再次,发挥社会思政优势,扩展"大思政课"的时空场域。对这一问题,学者们的探讨主要集中以下几个方面,一是就社会现实问题蕴涵的"大思政课"要素进行转化探讨,例如社区团购问题表现出的"大思政课"理念分析;二是就社会性活动所表现出来的"大思政课"意蕴,如有文章就北京冬奥会某志愿者闭环驻地服务保障工作进行思政化探索;三是探讨具有重大影响力的社会主体,如国有企业中的"大思政课"建设研究;四是就社会性公共场所,如"科技小院"、茶园、博物馆作为"大思政课"场所的开发性研究;五是就思政小课堂与社会大课堂的衔接路径开展的相关研究。有学者提出,一方面"要借助于情境化把社会生活引入课堂",同时,要"通过场域化让社会生活成为课堂,用好社会生活"。② 从内涵上来看,社会"大思政课"除了可以以"社会场域"的形态容纳思想政治教育以外,还指向社会这一育人主体,也指向实践育人这一教育方式。因此,作为教育主体而言,社会应当发挥其主动性,主动与学校建立联系;作为教育方式而言,社会思政侧重其作为方法和介体属性,注重其可操作性与实效性;而作为场域而言,要体现其范围的广阔性以及蕴含资源的丰富性。还有学者通过阐明"思政"与"社会"之间的关系,提出"引社会入思政""引思政入社会"和"融思政于社会"三重要求。③

最后,用好网络思政,扩展"大思政课"的新形态、新方式。网络"大思政课"就其内涵而言,既包括思想政治教育学领域传统概念中的网络思想政治教育,也包括随着时代的发展所探索出来的智慧思政、思政课精准教学、沉浸式"大思政课"、元宇宙赋能思想政治教育等新兴理念。就本研究而言,网络思政的具体逻辑路径主要体现在以下几个方面:第一,工具论为基础的网络"大思政课"研究。主要体现在人工智能、数字化、元宇宙、智能媒体等技术对于"大思政课"的赋能,虚拟仿真技术、信息技术、数据技术助力思政课建设,以及"大思政课"视域下思政课一体化线上教学模式、一体化网络平台建构、新媒体应用研究等研究。第二,环境论为基础的网络"大思政课"研究。包括在大数据时代下的思想政治教育研究、全媒体时代的"大思政课"建构研究。

① 姜凤敏,张良,包启明.高校课程思政圈层协同模型重构研究[J].学习与探索,2022(11):82-88.

② 许瑞芳,纪晨毓."大思政课"视域下思想政治理论课教学的社会生活省思[J].思想教育研究,2022(04):104-109.

③ 杨增崟,赵月.善用"大思政课":深刻内涵、时代价值与建设理路[J].学校党建与思想教育,2022(05):19-23.

具体体现在大数据时代下,思想政治教育整体性思维研究,信息技术与思政课融合策略研究,高校思想政治课"线上线下"教学模式研究,大学生思想政治教育对策研究,以及全媒体时代"大思政课"建构的审视与优化研究等。第三,本体论为基础的网络"大思政课"研究。就本体论网络"大思政课"而言,涉及的是传统思想政治教育结构的更新与重整。主要表现在智慧课堂语境下对主体间性思想政治教育的研究。需要注意的是,在运用技术赋能过程中要明确技术的边界。有学者指出,"大思政课"视域下,科学技术的运用要处理好内容与技术、传道与技术、伦理与技术三对关系。①

二、实 践 情 况

2022 年度,"大思政课"在全国范围内的实践活动一度火热,呈现出良好的发展态势。从活动类型来看,全国范围内"大思政课"活动开展的举措集中体现在拓展建设"大思政课"实践基地、开展"开学第一课"、领导干部进校园讲思政课活动、"行走的思政课"等活动,尤其是 2022 年教育部等 8 部门联合公布的首批"大思政课"实践教学基地为各地探索实践育人提供了基本的场所载体和机制保障。

通过对相关网站、报纸、公众号等公开新闻报道统计分析可见,2022 年全国开展"大思政课"活动的省级行政区共有 28 个,占比约 82%;未开展"大思政课"活动的省级行政区共 6 个,占比约为 18%,分别是青海省、西藏自治区、新疆维吾尔自治区、台湾省、香港特别行政区和澳门特别行政区(见图 8-5)。从区域开展活动的情况来看,东部地区、中部地区、西部地区与东北地区之间地区差距不显著,但地区内省份之

图 8-5 开展"大思政课"活动与未开展"大思政课"活动省级行政区比例

---

① 徐蓉,张飞.试论全面推进"大思政课"建设的三重境界[J].思想教育研究,2022(12):95-101.

间的活动数量与质量差距较大。从地区活动开展情况来看,以上海、天津、湖南、重庆、江西、辽宁、内蒙古等地为典型的各地区均探索出具有本区域发展特色的"大思政课"育人形式。以下将对各省、直辖市、自治区的"大思政课"实践活动开展进行具体分析。

(一)东部地区

在东部地区的各省与直辖市中,各地均开展了一系列"大思政课"相关活动。从活动数量上看,上海市、天津市开展的"大思政课"活动数量最多,北京市、福建省、广东省、浙江省数量居中,山东省、江苏省与河北省数量较少,海南省最少。从地域特色来看,北京市、上海市、天津市、福建省、浙江省、江西省开展的活动形式较为多样,并体现出一定的地域特色。江西省的"大思政课"活动充分体现红色资源优势,天津市广泛开展领导干部进校园讲解"大思政课"活动,上海市的活动开展充分体现出"大思政课"各级责任主体之间的协同联动。

1. 北京市

(1)充分发挥北京冬奥"大思政课"育人作用

2022 年 5 月,首都教育系统弘扬北京冬奥精神思政大课"圆梦冬奥会 一起向未来"在"人民网+"客户端人民网官方微信同步播出。北京市八一学校召集联合十所红色联盟校结合 2022 北京冬奥会、冬残奥会,围绕"从北京冬奥会看人类命运共同体"开展了主题思政课。沙岭学校邀请北京城市学院参与 2022 年北京冬奥会服务保障工作的师生到校开展"相约冰雪 '雷'厉'锋'行"——北城服务保障北京冬奥事迹宣讲会。

(2)探索"行走的思政课"实践研学模式

2022 年 6 月,北京教育学院丰台分院课程发展中心召开了丰台区新时代思政课改革创新实践交流暨"行走的思政课"实践手册发布会,为贯彻落实《丰台区关于实施"全要素、贯通式、实践性"思政课程的工作方案》①,推动新时代思政课改革创新,促进

---

① 北京教育学院丰台分院.课程改革|思政教育入脑入心 创新实践走深走远——丰台区新时代思政课改革创新实践交流暨"行走的思政课"实践手册发布会召开[EB/OL].(2022-06-29)[2023-05-11]. https://mp.weixin.qq.com/s?_biz=MjM5MjI2NjU3Nw==&mid=2649952606&idx=1&sn=ee40ebe164bae523f3ccef6a15d0f646&chksm=beaf516089d8d8762db915d2139354d7c2199498a3024d95c028a70b22992fded1f0ceb16dab&scene=27.

"行走的思政课"实践的有效开展助力。9月，丰台区在北京教育学院丰台分院举办以"研学课程的设计与实施"为主题的培训会。10月，丰台区开展了以"行走中体验文化　修复中感悟文明"为主题的教师实践培训活动。

（3）利用传统节日上好"大思政课"

2022年4月，丰台中小学幼儿园开展祭扫、主题演讲、"网上祭英烈"等各类主题活动。5月4日青年节，北京房山区以"请党放心　强国有我"为主题，开展全区师生同上一堂"云端"青春思政课。

（4）以交流研讨会共促"大思政课"发展

2022年3月，丰台区召开深化新时代思政课改革交流研讨会，过去一年丰台区颁布了《丰台区关于实施"全要素、贯通式、实践性"思政课程的工作方案》，推出了9条"行走的思政课"精华路线，同构了64节大中小学思政课，建立了47所思政课改革创新基地校。6月，北京教科院终身教育与可持续发展研究所召开北京社区教育课程思政工作推进研讨会。

2. 天津市

（1）广泛开展领导干部进校园讲好"大思政课"活动

自2019年以来，天津市全市各级党政领导干部深入学校讲思政课、开展思政工作900余次。2022年度，天津市沿袭传统，广泛开展领导干部讲"思政课"活动。此外，天津市还充分利用报刊、广播、电视、互联网等多种媒体，广泛宣传报道各级领导干部进校园讲思政课的经验做法，着力营造全社会上好思政课的氛围。

（2）深入推进二十大精神融入"大思政课"

2022年11月，天津师范大学滨海附属学校以"青春奋斗正当时　强国复兴有我在"为主题开展"学习二十大　教育在行动"暨滨海新区"党的二十大精神进校园"活动。同月，天津理工大学马克思主义学院主办、东丽区教师发展中心协办的"中华民族伟大复兴和中国式现代化——学习贯彻党的二十大精神"线上学术研讨会召开。

（3）以优秀思政课程展示推动"大资源"共享

2022年3月，天津市河东区举办以"讲好天津红色故事"为主题的大中小学思政课展示。9月，和平区教育局通过视频会议的形式召开了主题为"铸魂育心培根基协同共进向未来"新学期学生思政教育工作展示交流会。11月，北仓小学举行了建校120周年纪念大会暨"运河流转双甲子　辰星照耀新百年"校史思政课展示活动。

（4）探索"家校社网"协同育人路径

在家庭育人方面,2022 年 11 月,河北区教育系统成立了"河北区大思政工作指导中心"和"河北区家庭教育指导中心",两个中心成立授牌仪式在天津市第十四中学举行。在社会育人方面,7 月,红桥区成立了中小学生心理健康教育辅导中心,充分发挥四所红桥区心理健康教育实践基地校的辐射带动作用,发挥 5 个"红桥区思政教育实践基地"和 6 所"红桥区思政教育一体化联盟校"的育人功能。10 月,河东区举办了"喜迎二十大 强国复兴有我"——新中国天津"百项第一"展览暨 2022 年博物馆思政课进校园活动、"美丽天津 让生态文明教育落地开花"河东区小学德育学科融合"深度学习"教学改进项目主题研讨培训等活动。在网络育人方面,3 月,"津门网络大思政"平台正式上线,网上聚力构建天津"大思政"育人新格局。5 月,中共天津市委宣传部、中共天津市委教育工委、天津市教育委员会、人民网联合策划的"初心映照新时代——天津红色资源润心式大中小学全媒体思政课"开播。10 月,由天津市大中小学一体化实践育人中心(天津工业大学)承制的《同学去哪里》(第三季)研学实践示范课正式开启,一批金课的打造为"大思政课"奠定了良好的课程资源基础。

3. 河北省

（1）探索冬奥元素融入"大思政课"

2022 年春季学期,保定市莲池区联盟西路小学以"传承冬奥精神 汲取奋进力量"为主题开展第一节思政课;石家庄市第六中学党总支书记、校长朱桦在开学第一天给全校学生上了一堂名为"面朝阳光 一起向未来"的冬奥主题思政课。

（2）推进党的二十大精神融入"大思政课"

2022 年,河北省根据教育部《"青春献礼二十大,强国有我新征程"迎接学习宣传党的二十大主题宣传教育活动方案》[①],结合实际制定了《"青春献礼二十大,强国有我新征程"迎接学习宣传党的二十大主题宣传教育活动实施方案》。6 月,河北省举办了第七届"关注时事·胸怀天下"中小学生时事知识竞赛"云端"决赛。11 月,举办了"党的二十大精神融入高校思政课"系列学习活动。

---

① 中国教育新闻网.教育部办公厅印发"青春献礼二十大,强国有我新征程"迎接学习宣传党的二十大主题宣传教育活动方案[EB/OL].(2022 - 03 - 23)[2023 - 05 - 11]. https://baijiahao.baidu.com/s?id=1728088712856277970&wfr=spider&for=pc.

（3）探索特色"大思政体系"

在"大思政课"体系建构上，河北经贸大学探索了"5+X"模式，即在 5 门思政理论课基础上，围绕马克思主义经典著作中华优秀传统文化、中国共产党党史、社会主义法治等开设系列选修课，并全力推进课程思政建设，创新整合学校优势资源，推出艺术党课、百花经贸艺术节等系列特色品牌项目，逐渐构建起"思政理论课+中华优秀传统文化大课堂+专业课程思政+社会实践+创新创业训练+校园文化活动"大思政体系。①

4. 上海市

（1）开展党的二十大精神融入"大思政课"系列活动

2022 年，自党的二十大召开以来，上海市及时组织骨干教师共同研究、开展教研，各高校纷纷探索"中国系列"课程思政课选修课，在结合"锦绣中国""中国智慧""岐黄中国"等 100 余门成熟课程的基础上，开设中国抗疫、乡村振兴等新课程。11 月，"学思践悟新思想，铸魂育人新征程——崇明区中小学大思政课教学研讨暨党的二十大精神宣讲会"在区教育学院举行。在理论宣讲方面，华东师范大学团委联合上海 10 所高校团委和全市 16 个区 17 所高中阶段学校团委，共同发起成立学习贯彻党的二十大精神上海青年师生宣讲联盟；上海商学院"习典之声"大学生理论宣讲团广泛开展活动，推动二十大精神进校园；中国中学则通过举办"红星照耀中国"百本红色期刊封面展等形式推动党的最新理论成果融入学校日常育人工作。

（2）"大思政课"展示活动

2022 年 12 月，静安区教育局、静安区教育学院联合主办大思政课建设在路上——静安区大中小学大思政课建设展示活动。黄浦区举行了"共建共享铸精品·课程育人谱新篇"——2021 年黄浦区学校德育特色课程暨"中国系列"课程展示活动，以"双新背景下思政学科社会实践活动的实施"为主题的区小、初、高一体化线上教研展示活动，"讲好抗疫这堂'大思政课'——大中小学思政课一体化建设线上教学展示"等活动。

（3）多方协同多措并举，推动学生"德智体美劳"融合发展

2022 年 2 月，上海市召开了第五届全国大中小学思政课一体化建设高层论坛暨学习贯彻习近平总书记关于体育的重要论述高层论坛。巨鹿路第一小学用冬奥元素

---

① 河北教育发布.河北经贸大学构建大思政体系，推进新财经教育改革面向社会需求培养新财经人才［EB/OL］.（2022－10－12）［2023－05－11］https://mp.weixin.qq.com/s/Fle6ncqyBDxVTbXwo76N5Q.

打造"大思政课",通过沉浸式体验活动让学生体悟冬奥精神。在美育方面,浦江戏剧教育园区携手上海戏剧学院闵行附属学校、宋怀强艺术教育基地,举办"时代礼赞,砥砺奋进——学习宣传贯彻党的二十大精神"戏剧党课活动,积极营造"思政+戏剧"的以美育人氛围。南模初中开展美育特色项目"艺术家进校园"系列活动。南洋初级中学组建了由政治、历史、地理、美术学科联合的"大思政课"教学团队。在劳动教育方面,上海海洋大学举行"共同守护"主题劳动教育启动仪式。

（4）探索家庭、学校、社会、网络育人共同体建设

第一,推动家庭与学校联动。2022年1月,《家庭教育促进法》颁布实施后的首个家庭教育宣传周暨上海市第二十四届家庭教育宣传周,闵行区中小学开展了"依法进万家　家教伴成长"主题活动。第二,推进学校与社会联动。一方面,加强拓展实践基地建设。1月,徐汇区启动滨江学区+民族精神教育联盟馆校合作课程开发项目。9月,"上海市学生综合性劳动实践基地（光明花博）启用仪式"暨"庆丰收　惜粮食　爱劳动"主题实践活动展示举行,标志着上海首个学生综合性劳动实践基地正式启用。10月,在中共一大纪念馆举行了中共一大纪念馆与上海大学共建革命文物协同研究中心揭牌仪式。同月,上海市嘉定区中小学生电影文化周启动仪式暨暑期电影进校园实践成果展示活动举行。11月,长兴镇人民政府举行了社区教育协同创建潘石村学生劳动实践基地研讨会。此外,崇明区教育局、黄浦区教育局、徐汇区教育局与光明母港（上海）种业科技有限公司（花博基地）签约建立合作联盟。另一方面,探索多样化家校社协同育人活动。崇明区教育系统开展了"书香润校园"主题活动之"思政入校园"活动。静安区协和双语培明学校举办"实践探真知　体验寻乐趣"主题活动。上海市育才中学开展"聚焦核心素养　全面推进'新茶馆'育人模式的深度变革"活动。黄浦区探索以"初心之地燃薪火、红色热土育新人"为主题的情景党课、大中小幼一体化音乐情景党课、"学党史为师铸魂,守初心为国育才"组合党课,以及重温入党誓词活动等方式开展党史教育"大思政课"。静安区教育局和遵义市红花岗区教育体育局共同以连线方式召开了"伟大的斗争精神"——纪念两个百年主题活动。松江区举行青少年模拟政协提案征集展示交流活动暨松江区青少年模拟政协学生社团揭牌仪式。上海海洋大学、上海理工大学、上海财经大学等高校,以及奉贤中学、曙光中学、致远高中等学校联合开展"明日委员"进政协机关体验"政治协商、民主监督、参政议政"相关活动。

5. 江苏省

（1）开展"五老"宣讲育新人活动

江苏省南京市建邺区探索"五老"助力"大思政课"模式,自2019年建邺区委教育工委印发《关于成立建邺区教育系统"立德树人"思想道德教育研究室的通知》以来,组建了以"五老"骨干为主体的"区思想道德教育讲师团"和"思想道德教育讲师团"①。2022年2月,"五老"仿照大学"选课"方式,编制了59个"资源菜单",其中包括宣讲主题、内容提要、双方联系方式、学生年级、宣讲时间等内容,由学校在其中自由选择。7月,南京红色档案"五老"宣讲团成立。

（2）将红色文化、传统文化融入"大思政课"

2022年7月,苏州市姑苏区体育场路4号中共苏州独立支部旧址举办中共苏州独立支部旧址开放试运行暨庆"七一"系列活动启动仪式,"行走的思政课——'乐益'思想汇　青少年思政教育融媒行动"项目启动。此外,苏州市彩香实验中学融合思政、语文、历史、生物、体育、艺术、劳动等多个学科的知识点和实践点探索行走的思政课,借助苏州传统文化资源打造沉浸式课堂。太仓市王秀小学运用"秀起娃"这一卡通人物在杨漕红色教育基地开展爱国主义教育。苏州工业园区娄封学校开展了为期两周的"寻迹大中华"跨学科项目,通过服饰、歌声、传统游戏、民俗、姑苏美景、货币等主题加强活动的趣味性。吴中开发区实验小学开展了"我热爱的祖国"跨学科项目学习等活动,以"金秋月下诵童话,桂子飘香爱国情"为主题,传承中华优秀传统文化。

6. 浙江省

（1）探索多方协同育人的大体系

2022年,浙江省杭州市临安区教育局实施"天目少年思政工程",推进思政教育"四位一体"育人机制,落实合作共建、协同育人、课程开发、教学改革、数字思政五大行动,加强"四史"和临安地方史、红色文化宣传教育,建设"云上思政课堂"和"一馆四厅"红色数字馆。台州学院探索创新思政课"1+N"模式改革,构建了"校地互动、产教互融、校内互通"的思政课育人体系。长江实验小学通过在校园文化

---

① 南京教育发布.助力"大思政"为建邺区"五老"点赞[EB/OL].（2022－09－02）[2023－05－11].https://mp.weixin.qq.com/s/j8EVmf5LgGewZINItL-3Pg.

建设改造中打造"长江红·学习角",通过云上游红色景点、设置"红色朗读亭"、在校史陈列馆里设置"闪亮长江红·互动答题区"等方式开展"大思政课"建设,并尝试和高校构建党建联盟,邀请高校的思政课专家进学校,为师生、家长上思政课。

（2）开展精品课程展示活动

2022年6月,杭州市临安区城北小学开展临安区小学一年级争章入队观摩会暨"天目少年思政工程"精品微课展示活动。10月,浙江省委宣传部、省文明办、省教育厅、浙江广播电视集团联合录制了"我们'浙'十年"云上思政公开课。同月,杭州市教育局发起了大中小学思政课晒课系列活动,是杭州全面实施"红色根脉强基工程"的一大创新举措。

（3）上好劳动育人"大思政课"

舟山职业技术学校将以传统木船制造技艺为代表的非遗文化作为重要劳育内容之一,构建形成了具有区域特色的以劳育人"舟山模式";绿城育华学校小学部开展"种下一粒种子,收获一抹绿色"德育劳动实践活动,并建立"两级劳动实践基地";南海实验学校惠民桥小学校区以"劳动托起幸福梦"为主题开展劳动周活动;舟山第二小学北校区创设微空间种植课程,通过多学科融合学习实践将劳动教育融入学习体验过程中。

7. 福建省

（1）开展党的二十大精神融入"大思政课"系列主题活动

2022年,福建省各地各大中小学校采取音乐思政课、红色研学、宣讲团等灵活多样的方式学习宣传贯彻党的二十大精神。福建农林大学举行"学习贯彻党的二十大　同上一堂大思政课"活动。10月,厦门六中"青春聚焦党的二十大"音乐思政课暨厦门六中爱国主义大课堂在福建厦门广电集团开讲。三明市教育局党组成员、三明二中党总支书记、校长伊永河为同学们讲授以"学习党的二十大精神,培根铸魂育新人"为主题的思政课。泉州外国语学校组织开展以"不负韶华心向党,十八而志勇担当"为主题的高三年成人宣誓仪式,在仪式上宣讲党的二十大精神。

（2）探索红色研学、理论宣讲、知识竞赛、演讲比赛等多样化"大思政课"活动

在红色研学活动方面,2022年7月,福州市教育局、福州教育研究院组织福州市60名中小学思政课骨干教师赴重庆开展实践研训。宁德市民族中学初三年段的师生

们分别前往瓮窑、下岐、溪邳、霍童古镇、徐江村及霞浦长沙村等地，开展以"学习党的二十大　永远跟党走　奋进新征程"为主题的红色研学活动。9月，"追寻习近平总书记的足迹——闽山闽水物华新"全省大学生暑期社会实践活动成果汇报交流会在福州举行，会上观摩全省高校师生同上"开学思政第一课"，并正式组建了福建省马克思主义学科联盟。在理论宣讲方面，12月，由省委教育工委、省教育厅主办，闽江学院承办的福建省教育系统学习贯彻党的二十大精神"百人宣讲团"启动仪式在福州举行。泉州艺术学校团委组建了一支由优秀教师和学生骨干组成的宣讲团，依托主题团日、主题班会、思政课教学、国旗下讲话等展开学习，并组织开展"党的二十大和我的人生路"青春使命教育交流讨论会。竞赛比赛类活动方面，9月，第七季福建省高校大学生学习马克思主义理论"一'马'当先"知识竞赛总决赛在福建师范大学举行。于山片区大中小幼思政德育发展共同体组织开展了以"立德树人培根铸魂，同心砥砺启智润心"为主题的思政演讲比赛。

（3）拓展以网络育人阵地和实践育人基地为代表的"大思政课"阵地

在网络育人阵地方面，2022年4月，由中共福建省委教育工委、福建省教育厅主办的"'疫'散花开，我们一起向未来"——全省高校师生"同上一堂疫情防控思政大课"在人民公开课开讲。11月，"把青春华章写在祖国大地上"大思政课网络主题宣传和互动引导活动在厦门大学举行，人民网、中国青年报社、中国青年网联合主办的"大思政课"云平台正式上线。在实践基地建设方面，福州市举行中小学生综合实践中心开营仪式，该中心负责开展全市中小学生综合实践活动，设有中心馆、公共安全馆、生命健康馆、环保教育馆、农业科普馆、国防教育馆、闽都文化馆、青年交流中心、室内体育馆、教学实践楼等，构建了思政一体化课程、田园劳动教育课程、综合实践室内教学课程、野外素质拓展课程、研学实践活动课程、军事训练课程等六大课程体系。6月在福州市双虹小学党性教育基地举行了台江区教育系统庆祝中国共产党成立101周年暨中小学思政一体化红色实践基地授牌仪式以及南公片大中小幼思政课一体化启动仪式。

8. 山东省

2022年7月，"济南市历城区少先队校外实践教育基地云地图"正式发布，首批有27个校外实践教育基地。12万名历城青少年利用少先队活动、节假日、课后延时等时间积极投入到活动中，推动"行走的思政课"持续走深走实。

9.广东省

（1）增强校地合作，打造"大思政课"实践基地

2022年，广东省致力于促进全省各区域间、城乡间、类型间的劳动教育资源共享，搭建劳动实践教育联盟。5月，广东革命历史博物馆走进广州市荔湾区西关实验小学芳和校区开展"博·学堂之思政第一课"系列活动，并举行馆校共建仪式。9月，广州市延安精神示范校揭牌仪式暨番禺区市桥中心小学开学第一课活动在番禺区市桥中心小学举行，并邀请广东省延安精神研究会理事、庄田将军之子庄祝胜以"弘扬延安精神，争做时代新人"为主题上了一堂红色"大思政课"。

（2）打造"劳动教育"活动展示平台

2022年，广东省通过多平台建设，打造"劳动教育"活动展示阵地。第一，搭建网络展示平台，如开设学校劳动教育专题网页，发布劳动教育动态，公布劳动教育政策规定，宣传劳动教育特色成果与做法。第二，搭建应用信息平台，如研发"劳动实践体验活动"预约报名小程序。第三，搭建公共宣传平台，如以"羊城学校劳动教育职业体验活动"为载体，开展"红色工运"大篷车进校园巡展宣讲活动；打造广州首列劳动主题地铁列车、首个劳模工匠主题地铁车站、首个新时代劳模工匠馆、主题公交车和主题客轮，每年在广州塔亮灯致敬劳模先进和劳动者；"五一"期间联动全市各单位电子屏及全市地铁、公交、水上巴士等12.3万个电子显示终端，滚动播放公益宣传海报。

（3）广泛开展开学"思政第一课"活动

2022年9月，广东省各学校广泛开展思政"开学第一课"活动，丰富了"大思政课"的育人内涵。广州大学党委书记、校长魏明海以"做习近平新时代中国特色社会主义思想的坚定信仰者、忠实实践者"为题为广州大学人文学院学生讲授"思政第一课"。广州番禺职业技术学院党委书记林洽生、校长何友义以"奋进新征程，建功新时代"为题，引导青年大学生扣好人生"第一粒扣子"。花都区莘田小学校长高国标以"争做有理想、有本领、有担当的新时代好少年"为主题，为莘田学子讲授开学第一堂思政课。广州市幼儿师范学校党委书记秦小珊面向全校师生以线下与线上相结合方式，讲授了题为"奋斗成就梦想，争做时代新人"的"思政第一课"。东莞市东城实验中学利用升旗仪式开展"2022年秋季学期思政第一课"活动。

10.海南省

新华社推出了一档集德育、思政、时事、爱国主义和社会主义核心价值观教育等内

容为一体的视频节目《中小学德育学堂》，该节目于 12 月走进海南省三亚市。节目中学生们参观了崖州湾科技城产业促进中心、走进分子检测实验室、探秘中国农业大学育种基地，是海南省推进"大思政课"建设的重要举措。

（二）中部地区

整体来看，中部地区 2022 年度"大思政课"开展活动较为丰富。江西省、河南省与湖南省的"大思政课"实践活动开展次数最多，山西省与安徽省开展活动数量处于中等水平，湖北省开展活动数量最少。从活动特色来看，江西省、山西省、安徽省与河南省着重挖掘"大思政课"红色资源，湖南省的"大思政课"活动建设充分发挥其大众传媒大省的优势，呈现出较具创新性的实践模式。

1. 山西省

2022 年，山西省坚持家校携手共建大思政课，将党史学习教育与"学党史、树家风"活动、文明城市创建等相结合。稷山县、绛县分别通过"五学联动""古绛新家庭教育大讲堂"等活动开展"大思政课"；运城幼专开展了"学教育史，做大先生"活动；运城南风学校将党史学习教育融入"小桥音乐会、少年微演讲"系列主题活动中；铁路中学开设了红领巾广播站；市人民路学校组建了党史宣讲 6 人小分队；运师附小开展了"党史知识微宣讲进社区"活动；海仓学校坚持每周每班邀请 1 名家长进课堂讲党史故事；大运小学开展了"党史快乐读讲"系列活动，先后举办了歌咏比赛等 7 项丰富多彩的主题活动；临猗县在全县教育系统开展了楹联、书法、绘画文艺作品巡展活动；芮城县扎实开展"十个一"活动；市财经学校"千人诵读"活动刊登学习强国；东康一中开展了"千名学生共绘党史墙展活动"；盐化中学开展红色经典诗词赏析；平陆县直初中开设"党史讲堂""党史教育大课堂"；盐湖区魏风小学把党史学习教育融入读书活动、书法课程；晋城市特殊教育中心学校党支部全体党员与思政课教师前往阳城暖泹、匠礼、上河三地开展主题党日活动；新绛希望学校组织开展了"模拟法庭进校园，法治意识驻心中"法治教育实践课。

2. 安徽省

（1）宏观统筹，助力"大思政课"发展

2022 年 2 月，安徽省教育厅 2022 年工作要点指出，要贯彻落实省政府《实施德智体美劳"五大行动"全面提高育人质量工作方案》，遴选"五大行动"实验区，推动形成政府主导、部门协作、家长参与、学校组织、社会支持的教育工作格局①，为安徽省"大思政课"建设提供基本方向指引。

（2）以多样化形式开展"大思政课"红色研学活动

2022年，安徽省探索"红领巾讲解员"实践体验活动、英烈精神教育实践、"少年军校""全国青少年教育基地"等一系列品牌实践活动，推动"大思政课"建设。安徽省高校师生组建研学团队围绕"共谱红色精神""共享创新发展""共话乡村振兴""共悟行循自然""共访国之重器"5条主线，考察调研、走访体验、理论宣讲、志愿服务，并通过拍电影、录视频、写日记、绘红色地图等形式推动思政课堂走出校园。安徽师范大学师生来到金寨县革命博物馆，开展"青春心向党·建功新时代"主题团日活动；安徽文达信息工程学院在渡江战役纪念馆展厅持续开展"我把党史说给您听"志愿服务活动；合肥工业大学、滁州学院和安徽艺术学院的大学生社会实践团分别来到小岗村，就新时代基层法治建设和乡村振兴进行专业调研；安徽农业大学和淮南师范学院实践团分别来到大湾村，实地走访调研当地村民生活变化、乡村产业及旅游业发展情况，并拍摄了"我心中的思政课"微电影《追寻》。皖西学院以"喜迎二十大、永远跟党走、奋进新征程"为主题，组建2支国家级社会实践团队、30支校级社会实践团队，开展暑期社会实践。此外，安徽省南陵县教育局还利用红色教育丰富思政课教学，运用情景剧表演、唱红歌、诗朗诵、自制乡土小视频、讲述自己家乡的建党故事等方法开展"大思政课"；芜湖市第二中学（安澜中学）成立芜湖二中安澜教育文化研究会，先后编写《永远的丰碑》《英烈祭　民族魂　我传承》等红色校本德育课程教材；芜湖市育红小学以中国人民解放军从芜湖率先突破长江天堑这一红色历史，以嘉兴、延安、芜湖三地同学短视频连线方式共上一堂党史课。

（3）积极探索"大思政课"网络阵地建设

2022年，安徽省探索网上思政课堂、网上疫情防控、网上服务管理等多重网上"大思政课"新模式。其一，开展"英模·大师"进思政课课堂，邀请先进人物等走进网络思政课堂。其二，发挥"大数据+网格化"疫情防控工作优势，开发覆盖全省高校的疫

---

① 中共安徽省教育工委、安徽省教育厅.安徽省教育厅关于印发《2022年安徽高等教育工作要点》的通知（皖教秘高〔2022〕37号）［EB/OL］.（2022-03-03）［2023-5-21］. http://jyt.ah.gov.cn/tsdw/gdjyc/tzgg/40521935.html.

情监测服务平台,搭建了"省—校—院—班"四级疫情防控"e 网格"。其三,通过安徽省智慧思政平台中的省级思政管理平台大数据中心,开展全省大学生服务管理活动。

（4）以校园为阵地开展"大思政课"

2022 年,安徽省大中小学通过组织学生开展模拟价格听证会、模拟政协、哲学辩论赛、乡村振兴研学旅行、学习民法典演讲比赛等社会实践活动,通过课程结合道德模范和身边好人、改革先锋、劳动模范、文化名家、徽风皖韵、高雅艺术等"六进校园"活动,丰富第二课堂。

3. 江西省

（1）宏观统筹,助力"大思政课"发展

2022 年 7 月,教育部办公厅正式批复同意在江西设立以"高校思政课问题式专题化团队教学改革"为主题的"大思政课"建设综合改革试验区,江西成为全国五个获批设立"大思政课"建设综合改革试验区的省市之一。9 月,江西省"大思政课"综合改革试验区建设暨高校思想政治工作推进会召开。

（2）依托地方红色文化开展"大思政课"

2022 年,江西省全南县组织各学校开展"开学思政第一课"活动,通过红色研学、邀请思政名师、党支部书记上思政课、讲红色故事、唱红歌等方式,全面推进"大思政课"建设。南昌工程学院邀请全国一级英模、全国劳动模范等荣誉获得者、南昌市青山湖公安分局政委陈勇琦走进课堂进行专题讲授。江西赣州依托各（市、区）青少年学生校外活动中心,大力开展红色研学实践,全市评选出 52 个研学基地,推动红色研学实践形成赣州经验。其中,兴国县被教育部确定为全国中小学研学旅行实验区,瑞金中央革命根据地纪念馆被评为国家级研学实践教育基地。此外,各高校也纷纷探索红色研学活动。井冈山大学组建了近百支暑期社会实践团队和红色走读团队,组织共 1.3 万余名学子奔赴全国各地,开展了包括理论宣讲、党史学习教育、乡村振兴服务、发展成就观察等多方面的暑期实践活动。江西中医药大学以"喜迎二十大、永远跟党走、奋进新征程"为主题,组织广大青年学子深入开展 2022 年暑期"三下乡""返家乡"等社会实践活动。南昌航空大学围绕理论普及、党史学习、乡村振兴、发展成就、民族团结等主题组建社会实践团队,分赴赣州、上饶、萍乡、抚州、景德镇、宜春等地,开展青马工程骨干实践、推普行动、大学生社区实践、云支教等专项活动。

（3）依托院校特色开展"大思政课"

2022年,江西农业大学组建"金扁担"宣讲团,宣讲团通过专题辅导报告、集中座谈交流、在线宣讲解读等形式,课堂内外、线上线下齐发力;开展"金扁担"系列党课活动,将党的二十大精神学习融入校园文化建设、大学生艺术教育之中。①

4. 河南省

（1）广泛开展"开学思政第一课"活动

2022年,河南省春季开学思政第一课以"讲好冬奥故事,砥砺奋进力量"为主题,挖掘冬奥会蕴含的爱国情怀、文化自信、体育精神等思政元素并融入课堂。秋季开学思政第一课以"追寻足迹看我壮丽河山,牢记嘱托践行立德树人",追寻习近平总书记的河南足迹。除"开学思政第一课"以外,河南省还通过"巨浪青年·思想引领"思政辩论赛、"永远跟党走,逐梦新时代"主题宣讲活动推动"大思政课"活动多样化开展。

（2）开展寒暑期主题实践活动

2022年寒假,河南省广泛开展"越团结豫有力"主题教育实践活动,暑假举行"壮丽河山说"主题教育实践大思政活动,通过微博、微信公众号等新媒体渠道广泛宣传。6月,中共河南省委宣传部、中共河南省委教育工委、河南省教育厅组织的"寻访总书记足迹、牢记领袖嘱托"暑期行走大思政实践活动同时在郑州、开封、信阳、南阳启动。

（3）以"融媒体+育人"平台阵地助力网上"大思政课"

河南省已形成较为成熟完备的新媒体育人矩阵,并着力加强"豫教思语"思政平台、河南省高校思想政治工作网的建设。2022年,针对网络阵地建设,河南省开展了"我们这十年"优秀网络文化作品征集展示活动、"我心中的思政课"思政微课展示活动、"舞动青春·绽放未来"视频接力活动、"理响派"网络巡礼活动、"豫见新一代"网络思政教育活动等多样化网络思想政治教育活动。6月,以郑州大学为首开启了"舞动青春"视频接力活动,将微信、微博、抖音、快手、视频号等新媒体平台作为各地各校舞动青春接力视频宣传的主要阵地。11月,河南省面向高校开展学习宣传贯彻党的二十大精神网络思政课宣讲短视频征集活动,并选拔组建了学习贯彻党的二十大精神河南省高校网络宣讲团。

---

① 中国教育新闻网.江西农大"金扁担"宣讲团开讲[EB/OL].(2022-11-11)[2023-5-21].
https://baijiahao.baidu.com/s?id=1749157761050064840&wfr=spider&for=pc.

5. 湖北省

湖北省的"大思政课"建设特色表现在高校的实践育人模式探索。中国地质大学（武汉）经济学系探索"经济学+思政"实践育人新模式,联合武汉市新洲区8个街道办事处,以及阳逻经济开发区和道观河风景旅游区,组织党史学习教育、交通强国、航天强国、都市田园综合体、"两山"实践、新型城镇化、乡村振兴、地铁小镇、生态文明、特色产业等10个主题调研,课程包括瞻仰英烈纪念碑、参观红色遗址博物馆、听老红军讲故事、徒步红旅绿道、体验红军餐等活动流程。

6. 湖南省

（1）探索"移动思政课"为代表的"金课"

2022年1月,湖南省教育工作会议在长沙召开,指出今年湖南省将继续推广"移动"思政课、大思政课,探索实施面向大学生的网络思政大课堂。统筹推进大中小学思政课一体化建设,支持建设一批思政课一体化基地,用好用活湖南红色资源。① 近年来,湖南省涌现出被习近平总书记点赞的"移动思政课"为代表的一大批思政"金课"。2月,"我是接班人"网络大课堂推出新年第一课"少年的我",该课程联合神舟十三号、神舟十二号飞行乘组航天员翟志刚、王亚平、叶光富、汤洪波,以及中国文化软实力研究中心主任张国祚教授主讲。4月,"我是接班人,学习新思想"——湖南省首堂中小学《习近平新时代中国特色社会主义思想学生读本》专题课开讲。5月,大型原创实景式移动思政节目《为时代育新人》开播,是湖南继创办"我是接班人"中小学生网络大课堂后推出的又一档特色精品高校思政节目。7月,"我是接班人"推出庆祝香港回归祖国25周年专题大课"心连心　向未来"。同月湖南教育电视台播出大型实景式移动思政节目《为时代育新人》第二集《远方》。9月,国家中小学智慧教育平台·湖南频道上线,该频道汇聚了《我是接班人·网络大课堂》《学习新思想》《智趣新课堂》《生命与安全》《心理与健康》等湖南系列特色品牌资源,探索形成了地方向国家推送优质数字教育资源的新路径。

（2）以艺术形式丰富"大思政课"人文底蕴

2022年,湖南省的"大思政课"活动开展还以各高校为单位,以多样化艺术形式作

---

① 中共湖南省教育工作委员会,湖南省教育厅.关于印发《中共湖南省委教育工委湖南省教育厅2022年工作要点》的通知(湘教工委发〔2022〕3号)〔EB/OL〕. (2022－02－18)〔2023－5－21〕. http://jyt.hunan.gov.cn/jyt/sjyt/xxgk/tzgg/202202/t20220218_1065533.html.

为载体。湖南师范大学图书馆联合《全国报刊索引》编辑部共同推出了"光辉的历程——在近代文献中探寻党代会历史"展览。南华大学开展"喜迎二十大清廉润南华"书画艺术作品展。湖南工业大学包装与材料工程学院以《骄傲的少年》、机械工程学院以《我和我的祖国》献礼党的二十大。湖南文理学院举行"喜迎二十大,永远跟党走,奋进新征程"新生歌咏比赛。怀化学院团委、美术与设计艺术学院联合举办,组织院部学生党员共同创作 20 米长卷绘画作品《江山如画》。湖南女子学院在 2022 级新生升国旗仪式的阅兵式上开展爱国主义"大思政课"。

（三）西部地区

2022 年度,西部地区开展"大思政课"活动呈现出较大的地域内差距。其中,内蒙古自治区、广西壮族自治区、重庆市、陕西省、贵州省和云南省的活动数量与质量较为突出,甘肃省、宁夏回族自治区、青海省和新疆维吾尔自治区开展活动数量基本呈依次递减顺序,西藏地区未开展"大思政课"相关活动。值得注意的是,内蒙古自治区对于中华民族共同体意识融入"大思政课"探索出了一系列特色举措,陕西省、贵州省的"大思政课"活动建设呈现出以特定红色省份为引领的"大思政课"实践模式。

1. 内蒙古自治区

（1）聚焦中华民族共同体意识融入"大思政课"

2022 年,内蒙古自治区根据自治区教育工委、教育厅印发的《关于开展"牢记嘱托,筑梦北疆"主题教育实践活动的通知》,深入推进学校中华民族共同体意识教育。2 月,全区高校《铸牢中华民族共同体意识》分教学指导委员会组织所有任课教师开展了在线培训和集体备课。3 月,内蒙古自治区教育厅组织全区 300 余万大中小学生同上一堂以"牢记嘱托,筑梦北疆"为主题的春季学期"开学第一课"。7—8 月,通辽市教育局组织了七次"铸牢中华民族共同体意识"主题示范性研学实践活动。暑假期间,通辽市各旗县市区教体局、各学校和幼儿园也结合实际开展了形式多样、内容丰富的"铸牢中华民族共同体意识"主题研学实践活动。9 月,全区大中小学铸牢中华民族共同体意识课程教学大赛决赛于在鄂尔多斯市举行。

（2）探索形式多样的红色活动

2022 年 6 月,自治区教育厅联合自治区文化和旅游厅、自治区团委开展"赓续红

色血脉 培育时代新人"红色讲解员进校园活动启动仪式。6月至10月,全自治区各盟市持续开展红色讲解员校园宣讲、青少年红色研学活动、先进典型进校园等系列活动。11月以来,内蒙古各高校纷纷开展"讲红色故事""唱响红歌"云端接力赛等多样的红色活动。

2. 广西壮族自治区

（1）开展多样"大思政课"实践教育活动

2022年,广西壮族自治区梧州市大中小学共计开展党的二十大精神宣讲会50场次,形成了幼、小、初、高、大五位一体全覆盖的思政育人格局。同时开展"我是红色讲解员""党团队一体化"活动,遴选50名优秀"红领巾讲解员"到红色教育基地开展义务讲解。

（2）共建共享"大思政课"教育资源

在场馆资源方面,广西壮族自治区百色市依托109个自治区爱国主义教育基地、20所红军学校、260个自治区研学教育基（营）地、文化场馆、科技场馆等校外教育资源,建设中小学思政课实践育人基地,并利用数字化技术聚合教学素材和资源,搭建"大思政课"资源平台。在课程资源方面,百色市实施"双师教学"模式改革项目,组织中学名校名师,按照中学思政课教学进度逐日逐节录制视频,配套PPT、教学设计、习题等资源,通过"双师教学平台"在该区7个地市33个县的乡村中学思政课教师中实现资源共享。在教材资源方面,广西壮族自治区开发了《民族团结》《红色广西》等一系列独具特色的地方德育教材,为"大思政课"资源开发整合提供了特色方案。

3. 重庆市

（1）以暑期实践研修推进"大思政课"建设

2022年暑期,重庆高校思政工作者奔赴江西、山东、贵州、陕西等地,深入革命圣地、改革前沿、工厂农村等参观考察调研。西南政法大学思政课教师和大学生代表前往重庆巫山,以座谈培训、实地调研、走访入户等方式开展暑期实践研修活动。西南大学组织思政课教师赴贵州六盘水三线建设博物馆和"三变"改革展示中心等地开展"知国情、悟初心、担使命"主题社会实践研修。重庆师范大学围绕红岩精神和乡村振兴两条主线,开展了2022年思政课教师暑期实践研修活动。重庆交通大学、重庆文理学院、重庆城市职业学院组织思政课教师,分别前往位于新疆师范大学、山东大学、贵州师范大学的全国高校思想政治理论课教师研修基地,开展实践研修。重庆理工大学思政课教师赴重庆奉节开展爱国主义教育与乡村振兴战略主题实践研修。

（2）推动"行走的思政课"常态化长效化

2022 年,重庆市渝中区通过大力整合区内红色思想政治教育资源,打造"行走的思政课"特色品牌。渝中区各中小学结合本校特色,分主题、分学段打造了各类思政课程,举办了"创意渝中""梦想课堂"等专题课程,例如重庆市人民小学的"最美童年主题教育",渝中区中华路小学的"公民行动课程",重庆市巴蜀小学的"'学科+生活'德育课程"等。渝中区大田湾小学根据不同年龄段,研发出一系列"人生远足"研学综合实践课程。渝中区还推出了"周公馆、桂园—《新华日报》总馆旧址—红岩村""抗建堂旧址—人民解放纪念碑—重庆大轰炸惨案遗址""湖广会馆—重庆中国三峡博物馆—红岩革命纪念馆"等 10 条精华研学路线,将思政课场域拓展至文博场馆、革命旧址、热门景区、街头巷尾,以及青少年活动中心、山城老年大学、社区新时代文明实践站、老街文化公益发展中心等机关事业单位和社会组织。此外,该地区还利用"五四"、"七一"、全民国防教育日等时间节点,分学段开展参观祭扫、文明实践、志愿服务、红色讲解、职业体验等思政教育实践活动,自主策划了"红色三岩"巴士行、"小萝卜头进校园"等专题活动,邀请"感动重庆十大人物"廖克力、全国"新时代好少年"黄郁微等优秀青少年带队开展研学活动。重庆第三十中学高二年级的全体师生在歌乐山通过瞻仰烈士墓、唱红色经典歌曲、模拟红军"巧渡金沙江"战役等形式开展红色研学活动。重庆精一民族小学三年级学生在重庆大轰炸惨案遗址接受主题教育,感悟重庆抗战精神。

（3）探索"大思政课"视域下"少先队"育人模式

2022 年,重庆市各中小学广泛探索奥运精神融入"大思政课"主题活动。两江新区邀请奥运冠军进校园,区教育局和社发局联合举办重庆两江新区"体教融合主题活动——体育冠军校园行"主题教育活动。沙坪坝区上桥实验学校开展了冬奥会项目展示和模拟体验;北碚区蔡家小学组织师生一起跳起冬奥会主题曲《一起向未来》手语舞;大渡口区双山实验小学展示"为奥运喝彩"主题活动作品;南岸区上浩小学开展"奥运思政大课堂"活动。

（4）开展"开学第一课"主题教育活动

2022 年 2 月,重庆市共有 3 000 多所中小学共 400 多万中小学生集体观看《开学第一课——扬帆起航新征程》,开展"开学第一课"主题教育活动。高新区融合爱党爱国教育、生命安全教育、心理健康教育、法治教育、家庭教育内容开展 2022 年春季学期开学"高新'五个'第一课"。

4. 四川省

（1）开展"开学第一课"活动

2022年2月，四川广播电视台科教频道（四川教育电视台）推出的"开学第一课"专题节目播出。3月，成都市教育局发布的2022年工作要点中指出，要结合党的二十大、大运会等主题，组织"天府学堂·开学第一课""学习新思想做好接班人"等教育活动。在工作要点的指导下，各地纷纷进行落实。9月，南充高中党委书记、校长涂刚以"奋进百年南高梦，喜迎党的二十大"为主题开展"开学思政第一课"。

（2）推动劳动教育有效融入"大思政课"

成都市教育局2022年工作要点指出，2022年要推进大中小学劳动教育，研制劳动教育实践基地建设标准、特色学校建设标准，建设30个市级劳动教育综合实践基地，开展"劳动教育周"活动。① 四川大学江安校区通过建设"开心农场"，将校内30余亩土地作为校内生态劳动教育实践农场，以体验式劳动为主，重在培养学生热爱生活、勤俭节约、生态环保等意识。②

（3）探索德育新模式助力"大思政课"建设

成都市金牛中学提出德育工作"三化"模式，即活动化、序列化、常态化，同时要构建具有学校特色的"以体育德，以艺启智"德育工作新格局。③

（4）建设教育实践基地，开展多样活动

成都市大力建设爱国主义基地，截至2022年3月，已经建成123个区（市）县级以上爱国主义教育基地。其中较具特色的有全国首个"学习强国"主题街区；成华区青少年综合实践教育活动中心——围绕国防教育、法制教育、科技教育、劳动技术教育、爱国主义教育、生命教育六大模块，探索"基地+学校"的育人模式；成都市青少年法治教育实践基地——以法治教育和道德教育贯穿始终，由序厅、殷切期望、快乐成长、雏

---

① 成都市人民政府.中共成都市委教育工作委员会　成都市教育局关于印发《2022年工作要点》的通知［EB/OL］.（2022－03－22）［2023－06－25］. http://www.chengdu.gov.cn/chengdu/xgwj/2022－03/23/content_e7bca68f3f5c47bf99a089ae491acc35.shtml.

② 四川大学.慕了！慕了！他们在川大开心农场摘樱桃！［EB/OL］.（2022－04－15）［2023－06－25］. https://mp.weixin.qq.com/s/OoGPo9svn15LZPR_s7s7vw.

③ 成都教育发布.初中强校工程！打造你家门口的好学校［EB/OL］.（2022－09－29）［2023－06－25］. https://mp.weixin.qq.com/s/MYo9uOBjdgCnBb4LB91JfA.

鹰折翅、花季护航、自我保护、尾厅七个展区以及模拟法庭、心理咨询、情绪宣泄、桃源悦读四个功能区组成,融知识讲解、互动体验、现场观摩、实践模拟于一体。温江区社会主义核心价值观展馆作为全省唯一独立展示社会主义核心价值观的展馆,形成了社会主义核心价值观教育、文明实践指挥调度、志愿服务孵化培育、开展文明实践活动功能布局。简阳市军队离退休干部休养所邀请离退休军休干部为青少年讲述革命中的亲身经历和战友们的英雄事迹,使爱国主义教育基地真正成为了青少年学生缅怀革命先烈和树立理想信念的"第二课堂"。①

5. 贵州省

（1）开展多样化"大思政课"主题活动

2022年4月,贵州省遵义市教体系统于第27个"世界读书日"之际,开展"青春与阅读齐飞,成长携书同行"系列思政主题班会活动。同月,遵义市教体系统2022年"红色遵义"宣讲进校园活动第一站在遵义医科大学新蒲校区道德讲堂举行。6月,由省委教育工委、省教育厅主办的"高举伟大旗帜　牢记领袖嘱托　请党放心　强国有我"——贵州省教育系统"大思政课"在贵州装备制造职业学院举行。

（2）推动红色文化融入"大思政课"

2022年,贵州省遵义市各地区纷纷探索红色文化融入"大思政课"的地方范式。遵义师范学院以"长征课堂"为主要载体示范引领全市大中小学思政课"一体化"建设,《打造"长征课堂",弘扬红色文化,推进新时代高校爱国主义教育》案例入选中宣部组织编撰的案例文集;遵义职业技术学院探索"彩虹文化"育人模式,推动红色文化融入校园文化创建和思政课程建设;遵义医药高等专科学校以"红医魂"为引领,开办"思泉讲习堂",以讲红色历史、寻红色足迹、唱革命歌曲等多种形式开展"大思政课";贵州航天技术职业学校充分挖掘"三线建设"工业遗址资源禀赋和遵义三线建设博物馆鲜活教材内容,挖掘"校企同源、工科特色"的航天文化和军工文化;红花岗区围绕"五个一"开展红色文化浸校园主题教育活动;桐梓县海校街道教育党总支组织开展"南湖红船·遵义娄山"共庆建党百年活动。绥阳县把枧坝小学建成红色教育基地,利用周边的红色遗址开展红色研学;道真县以北京大学思想政治实践课教育基地挂牌

---

① 成都教育发布.人生的必修课!带娃打卡再添31个基地［EB/OL］.（2022－03－10）［2023－06－25］. https://mp.weixin.qq.com/s/Rs7nO0dXXld6PpEe8m8k5w.

该县为契机,探索红色育人新高地,搭建基地建设示范区,探索"红色思政"育人形式。

（3）积极开拓"大思政课"网络阵地

遵义师范学院连续六年与北京超星技术公司合作,搭建网络思想政治理论课教学平台,实现了建设"网络文化学院"的初步目标。2022年,该校已录制了《长征文化与精神》《伟大转折的起点——黎平会议的历史意义》《坚持真理 敢于担当——苟坝会议》等10余期微课程视频和教学案例,通过"易班"平台供全校学生学习。此外,遵义医药高等专科学校也积极探索构建"课堂讲授+实践教学+专题报告+网络课程"四位一体教学新模式,运用"学习通"APP、"雨课堂"等辅助教学形式拓展"大思政课"。

6.云南省

（1）推动"大思政课"的"金课"建设

2022年6月,"张桂梅思政大讲堂"第六讲开讲,由云南师范大学师生讲述西南联大教育救国的光荣历史。9月,"云南这十年"系列新闻发布会·教育体育专场发布会在海埂会堂召开①,肯定了省级"三全育人"综合改革试点单位的培育、云南思政教育第一"金课"——张桂梅思政大讲堂的建设、全省学校党组织书记校长"同讲一堂思政课"等一批扎根云岭大地的"大思政课"品牌。云南省持续推动"张桂梅思政大讲堂"特色"金课"品牌建设,这一课程自2020年9月创办至今,致力打造"走心的思政课""行走的思政课""云端的思政课""智慧的思政课"。10月,由省委教育工委、省教育厅与新华社联合推出的视频节目《中小学德育学堂》播放启动仪式在云南大学附属中学举行,这是云南省继开设"张桂梅思政大讲堂"后在思政课改革创新方面的又一举措。

（2）开展"行走的思政课"实践活动

2022年春季学期,大理市各级学校组织近2万名学生到洱海周边村落,开展以"聚力青春护洱海"为主题的"行走的思政课"。6月,保山学院马克思主义学院教师带领学校190名大二学生分别到隆阳区芒宽乡百花岭村、潞江镇丛岗村开展"行走的思政课——践行两山理念 构建人与自然和谐关系""行走的思政课——铸牢中华民族

---

① 云南省网上新闻发布厅."云南这十年"系列新闻发布会·教育体育专场发布会[EB/OL].(2022-09-15)[2023-05-23]. https://www.yn.gov.cn/ynxwfbt/html/2022/zuixinfabu_0914/4962.html.

共同体意识"主题教学实践活动。10月,保山学院师生以"六讲同堂"的创新形式在校园内同上一堂"行走的思政课"。

7. 陕西省

（1）加强"大思政课"实践基地建设

2022年,陕西省入选全国"大思政课"建设综合改革试验区首批五个试点省市,并研究制定了《全国"大思政课"建设综合改革试验区陕西省实施方案》,立项"大思政课"建设试点项目144项,遴选第二批省级重点马院及培育单位27家,组织召开全省教育系统"大思政课"建设推进会,加速形成"大思政课"一体化育人格局。浐灞生态区与西北大学合作,成立"陕西首个课后服务实践共同体"、全市开发区首个教育科学研究中心、全市首个区级劳动教育和首个美育研究中心、全市首个思政课建设指导中心和全市首个"小学思政课学科工作站云平台"。4月,华中师范大学陶行知国际研究中心"生活—实践"教育实验学校授牌仪式在西安国际港务区实验小学举行,授牌仪式后进行了"新丝路未来教育港"劳动教育实践基地参观。7月,陕西省学位与研究生教育研究中心揭牌仪式在西北工业大学举行。

（2）结合各地各校特色探索"大思政课"育人模式

2022年,西安市新城区教育创新打造了"12345"大思政工作体系,并以"后宰门区域"丰富的红色资源为切入点,联合西安文理学院马克思主义学院在后宰门区域共同打造形成"1+3+3"（即西安文理学院马克思主义学院+89中学、汇知中学、爱知中学+后宰门小学、育英小学、新知小学）大中小学思政课一体化推进模式。在各学校层面,西安高新实验小学实施制度与执行有机结合、教研与课堂有机结合、学科与生活有机结合、内调与外引有机结合的"四结合"管理体系。灞桥区纺织城小学构建涵盖新课堂、新机制、新服务、新思路的"四新"体系。西安经开第一小学以"三个课堂"为抓手,设计七大课程体系,贯穿"体验、实践、迁移、应用、创新"五维目标。西安理工大学附属中小学创建森林教育、思政教育、劳动教育、传统文化教育、科技创新教育等五大校外实践教育基地,做好"大思政课"的场地保障。汉阴中学结合中央教育工作领导小组秘书组刊发推广的《汉阴县创新推动中小学思政课建设》,逐步探索出了符合本校实际的"党建+思政+德育""321"德育一体化联动机制。汉阴县恒大小学在落实"333德育作业"的基础上,探索实践班队一体化"8+6+N"家校社协同生态德育模式。

（3）开展多样主题教育活动

2022年2月，春季"开学第一课——思政课教育"活动在全市中小学中广泛开展。西安市碑林区各学校组织开展升旗仪式、理想信念教育、主题教育实践活动等"开学第一课"。碑林区雁塔路小学开展了"寻冬奥榜样，弘冬奥精神"主题活动。碑林区东厅门小学举行了"开学第一课——思政课教育"升旗仪式。子洲中学党总支牵头开展了"聚焦时政热点，关注两会话题——我心中的两会"展。雁塔区教育局于9月组织开展了"喜迎党的二十大·书记校长讲思政"专题研训活动。西北大学附属小学举行了读书月系列活动启动仪式。

（4）开展大中小学共上"大思政课"活动

2022年11月，延安中学与中国人民大学通过视频连线的方式，举办了"中国共产党创办的第一所中学与第一所大学联学党的二十大精神"主题活动，两所学校还启动了建设大中小学思想政治教育一体化红色育人资源平台、实践育人示范基地和班团集体结对项目。此外，延安中学还充分挖掘红色资源，开拓第二课堂，近年来形成了表演红色短剧、朗诵红色诗文、红色远足等形式多样的"大思政课"。

8. 甘肃省

2022年，陇南市深入中小学校开展思想政治理论课"大调研"活动，并根据调研报告所反映的问题，制定出台陇南市全面推进"大思政课"建设工作方案、中小学德育工作和思政课融合一体发展实施方案。

9. 宁夏回族自治区

2022年，宁夏回族自治区一方面通过德智体美劳全面培育，完善"大思政课"建设。宁夏回族自治区连续举办了17届校园文化艺术节、"中华经典诵读"、中小学生田径运动会，开展"最美乡村教师""新时代好少年""劳动之星"评选等活动。4月，全区中小学、幼儿园开展了"树牢总体国家安全观，感悟新时代国家安全成就，为迎接党的二十大胜利召开营造良好氛围"主题思政教育活动。此外，宁夏回族自治区还充分发挥社会中"思政课教师"的作用，将党代表、五四先进个人、退伍老兵等请进课堂讲思政，开展"喜迎二十大、奋进新征程、上好思政课"研磨活动；并邀请全区高校思政课特聘教授、自治区党校党史党建教研部王琼主任，录制以"谱写壮丽篇章，强国复兴有我——深入学习理解自治区第十三次党代会精神"为主题的"空中思政课"。

（四）东北地区

从全国范围内看,东北地区三省的"大思政课"实践活动开展较为广泛与丰富。其中,以辽宁省的"大思政课"实践建设为典型,体现出深刻内涵挖掘与多样形式创新的双重探索。

1. 黑龙江省

（1）扎实推进领导干部进校园宣讲二十大精神活动

2022 年 4 月,黑龙江省广泛开展领导干部进校园宣讲活动。黑龙江省委常委、副省长王一新以"中国式现代化推进中华民族伟大复兴"为题,到齐齐哈尔医学院宣讲党的二十大精神;省委常委、省纪委书记、省监委主任张巍到哈尔滨音乐学院宣讲党的二十大精神;省委副书记、省长胡昌升到哈尔滨工程大学宣讲党的二十大精神;省委副书记王志军到东北农业大学,以"认真学习宣传贯彻党的二十大精神,坚决扛起维护国家粮食安全的重大政治责任"为题讲授思政课;省委常委、统战部部长、省政协党组副书记徐建国到黑龙江科技大学以"汇聚青春力量,勇攀科技高峰"为题宣讲党的二十大精神。此外,11 月,黑龙江省全省教育系统举办了学习宣传贯彻党的二十大精神宣讲团集体备课,也是其推进贯彻与落实二十大精神的重要举措。

（2）广泛开展"开学第一课"主题活动

2022 年 3 月,在省教育厅的统一部署下,各地中小学校以"青春正当时,一起向未来"为主题,积极组织开展"开学第一课"活动,组织开展"开好第一堂思政课、开好一次主题班(团、队)会课、开好一次志愿服务课、开好一次心理健康课、开好一次劳动教育课、开好一次安全教育课、开好一次家庭教育课"等"七个一"活动。哈尔滨市中小学校"开学第一课"引入冬奥元素、女足精神、雷锋精神。齐齐哈尔市中小学校通过文艺演出、绘画剪纸、诗词朗诵、红歌新唱、演讲比赛、社会实践、升旗仪式、公益劳动、家教讲堂等形式开展丰富多彩教育活动。牡丹江市中小学校紧密结合党史学习教育成果、北京冬奥会、中国女足亚洲杯夺冠等开展"大思政课"活动。大庆市中小学校围绕北京冬奥会、疫情防控、护佑安全、心理健康等内容,开展"走红毯"开学礼、送竹子祝福新学期活动,将爱党、爱国、爱家乡教育,融入开学第一课。鸡西市中小学校开展线上升旗仪式,开好线上思政课、心理健康教育课、安全教育课和劳动教育课。七台河市以学习"冬奥运动精神""女足精神"作为开学第一课。鹤岗市中小学校统筹安排爱国主义教育、理想信念教育、法制安全教育、身心健康教育、防疫知识教育和家庭教育的系列活动。伊春市中小学校通过升旗仪式、主题班会、公众号开学温馨提示等形式，围绕疫情防控、心理健康、冬奥精神、交通安全、师德师风等方面上好"开学第一课"。绥化市中小学校以主题班会、升旗仪式等多种方式教育学生。双鸭山市中小学校举办升旗仪式，召开弘扬雷锋精神、传承红色基因"筑梦冬奥会，一起向未来"主题班队会，以"传承红色基因，争做时代新人"为主题开展思政教育，师生共同学习龙江"四大精神"。大兴安岭地区中小学以北京冬奥、安全、劳动、家庭教育为主题，开展"温暖开学季，领跑新学期""开学第一课，传承奥运精神""开学第一课，安全童行"等丰富多彩的活动。

（3）用好媒体渠道，开展"大思政课"主题教育活动

2022年9月，由黑龙江省教育厅主办的"全省中小学教师共上一堂思政课"在全省13个地市同步开展。同月，由省委宣传部指导，省委教育工作委员会、黑龙江广播电视台联合主办，黑龙江高校广播承办的大型青年学生思政全媒体项目《青春向未来》在哈尔滨体育学院启动。10月，由辽宁省教育厅、吉林省教育厅、黑龙江省教育厅、内蒙古自治区教育厅联合举办的"青春心向党、奋进新征程"大型文艺汇演在黑龙江文体频道播出。12月，以"龙江冰雪助力冬奥，艺体融合共育新人"为主题的迎冬奥·全国冰雪体育产业高质量发展论坛暨银色冰雪·龙江艺术大讲堂"从冰天雪地到金山银山"第二讲活动成功举办。

2. 吉林省

（1）积极探索思政课的"微课""云课""艺术课堂"新形式

2022年疫情期间，吉林省教育厅集结省内小初高大四个学段的优秀教师，录制了大中小学一体化系列战"疫"思政微课。3月，长春师范大学开展"青春战'疫'"思政微课堂教学活动。在"云课堂"建设方面，全省高校师生通过多种方式收看学习了2021—2022学年度第二学期"奋斗有我，一起向未来"全省高校思政课"开学第一课"；长春理工大学"同上一堂战'疫'思政大课"在直播平台开讲；4月，全省高校"青春战疫——手拉手同上一堂思政大课"在云端开讲。此外，吉林高校还通过音乐会等形式丰富"大思政课"。12月，吉林省图书馆音乐厅举行了"《祖国·长城》二胡作品音乐会暨长春大学2022年新年音乐会"，开展党史学习教育的"大思政课"。

（2）积极推进领导干部讲"思政课"活动

2022 年,吉林省积极推进领导干部进校园讲"思政课"活动。明仁小学党总支书记、校长周文清在升旗仪式上以"心怀梦想向未来"为主题为全校师生上了本学期"思政第一课"。长春医学高等专科学校思政部组织行思学社成员召开"学思践悟二十大"党的二十大精神学习交流会,学校党委书记杜影为同学们开展题为"做担当时代大任好青年"的二十大精神宣讲。

3. 辽宁省

（1）多样化主题的"大思政课"活动

辽宁省作为抗日战争起始地、解放战争转折地、新中国国歌素材地、抗美援朝出征地、共和国工业奠基地和雷锋精神发祥地,具有多重历史战略意义,其"大思政课"建设充分凸显了其地域特色。2022 年 3 月,辽宁省委教育工委、省教育厅组织全省大中小学开展以"一起向未来"为主题的 2022 年春季"开学第一课"活动①,各地各校以线上线下相结合等方式开展班会课、思政课、文体课、优良家风传承课、学雷锋志愿服务实践课活动。同月,省委教育工委、省教育厅在抚顺举行 2022 年辽宁省大中小学"传承雷锋精神,赓续红色血脉"学雷锋活动启动仪式,会议介绍了《2022 年辽宁省教育系统学雷锋活动实施方案》②,为辽宁省雷锋精神融入大中小学思想政治教育一体化建设联盟揭牌,本次启动仪式正式拉开了 2022 年全省大中小学学雷锋活动的序幕。4月,在清明节来临之际,中国医科大学组织开展"致敬·无语良师"线上缅怀纪念活动。在第七个全民国家安全教育日,中共辽宁省委教育工委、省教育厅组织全省教育系统开展"4·15"全民国家安全教育日宣传教育活动。

此外,多样化主题还表现在将探索抗疫精神、雷锋精神以及东北抗联精神等精神融入"大思政课"。首先,在抗疫精神方面,辽宁省委教育工委、省教育厅印发《关于组织全省高校开展伟大抗疫精神融入思想政治理论课教学活动的通知》,积极开展伟大抗疫精神融入高校思政课教学活动。辽宁大学校党委书记周浩波以弘扬伟大抗疫精

---

① 辽宁省教育厅.500 余万学生返校开学! 辽宁省大中小学开展"一起向未来"2022 年春季"开学第一课"活动［EB/OL］.（2022－03－02）［2023－05－25］. https://jyt. ln. gov. cn/jyt/jyzx/jyyw/D03D8A72FBC5405D8140FEF262963AB2/index.shtml.

② 中国教育新闻网.2022 年辽宁大中小学学雷锋活动启动［EB/OL］.（2022－03－05）［2023－05－25］. https://baijiahao.baidu.com/s?id=1726429721018249201&wfr=spider&for=pc.

神为切入点,开展同上一堂伟大抗疫精神思政课教学活动;辽宁师范大学组织青年学生走进云端思政会客厅,开展"致敬·传承"抗疫故事分享会、"重温入团誓词,弘扬抗疫精神""战疫有我,青春担当"主题倡议及志愿服务等活动;大连理工大学组织领导干部讲好"请党放心,强国有我"等抗疫思政课;辽宁轻工职业学院党委书记王运河以详实的数据和生动的案例,在线为近千名师生讲授主题为"弘扬伟大抗疫精神,展现青春使命担当"的思政大课;沈阳航空航天大学党委书记翟文豹以"同心同向同行,打赢疫情防控人民战争"为题,将伟大的抗疫精神融入"形势与政策"课教学活动,通过云端互联万名师生的形式,扩大了课程教学的现实影响;沈阳建筑大学党委书记董玉宽以"弘扬伟大抗疫精神,凝聚奋进前行力量"为题讲授专题思政课;渤海大学领导班子成员围绕人民至上、生命至上的价值理念,为学生讲授思政课。其次,在东北抗联精神融入"大思政课"方面,6月,辽宁省委宣传部举行新闻发布会,介绍辽宁省传承弘扬东北抗联精神有关情况。此外辽宁省还开展了主题采访活动,组织制作东北抗联精神文献纪录片、宣传片,充分发挥媒体融合优势,利用各类社会宣传阵地,广泛宣传东北抗联精神。

（2）以网络、艺术、大众传媒为载体,丰富"大思政课"育人形式

在网络载体的运用方面,2022年辽宁省内各大中小学通过组织线上云游览各地红色纪念馆、探索"云升旗"仪式新形式、线上献花祭扫烈士陵园、H5互动献花"云祭奠"、"云扫墓"等方式,开展"大思政课"。沈阳市和平区和平一校长白岛二分校、大连市西岗区水仙小学探索"云升旗"仪式,鞍山市第八中学通过"云祭奠""云诗会"等形式缅怀先烈;阜新市新北小学组织开展"折菊寄哀思"讲述革命先烈故事,绘制手抄报,放飞"风筝"缅怀革命先烈等系列主题教育活动;中国医科大学组织开展"致敬·无语良师"线上缅怀纪念活动,感悟医学事业的使命担当;中国刑事警察学院组织开展H5"云献花"、观看"云诗会"、发布"云讨论"、视频"云缅怀"、书画"云展示"、学子"云致敬"等六项活动,教育引导学生学习公安英烈精神。此外,辽宁大学组织开展红色主题宣讲交流会,由"青年新语"红色理论宣讲团成员做系列宣讲;大连职业技术学院（大连开放大学）与大连市烈士陵园共同举办了"网上祭英烈"主题教育活动;辽宁科技大学组织全校500余个团支部采用线上线下相结合的形式广泛开展主题团日活动;本溪市第三十四中组织学生学习中国十大抗疫英雄人物,通过朗诵英雄诗歌、讲先烈英雄故事的形式,颂革命先辈,思抗疫英烈;盘锦市魏书生中学组织召开"传红色基因,

云端祭英烈"主题班会;沈阳工程学院举办"以声传情,致敬英雄"线上朗诵会、"珍爱健康,珍惜生命"寝室微团课;辽宁工程技术大学组织开展"云端祭英烈"主题宣讲、理论学习大课堂、红色电影周、战"疫"诗会;渤海大学组织开展"网上祭先烈""线上云参观""书信托哀思""青马学事迹""青年诵家书"等一系列特色活动;辽宁石油化工大学组织学生观看"'永恒的精神丰碑'——百名党员解读百座丰碑"系列活动视频,学习《英雄烈士保护法》,开展线上答题,邀请抗美援朝老战士孙德山共同参加线上活动;沈阳科技学院结合清明节开展专题思政课,全校开展了400多场线上英烈故事分享会。在艺术载体方面,6月,由中共辽宁省委教育工委、辽宁省教育厅主办,大连艺术学院承办的原创大型舞台思政剧《辽宁之歌》在辽宁大连上演。10月,由辽宁省教育厅、吉林省教育厅、黑龙江省教育厅、内蒙古自治区教育厅联合主办,沈阳音乐学院承办的"青春心向党,奋进新征程"首届东北三省一区教育系统文艺汇演正式播出,节目以声乐演唱、器乐演奏、舞蹈表演、戏剧表演、情景朗诵等艺术方式拓展了"大思政课"的呈现形式。在传媒载体方面,辽宁大学马克思主义学院思想政治教育党支部通过新颖多样的形式,打造了"思政新媒体项目",借助哔哩哔哩、喜马拉雅、教学大赛直播等平台,构建"网络景观",建立主题教育微课堂、微讲座、微党课,做到党员教育全覆盖。

附　录

一、中　央　政　策

（一）中共中央关于改革学校思想品德和政治理论课程教学的通知（中发〔1985〕18号）

链接：教育部社会科学司.普通高校思想政治理论课文献选编（1949－2008）

〔G〕.北京：中国人民大学出版社,2008：106－108.

（二）中共中央关于进一步加强和改进学校德育工作的若干意见

链接：何东昌.中华人民共和国重要教育文献〔G〕.海口：海南出版社,1998：
3685－3688.

（三）教育部关于印发《普通高中思想政治课程标准（实验）》的通知（教基〔2004〕5号）

链接：http://www.moe.gov.cn/srcsite/A26/s8001/200403/t20040302＿167352.
html?from＝timeline&isappinstalled＝0.

（四）教育部关于整体规划大中小学德育体系的意见（教社政〔2005〕11号）

链接：http://www.moe.gov.cn/s78/A12/s7060/201007/t20100719_179051.html.

（五）国家中长期教育改革和发展规划纲要（2010—2020年）

链接：http://www.moe.gov.cn/jyb＿xwfb/s6052/moe＿838/201008/t20100802＿
93704.html.

（六）中共中央办公厅、国务院办公厅印发《关于深化教育体制机制改革的意见》

链接：http://www.gov.cn/xinwen/2017－09/24/content_5227267.htm.

（七）习近平：思政课是落实立德树人根本任务的关键课程

链接：http://www.gov.cn/xinwen/2020－08/31/content_5538760.htm.

（八）中共中央办公厅、国务院办公厅印发《关于深化新时代学校思想政治理论课改革
创新的若干意见》（中办发〔2019〕47号）

链接：http://www.gov.cn/gongbao/content/2019/content_5425326.htm?ivk＿sa＝
1023197a.

（九）教育部等五部门印发《关于加强新时代中小学思想政治理论课教师队伍建设的

意见》的通知（教师函〔2019〕8号）

链接：http://www.moe.gov.cn/srcsite/A10/s7034/201910/t20191012_403012.html.

（十）教育部办公厅关于成立教育部大中小学思政课一体化建设指导委员会的通知（教社科厅函〔2020〕17号）

链接：http://www.moe.gov.cn/srcsite/A13/moe_772/202012/t20201216_505813.html.

（十一）中共中央宣传部、教育部关于印发《新时代学校思想政治理论课改革创新实施方案》的通知（教材〔2020〕6号）

链接：http://www.gov.cn/zhengce/zhengceku/2021-01/01/content_5576046.htm.

（十二）教育部办公厅关于印发《教育部大中小学思政课一体化建设指导委员会章程》的通知（教社科厅函〔2021〕21号）

链接：http://www.moe.gov.cn/srcsite/A13/moe_772/202112/t20211210_586349.html.

（十三）教育部等十部门关于印发《全面推进"大思政课"建设的工作方案》的通知（教社科〔2022〕3号）

链接：http://www.gov.cn/zhengce/zhengceku/2022-08/24/content_5706623.htm.

（十四）习近平：高举中国特色社会主义伟大旗帜　为全面建设社会主义现代化国家而团结奋斗——在中国共产党第二十次全国代表大会上的报告

链接：http://www.gov.cn/xinwen/2022-10/25/content_5721685.htm.

（十五）教育部关于进一步加强新时代中小学思政课建设的意见（教基〔2022〕5号）

链接：http://www.moe.gov.cn/srcsite/A06/s3325/202211/t20221110_983146.html.

（十六）教育部办公厅关于开展大中小学思政课一体化共同体建设的通知（教社科厅函〔2022〕49号）

链接：http://www.moe.gov.cn/srcsite/A13/moe_772/202301/t20230109_1038750.html?eqid=97ca45f30000458200000006642b8b76.

二、区 域 政 策

（一）山东省教育厅关于印发《山东省中小学德育课程一体化实施指导纲要》的通知
（鲁教基发〔2016〕2 号）

链接：http://edu.shandong.gov.cn/art/2016/5/25/art_11990_7738554.html.

（二）天津市委教育工委、市教委关于印发《深化新时代天津学校思想政治教育一体化
建设的若干举措》的通知（津教党〔2019〕43 号）

链接：https://jy.tj.gov.cn/ZWGK_52172/DWXX2809/202007/t20200710_2798549.html.

（三）关于印发《关于加强新时代吉林省中小学思想政治理论课教师队伍建设的实施
办法》的通知（吉教工委联〔2020〕4 号）

链接：http://jyt.jl.gov.cn/zwgk/wjtz/jcjy/202012/t20201224_7844150.html.

（四）印发《关于加快构建吉林省大中小学思政课一体化建设工作机制的意见（试
行）》的通知（吉教工委思政〔2020〕17 号）

链接：http://xxgk.jl.gov.cn/zcbm/fgw_97963/xxgkmlqy/202012/t20201228_7854005.html.

（五）广西壮族自治区教育厅关于成立第一届全区大中小学思政课一体化建设指导委员
会的通知

链接：http://jyt.gxzf.gov.cn/zfxxgk/fdzdgknr/tzgg_58179/t7701980.shtml.

（六）内蒙古自治区教育厅关于成立全区中小学思想政治（道德与法治）教学指导委
员会、高校思想政治理论课教学指导委员会和大中小学思政课一体化建设指导
委员会的通知（内教学工函〔2021〕10 号）

链接：https://jyt.nmg.gov.cn/zfxxgk/fdzdgknr/bmwj/202111/t20211123_1957635.html.

（七）北京市委教育工委、市教委印发《北京市大中小幼一体化德育体系建设指导纲
要》（京教工〔2021〕49 号）

链接：https://www.beijing.gov.cn/ywdt/gzdt/202108/t20210816_2468717.html.

（八）中共河南省委高校工委、河南省教育厅关于推进大中小学思政课一体化建设的

实施意见（教思政〔2021〕425 号）

链接：http://jyt.henan.gov.cn/2021/12－02/2358343.html.

（九）广东省教育厅印发《统筹推进大中小学思想政治理论课一体化建设的工作措施（试行）》

链接：http://edu.gd.gov.cn/jyzxnew/gdjyxw/content/post_3720142.html.

（十）中共福建省委教育工委关于成立福建省大中小学思政课一体化建设指导委员会的通知（闽委教思〔2022〕12 号）

链接：http://jyt.fujian.gov.cn/xxgk/zfxxgkzl/zfxxgkml/zcwj/202206/t20220614_5929240.htm.

（十一）辽宁省委教育工委、省教育厅印发《辽宁省进一步推进大中小学思政课一体化建设的若干举措》

链接：https://mp.weixin.qq.com/s/O4bmimCkTYLHeirzfWjHsg.

（十二）中共山西省委教育工作委员会、山西省教育厅关于成立山西省大中小学思政课一体化建设指导委员会的通知（晋教政函〔2022〕19 号）

链接：http://jyt.shanxi.gov.cn/sjytxxgk/xxgkml/jytwj/202208/t20220817_6954870.html.

（十三）中共上海市教育卫生工作委员会等 12 部门关于印发《上海市"大思政课"建设综合改革试验区实施方案》的通知（沪教委德〔2023〕3 号）

链接：http://edu.sh.gov.cn/xxgk2_zdgz_xxdy_02/20230303/ef76d667aa834853a317256b5b5bdbc5.html.

（十四）北京市教育委员会关于做好 2023 年北京职业院校思想政治和德育重点工作的通知（京教职成〔2023〕2 号）

链接：http://jw.beijing.gov.cn/xxgk/zfxxgkml/zfgkzcwj/zcqtwj/202304/t20230404_2974602.html.

（十五）中共福建省委宣传部、中共福建省委教育工委关于印发《"行见八闽"大思政课研学实践圈试点建设工作方案》的通知（闽委教思〔2023〕5 号）

链接：http://jyt.fujian.gov.cn/xxgk/zywj/202304/t20230406_6144849.htm.

（十六）江苏省教育厅、省委宣传部关于印发《江苏省全面推进大中小学思政课一体化建设实施意见》的通知（苏教社政〔2023〕2 号）

链接：http://www.jsenews.com/news/tt/202304/t20230428_7921179.shtml.

主要参考文献

著作及汇编

1. 中共中央马克思恩格斯列宁斯大林著作编译局.马克思恩格斯选集(第4卷)[M].北京：人民出版社,1995.

2. 中共中央马克思恩格斯列宁斯大林著作编译局.马克思恩格斯文集(第一卷)[M].北京：人民出版社,2009.

3. 中共中央马克思恩格斯列宁斯大林著作编译局.马克思恩格斯文集(第三卷)[M].北京：人民出版社,2009.

4. 中共中央马克思恩格斯列宁斯大林著作编译局.马克思恩格斯全集(第46卷)(上)[M].北京：人民出版社,1979.

5. 习近平.高举中国特色社会主义伟大旗帜为全面建设社会主义现代化国家而团结奋斗——在中国共产党第二十次全国代表大会上的报告[M].北京：人民出版社,2022.

6. 习近平.思政课是落实立德树人根本任务的关键课程[M].北京：人民出版社,2020.

7. 习近平.习近平谈治国理政(第二卷)[M].北京：外文出版社,2017.

8. 孙旭.马克思主义的知行观：《实践论》解读[M].北京：现代出版社,2016.

9. 总政治部宣传部.马克思主义原理教学原理[M].北京：总政治部宣传部,1994.

10. 关于深化新时代学校思想政治理论课改革创新的若干意见[M].北京：人民出版社,2019.

11. 伊曼努尔·康德.论教育学[M].赵鹏,何兆武,译.上海：上海人民出版社,2005.

12. 中共中央编译局.马克思恩格斯列宁哲学论述摘编(党员干部读本)[M].北京：中央编译出版社,2019.

13. 柯尔伯格.道德教育的哲学[M].魏贤超,柯森,等,译.杭州：浙江教育出版社,2000.

14. 何东昌.中华人民共和国重要教育文献[M].海口：海南出版社,1998.

15. 孙杰远,叶蓓蓓.有效教学的设计原理、策略与评价[M].北京：教育科学出版社,2013.

16. 林金辉.潘懋元高等教育思想[M].广州：广东高等教育出版社,2010.

17. 吴文侃.比较教学论[M].北京：人民教育出版社,1996.

18. 南京师范大学教育系.教育学［M］.北京：人民教育出版社,2008.

19. 许瑞芳.新时代大中小学思政课一体化建设［M］.上海：华东师范大学出版社,
    2021.

20. 教育部思想政治工作司.大学生思想政治教育理论与实践［M］.北京：高等教育出
    版社,2009.

21. 邱伟光.思想政治教育学概论［M］.天津：天津人民出版社,1988.

22. 陈秉公.思想政治教育学［M］.长春：吉林大学出版社,1992.

23. 姜正国.思想政治教育环境论［M］.长沙：湖南师范大学出版社,1999.

24. 张耀灿,郑永廷,吴潜涛,等.现代思想政治教育学［M］.北京：人民出版社,2006.

25. 恩格斯.《路德维希·费尔巴哈和德国古典哲学的终结》浅释［M］.太原：山西人民
    出版社,1974.

26. 李建平.思想政治理论课改革衔接：以大、中学校衔接为例［M］.北京：社会科学文
    献出版社,2009.

27. 教育部社会科学司.普通高校思想政治理论课文献选编（1949—2008）［M］.北京：
    中国人民大学出版社,2008.

28. 沈壮海.新编思想政治教育学原理［M］.北京：中国人民大学出版社,2022.

29. 蔡永生.马克思主义哲学原理［M］.北京：高等教育出版社,2003.

30. 赵宇,陈先奎.政治理论马克思主义基本原理（哲学、政经）重难点分析［M］.北京：
    新华出版社,2008.

期刊论文

1. 吕师文.推进大中小学思政课一体化建设若干思考［J］.品位·经典,2022（06）：
   144－147.

2. 肖霞.大中小学思政课一体化建设的四维探析［J］.中学政治教学参考,2022（31）：
   6－8.

3. 夏益娴.大中小学思想政治理论课一体化体系建构研究［J］.教育评论,2022（01）：
   107－114.

4. 吴亚辉,田凯妮.大中小学思政课一体化的内在意蕴与实践路径［J］.思想政治课研
   究,2022（02）：155－163.

5. 周麟,龚超.大中小学思政课一体化建构的哲学审思[J].湖北社会科学,2022(12):152-159.

6. 漆新贵,漆沫沙.论推进大中小学思政课一体化建设[J].中学政治教学参考,2022(28):58-61.

7. 蔡亮,赵梦天.大中小学思政课一体化育人实效性探析[J].学校党建与思想教育,2022(18):39-42.

8. 徐建飞,董静.大中小学思想政治理论课一体化建设:内涵逻辑、实践困囿与优化方略[J].社会主义核心价值观研究,2022(04):78-88.

9. 陈磊,徐秦法.大中小学思政课一体化建设的"段间规律"探寻[J].中国大学教学,2022(06):60-65.

10. 凌小萍.大中小学思政课一体化建设的实践困境与突破路径[J].贵州师范大学学报(社会科学版),2022(03):11-20.

11. 栾淳钰.大中小学思政课"学教评"一体化[J].思想政治课教学,2022(05):18-21.

12. 张莉,徐国锋,吴涯.思政课教材内容纵向一体化衔接的问题分析[J].中学政治教学参考,2022(39):52-55.

13. 徐秦法,黄俞静.纵向衔接:构建"链条式"大中小学思政课一体化课程内容体系[J].思想理论教育导刊,2022(02):122-127.

14. 陈亮,柏鑫,李红梅.大中小学思政课教材一体化建设回顾与展望[J].中学政治教学参考,2022(15):74-78.

15. 高玉贤.中小学思政课一体化集体备课实践[J].思想政治课教学,2022(07):22-25.

16. 胡中月.思政课教学话语的一体化建设[J].思想政治课教学,2022(11):22-26.

17. 马令存.思政课一体化建设中的教师沟通机制[J].中学政治教学参考,2022(17):15-17.

18. 徐秦法,黄冰凤.以"三个协同"推进大中小学思政课教师队伍一体化建设[J].思想政治教育研究,2022(02):7-13.

19. 熊晓琳,李国庆.大中小学思政课一体化的系统衔接机制论析[J].中国德育,2022(10):20-23.

20. 谢春风.教师视域下大中小学思政课一体化教学衔接机制建设的实证分析[J].中

国高等教育,2022(19)：26－28.

21. 石书臣.推进大中小学思政课一体化建设的理念与路径[J].学校党建与思想教育,
    2022(01)：27－31,45.

22. 郭绍均.统筹推进新时代大中小学思政课一体化建设的理念及路径探究[J].课
    程·教材·教法,2022(07)：90－95.

23. 胡启明,洪润文.系统论思维与大中小学思政课一体化建设[J].中学政治教学参
    考,2022(07)：48－50.

24. 李娟,李站稳.对大中小学思政课一体化建设的哲学思考[J].中学政治教学参考,
    2022(48)：30－32.

25. 丁义浩,王星儿,王刚.推进大中小学思政课一体化建设的实现路向分析[J].中国
    高等教育,2022(21)：32－34.

26. 林子赛,夏净.地方红色资源赋能思政课一体化建设逻辑[J].中学政治教学参考,
    2022(36)：57－60.

27. 周军海.基于地方红色文化资源融合的大中小学思政课一体化建设——以浙江蚂
    蚁岛精神为例[J].中学政治教学参考,2022(27)：70－72.

28. 秦专松.红军文化资源在大中小学思政课一体化教学中的运用[J].老区建设,2022
    (17)：72－80.

29. 漆调兰.甘肃红色文化资源融入思政课的若干思考[J].中学政治教学参考,2022
    (04)：72－75.

30. 颜雨萱,付晓男.论中华优秀传统文化融入大中小学思政课一体化建设[J].中学政
    治教学参考,2022(23)：48－50.

31. 胡邦霞,黄梦溢.以优秀传统文化助推思政课一体化建设[J].中学政治教学参考,
    2022(14)：50－52.

32. 杨立冬,周江.初高中思政课内容一体化建设的原则与途径[J].中学政治教学参
    考,2022(07)：45－47.

33. 陈美兰,周婷."大思政"视角下大中小学思政课内容整合的困境与路径[J].中学政
    治教学参考,2022(05)：13－15.

34. 曾玉梅.大中小学思政课教师队伍一体化建设研究[J].中学政治教学参考,2022
    (01)：16－17.

35. 许瑞芳,纪晨毓."大思政课"视域下思想政治理论课教学的社会生活省思[J].思想教育研究,2022(04):104－109.

36. 裴艳庆.大中小一体化背景下思政课教师教学情况研究[J].国家通用语言文字教学与研究,2022(08):128－130.

37. 李馨宇,赵峻敏.大中小学思政课一体化建设的现实困境与基本路向[J].沈阳师范大学学报(社会科学版),2022(01):7－12.

38. 姚淑娟.培育"四有"教师,助推大中小学思政课一体化建设[J].中学政治教学参考,2022(06):73－75.

39. 任红霞."互联网＋"背景下大中小学思政课一体化建设研究[J].公关世界,2022(04):122－123.

40. 程静.大中小学思政课一体化网络教学体系建设的价值理念与实现路径[J].西华师范大学学报(哲学社会科学版),2023(05):1－8.

41. 罗哲,冯野林.基于网络平台的大中小学思政课一体化备课机制与策略[J].教育科学论坛,2022(30):23－27.

42. 常婧.破立并举　内外联动:以"大思政课"推动构建一体化育人大格局[J].中共青岛市委党校.青岛行政学院学报,2022(05):15－20.

43. 贾支正,张钰.系统论视域下大中小学思政课一体化建设探析[J].系统科学学报,2023(03):116－120.

44. 宋志强,仲计水,和向东.大中小学思政课一体化建设的三个着力点——以北京市朝阳区大中小学思政课一体化建设协同创新中心的探索为例[J].北京教育(高教),2022(12):82－84.

45. 王翔宇.推进"双贯通"　激活思政课[J].中国德育,2022(04):60－63.

46. 万顺.社会治理视域下的北京市思政课大中小一体化建设[J].北京教育(普教版),2022(03):20－23.

47. 李忆华,张俊波.大学与中学思政课教学一体化建设的困境与破解——基于我国湘南地区大学与中学的调查[J].未来与发展,2022(12):107－112.

48. 高世吉,赵庶吏.北京市高职院校思想政治理论课现状调研[J].中国职业技术教育,2022(11):87－91.

49. 那琛,张必发."同异"之间:初高中思政课一体化的思考与实践——以"基本经济制度"一框为例[J].中学政治教学参考,2022(02)：35－37.

50. 张成尧.循序渐进与螺旋上升：大中小幼思政课一体化研究——以辽宁省大中小学思政课一体化建设现场课为例[J].中共太原市委党校学报,2022(06)：71－74.

51. 冷兰兰,刘衡.大中小学思政课一体化的逻辑建构——以《马克思主义基本原理》为例[J].衡阳师范学院学报,2022(02)：142－148.

52. 赵萍."大思政课"背景下大中小学思政课一体化建设研究[J].秦智,2022(10)：73－75.

53. 代海林,刘婵婵.伟大建党精神何以融入思政课一体化教学[J].中学政治教学参考,2022(09)：7－9.

54. 潘柳燕,覃承凤.伟大建党精神融入大中小学思政课一体化教学探究[J].学校党建与思想教育,2022(10)：49－52.

55. 张志丹,郭相震.沂蒙精神融入大中小学思政课一体化教学研究[J].思想政治教育研究,2022(06)：106－113.

56. 李仙娥,施英楠.三线精神融入大中小学思政课一体化的场馆育人模式探析[J].学校党建与思想教育,2022(11)：75－77.

57. 刘明.六条教育教学规律探索[J].广西教育,2019(44)：60－62,65.

58. 王楠.基于发展心理学的大中小学思想政治理论课一体化建设研究[J].广西教育,2022(27)：18.

59. 郭婷.浅谈埃里克森的人格发展阶段理论[J].理论导报,2010(06)：26－27.

60. 陈万柏.关于思想政治教育过程规律的再思考[J].华中师范大学学报（人文社会科学版）,2001(02)：37－39.

61. 王易,宋健林.试论思想政治教育的基本规律[J].教学与研究,2019(12)：59－67.

62. 石书臣,韩笑."大思政课"协同机制建设：问题与策略[J].学科与课程建设,2022(06)：71－76.

63. 寇晓燕.基于协同理论的大中小学思政课一体化建设研究[J].大连教育学院学报,2023(01)：69－72.

64. 邢晨,康立娟,刘朝华,刘云鹤,王芳.沧州市大中小学思政课教师协同备课机制的构建[J].沧州师范学院学报,2022(04)：99－101.

65. 师乐,蒋冬双.大中小学思政课一体化的机制建构[J].湖北师范大学学报（哲学社会科学版),2023(01):95-100.

66. 闫彩虹,李玲.大中小学思政课衔接机制探析[J].南京开放大学学报,2022(03):
1-8.

67. 刘峰.新时代大中小思政课一体化建设长效机制研究[J].教育理论与实践,2023
(09):46-49.

68. 徐秦法,张肖.破立并举:大中小学思政课一体化评价的理性审思[J].江苏高教,
2011(09):81-85.

69. 闫长丽,刘福军."大思政课"协同机制构建探析[J].北京教育(德育),2022(12):
38-43.

70. 刘先春,佟玲.系统论视域下"大思政课"建设的多维分析[J].思想政治教育研究,
2022(06):114-120.

71. 唐蕾,陈英,杨静.党史学习教育融入大中小学思政课一体化路径探析[J].西昌学
院学报(社会科学版),2023(03):48-53.

72. 翟丽,齐廷廷.利用中华优秀传统文化资源 助力大中小学思政课一体化[J].黑龙
江教育(教育与教学),2022(10):47-49.

73. 马福运,张迪.大中小学思政课一体化建设的几个关键问题[J].课程·教材·教
法,2022(12):14-20.

74. 丁帅,陈旻.大中小学思想政治理论课课程内容一体化面临的问题及破解路径[J].
思想教育研究,2022(10):131-137.

75. 许家烨.大中小学思想政治理论课教材一体化建设:逻辑、问题与对策[J].思想教
育研究,2022(02):113-118.

76. 贾丽民,宋小芳.新时代大中小学思政课一体化建设应正确处理的几对关系[J].思
想理论教育导刊,2022(01):101-105.

77. 吴晓云,李珍琦.论大中小学思政课一体化建设的课程观创新[J].中国教育学刊,
2022(11):43-48.

78. 刘嘉圣,刘晞平.论统筹推进大中小学思政课一体化建设[J].中学政治教学参考,
2022(40):42-45.

79. 汪俞辰.新时代大中小学思政课一体化建设探究[J].中学政治教学参考,2022
(39):74-76.

80. 周奇，李茂春.论大中小学思政教育一体化建设[J].中学政治教学参考,2022(39)：33－36.

81. 刘凌臣.提升初高中思政课教学针对性的"八因"策略[J].中学政治教学参考,2022(19)：83－85.

82. 王升臻.试论大中小学思政课一体化建设的时空二维融合——基于马克思社会实践时空观[J].湖北社会科学,2022(03)：162－168.

83. 胡新峰，陈麒.新时代背景下大中小学思想政治教育一体化建设研究[J].思想政治教育研究,2022(04)：75－79.

84. 梁海峰.思政课一体化建设存在的问题及其解决路径[J].中学政治教学参考,2022(21)：20－21.

85. 石芳，韩震.打牢铸魂育人根基落实核心素养培养——《义务教育道德与法治课程标准(2022年版)》解读[J].教师教育学报,2022(03)：112－117.

86. 素养导向，一体化设计道德与法治课程标准——义务教育道德与法治课程标准(2022年版)解读[J].基础教育课程,2022(09)：23－29.

87. 李晓东，李楠.义务教育道德与法治课程的新要求及教学应对——以统编教材《道德与法治》(八年级上册)为例[J].天津师范大学学报(基础教育版),2022(04)：7－13.

88. 张波，姚李红.高中和高校思政课一体化建设的多维结构性路径[J].中学政治教学参考,2022(19)：66－68.

89. 金涛.一体化视域下的高中思政课教学设计[J].思想政治课教学,2022(05)：22－24.

90. 赵军.普通高中思政课一体化建设三要点[J].中学政治教学参考,2022(31)：38－41.

91. 张丽，余晓蓉.小初高《读本》教学"交棒区"的有效衔接[J].思想政治课教学,2022(12)：14－18.

92. 王志超，许晓辉，芦科漩.党的二十大精神融入高校思想政治教育的价值意蕴与实践路径[J].和田师范专科学校学报,2022(06)：1－8.

93. 将党的二十大精神融入思政课[J].上海教育,2022(33)：6－7.

94. 杨雷.高中《读本》一体化教学探究[J].思想政治课教学,2022(04)：12－14.

95. 张宇.《读本》教学的一体化实践路径[J].思想政治课教学,2022(02):26-29.

96. 王全忠.初高中教学体系一体化建设探析——以《读本》教学为例[J].上海教育科研,2022(03):43-47.

97. 张松玲."三化"并举学《读本》[J].思想政治课教学,2022(03):50-51.

98. 欧捷,陈秀鸿.基于主题意义的《读本》一体化教学[J].思想政治课教学,2022(08):22-25.

99. 刘雅贤,王庆军.基于素养本位的《读本》一体化教学探析[J].中学政治教学参考,2022(39):48-51.

100. 卢观铤.地方党史资源融入思政课一体化建设探赜[J].中学政治教学参考,2022(31):62-64.

101. 张素敏.红旗渠精神融入大中小学思政课教学内容一体化研究[J].教育理论与实践,2022(21):43-46.

102. 邸军莲,南小青.大中小学思政课一体化背景下的文化安全教育探析[J].学校党建与思想教育,2022(02):55-57.

103. 蔡敏.劳动教育融入大中小学思政教学的实施路径[J].中学政治教学参考,2022(01):18-20.

104. 朱文芳.领悟变化精准施教——对落实《义务教育道德与法治课程标准(2022年版)》的思考[J].课程教材教学研究(教育研究),2022(Z6):12-16.

105. 杨翠英.《义务教育道德与法治课程标准(2022年版)》研读[J].课程教材教学研究(小教研究),2022(Z6):13-16.

106. 王恒富.思政课一体化教学的价值定位与应然选择——以江苏省中小学法治教育一体化主题展示为例[J].中学政治教学参考,2022(33):14-16.

107. 刘智,张超然.大中小学思政课一体化建设:价值意蕴与实践路径——基于"U-G-S"教师教育模式的视角[J].现代教育管理,2022(01):93-100.

108. 陈森霖,袁媛.统筹大中小学思政课一体化建设的价值意蕴、范式转向和实践路径[J].高校辅导员学刊,2022(02):46-50.

109. 顾红亮.用系统观念思考大中小学思政课一体化建设路径[J].北京教育(德育),2022(09):13-16.

110. 蒋建华,王锋,张宏建.构筑"鲜活、灵活、激活"的思政课一体化教学新样态[J].中国高等教育,2022(Z3)：41－42.

111. 杨奇,姚晔晋.一体化视域下"知—信—达"教学目标构建[J].中学政治教学参考,2022(25)：19－20.

112. 吕增艳,王宇.略论情感叙事在大中小学思政课一体化教学中的应用[J].东北师大学报(哲学社会科学版),2022(04)：144－149.

113. 徐秦法,赖远妮.认知能力视角下大中小学思想政治理论课一体化教学方式建设研究[J].思想教育研究,2022(03)：104－110.

114. 尹航.一体化背景下概念史研究方法在思政课教学中的应用[J].中学政治教学参考,2022(16)：51－54.

115. 徐升.《中国特色社会主义》一体化教学的衔接策略[J].思想政治课教学,2022(08)：17－21.

116. 韩同友,王管.大中小学思想政治教育一体化建设时空融合的逻辑审思[J].中国高等教育,2022(22)：30－31,58.

117. 冯刚,刘嘉圣.新时代大中小学课程思政一体化建设的内涵要素及优化路径[J].中国高等教育,2022(01)：9－11.

118. 吴佩贞,李宏亮.共同富裕的一体化教学[J].思想政治课教学,2022(05)：52－54.

119. 华战胜.中高职思政课一体化建设实践探究[J].中学政治教学参考,2022(35)：75－77.

120. 周志国,金萍女,鲍婷婷,吴志军.职业院校"双融双驱"课程思政育人路径探索——基于新时代工匠培育视角[J].职教论坛,2022(06)：114－121.

121. 李岚,赵文琪,胡洁.法治教育的小初高思政课一体化[J].思想政治课教学,2022(11)：17－21.

122. 王忠杰.一体化理念下的思政课教学策略[J].中学政治教学参考,2022(21)：25－27.

123. 王晓宇.新时代大中小学思政课一体化建设的几个着力点[J].思想理论教育导刊,2022(12)：116－120.

124. 韦继红.高校思政课教学的整体性思考[J].中学政治教学参考,2022(47)：41－43.

125. 李鑫,郑敬斌.大中小学思政课教师队伍一体化建设探析[J].学校党建与思想教育,2022(06):47-50.

126. 翟丽群,贾新文.中小学法治教育"五合一"全维建构[J].中学政治教学参考,2022
(42):9-11.

127. 段溥,刘於清.高中与大学思政课教学有效衔接探究[J].中学政治教学参考,2022
(07):36-38.

128. 杨珏.大中小学思政课一体化的生成逻辑与实践进路[J].教育学术月刊,2022
(09):105-112.

129. 黄伟良.思政课一体化建设的价值意蕴与实践指向[J].中学政治教学参考,2022
(41):18-20.

130. 柯强,徐荧松.大中小学思政课教师队伍一体化建设的路径探赜[J].学校党建与
思想教育,2022(12):58-60.

131. 曾令辉.推进大中小学思想政治理论课一体化内涵式发展的思考[J].马克思主义
理论学科研究,2022(07):113-120.

132. 何玉海.新时代思政课教师培养体制改革创新的思考[J].东北师大学报(哲学社
会科学版),2022(06):134-142.

133. 王明泉.落实"三个要"助推一体化[J].中学政治教学参考,2022(13):39-41.

134. 曾令辉.论大中小学思想政治理论课一体化建设的三个基本问题[J].思想教育研
究,2022(08):104-110.

135. 张慧,石路.高中思政课在思政课一体化建设中的中枢地位与强化[J].中学政治
教学参考,2022(15):85-88.

136. 石岩,王学俭.新时代课程思政建设的核心问题及实现路径[J].教学与研究,2021
(09):91-99.

137. 张亮,廖昀喆.我国研究生课程思政建设的形势、问题与对策——基于南京大学的
思考与实践[J].社会科学家,2021(04):150-154.

138. 席岩,张亚南.课程思政视角的专业课教学路径[J].中学政治教学参考,2021
(46):91.

139. 吴加权.高校"双创"教育课程思政建设探析[J].学校党建与思想教育,2021(24):
45-47.

140. 王鑫,饶君华,权小妍.商贸类专业课课程思政建设探索与实践——以"市场营销

基础"课程为例[J].中国职业技术教育,2021(29)：22－26.

141. 张敬源,王娜.基于价值塑造的外语课程思政教学任务设计——以《新时代明德大学英语综合教程 2》为例[J].中国外语,2021(02)：33－38.

142. 罗雅丽.课程思政与思政课程同向同行的逻辑理路[J].中学政治教学参考,2021(48)：105.

143. 韩喜平,肖杨.课程思政与思政课程协同育人的"能"与"不能"[J].思想理论教育导刊,2021(04)：131－134.

144. 马利霞,赵东海.系统思维视域下构建思政课程与课程思政协同育人体系[J].系统科学学报,2021(01)：47－50,66.

145. 倪朝辉,刘彬,贺丹等.基于教材建设及专业课程内容的课程思政一体化设计的思考与探索[J].中国免疫学杂志,2022(10)：1254－1256.

146. 赵富学,黄莉,吕钶.体育课程思政研究的热点归集、问题聚焦及未来走势[J].武汉体育学院学报,2022(05)：22－28.

147. 许瑞芳.新时代大中小学课程思政一体化的内涵、难点及进路[J].新疆师范大学学报(哲学社会科学版),2022(03)：59－68.

148. 陆道坤.新时代大中小学课程思政一体化的内涵、难点及优化路径[J].新疆师范大学学报(哲学社会科学版),2022(02)：38－48.

149. 段威,李真,赵全红.新时代中等职业学校"课程德育"探析——以烟台市为例[J].中国职业技术教育,2022(17)：55－60.

150. 张凤翠,邬志辉."三全育人"视域下高校课程思政建设研究[J].社会科学战线,2022(04)：265－270.

151. 殷世东,余萍,张旭亚.课程思政话语体系的历史演进、课程论意义及其未来路向[J].中国教育科学(中英文),2022(02)：95－106.

152. 唐东阳,龚晨."教育性教学"理论对体育课程思政的学术观照与实践指导[J].山东体育学院学报,2022(05)：69－76.

153. 张慧,石路.课程思政的功能性外溢及实现路径[J].教育理论与实践,2022(15)：19－23.

154. 胡姝,张广斌,张志勇.组织生态视阈下中小学思政课教师专业发展的困境与策略——基于 2020 年度全国中小学德育调查[J].教育科学研究,2022(08)：71－77.

155. 姜凤敏,张良,包启明.高校课程思政圈层协同模型重构研究[J].学习与探索,2022(11):82－88.

156. 李宜江.蔡元培德育观及其对立德树人落实机制的启示[J].齐鲁学刊,2022(04):82－90.

157. 高晓峰.体育课程思政的历史传承、理论内涵与实践路径[J].北京体育大学学报,2022(06):36－47.

158. 柳叶青.职业院校课程思政教学体系建设研究[J].中国职业技术教育,2022(32):38－44.

159. 楚国清,王勇.“大思政课”格局下统筹思政课程与课程思政协同育人的蝴蝶结模式[J].北京联合大学学报(人文社会科学版),2022(03):10－15.

160. 罗亚莉.思政课程与课程思政协同育人的衔接机制[J].思想理论教育导刊,2022(09):143－148.

161. 位小龙,于方方.学校体育课程思政一体化建设价值、挑战与优化策略[J].体育文化导刊,2022(02):104－110.

162. 谭红岩,孟钟捷,戴立益.大中小学课程思政一体化建设的路径分析[J].教师教育研究,2022(02):92－95.

163. 杨志成.论大中小幼一体化德育体系建设的大学担当[J].中国高等教育,2022(01):7－8,32.

164. 楚国清.以提升人才培养能力为导向的课程思政探索与实践[J].北京联合大学学报(人文社会科学版),2022(04):1－7.

165. 刘峰,姜建成.社会主义核心价值观引领课程思政建设路径刍议[J].教育理论与实践,2022(18):37－40.

166. 徐艳.一体化视域下思政课共同体建设[J].思想政治课教学,2022(12):19－22.

167. 王贤德,徐少明,乐妮妮.“双减”背景下学校德育的境遇变迁、实践困厄与超越路径[J].当代教育科学,2022(08):63－70.

168. 陈雅洁.黔西北红色资源在课程思政教学中的应用价值和传承[J].山西财经大学学报,2022(S2):121－124.

169. 王友富.“课程思政”论域下“教材思政”演进逻辑与建构策略[J].出版科学,2022(05):25－32.

170. 罗滨.北京海淀：以"大教研"专业支撑区域教育高质量发展［J］.中小学管理，2022(08)：10－13.

171. 季斌.体育课程如何发挥完整育人的优势［J］.人民教育，2022(Z2)：106－108.

172. 顾建军.建构一体化劳动课程为义务教育劳动育人奠基——《义务教育劳动课程标准（2022 年版）》解读［J］.全球教育展望，2022(07)：25－33.

173. 郑继超,董翠香,朱春山.我国高等学校体育课程思政研究：综述与展望［J］.山东体育学院学报，2022(04)：67－75.

174. 章翔."三全育人"视域下大学体育俱乐部课程思政建设的学理基础与践行路径［J］.体育学刊，2022(01)：118－123.

175. 韩改玲,朱春山,孙有平,等.运动训练学课程思政元素及其融入课堂教学的实践探索［J］.体育学刊，2022(01)：111－117.

176. 王江,马彩珍,赵云霞.高校篮球课程思政育人的探索［J］.教育理论与实践，2022(30)：44－47.

177. 杨彬,蒋璐.课程思政视阈下中东欧非通用语教学模式的探索与实践——以"中东欧国家报刊阅读"为例［J］.当代外语研究，2022(03)：20－27.

178. 文秋芳.对"跨文化能力"和"跨文化交际"课程的思考：课程思政视角［J］.外语电化教学，2022(02)：9－14,113.

179. 卫朝霞,陈向京.深度挖掘教材思政元素,推进大学英语视听说育人实践——以"TED 英语视听说"课程为例［J］.中国外语，2022(04)：4－11.

180. 赵静利.外语课程思政与思政课程协同育人探究［J］.中国教育学刊，2022(01)：151.

181. 黄锁明,李丽娟.新工科课程思政教学存在的问题与对策［J］.教育理论与实践，2022(36)：39－42.

182. 高晓瑜.新工科背景下水利类专业智慧水利协同育人课程教学改革探索——评《灌溉排水工程学》［J］.灌溉排水学报，2022(10)：158.

183. 刘国龙,孙上敬."新工科"课程思政的育人意蕴与教学实践研究［J］.学校党建与思想教育，2022(07)：46－49.

184. 舒美英,李文博."造价工匠"主题课程思政教学实践探析［J］.建筑经济，2022(S2)：138－142.

185. 汤可可,王华宁,温建明.工科特色理论力学课程育人的三维融合模式建设[J].力学季刊,2022(01)：190-195.

186. 陈婉琳,陈杭,齐炜,等.基于创新创业全生命周期的交叉学科双创课程建设——以浙江大学"医学仪器的创新设计与实践"课程为例[J].高等工程教育研究,2022(04)：86-90.

187. 于芳,徐玉梅.医学人文课程思政与思政课程协同育人的逻辑要求与实践路径[J].中国卫生事业管理,2022(09)：691-694.

188. 钟文浩,夏欧东,朱汉祎.三全育人背景下广东省医科高校课程思政教学现状及思考[J].中国卫生事业管理,2022(09)：684-690.

189. 陈第华,张忠.医学类专业课程思政与思政课程协同育人研究[J].中国卫生事业管理,2022(08)：606-608,616.

190. 王强芬.医学院校课程思政教学育人效果实证研究[J].中国卫生事业管理,2022(01)：44-46,70.

191. 易鹏,吴能表,王进军.新农科课程思政建设：价值、遵循及路径[J].西南大学学报(社会科学版),2022(03)：78-87.

192. 刘丹,刘博.涉农高校课程思政协同育人创新探索[J].中国稻米,2022(01)：126.

193. 李鹏,戴兆坤.立德树人背景下小学语文学科与德育工作的融合[J].人民教育,2022(09)：77.

194. 徐鹏,王彤彦.学科实践：义务教育语文课程的育人路径[J].课程·教材·教法,2022(11)：14-20.

195. 柳华妮,於银梅,陈安澜.立德树人目标下英语教材思政育人价值融入研究[J].外语电化教学,2022(05)：18-24,107.

196. 钱丽欣.以史育人培根铸魂——访义务教育历史课程标准修订组组长徐蓝[J].人民教育,2022(Z2)：26-28.

197. 王雄.初中物理学科德育渗透"三化"策略[J].物理教学,2022(05)：34-36.

198. 王飞,赵占良.优化概念体系强调学科育人——《义务教育生物学课程标准(2022年版)》概念体系解析[J].课程·教材·教法,2022(11)：29-35.

199. 尹志华,孙铭珠,孟涵,等.新时代核心素养导向体育课程改革的缘由、需求机理与推进策略[J].沈阳体育学院学报,2022(04)：22-28,70.

200. 王宁英子.科学教学要"形""神"兼备[J].人民教育,2022(01)：17.

201. 程路.艺术教育将成为一支重要、独立的育人力量——访义务教育艺术课程标准修订组组长胡智锋[J].人民教育,2022(Z2)：54－56.

202. 冯永刚,温晓情.劳动课程育人的价值变迁、生成逻辑与实践进路[J].教育学报,2022(06)：52－62.

203. 蒲菊华,陈辉,熊璋.信息科技课程的时代性、科学性和育人价值[J].课程・教材・教法,2022(11)：134－139.

204. 张尚字.课程思政和思政课程有机结合：讲思政道理的三维证成[J].河南师范大学学报(哲学社会科学版),2022(06)：124－130.

205. 单德伟,黄中生,谢雨豪.新文科背景下"思践制一体"课程思政模式构建研究——以南京审计大学会计学专业为例[J].财会通讯,2022(24)：38－42.

206. 姜涛,孙玉娟.高校课程思政建设存在的问题与对策探讨[J].学校党建与思想教育,2022(20)：44－46.

207. 王嘉铭,王晶晶.外语课程思政人："隐性"假设与"显性"逻辑[J].西安外国语大学学报,2022(02)：44－49.

208. 尹夏楠,孙妍玲.专业思政与课程思政一体化建设的探索与实践[J].山西财经大学学报,2022(S1)：127－129.

209. 刘国城,董必荣,黄中生.会计学"课程思政"示范专业建设的研究动态、实现路径和保障策略——以南京审计大学为例[J].财会通讯,2022(12)：27－32.

210. 孙芙蓉,李子涵,徐田子.新时代大中小学劳动教育一体化的内涵意蕴、现实困境与实践逻辑[J].中国教育科学(中英文),2022(05)：107－116.

211. 徐曼,张治夏.新时代推进大中小学劳动教育一体化建设的思考[J].内蒙古社会科学,2022(03)：179－185,213.

212. 李正军,代承轩,文春风.全面推进新时代大中小学劳动教育一体化建设[J].中国高等教育,2022(09)：21－23.

213. 王清刚,汪帅.思政引领—科技赋能—多元创新：课程育人的实践探索——以《内部控制与风险管理》课程为例[J].中南民族大学学报(人文社会科学版),2022(07)：156－163,187－188.

214. 广东省广州市番禺区教育局."德育一体化"擘画更大的育人同心圆[J].人民教

育,2022(12):62-64.

215. 楚国清,王勇."课程思政"到"专业思政"的四重逻辑[J].北京联合大学学报(人文社会科学版),2022(01):18-23,40.

216. 郑心语.基于显性教育与隐性教育相协同的研究生思政课改革创新[J].学校党建与思想教育,2022(06):51-54.

217. 杨晓帆,汤举."大思政课"理念的历史演进与现实着力点[J].思想政治课教学,2022(09):9-13.

218. 韩可.课程论视角下"大思政课"的实施维度与实践理路[J].思想理论教育,2022(05):72-77.

219. 李蕉."大思政课"的历史方位与理论定位[J].思想理论教育导刊,2022(09):101-108.

220. 李萱,王冲,周凯.讲好"大思政课":时代背景、理论支撑与实践路径[J].高校辅导员,2022(05):48-52.

221. 刘先春,佟玲.深入贯彻落实"大思政课"建设布局[J].中国德育,2022(22):10-13.

222. 李济沅,代玉启.基于社会运行视角的"大思政课"形态优化[J].学校党建与思想教育,2022(07):67-71.

223. 刘丹,刘博敏.新时代学校"大思政课"的内涵要素与内部关系论析[J].现代基础教育研究,2022(04):225-229.

224. 肖珍.论正确理解新时代"大思政课"的五对关系[J].中学政治教学参考,2022(09):4-6.

225. 董晓绒.准确把握"大思政课"的五个基本特性[J].当代广西,2022(06):32-33.

226. 许光.在历史交汇点当好学生成长的引路人[J].中学政治教学参考,2022(09):15-16.

227. 卢黎歌,向苗苗,李丹阳.善用"大思政课"争当思政"大先生"[J].学校党建与思想教育,2022(05):11-18.

228. 白文昊.大中小学思政课教师共同体的目标向度与实践进路[J].中国德育,2022(10):30-34.

229. 张劲松,刘惠燕."大思政课"必须准确把握"事、时、势"[J].学校党建与思想教育,

2022（20）：26－28.

230. 任瑞姣."大思政课"视域下加强思政课实践育人探析［J］.思想理论教育导刊，2022（04）：135－140.

231. 李仙娥."大思政课"视域下高校思政课实践育人模式的构建论析［J］.思想理论教育导刊，2022（01）：106－110.

232. 周晔."大思政"视角下高校思政课"三位一体"立体化实践教学模式研究——新时代思政课改革创新发展系列之四［J］.广西教育，2022（24）：65－68，112.

233. 陆启越.基于循证实践的高校思政课教学评价范式新探［J］.黑龙江高教研究，2022（08）：129－133.

234. 张彦."大思政课"需要"大评价观"［J］.思想政治教育研究，2022，38（02）：1－6.

235. 郝良群."大思政课"表现性评价"切入点"研究［J］.中小学德育，2022（11）：40－43.

236. 朱张虎.例谈试题命制的"大思政课"理念［J］.中学政治教学参考，2022（46）：54－56.

237. 司忠华，赵宇璇.论融媒体在"大思政课"中的应用［J］.商丘师范学院学报.2022（08）：34.

238. 王建方.全媒体时代线上互动教学在高校"大思政课"中的应用路径［J］.新闻研究导刊，2022（20）：64－66.

239. 张宜萱，许瑞芳.微传播视角下"大思政课"建设路径探析［J］.教育理论与实践，2022（18）：33－36.

240. 柴素芳，姜旭.以微电影为载体创新"大思政课"建设［J］.思想教育研究，2022（12）：157－158.

241. 冯兵，赵欣.新时代运用歌剧话剧增强思政课教学效果的独特优势与实现路径［J］.北京教育（德育），2022（05）：68－74.

242. 张峰.大中小学思政课一体化视角下动漫视频的应用研究［J］.文教资料，2022（10）：47－50.

243. 董雅华.善用"大思政课"促进教育资源转化：意涵、问题与进路［J］.思想理论教育，2022（04）：19－24.

244. 李敏."大思政课"教育资源转化的方法论思考［J］.思想理论教育，2022（10）：

74－79.

245. 张成尧.思政课一体化建设的价值意蕴与实践要点[J].辽宁教育,2022(07)：52－55.

246. 王洪标.系统论视阈下大中小学思政课一体化运行体系探究[J].湖北成人教育学院学报,2022(02)：65－69,88.

247. 付洪,王丹阳.运用系统思维推进新时代大中小学思政课一体化建设探析[J].马克思主义理论教学与研究,2022(02)：100－107.

248. 王延隆,房正.坚持系统观念统筹推进"大思政课"建设[J].思想政治教育研究,2022(05)：113－117.

249. 韩锐,纪梦然,刘畅.构建新时代"大思政课"内外循环系统[J].中国高等教育,2022(11)：32－34.

250. 刘伟杰,师海娟."大思政课"的"微"型教育路径研究[J].思想政治课教学,2022(09)：14－18.

251. 左霞.思政课一体化建设的"双贯通"探索[J].思想政治课教学,2022(02)：22－25.

252. 郑晓云."双贯通"思政育人改革下的学校路径探索[J].中国德育,2022(04)：67－70.

253. 李蕉,周君仪."大思政课"视域下对建设高质量课堂的思考[J].思想理论教育,2022(07)：79－84.

254. 杨增岽,赵月.善用"大思政课"：深刻内涵、时代价值与建设理路[J].学校党建与思想教育,2022(05)：19－23.

255. 徐蓉,张飞.试论全面推进"大思政课"建设的三重境界[J].思想教育研究,2022(12)：95－101.

报纸

1. 中办国办印发《关于深化新时代学校思想政治理论课改革创新的若干意见》[N].人民日报,2019－08－15.

2. 习近平在全国高校思想政治工作会议上强调：把思想政治工作贯穿教育教学全过程开创我国高等教育事业发展新局面[N].人民日报,2016－12－09.

3. 中共中央国务院关于全面深化新时代教师队伍建设改革的意见［N］.人民日报，2018－02－01.

4. 用新时代中国特色社会主义思想铸魂育人贯彻党的教育方针落实立德树人根本任务［N］，人民日报，2019－03－19.

5. 林忠钦.与时代同频共振构建大思政格局［N］.光明日报，2022－02－18.

6. 盛越明.打好思政课一体化的社会组合拳［N］.中国社会科学报，2022－11－11.

7. 朱新华.推动大中小学思政课一体化建设（专题深思）［N］.人民日报，2022－09－06.

8. 查建国，陈炼.人工智能赋能思政课创新［N］.中国社会科学报，2022－05－06.

9. 唐强奎.推进大思政课育人体系建设［N］.中国社会科学报，2022－12－16.

10. 李洪丽，李超.党的领导是课程建设的根本保证［N］.中国社会科学报，2022－11－24.

电子文献

1. 教育部等十部门.教育部等十部门关于印发《全面推进"大思政课"建设的工作方案》的通知（教社科〔2022〕3 号）［EB/OL］.（2022－07－25）［2023－04－01］.http://www.gov.cn/zhengce/zhengceku/2022－08/24/content_5706623.htm.

2. 中华人民共和国教育部.教育部关于进一步加强新时代中小学思政课建设的意见（教基〔2022〕5 号）［EB/OL］.（2022－11－04）［2023－04－01］.http://www.moe.gov.cn/srcsite/A06/s3325/202211/t20221110_983146.html.

3. 教育部办公厅.教育部办公厅关于开展大中小学思政课一体化共同体建设的通知（教社科厅函〔2022〕49 号）［EB/OL］.（2022－12－27）［2023－04－01］.http://www.moe.gov.cn/srcsite/A13/moe_772/202301/t20230109_1038750.html?eqid=97ca45f30000458200000006642b8b76.

4. 福建省教育厅.中共福建省委教育工委关于成立福建省大中小学思政课一体化建设指导委员会的通知（闽委教思〔2022〕12 号）［EB/OL］.（2022－06－10）［2023－09－05］.http://jyt.fujian.gov.cn/xxgk/zfxxgkzl/zfxxgkml/zcwj/202206/t20220614_5929240.htm.

5. 中共山西省委教育工作委员会，山西省教育厅.中共山西省委教育工作委员会、山西省教育厅关于成立山西省大中小学思政课一体化建设指导委员会的通知（晋教政函〔2022〕19 号）［EB/OL］.（2022－08－12）［2023－05－01］.http://jyt.shanxi.gov.cn/sjytxxgk/xxgkml/jytwj/202208/t20220817_6954870.html.

6. 刘时玉.1500 余名专家教师"云相聚",共探大中小学思政课一体化建设［EB/OL］. (2022－08－30)［2023－03－10］.http://m.shedunews.com/msite_1/con/2022－08/30/content_12599.html.

7. 豫教思语.2022年河南省思政教育工作大事记2(大中小学思政课一体化篇)［EB/OL］. (2023－01－03)［2023－04－01］.https://mp.weixin.qq.com/s/a6jG12TBCsdwETEI3L3KvQ.

8. 江苏省教育厅.江苏省大中小学思政课一体化建设推进会在宁举行［EB/OL］. (2022－09－01)［2023－05－01］.http://doe.jiangsu.gov.cn/art/2022/12/16/art_58390_10708899.html.

9. 临洮教育.【图说 2022 甘肃教育】积极推进大中小学思政课一体化建设［EB/OL］. (2023－02－14)［2023－04－01］https://mp.weixin.qq.com/s/kkjMeqRVFy-k8QQl5Dcv0A.

10. 中国人民大学马克思主义学院.北京市大中小学思政课一体化建设研讨会成功举办［EB/OL］. (2022－10－17)［2023－05－01］.https://mp.weixin.qq.com/s/XR4ai_tGqM65zRnBXmtf4w.

11. 上海财经大学.打造育人"同心圆",上海财经大学开展大中小学思政课一体化建设［EB/OL］. (2022－12－16)［2023－05－01］.https://mp.weixin.qq.com/s/7I0-eAUxX74OZ0L6L6PhmQ.

12. 上师马院学术在线.第五届全国大中小学思政课一体化建设高层论坛暨学习贯彻习近平总书记关于体育的重要论述高层论坛在上海召开［EB/OL］. (2022－02－08)［2023－04－01］.https://mp.weixin.qq.com/s/AKO44N84hpDwkDRaNnKWqQ.

13. 上海师范大学马克思主义学院. 第六届全国大中小学思政课一体化建设高层论坛暨"新时代大中小学思政课建设的成效与趋势"学术研讨会在上海召开［EB/OL］. (2022－04－27)［2023－03－10］.http://marx.shnu.edu.cn/9f/81/c16283a761729/page.htm.

14. 上海师范大学马克思主义学院.我院承办第八届全国大中小学思政课一体化建设高层论坛召开［EB/OL］. (2022－11－03)［2023－05－01］.http://marx.shnu.edu.cn/c6/9e/c2466a771742/page.htm.

15. 外教社.2022 年全国大中小学外语课程思政一体化建设与发展高端学术论坛成功举办［EB/OL］. (2022－06－23)［2023－04－23］.https://mp.weixin.qq.com/s/

piz7FyuHkofdalaC9txhvA.

16. 北京九中教育集团举办大中小思政课一体化建设爱国主义教育主题教学研讨活动［EB/OL］.（2022－06－23）［2023－04－01］https：//www.360kuai.com/pc/9faba195f0e355ed9?cota＝3&kuai_so＝1&sign＝360_57c3bbd1&refer_scene＝so_1.

17. 武清教育.中国教育报专题报道武清"大思政课"建设［EB/OL］.（2022－10－27）［2023－04－01］.https：//mp.weixin.qq.com/s/JAc3j78wyhCxfdzOeF-9Rg.

18. 重庆学校思政工作者.贯通大中小聚力更出彩——各地各校全面推进"大思政课"建设扫描（下）［EB/OL］.（2022－10－11）［2023－04－01］.https：//mp.weixin.qq.com/s/7Jzo36qgg6BHXiSDGk-nXg.

19. 共产党员网.习近平在全国高校思想政治工作会议上强调　把思想政治工作贯穿教育教学全过程　开创我国高等教育事业发展新局面［EB/OL］.（2016－12－08）［2023－09－05］.http：//news.12371.cn/2016/12/08/ARTI1481194922295483.shtml.

20. 中共中央国务院.中共中央国务院关于全面深化新时代教师队伍建设改革的意见［EB/OL］.（2018－01－31）［2023－09－05］.http：//www.gov.cn/zhengce/2018－01/31/content_5262659.htm.

21. 中华人民共和国教育部.教育部关于整体规划大中小学德育体系的意见（教社政〔2005〕11 号）［EB/OL］.（2005－05－11）［2023－03－01］.http：//www.moe.gov.cn/s78/A12/s7060/201007/t20100719_179051.html.

22. 中国人民大学新闻网.人大附中 2022—2023 年度开学典礼暨中国人民大学大中小学思政课一体化建设教育基地揭牌仪式举行［EB/OL］.（2022－09－02）［2023－05－01］.https：//news.ruc.edu.cn/archives/397877.

23. 舟山市教育局.我市推进"大思政课"建设揭牌成立"大中小学思政课一体化基地"［EB/OL］.（2022－12－09）［2023－05－01］.http：//zsjy.zhoushan.gov.cn/art/2022/12/9/art_1229137171_58887629.html.

24. 中国教育在线.这所高校牵手"特教"创新"大中小思政一体化"教育模式［EB/OL］.（2022－12－08）［2023－05－01］.https：//zhejiang.eol.cn/zjgd/202212/t20221208_2260201.shtml.

25. 张家界市教育局.张家界市推进大中小学思政课一体化建设［EB/OL］.（2022－11－23）［2023－05－01］.https：//mp.weixin.qq.com/s/yYsbZB1ucQVMhTZo2_BG8A.

26. 鄂尔多斯应用技术学院.学院被授予"鄂尔多斯市大中小学思政课一体化建设教师研修基地"[EB/OL].（2022－06－15）[2023－05－01].https://www.oit.edu.cn/info/1013/4395.htm.

27. 河北师范大学马克思主义学院.河北省大中小学思政课一体化集体备课中心[EB/OL].（2022－09－01）[2023－05－01].https://mayuan.hebtu.edu.cn/a/2022/09/01/5CE99CB0977E40818C2920E68AAF9823.html.

28. 吕梁教育云平台.吕梁大中小学思政课一体化建设研究中心揭牌[EB/OL].（2022－07－19）[2023－05－01].https://mp.weixin.qq.com/s/-o_tFhKd40p1s8x3lBIP7g.

29. 云南省教育厅.大理州大中小学思政课一体化建设协同创新中心成立[EB/OL].（2022－08－11）[2023－05－01].https://mp.weixin.qq.com/s/OSejWUFmi82TzNDNSQkL3g.

30. 哈尔滨工业大学附属学校.王蕾书记带队参加哈尔滨工业大学大中小学思政教育一体化研究中心成立仪式[EB/OL].（2022－07－06）[2023－05－01].https://mp.weixin.qq.com/s/wK07NE7uCfm-xDw6aGRrlg.

31. 天津市教育委员会.我市打造新时代学校思想政治工作新格局[EB/OL].（2022－09－05）[2023－05－01].https://jy.tj.gov.cn/JYXW/TJJY/202209/t20220905_5979206.html.

32. 天津市民族中学.天津市民族中学教育集团与天津城建大学马克思主义学院签订大中小学思政课一体化共建合作框架协议[EB/OL].（2022－10－25）[2023－05－01].https://mp.weixin.qq.com/s/7JhH-91WVJ3IbfO55tnNog.

33. 今日东河.区教育局与包头医学院签署"大中小学思政课一体化建设联盟"合作协议[EB/OL].（2022－07－05）[2023－05－01].https://mp.weixin.qq.com/s/qR4QJXJj5BAN2fUf1-MSiA.

34. 夔州教育.奉节县教委与重庆理工大学大中小学思政课一体化建设工作座谈会暨签约仪式隆重举行[EB/OL].（2022－07－13）[2023－05－01].https://mp.weixin.qq.com/s/LEau09Z_wLRCaRrjeV7QcA.

35. 常州市教育局.常州经开区大中小学思政课一体化建设联盟活动在市四中举行[EB/OL].（2022－03－03）[2023－05－01].http://jyj.changzhou.gov.cn/html/jyj/2022/EQLDPIIC_0303/110869.html.

36. 雨花教育发布.赓续红色基因,弘扬爱国精神——雨花台区大中小思政课一体化建设联盟系列活动圆满成功［EB/OL］.（2022－05－31）［2023－05－01］. https://mp. weixin. qq. com/s/AYWNYz75SXZUEQTkEfs1ag.

37. 江苏省教育厅.镇江京口教育系统构建"大思政"一体化育人格局［EB/OL］.（2022－09－22）［2023－05－01］. http://jyt. jiangsu. gov. cn/art/2022/9/22/art_57812_10612475.html.

38. 台州学院.台州市大中小学思政课一体化建设联盟及研究中心今日成立［EB/OL］.（2022－06－02）［2023－05－01］. https://www.tzc.edu.cn/info/1094/68194.htm.

39. 绍兴文理学院.绍兴市大中小学思政课一体化名师工作室联盟在我校成立［EB/OL］.（2022－11－14）［2023－05－01］. https://www.usx.edu.cn/info/1138/21003.htm.

40. 潍坊工商职业学院.我校参加诸城市首批大中小学思政课一体化建设联盟成立大会［EB/OL］.（2022－11－27）［2023－05－01］. https://mp. weixin. qq. com/s/smUDEcLAjuvRNH_vSFeLWg.

41. 福建省教育厅.福建省大中小学思政课一体化建设指导委员会成立［EB/OL］.（2022－12－13）［2023－05－01］. https://jyt. fj. gov. cn/gkxx/ldhd/202212/t20221213_6078012.htm.

42. 河南省教育厅.河南省大中小学思政课一体化建设工作联盟协调指导工作委员会正式成立［EB/OL］.（2022－05－20）［2023－05－01］. https://jyt. henan. gov. cn/2022/05－20/2452953.html.

43. 中国教育在线.平顶山市大中小学思政课一体化建设指导委员会成立大会在平顶山学院举行［EB/OL］.（2022－05－27）［2023－05－01］. https://www. eol. cn/henan/hengd/202205/t20220527_2228624.shtml.

44. 北京教育科学研究院德育研究中心.第二届全国大中小学思政课一体化实践研究高峰论坛召开［EB/OL］.（2022－04－25）［2023－05－01］. https://www.bjesr.cn/ywbm/dyc/kydt/2022－04－25/50553.html.

45. 天津外国语大学.天津市首届大中小学思政工作一体化工作论坛在天津外国语大学举办［EB/OL］.（2022－06－21）［2023－05－01］. http://news. tjfsu. edu. cn/content/20220621/20220621_810.htm.

46. 集美大学.聚焦外语课程思政一体化建设与发展［EB/OL］.（2022－06－18）［2023－

05－01］. https：//sfl.jmu.edu.cn/info/1025/4375.htm.

47. 赣州教育.全市大中小学思政课一体化建设现场会召开［EB/OL］.（2022－06－26）
［2023－05－01］. https：//mp.weixin.qq.com/s/2vgj9AuggB-8SP1NiCrX3A.

48. 湖北师范大学.［黄石日报］我市推进大中小学思政课一体化建设［EB/OL］.（2022－
11－24）［2023－05－01］. https：//www.hbnu.edu.cn/2022/1124/c5140a138965/
page.htm.

49. 贵州师范学院马克思主义学院.凝聚合力携手同行贵州省大中小学思政课一体化
建设"手拉手"集体备课中心召开联席会议［EB/OL］.（2022－05－30）［2023－05－
01］. https：//mp.weixin.qq.com/s/lb3CA8S8VkED423kt_O7LQ.

50. 云南师范大学.云南省第二届大中小学思想政治理论课一体化建设教学展示活动
成功举办［EB/OL］.（2022－07－04）［2023－05－01］. https：//www.ynnu.edu.cn/
info/1099/26662.htm.

51. 辽宁省教育厅.辽宁省举办习近平生态文明思想融入大中小学思政课一体化建设
集体备课会［EB/OL］.（2022－11－03）［2023－05－01］. https：//jyt.ln.gov.cn/jyt/
jyzx/jyyw/20221103120431590067/index.shtml.

52. 辽宁科技学院.抗联精神融入大中小学思想政治教育一体化建设论坛暨辽宁省本
溪市教学现场会在我校召开［EB/OL］.（2022－11－10）［2023－05－01］. https：//
www.lnist.edu.cn/info/1012/7778.htm.

53. 吉林大学马克思主义学院.吉林省大中小学思政课一体化建设集体备课会在线上
举行［EB/OL］.（2022－05－22）［2023－05－01］. https：//mp.weixin.qq.com/s/
xbUz5hGhABnSsuPhix2ZGQ.

54. 哈尔滨师范大学.我校马克思主义学院承办黑龙江省大中小学思政课一体化建设
联校集体备课会［EB/OL］.（2022－05－17）［2023－05－01］. http：//cs.hrbnu.edu.
cn/info/1019/26296.htm.

55. 河南省高校思想政治工作信息网.2022年全省大中小学思政课一体化工作推进会
暨骨干教师培训班举办［EB/OL］.（2022－08－25）［2023－05－01］. http：//jyt.
henan.gov.cn/2022/08－30/2596317.html.

56. 阿盟教育体育.阿拉善盟召开大中小学思政课一体化建设工作推进会议［EB/OL］.（2022－
09－17）［2023－05－01］. https：//mp.weixin.qq.com/s/JotdYZmZhnh1OrBxHy4NLA.

57. 青海师范大学.我校召开大中小学思政课一体化工作线上推进会［EB/OL］.（2022－10－31）［2023－05－01］. https://mp.weixin.qq.com/s/jGqrlzkhyIQP9Wh3y5qBSQ.

58. 华东师范大学.第四届大中小学思政课一体化建设学术研讨会在线举行［EB/OL］.（2022－08－30）［2023－05－01］. https://www.ecnu.edu.cn/info/1095/60841.htm.

59. 中国教育在线.杭州市上城区大中小学思政课一体化教学研讨活动在杭州师范大学第一附属小学举行［EB/OL］.（2022－11－26）［2023－05－01］. https://zhejiang.eol.cn/zhejiang_news/202211/t20221126_2257923.shtml.

60. 台州学院."统筹推进大中小学思政课一体化建设"全国学术研讨会召开［EB/OL］.（2022－12－03）［2023－05－01］. https://www.tzc.edu.cn/info/1112/70797.htm.

61. 人民网.福建省"铸魂育人，全面推进中小学大思政"研讨会举行［EB/OL］.（2022－12－31）［2023－05－01］. http://paper.people.com.cn/rmzk/html/2022－12/31/content_25961700.htm.

62. 厦门思明教育.学习宣传贯彻党的二十大精神，推进思明大中小学思政课一体化建设［EB/OL］.（2022－12－22）［2023－05－01］. https://mp.weixin.qq.com/s/yv-xFPkzqkxX1Au7uwSJdw.

63. 湖北大学."湖北省思政课教学大中小一体化暨思想政治教育专业人才培养"学术研讨会圆满召开［EB/OL］.（2022－07－27）［2023－05－01］. http://marx.hubu.edu.cn/info/1114/7012.htm.

64. 攀枝花教育体育.攀枝花市大中小学思政课一体化建设工作研讨会举行［EB/OL］.（2022－08－29）［2023－05－01］. https://mp.weixin.qq.com/s/BcmI2Fb4svl25y36qErkwg.

65. 云南师范大学.接续思政育新人踔厉奋进新时代——第二届云南省大中小学思政课一体化建设研讨会在我校顺利召开［EB/OL］.（2022－05－16）［2023－05－01］. https://www.ynnu.edu.cn/info/1099/26336.htm.

66. 天水教育发布.天水市召开大中小学思政课一体化建设研讨会［EB/OL］.（2022－06－14）［2023－05－01］. https://mp.weixin.qq.com/s/H4Z9WrxUs2JijxKnuDmG-Q.

67. "学习宣传党的二十大精神与大中小学思政理论课一体化教材建设"高端论坛举行［EB/OL］.（2022－11－22）［2023－04－23］. http://www.hfut.edu.cn/ersd/info/1054/1236.htm.

68. 宜昌市教育局.宜昌推动全市大中小学思政课一体化建设［EB/OL］.（2022－04－24）

［2023－04－24］．http：//jyj.yichang.gov.cn/content－57512－309046－1.html.

69. 习近平.思政课是落实立德树人根本任务的关键课程［EB/OL］.（2020－08－31）
   ［2023－04－16］.https：//www.gov.cn/xinwen/2020－08/31/content_5538760.htm.

70. 中华人民共和国教育部.教育部关于印发义务教育课程方案和课程标准（2022年
   版）的通知（教材〔2022〕2号）［EB/OL］.（2022－04－08）［2023－04－16］.http：//
   www.moe.gov.cn/srcsite/A26/s8001/202204/t20220420_619921.html.

71. 中华人民共和国教育部.教育部关于印发《高等学校思想政治理论课建设标准
   （2021年本）》的通知［EB/OL］.（2021－12－02）［2023－04－16］.http：//www.
   moe.gov.cn/srcsite/A13/moe_772/202112/t20211214_587183.html.

72. 中共中央宣传部中华人民共和国教育部.中共中央宣传部教育部关于印发《新时
   代学校思想政治理论课改革创新实施方案》的通知.［EB/OL］.（2020－12－22）
   ［2023－04－16］.http：//www.moe.gov.cn/srcsite/A26/jcj_kcjcgh/202012/t20201231_
   508361.html.

73. 中华人民共和国中央人民政府.教育部司法部全国普法办印发《青少年法治教育大
   纲》［EB/OL］.（2016－07－18）［2023－04－21］.http：//www.gov.cn/xinwen/2016－
   07/18/content_5092493.htm.

74. 新华网.习近平向国际人工智能与教育大会致贺信［EB/OL］.（2019－05－16）
   ［2023－04－20］.http：//www.xinhuanet.com/politics/leaders/2019－05/16/c_
   112450211.htm.

75. 宝山教育.讲好抗疫这堂"大思政课"，大中小学思政教师线上展示教学［EB/OL］.
   （2022－07－01）［2023－04－21］.https：//m.thepaper.cn/baijiahao_18840748.

76. 上海市静安区人民政府.与现实同频、与实践同行——静安区落实思政一体化建设
   在路上主题展示活动［EB/OL］.（2022－12－26）［2023－04－21］.https：//www.
   jingan.gov.cn/sy/004009/004009010/004009010001/20221226/ae85f9e0－124f－4525－
   8bc2－04f66449213e.html?type＝2.

77. 常州市教育科学研究院.常州举行江苏省中小学法治教育一体化建设展示研讨活
   动.［EB/OL］.（2022－04－29）［2023－04－21］.https：//mp.weixin.qq.com/s?_biz＝
   MzAwMTU4MzA2Nw＝＝&mid＝2651425477&idx＝1&sn＝9418dc25b90223f90f2dc51d
   2f4f0fd2&chksm＝812a5871b65dd1677ac44bf89b4e5c478750a31aeb87bd7b989e9eaf55

062b353ef2f5096655&scene=27.

78. 南航马院.学院与溧阳市联合开展大中小学思政课一体化教学展示活动.［EB/OL］,（2022－10－27）［2023－04－21］.https://mp.weixin.qq.com/s/dJkmhZnrQvwu4gRW3RvkTw.

79. 温岭教育.统筹一体发展共育时代新人——台州市大中小学思政课一体化课堂教学展示活动在我市举行［EB/OL］.（2022－07－04）［2023－04－21］.https://mp.weixin.qq.com/s/CqHqvhaL4_GxGt23TZC6Xw.

80. 安徽蚌埠市教育局,安徽财经大学马克思主义学院,新疆皮山县教育局.皖疆同上思政课共画育人"同心圆"［EB/OL］.（2022－07－17）［2023－04－21］.https://baijiahao.baidu.com/s?id=1738613943834787912&wfr=spider&for=pc.

81. 安徽蚌埠市教育局.厚植家国情怀育新时代新人——记蚌埠市大中小学思政课一体化教学观摩与研讨活动［EB/OL］.（2022－11－11）［2023－06－20］.https://mp.weixin.qq.com/s/vwolEhZR_qoWL20OYo5RA.

82. 中华人民共和国教育部."学习贯彻党的二十大精神推动习近平新时代中国特色社会主义思想'三进'工作"座谈会召开［EB/OL］.（2022－11－25）［2023－04－21］.http://www.moe.gov.cn/jyb_zzjg/huodong/202211/t20221125_1003469.html.

83. 江西师范大学马克思主义学院."党的二十大精神融入思政课研讨会暨大中小一体化教学展示"在昌举行［EB/OL］.（2022－11－25）［2023－04－21］.https://mar.jxnu.edu.cn/2022/1125/c1179a241598/page.htm.

84. 常州市教育局.党的二十大精神融入大中小学思政课一体化建设主题论坛举行［EB/OL］.（2022－11－15）［2023－04－21］.http://www.changzhou.gov.cn/ns_news/778166848184252.

85. 青浦教育."学习二十大：弘扬伟大建党精神"——青浦区中小幼思政课一体化建设专题研讨活动在区教师进修学院举行［EB/OL］.（2022－12－07）［2023－06－03］.https://mp.weixin.qq.com/s?_biz=MzA3MTcxNzE4NA==&mid=2649906063&idx=1&sn=2d25718f833f1b4bf50ce690de34622a&chksm=872fa3a0b0582ab638525c18e7a8a7389db47b0c79155f786f1db326e38c79c795fbb1c7ed5e&scene=27.

86. 四川师范大学马克思主义学院."学习宣传贯彻党的二十大精神,推进大中小学思政课一体化建设"研讨活动举行［EB/OL］.（2022－11－04）［2023－04－21］.

https://marx.sicnu.edu.cn/p/0/?StId=st_app_news_i_x638033633051696113.

87. 上海市光明中学.增强思政课教学对学生的吸引力和感召力,外滩学区思政课一体化建设启动![EB/OL].(2022-11-25)[2023-04-21].https://mp.weixin.qq.com/s?_biz=MzA4MTU0MDUwMWQ==&mid=2650673345&idx=2&sn=f16170acb6b253a2b097437ee8f9ff12&chksm=.

88. 中国网.《读本》润童心 "习语"引航程——记苏州高新区道德与法治楼靖怡名师工作室参加《习近平中国特色社会主义思想学生读本》教学研讨活动[EB/OL].(2022-10-31)[2023-06-18].http://edu.china.com.cn/2022-10/31/content_78494240.htm?f=pad&a=true.

89. 宜兴市教育局.学习党的二十大推进思政一体化[EB/OL].(2022-11-17)[2023-04-21].https://mp.weixin.qq.com/s?_biz=MzIwMzE5Mzg0OA==&mid=2653725720&idx=1&sn=b07e33ef6d8764ad855326743c66e333&chksm=8d0b288fba7ca19914bc475e450e3c34ab59d0cd0a2c789e522fc2171811e3049f243668ab6b&scene=27.

90. 淮南市教育体育局.汇聚中小学教学教研合力创新推动思政课一体化建设[EB/OL].(2022-01-11)[2023-04-21].https://sjtj.huainan.gov.cn/jyky/551601752.html.

91. 光明日报.大中小学齐发力,思政课怎么传好"接力棒"[EB/OL].(2022-07-12)[2023-06-17].https://m.gmw.cn/baijia/2022-07/12/35876578.html.

92. 中学思政价值立意的教学路径探索.缅怀革命先烈传承革命精神——扬州市大中小思政课一体化课堂展示暨研讨活动举行[EB/OL].(2022-09-17)[2023-06-03].https://mp.weixin.qq.com/s/e9A_kTTW9gJMdK7hTufoXw.

93. 浙江革命烈士纪念馆.浙江革命烈士纪念馆强化馆校合作参与开展"新时代大中小学思政教育一体化"项目建设[EB/OL].(2022-11-25)[2023-06-03].https://mp.weixin.qq.com/s/ipda8xgFDIjaiMK675MbxQ.

94. 新京报.推动冬奥精神融入教学,北京高校思政课教师集体"云端备课"[EB/OL].(2022-04-28)[2023-06-28].https://baijiahao.baidu.com/s?id=1731278255189001462&wfr=spider&for=pc.

95. 扬州共青团.大中小学"运河思政"一体化——北湖湿地公园研学活动成功举办[EB/OL].(2022-07-08)[2023-06-03].https://mp.weixin.qq.com/s/7LLMfhysZ_6xK4dTz6yrIA.

96. 遵义教育."传承红色基因共话思政育人"——遵义市首届大中小学思政课集体备课教学展示观摩活动成功举办[EB/OL]. (2022-06-30)[2023-06-28]. https://mp.weixin.qq.com/s?_biz=MzI3MzExODQ2MQ==&mid=2650184232&idx=3&sn=e15d0ecc7edb7156e7223d4256bd8f4f&chksm=f32a1fbac45d96ac895809193cdd0a2fb143f08683ef696e52cd6d41424cfced2a7d1f18cb9b&scene=27.

97. 现代教育报.中国传媒大学携手北京朝阳大中小学共建"大思政课"[EB/OL]. (2022-12-06)[2023-06-19]. https://www.xuexi.cn/lgpage/detail/index.html?id=18377616411556991121&item_id=18377616411556991121.

98. 首都文明网.通州区推进大中小学校思政课一体化建设[EB/OL]. (2022-12-19)[2023-06-28]. https://www.bjwmb.gov.cn/dongtai/tongzhou/10016964.html.

99. 攀枝花市第三高级中学校.树立协同理念突出问题导向坚持整体统筹——攀枝花市大中小思政课一体化建设工作研讨会在市三中召开[EB/OL]. (2022-08-30)[2023-06-19]. http://www.pzhsz.com/plus/view.php?aid=5026.

100. 新疆生产建设兵团第二中学.携手"思政一体化"共绘育人同心圆——统筹推进大中小学思政课一体化建设学术研讨会[EB/OL]. (2022-12-05)[2023-06-19]. https://mp.weixin.qq.com/s?_biz=MzA4ODIwNDkxNw==&mid=2650265247&idx=3&sn=0cba926a09a7c7ef6c3441821f60c02b&chksm=882ec585bf594c9314e4efc5e5803b5e3b34198c46e76bfa837a07f6d22831edd65162d96a3d&scene=27.

101. 甘肃省教育厅.2022年"思政课程+课程思政"论坛暨酒泉市大中小学思政课一体化建设研讨会举办[EB/OL]. (2022-05-26)[2023-06-19]. http://www.gsedunews.cn/content-94151356e5e449c0a10e2affb6b16755.htm.

102. 浙江交通职业技术学院.推进中高职一体化建设携手打造思政课教学共同体[EB/OL]. (2022-11-10)[2023-06-03]. http://www.zjvtit.edu.cn/info/1003/18448.htm.

103. 绍兴市上虞区职业教育中心.携手共建思政一体化教学——上虞区职业教育中心与浙江工业职业技术学院开展联合座谈会[EB/OL]. (2022-07-04)[2023-06-19]. https://mp.weixin.qq.com/s/BXG0o5rM3zozmUi_teHUzA.

104. 福建船政交通职业学院.福建船政交通职业学院:"五共"推进中高职思政课一体化建设[EB/OL]. (2022-03-22)[2023-06-19]. https://mp.weixin.qq.com/s/

5vSapVjkI3wswT_Ago2GeA.

105. 福州教育研究院.携手绘制育人"同心圆"——中职思政学科召开"大中小学思政课一体化"工作研讨会[EB/OL].(2022-09-09)[2023-06-19].https://mp.weixin.qq.com/s/xfeEc1L60Ep7V-P_t5mFyg.

106. 呼和浩特教研.红色的爱只为中国——幼小衔接、普特融合、思政一体化建设主题教研活动[EB/OL].(2022-07-25)[2023-06-18].https://mp.weixin.qq.com/s/Z6PCFfk-TDwwLmQEiFhu2g.

107. 贯通大中小聚力更出彩——各地各校全面推进"大思政课"建设扫描(下)[EB/OL].(2022-10-11)[2023-04-01].https://mp.weixin.qq.com/s/7Jzo36qgg6BHXiSDGk-nXg.

108. 厦门:打造一体化思政"中央厨房"[EB/OL].(2023-02-03)[2023-04-23].https://baijiahao.baidu.com/s?id=1756770417002411556&wfr=spider&for=pc.

后　记

　　自 2019 年 3 月 18 日习近平总书记在学校思想政治理论课教师座谈会上明确提出"要把统筹推进大中小学思政课一体化建设作为一项重要工程"以来，全国各地从政策支持到区域创新实践都做出了积极探索。2022 年 10 月 16 日，党的二十大报告进一步提出要"推进大中小学思想政治教育一体化建设"。为切实贯彻党的二十大精神并深入推进这一重要工程，华东师范大学大中小学思政课一体化建设研究团队在前期出版的基础上，紧密对接国家战略部署，持续关注全国各地教育行政部门、大中小学校以及专家学者、一线教育工作者在思政课一体化建设推进的理论研究和创新举措，重点围绕体制机制、教材、教学、教师队伍、课程思政、"大思政课"建设等主题对 2022 年度的相关学术研究和实践活动进行了梳理、提炼和分析，并做出未来展望。团队成员立足广视野、新思维，以期为我国大中小学思政课一体化建设的纵深改革与高质量发展做出微薄贡献。

　　2022 年，我国首个《大中小学思政课一体化建设发展报告（2022）》出版后，得到了学术界、各地教育行政部门和大中小学校的高度关注，在全国范围受到一致好评，这也为我们团队继续做好 2023 年的发展报告的编写工作提供了很大信心。本年度发展报告的具体分工是：第一章由张宗禧、王郅恒撰写；第二章由尚伟伟、李思危撰写；第三章由蒋雪莲、冯嘉颖撰写；第四章由翟贤亮、刘文培撰写；第五章由许瑞芳、吴语桐撰写；第六章由尚伟伟、陈佳歆撰写；第七章由翟贤亮、苏滢滢撰写；第八章由蒋雪莲、施慧慧撰写；附录由张宗禧、徐芳凯汇编。最后由许瑞芳、尚伟伟负责全书的统稿，研究生刘韦伟、李思危、陈佳歆参与了全书的校对工作。年度发展报告在撰写过程中得到了华东师范大学党委副书记、副校长顾红亮，华东师范大学党委副书记、马克思主义学院院长孟钟捷，马克思主义学院党委书记赵正桥等领导和学院老师的具体指导和支持，得到了上海市教师教育学院党委书记周增为、上海市教育科学院副院长王戎等领导和老师的指导和关心，在此表示由衷的感谢。也感谢华东师范大学出版社副编审张俊玲、主题出版事业部主任刘祖希、编辑黄诗韵为本报告的出版付出的辛劳。同时，发展报告得到了全国重点马克思主义学院、中共上海市委宣传部与华东师范大学共建马克思主义学院、上海高校示范马克思主义学院、上海高校马克思主义理论高峰学科计划等支持。本报告也是我校获批教育部大中小学思政课一体化共同体（上海）牵头高校以来推出的成果之一。

　　统筹推进大中小学思政课一体化建设，全面增强思政育人效果，是加快建设教育强国的题中之义,是解决培养什么人、怎样培养人、为谁培养人的根本问题的重要抓手,是全面落实立德树人根本任务的关键一环。持续推进大中小学思政课一体化建设年度发展报告的编写也将成为我们研究团队的常态化工作。由于编写团队的写作能力有限,材料搜集也难以做到面面俱到,本书难免有错漏和不足之处,望广大读者海涵。我们将继续努力改进,勇担时代使命,不断推进思政课一体化建设高质量发展。